U0993765

高级管理会计
理论前沿与案例实践

主　编：赵馨燕　杨　芳
副主编：欧　娜　周可柔　魏晨涛　李豫帅　魏保群

Theoretical Frontier
and Case Practice of Advanced
Management Accounting

中国经济出版社
CHINA ECONOMIC PUBLISHING HOUSE
北京

图书在版编目（CIP）数据

高级管理会计理论前沿与案例实践／赵馨燕，杨芳主编．--北京：中国经济出版社，2023.12（2025.9重印）

ISBN 978-7-5136-7407-2

Ⅰ．①高… Ⅱ．①赵… ②杨… Ⅲ．①管理会计-案例 Ⅳ．①F234.3

中国国家版本馆 CIP 数据核字（2023）第 146402 号

责任编辑　焦晓云
责任印制　李　伟
封面设计　久品轩

出版发行　中国经济出版社
印 刷 者　北京建宏印刷有限公司
经 销 者　各地新华书店
开　　本　710mm×1000mm　1/16
印　　张　22.25
字　　数　392 千字
版　　次　2023 年 12 月第 1 版
印　　次　2025 年 9 月第 3 次
定　　价　98.00 元
广告经营许可证　京西工商广字第 8179 号

中国经济出版社 **网址** www.economyph.com **社址** 北京市东城区安定门外大街 58 号 **邮编** 100011
本版图书如存在印装质量问题，请与本社销售中心联系调换（联系电话：010-57512564）

前 言

Preface

进入新时代，随着大（大数据）、智（智能化）、移（互联网）、云（云计算）、物（物联网）等新技术的不断涌现，商业模式不断创新，企业面临的不确定性因素逐渐增多，经营活动日趋多样化、复杂化和特殊化。传统的管理会计提供的信息大多是财务信息，而忽视了非财务信息对企业的影响，使企业管理者忽视了市场、战略管理等方面的诸多重要因素。与传统的管理会计相比，本书是对新技术、新生产环境下出现的管理会计新思想、新方法和新理念的系统性阐释，涵盖范围较广，可为企业管理者提供有效的理论指导。

本书根据全国会计专业学位研究生教育指导委员会发布的“管理会计理论与实务”专业核心课程的参考性教学大纲，财政部发布并修订的《企业会计准则》精神，以及近年来管理会计理论的前沿动态等设计框架，同时融合了相关前沿领域的学者观点。本书旨在从理论学习的视角，为学生和相关学者提供管理会计理论知识并反映前沿研究动态，同时从实践探究的视角，结合案例进行阐述，以达到理论与实践相结合的效果，提升专业人员运用现代化的管理工具解决企业管理决策问题的能力。

本书在以下方面进行了创新：第一，每章均单独设置一节相关理论前沿动态的内容，注重相关专题的延展性。第二，每章均单独设置一节与主题相关的案例分析内容，注重理论与实践的紧密结合，通过案例深度阐释相关理论，引发读者对现实问题的思考。第三，每章后的思考及讨论题中都有半开放式的题目，供学生和读者探究相关主题。第四，每章在内容编排上基本遵循了“理论+前沿动态+案例”的模式，凸显一书多用的特点。

本书可作为经济管理领域研究人员及工作人员的参考用书，也可作为会计硕士（MPAcc）、工商管理硕士（MBA）等专业学位研究生及普通硕士研究生的参考书目。对学生而言，通过学习，可以培养职业责任感，提高运用相关理论知识解决实际问题的能力；对相关从业人员而言，通过学习，可以使用管理会计信息作出恰当的分析和决策，进行正确的战略规划，培养从事高层次会计管理工作所需的国际视野、战略意识、领导潜质、沟通能力和合作精神。

本书由赵馨燕、杨芳担任主编，负责全书各章的结构安排及大部分章节的编写工作；欧娜、周可柔、魏晨涛、李豫帅、魏保群担任副主编，参与部分章节的编写及二稿的校对工作；吴羿坡、张梓蕊、郑雨博参与了三稿的校对工作。全书最后由赵馨燕负责审校、修改及统筹。

由于编者水平有限，书中难免存在疏漏之处，欢迎专家和广大读者批评指正。

赵馨燕

2023 年 8 月

目 录

Contents

第一章　管理会计概述 …… 001

第一节　管理会计的概念 …… 001

第二节　管理会计的基本内容 …… 005

第三节　国内外管理会计的演进历程 …… 010

第四节　管理会计理论前沿 …… 015

第五节　管理会计案例 …… 019

第二章　成本性态分析 …… 023

第一节　成本与成本对象 …… 023

第二节　直接成本与间接成本 …… 027

第三节　固定成本与变动成本 …… 029

第四节　成本与作业水平量的关系 …… 042

第五节　成本动因及其对成本性态的影响 …… 043

第六节　基于成本动因制定决策 …… 049

第七节　相关理论前沿——质量成本管理 …… 052

第八节　企业质量成本管理案例 …… 061

第三章　作业成本法与作业成本管理 …… 064

第一节　作业成本法概述 …… 064

第二节　作业成本计算原理与应用 …… 069

第三节　作业成本法的本质特征及作业成本管理 …… 078

第四节　作业成本法相关前沿动态 …… 082

第五节　作业成本法案例 …………………………………………………………… 086

第四章　战略成本管理 …………………………………………………………………… 093

第一节　战略成本管理概述 ……………………………………………………… 093
第二节　战略定位分析 …………………………………………………………… 100
第三节　价值链分析 ……………………………………………………………… 105
第四节　战略成本管理方法 ……………………………………………………… 109
第五节　战略成本管理案例：格兰仕的竞争之道 ………………………… 116
第六节　战略成本管理的前沿动态及展望 …………………………………… 118

第五章　全面预算管理 …………………………………………………………………… 122

第一节　全面预算管理概述 ……………………………………………………… 122
第二节　预算编制原理 …………………………………………………………… 123
第三节　全面预算编制的常用方法 …………………………………………… 128
第四节　相关理论前沿 …………………………………………………………… 132
第五节　全面预算管理案例 ……………………………………………………… 136

第六章　企业绩效评价 …………………………………………………………………… 140

第一节　绩效评价概述 …………………………………………………………… 140
第二节　我国企业绩效评价体系的演进及国内外绩效评价体系的比较 ………………………………………………………………………… 144
第三节　以利润为核心的绩效评价 …………………………………………… 147
第四节　以 EVA 为核心的绩效评价 ………………………………………… 149
第五节　基于战略的绩效评价 …………………………………………………… 153
第六节　相关理论前沿 …………………………………………………………… 165
第七节　企业绩效评价案例 ……………………………………………………… 167

第七章　平衡计分卡 ……………………………………………………………………… 173

第一节　平衡计分卡概述 ………………………………………………………… 173
第二节　平衡计分卡的基本内容 ……………………………………………… 176

第三节 平衡计分卡与企业战略管理 …… 186
第四节 战略地图架构 …… 191
第五节 平衡计分卡理论前沿 …… 196
第六节 YM 公司案例分析 …… 199

第八章 经济增加值 …… 209

第一节 经济增加值概述 …… 209
第二节 经济增加值与业绩评价系统 …… 215
第三节 经济增加值激励机制 …… 218
第四节 相关理论前沿 …… 222
第五节 经济增加值案例 …… 226

第九章 公司治理 …… 232

第一节 公司治理的定义及起源 …… 232
第二节 公司治理结构与公司治理机制 …… 233
第三节 公司治理的一般模式及评价 …… 237
第四节 公司治理、股权结构与企业绩效 …… 238
第五节 我国公司治理的新发展 …… 240
第六节 瑞幸咖啡公司治理失效案例 …… 242

第十章 激励机制与薪酬管理 …… 246

第一节 基本激励理论 …… 246
第二节 激励机制 …… 254
第三节 薪酬激励的前沿动态 …… 259
第四节 薪酬管理的目标、特征及常见模式 …… 262
第五节 华为公司激励机制案例 …… 266

第十一章 环境管理会计 …… 272

第一节 环境管理会计概述 …… 272
第二节 环境成本会计 …… 289

第三节　考虑环境因素的投资决策 …………………………… 295
第四节　环境绩效评价 …………………………………… 300
第五节　相关理论前沿 …………………………………… 306
第六节　A 火力发电厂案例 ……………………………… 312

第十二章　财务转型与财务共享服务中心 ………………… 318

第一节　财务转型 ………………………………………… 318
第二节　共享服务中心 …………………………………… 323
第三节　财务共享服务中心的业务处理流程 ……………… 327
第四节　相关理论前沿 …………………………………… 328
第五节　海尔财务共享服务中心案例 ……………………… 333

主要参考文献 …………………………………………… 336

01 第一章 管理会计概述

第一节 管理会计的概念

一、管理会计的本质

不少人有望文生义的习惯性思维。20 世纪 70 年代末，我国学者将 management accounting 或 managerial accounting 译为“管理会计”。公众对此产生了误解，认为管理会计是对会计事项及会计人员进行“管理”，没有认清管理会计是会计研究领域的重要分支。

会计学同源分流为财务会计和管理会计，也即管理会计属于会计学的一个重要分支，这在胡玉明（2020）的研究中得到了证实。对于会计本质的探究，公认的有两种观点：受托责任论和信息系统论。其中，信息系统论认为，会计是一个信息系统，在信息输入、信息加工后输出会计信息（葛家澍，2012）。管理会计作为“会计学的重要分支”，不仅是一种信息系统，还是一种提供关键信息的决策支持系统（Decision Support System，DSS），可以帮助企业进行科学的管理并监控财务状况，从而提高管理效率和竞争力。与财务会计不同，管理会计在收集数据时更注重数据的准确性及可控性，因为数据会随时间、地点和权力的变化而变化。管理会计的本质（是什么）和管理会计的主要目标（为什么）构成了管理会计理论体系的“积木”。管理会计师的职责就是根据企业的业务需求，为管理层提供有效的信息，以实现企业的可持续发展。

在实际工作中应用管理会计时，应解决三个问题：管理会计服务的对象、管理会计提供信息的内容，以及管理会计提供信息的方式。

（一）管理会计服务的对象

企业所有合同的签署、执行和终止都离不开信息系统。从服务对象的角度看，管理会计是为管理层提供信息服务的会计，能够帮助管理层获取有价值的信息，从而提高企业的管理效率和经营绩效。

（二）管理会计提供信息的内容

1985年，索科洛夫提出“会计的核心是价值计量”的观点。管理会计同样以价值计量为核心，但不局限于价值计量，还包括非价值计量。根据现代战略管理的基本特征，公司的现金流通常包括公司当前产生的现金流和预计要发生但尚未发生的未来现金流，涉及公司整体的现金流和内部所有部门的现金流。因此，从实务角度看，管理会计师向公司管理层提供的现金流信息，包括公司整体和局部等所有空间，以及过去、现在和未来等所有时间的信息。

管理会计与传统的财务会计有很大的不同，它不仅提供财务信息，还提供非财务信息。管理会计强调公司的价值创造驱动力。非财务信息要想成为对公司有用的会计信息，必须有助于发现和解释货币数据中隐含的价值创造因素。譬如，非财务信息“顾客满意度”属于重要的价值创造因素，管理会计在提供信息时，理应将其包括在内。

（三）管理会计提供信息的方式

管理会计作为一种内部决策支持系统，主要通过内部管理报告或绩效报告来提供相关信息。内部管理报告可以通过全面预算执行分析、责任中心绩效评估、短期业务决策分析和长期投资决策分析等，为企业提供有价值的信息和建议。受企业内部财务会计工作的长期“熏陶”，许多学者认为，管理会计将像财务会计一样，为企业内部管理提供“标准化”的报告。然而，由于用户内部管理报告数据的标准化或情景化特征，内部管理报告的格式和类型（口头或书面语言、图形或表格等）会因用户的需求和偏好不同而有所不同，并且这类信息不具有既定的格式和形式，多样化和灵活性是内部管理报告的本质特征。正因如此，管理会计才有价值！

二、管理会计的含义

1966年，美国会计学会（American Accounting Association，AAA）在其出版的《基本会计理论说明书》（*Statement of Basic Accounting Theory*）中对管理会计的含义进行了阐释：管理会计即运用恰当的技术及理念，对经济主体当前的经济数据和预测的经济数据进行加工处理，以帮助管理人员制定合理的经济目标。该定义强调了管理会计既要运用历史数据也要运用预测数据，体现了与财务会计的显著不同。

1981 年，美国管理会计师协会（The Institute of Management Accountants, IMA）将管理会计定义为：管理会计是确认、计量、整理、分类、安排、解释和发布财务信息的一系列活动，并将这些处理后的信息用于管理。可见，管理会计信息可用于内部规划、评估，以确保对企业资源的正确使用。

1986 年，美国注册会计师协会（American Institute of Certified Public Accountants, AICPA）隶属的管理会计实务委员会对管理会计的概念进行了探究，认为管理会计是对公司进行内部规划、评估、管理进而实现公司资源合理配置及利用的活动，通过识别、计算、汇总、分类、汇编、解释等工作传输财务信息。此外，AICPA 还强调，管理会计所使用的资料包括公司、债权人、执法机关、税务机关及其他非企业管理人员出具的财务报告。

1997 年，IMA 重新对管理会计的概念进行了定义：管理会计是创造企业价值增值的过程，它为企业规划、设计、测量和管理财务与非财务信息系统，并使其不断完善；管理会计通过这一过程指导企业的管理活动，协助提供实现战略和运营目标所需的组织战略、社会和文化价值。

我国学者在上述定义基础上对管理会计的概念进行了探究，并借鉴决策有用观和信息系统论的观点，形成了具有代表性的两种管理会计定义：以余绪缨教授（1999）为代表的部分学者认为，管理会计是企业向内部用户传递的相关管理信息，以便内部用户作出正确的业务决策，进而促进业务管理，实现会计信息的内部管理功能；以李天民教授（1984）为代表的部分学者认为，管理会计是一种综合信息处理系统，能够有效地汇总、统计、比较和分析公司财务和会计工作所提供的数据和其他资源，为公司管理者提供投资决策支持。

2012 年，由著名美国管理会计专家罗伯特·S. 卡普兰教授等编撰的《管理会计》（第五版）对管理会计的定义是：管理会计是将财务和非财务信息传递给组织内各层级管理者及员工的过程；该过程由组织内所有员工的信息需求所驱动，以指导组织进行各类业务决策及投资预测。管理会计是一种重要的经济管理活动，它将财务理论与实际生产经营活动紧密结合，以满足企业和行政机关事业单位的内部管理需求，并为其提供有效的决策支持。

《财政部关于全面推进管理会计体系建设的指导意见》（财会〔2014〕27号）将管理会计界定为一种有效的内部管理，指出它可以帮助企业更好地实现财务目标，并有效地控制和管理财务风险，从而提高企业的经济效益。

由前述定义可知，管理会计的内涵随着社会经济的发展在不断演进。总之，公认的观点是，管理会计作为一种信息系统，不仅处理财务信息，还处理非财务信息，它通过一套特定的方法处理收到的会计信息，然后将其交给企业的管理者，以使其作出更好的决策。传统的管理会计信息主要是以货币表示的财务信息。现代管理会计信息已经大大扩展——除了货币所体现的财务信息外，还涉及许多非财务信息。这些非财务信息包括客观信息和主观信息。客观信息包括公司的经营状况、实体信息、产品相关信息及产品上市时间等；主观信息包括消费者的满意度评价、服务人员的满意度等。

简而言之，未来管理会计系统以企业（或机构）提供的客户终身价值的优化（战略考虑）为目标，以计算机和互联网为主要技术手段，以财务为主线，整合相关的非财务信息，为企业提升核心竞争力提供信息支持。

三、财务会计和管理会计的关系

所谓财务会计，是经济活动发生前或进行中，企业对这个过程的一种监督和控制措施。企业财务会计作为一个相对独立的职能部门，承担着记录和厘清企业投资者、债务所有人财务工作的重要职能，关系着企业财务目标能否实现。所谓管理会计，是企业为了了解和掌握经济发展现状及预期目标而进行的一种管理活动。

管理会计和财务会计有以下相似之处：

第一，二者都是为了更好地管理企业而产生的活动。会计主要进行核算，通过搜集、整理和运用财务信息来组织、监控、协调和指导企业的经营活动，帮助管理者进行决策。财务会计侧重于记录和总结实际经营状况，向外部利益相关方提供财务报表。管理会计则运用财务数据分析，采用多种方式帮助管理层作出决策，重点关注过程控制。管理会计通过预测、分析、计划、制定等，帮助企业实现目标、提高效率、优化资源配置、适应市场竞争和变化。这两个分支都可以为企业提供管理服务。

第二，二者的服务对象相同。会计研究需明确现代化财务管理的目标。从系统理论角度看，现代会计是现代经济管理的组成部分，其中财务会计和管理会计是两个重要子系统。二者共同以物质和价值流动反映社会关系，通过信息传递促进社会再生产。由于分工不同，财务会计重视过去产品运营状况及相关信息，而管理会计则关注加工的“实际情况”，以更好地反映现在和未来的经济活动及信息，从而更好地监督和管理财务状况，提高经营效率，促进企业可持续健康发展。

第三，二者的职能与最终目标一致。“职能”和“目标”是两个截然不同的概念。职能是一种客观存在的根本特性；而目标是根据人们自身需求的变化和可能性对会计工作提出的要求，是一种主观意志，会随着外部环境的变化而变化。会计目标是指企业通过财务会计核算来达到一定的目的。这些目标可以通过提供有价值的信息来帮助企业更好地管理和控制其生产经营活动。管理会计采用了更加复杂的方法和技术，旨在通过更加精细化的管理实现企业的长远发展目标。

第四，二者是一个紧密结合的开放系统，共同为企业实现内部管理目标和满足外部利益者的需求提供服务。根据体系论，它们是由多个部分组成的有机整体，彼此密切联系，以实现系统功能和目标。在财务会计的发展和改革中，应充分考虑管理会计需求，提高信息交换处理能力和兼容性，避免重复和损失。尽管财务会计和管理会计在处理会计信息对象时有差异，但它们都采用科学的理论和方法，以更好地处理财务会计生成的信息。

第二节 管理会计的基本内容

现代管理会计可以细分为决策会计和执行会计两大类。

一、决策会计

决策会计又称“决策与计划会计”，有助于企业对未来进行正确预测和计划未来经营活动的核算。决策会计的核心内容是利用企业拥有的丰富信息和材料，对企业在实现投资决策目标过程中提供或使用的所有方法进行广泛的可行性分析，并与实际工作中的得失进行比较，从而帮助企业管理者全面、客观地把握形势，作出合理的评价和选择，进而促使企业实现投资决策的最大目标。“决策与计划会计”中的“计划”，是指以决策为依据，计算出企业所采用的相关方法和经济目标所需要的货币，形成企业生产经营活动计划。以上一系列处理，将形成相互协调的经济规划体系，该体系是企业生产经营的根本准则。

决策会计把研究和评价企业经营决策目标作为一项重要的会计核算任务，

依据目标，把企业投资决策所制订的相关计划数量化。首先，结合企业财务会计数据及相关资料，对企业经营效益、生产成本、产品销售、融资能力等进行估算；其次，对决策程序确定的对象按量来组织、协调，编制企业整体预算；最后，按责任制规定来划分，形成各个责任中心的责任预算。

（一）决策会计的对象

决策会计以企业和机构未来货币化资本流动的规律和结果为研究对象，即以货币为基础，计算未来一定时期内进出企业和机构的所有有形和无形资产的估计金额。决策会计与财务会计一样，是为了实现管理目标而对经济活动和财务预测进行的分析。

决策会计与财务会计的区别体现在以下三个方面：

第一，超前性与总结性。决策会计基于各种数据，先使用有关会计方法计算每个决策计划的预期效益，然后不断调整计划，并以此为基础评估和衡量决策项目的预期运作效益，体现出明显的前瞻性；而财务会计主要描述和反映资本活动的过程和结果，其核心是总结。

第二，可选性与唯一性。决策会计根据不同方案的决策需求进行设计，管理者可对多种差异化方案进行比较和选择，因此决策会计具有可选性；而财务会计的报告结果是独一无二的。

第三，假定性与真实性。决策会计是在企业现状的基础上，根据各种假设制定的，并使用适当的数字模型表达货币化的数量关系，决策会计的过程通常表现为线性的或曲线式的；而财务会计报告要求真实可靠，会计过程具有循环性和周期性。

（二）决策会计的职能

决策会计具有以下三种职能：

第一，参考职能。在我国市场经济环境中，企业之间的竞争日益激烈，决策会计应当使会计人员掌握各种财务及非财务信息并进行适当的转化，根据企业的实际需求设计和形成各种对决策有用的数据，以便为企业管理者进行决策提供参考。

第二，预警职能。近年来，社会主义市场经济快速发展，但企业各种信息的更新无法与之同步，而滞后的信息对决策往往是无意义的。决策会计系统利用外部和内部资源要素的变化规律来预测内外部环境的变化趋势，以及这些变化可能对企业发展造成的影响，从而起到预警的作用。

第三，参与决策职能。会计师参与公司高级管理层的决策主要基于现代市场经济发展的实际需要，包括公司内部的成本、费用、收入和外部的市场报价、税收等，所有掌握公司重要信息的会计师都可以参与决策，这是公司决策和规划具有及时性和有效性的有力保证。

（三）决策会计应遵循的原则

决策会计应遵循以下三个原则：

第一，相关性原则。决策会计从信息收集、处理和整理到反馈决策的过程，既要满足行业相关方的各种需求，也要考虑与企业利益相关的社会群体所需要会计信息的特征。

第二，谨慎性原则。在选择决策方案之前，要对方案面临的经营风险进行全面分析，对可能的损失和风险进行合理预测，即在决策时尽可能留出空间，使决策方案建立在更加稳定和安全的基础上，并尽可能降低运营商遭受损失的可能性。

第三，可行性原则。会计师在参与投资决策工作时，应全面审查投资决策的可行性，充分考虑可能性，降低甚至排除不确定性，以确保投资决策的准确性，并有效利用人力、物力、财力和信息技术，以达到预期效果。

（四）决策会计方法

决策会计的复杂性导致决策会计方法的多样化。决策会计通常采用以下两种方法：

第一，定性分析决策法。该方法是指会计师在作出投资决策之前，应结合自己的专业知识、经验或利用他人的专业技术、知识和经验，判断未来经济形势并给出投资决策计划，帮助企业管理者作出适当的经济判断和决策。定性分析决策法具有简单、快速和省时的优点，不足之处在于缺乏严格的论证，主观性较强。

第二，定量分析决策法。这是一种数学分析方法，即运用所拥有的信息构建数学模型，使用直线或曲线来体现未来某个时间点或时间段的经济行为变化。价值工程法、经济回收期法、现值指数法、矩阵法、经济批量法等都属于定量分析决策法。这种方法首先利用数学模型表达各个数量之间的关系，然后根据决策的前提条件计算各种可能所导致的结果，从而达到对若干选项进行定量比较的目的。

二、执行会计

执行会计也称“控制会计”或“控制与绩效评估会计”，是指在计划实施过程中，利用计划（目标）与实际情况之间的差异控制和执行绩效评估。为了实时掌握公司的现状，执行会计师首先需要列明标准成本和费用，并根据事实监督日常资本交易。其次，根据经济责任制的原则，对实际成本与标准成本或预算成本进行比较，并向相关部门反馈结果，以及时提出解决方案。最后，及时编制各职能部门绩效报告，用于评价工作效果。在执行会计方面，引入责任会计制度，可以帮助企业在内部建立更严格的管理框架，并对各种项目的实施进行合理安排和评估，以至最终实现控制目标。

（一）执行会计的核心

执行会计以责任会计为核心，旨在评估和控制企业的经营活动进度和效果。

1. 责任会计的含义

责任会计是指对企业内部各责任中心的经济业务进行规划和控制，以满足内部各个经济业务会计责任的要求，实现绩效考核和评价的一种内部会计控制体系。企业的组织结构与其责任会计制度密不可分。理想的责任会计制度能够反映并支撑企业的组织结构。

责任会计将企业内部财务责任制与会计核算相结合，以明晰的定义和理论框架为基础，将企业内部的财务管理活动与整体经营活动深度融合。具体而言，公司不仅要记录财务账目，还要按照内部经济责任制的原则明确责任部门（生产、研发、销售、管理等）和责任指标（营运资金、成本和收益），并实施会计控制，以达到经济效益最大化。将各责任部门的统一核算与分散核算有机结合，实施双重核算机制，有助于提高核算效率。

2. 责任会计的基本原则

责任会计的基本原则有以下三个：

第一，责任原则。要明确责任部门和责任指标，将公司的整体指标分解到各个部门，使各部门有量化的经济责任指标（资金、成本和利润等）。

第二，定价结算原则。按照一定的价格，划分不同的责任部门进行成本核算，以确定各责任部门的责任指标和完成的实际情况。

第三，利益原则。为了确保各责任部门指标的完成，应对其实行考核制度，并根据考核结果进行适当的奖惩。利益原则规定了三个基本步骤：事前设定总体目标，实施过程中实行监督，完成目标后进行评估和奖罚。

3. 责任会计的基础

公司实行责任会计制度需要考虑以下六个问题：①确定各责任部门的职责，并给予其适当的权限，以确保它们能够有效地完成业务管理任务。②科学合理地分解总体目标，让各责任部门确定目标和任务范围，实现部分目标和总体目标的统一。③为了便于对各责任部门的职责、任务和工作效果进行评估，各责任部门应为企业供给相应的产品和劳务。④一旦某责任部门在工作过程中对其他责任部门的利益造成损害，该责任部门应对受到损害的责任部门进行赔偿。⑤建立完善的奖惩机制，根据各责任部门的经营管理效果进行适当的激励和惩罚。⑥完善公司信息收集和处理系统，加强财务信息反馈，确保公司经营活动能够按照总体目标有序进行。

（二）执行会计的内容

执行会计包括预算编制、标准成本控制和责任会计考核与评价。

1. 预算编制

预算编制是一个复杂的过程，涉及公司预算的制定、业务范围的确定、各级预算的汇集和国家预算的汇编。对于上述四项工作，采取自下而上与自上而下相结合的“两上两下”方式，可使一线员工的意见或建议在管理层顶层汇集，中央的政策在基层落实，从而促进整个国家预算编制活动协调统一。

预算编制的原则有六个：①量入为出原则。预算应严格按照收支平衡的原则制定。②求真务实原则。应积极稳妥地落实收支计划，防止瞒报和弄虚作假。③综合预算原则。要实现预算内外资金的综合安排。④部门预算原则。部门预算是指与财务部门直接发生缴拨款关系的一级预算单位的预算。对一个单位来说，部门预算涵盖该单位所有资金的支出和收入预算，包括本级预算和下属公司的预算、一般支出计划和专项支出计划。⑤零基预算原则。人员支出按标准核算，公共支出按部门分类定额核算，职业发展和建设按轻重缓急核算。⑥在一般情况下不能调整预算的原则。部门支出计划制订后，除紧急情况和政策原因增加的基本费用建设项目和经财务部门审核后报相关部门批准调整的预算外，其他建设项目的费用不得根据当年的财务状况增加，应在制定下一年度预算时予以考虑。

2. 标准成本控制

标准成本控制是一种科学的方法，可以帮助企业准确地估算产品的成本费用，并以采取相应预防措施为基础，将现实生产成本与标准生产成本进行对比，以识别成本差异的主要原因和责任，从而有效地控制生产成本。

企业管理者在确定标准生产成本时，应当根据自身的生产技术和经营管理能力，在以下三个不同的原则下进行选择：①理想的标准成本，即公司当前可以实现的最佳生产成本水平；②历史平均成本，即公司过去一段时间内发生的真实生产成本水平；③正常标准成本，即公司在通常情况下，通过持续努力可以实现的生产成本水平。依据不同的原则确定符合公司实际的标准生产成本，旨在确保公司在制造过程中能够有效地控制风险、解决问题、避免错误。通常来说，正常标准生产成本会比理想的标准成本高一些，但会低于历史平均成本。

3. 责任会计考核与评价

责任会计是一种将企业内部财务管理责任制与会计核算进行结合的会计工作方式，考核程序如下：首先，集团各分公司财务部门应严格遵守责任会计制度，每季度由集团计财中心对分公司的责任会计报告进行审核，并根据审核结果及时优化，最终提交具体的责任报告。在实施责任会计制度的过程中，集团计财中心会每月进行一次抽查，确认责任会计制度的实施情况。其次，各主要费用的责任会计考核由集团计财中心统一承担，责任会计考核结果按月发布。最后，各分公司在集团总部责任会计考核的基础上，进一步制定自己的责任会计操作方法。责任会计制度实施后，还可以进行一系列的管理与考核，例如：发现责任单位会计账户管理不力、责任会计核算不足的，按照企业相关规章制度对该部门财务负责人处以 2 000 元以上的处罚；按照计财中心的相关要求，及时报告责任会计调整实施前的财务会计报告等。

第三节　国内外管理会计的演进历程

一、国外管理会计的演进历程

20 世纪初，美国管理学家泰勒的科学管理理论在实际工作中得到广泛应用，标准成本法和成本差异分析等新技术方法应运而生，管理会计也随之出现并逐步发展起来。20 世纪 40 年代，为了更好地实施任务控制和行为控制，“权责会计学”和“本量利分析”成为大学的重要教学内容并得到大力推广和应用。

20 世纪 60 年代，系统管理思想在国外迅速发展，系统管理学派随之诞生，为管理会计实务提供了一种新的理论框架。企业管理工作是一个复杂的系统，由多个方面组成。要实现企业内部经济活动的有效规划和控制，必须从企业领导和管理工作的各个方面入手，并从全局角度出发。

20 世纪 80 年代，美国管理会计委员会管理会计报告的发布，标志着管理会计朝着标准化、准确化和理论化的方向发展。进入 21 世纪以后，随着经济的发展及市场的驱动，世界各国对管理会计基础理论和实践的研究不断深化和拓展。未来，在各国研究学者的共同努力下，管理会计将在全球许多新兴行业得到广泛应用。例如，质量成本管理会计和资本成本管理会计推动现代会计在西方发达国家进入新的发展阶段。

2016 年，IMA 提出了一个全新的管理会计能力框架，该框架包括五个方面：①规划和报告能力，要求管理会计人员能够准确预测未来、评估企业绩效，并提供有效的决策支持。②决策能力，要求管理会计人员具备一些基本能力，能够指导决策、控制风险，并为企业营造遵守道德的环境。③营运能力，要求管理会计人员帮助企业完成运营转型，同时发挥跨职能业务伙伴的作用。④科技能力，要求管理会计人员必须掌握管理技术并熟练使用信息系统，以推动企业高效运转。⑤领导能力，要求管理会计人员必须具有领导者的特质，并能指导员工根据既定目标努力工作。IMA 的管理会计能力框架旨在帮助企业管理者和员工提升管理会计能力，还将管理会计能力分解为 28 项核心胜任能力，包括有限知识、基本知识、应用知识、熟练技能和专家五个级别，以期为企业发展提供有效指导。

二、我国管理会计的演进历程

我国管理会计的演进可以划分为以下三个阶段：

（一）吸收借鉴阶段（1978 年至 1991 年）

这一阶段，管理会计从西方国家传入中国。改革开放以来，国内学者陆续将国外管理会计的研究和实践成果引入中国，并对管理会计理论在中国的发展和应用进行了大量的研究和探索。从改革开放初期到 20 世纪 90 年代，中国在管理会计领域的学术研究大多集中在总结其他国家管理会计的发展历程、经验和方法方面。

中国管理会计的主要创始人余绪缨教授设立了中国第一门管理会计课程，并建立了中国现代管理会计课程的框架。在这个过程中，许多企业吸收了国外先进的管理会计经验，逐渐加深了对效率、投资决策和预算管理的认识。中国的会计制度也从过去的核算报销型转变为预算决策型，从过去的单一核算转变为现在的多方控制，实现了较大的飞跃。

（二）探索实践阶段（1992 年至 21 世纪初）

中国政府通过制度监督和政策引导两种模式，引导国内企业开展管理会计工作，推广了目标成本控制、预算控制和精益制造等现代管理会计手段。管理会计先在国有企业集中实施，然后在民营企业实施。近年来，许多企业特别是国有企业，已经开始探索和应用平衡计分卡（Balanced Score Card，BSC）和作业成本法等较为前沿的管理会计理论和工具，并产生了较好的社会效应。例如，许继电气通过采用作业成本法，大大提升了企业管理的一体化水平，提高了公司管理数据的准确性，为公司制定产品战略提供了有力的支持，同时完善了管理体系。

这一阶段的科研重点是管理会计学科在国内企业的应用和实践，即借鉴和引进国外管理会计理论和实践经验，结合国内经济特点和企业客观条件，形成适合中国当前经济形势的管理会计体系。

（三）纵深化发展阶段（21 世纪初至今）

信息技术和经济的不断发展，使中国管理会计进入转型发展的关键阶段。随着大数据、人工智能和物联网等的蓬勃发展，我国管理会计进入纵深化发展阶段。2014 年，《财政部关于全面推进管理会计体系建设的指导意见》明确提出构建中国特色管理会计体系的宏伟目标，为我国管理会计学的蓬勃发展提供了强大的支撑。政府的积极引导和企业的积极探索促使我国管理会计制度迅速发展完善。在这个阶段，我国的管理会计从国有企业占绝对主导地位转变为国有企业和民营企业百家争鸣的新局面。

海尔集团提出的“人单合一”管理模式，为企业和利益相关者带来了双赢的局面；京东以价值链为基础，实施全面的成本管理；华为建立了财务信息共享平台，实施全面的战略预算和责任管理，在世界处于领先地位。由于大数据技术的发展，企业可以更有效、更便捷地获取数据，从而使管理者和会计人员能够更全面地了解企业的经营状况，并动态评估企业财务数据，提升企业整体运营效率。

三、我国管理会计发展中存在的问题及应对措施

（一）我国管理会计发展中存在的问题

1. 管理会计的理论结构与制度体系

管理会计的理论结构是引导管理会计实务与应用创新的重要前提和保证，是管理会计指引系统“落地”的主要基石。根据改革开放 40 余年的现实考察，我国会计理论界普遍存在重财务会计、轻管理会计的现象，理论制度研究也偏向财务会计。2014 年以来，我国政府部门越来越重视管理会计，管理会计理论与实践领域均呈现蓬勃发展的新局面。但是，管理会计具有很强的“专用性”，某一公司的经验，其他公司是不可能简单效仿和学习的。对于其他公司的经验，企业应结合自身实际，有针对性地加以利用。目前，现代管理会计的实际应用环境仍处于“逐渐形成了依托国内大循环，国内外‘双循环’互相促进的发展新格局”。在这种情况下，我国管理会计创新面临着较为严峻的挑战。

截至 2022 年，我国的管理会计工具已有 34 项。冯巧根（2022）认为，未来我国管理会计工具体系可以考虑在预算管理类别中增加“超越预算”“改进预算”等，在成本管理类别中增加“质量成本管理”“产品生命周期成本管理”等，在营运管理类别中增加“精益管理”“标杆管理”“全面质量管理”等，并且要注重管理会计工具创新的动因管理。按场景开发与应用新的管理会计技术、手段与方法等具有积极的现实意义。

当下管理会计应结合“中国式现代化”的发展目标与要求，积极适应信息披露方式变革，主动实施数字化转型。企业要通过数字化转型培育新优势，增强“双循环”融合动能，促进管理会计工具的创新，揭示数字化价值的信息质量特征，推进管理会计工具的数字化、智能化。

2. 管理会计的理论支撑

市场经济在实际运行中所遇到的问题主要是理论支撑不足。例如，国际贸易与经济社会合作领域存在的种种矛盾与摩擦等，不只是传统原料处理与消费的理论与方法，更是数据经济社会地缘政治竞争，这一切均需要科学的理论作为支撑，并提出解决方案。另外，构建中国特色管理会计理论与方法

体系也要跟上时代步伐。随着我国宏观经济改革的不断深入，管理会计体系构建面临严峻挑战，这为管理会计人员提供了新的契机。很多经济学理论强调成本最小化原则，但在现实中，会计权益的维护并不只是单纯地考虑成本最小化的问题，也要兼顾国内外贸易法规对公司权益的约束。因此，要不断发展市场经济理论，开拓经济学研究新范式。

3. 管理会计工具创新

数字经济的发展必将对管理会计产生重大影响，中国企业数字化转型需求越来越迫切。管理会计工具的创新应遵循数字技术的发展规律：第一，“速度”是数字经济时代的关键竞争因素。优先建立信息共享平台的企业能提升管理速度和效率，进而提升企业竞争力。第二，“合作”是企业发展的基石，将网络技术和数字技术结合起来，有助于加强企业与合作伙伴之间的沟通。第三，“业务断层”作为数字经济时代的新概念，挑战了传统行业的商业规则和制度，并为新兴行业带来新机遇。过去10多年来，零售、旅游、餐饮行业发生了巨大变化，如亚马逊的经营管理模式挑战了原有的沃尔玛管理模式，滴滴出行颠覆了原有的出租车业务。第四，价值链重塑和供应链管理也在不断演变，促使全行业发生了史无前例的变化。随着互联网的蓬勃发展，产业创新和价值链重构将变得更加重要。企业应该抓住市场机遇，利用数字技术改造产业链和价值链，不断创新管理会计工具，为现有和潜在客户提供更优质的服务，并重塑供应商团队。第五，个性化管理与定制管理并存。管理会计工具要结合规模性定制与个性化定制等，采用变量修正的方法，实现规模化量身定制与个性化服务的衔接，推动制造智能化，在数字化改革中促进管理会计工具的创新与驱动。

（二）我国管理会计的应对措施

1. 依据中国情境创新管理会计理论和方法

2021年11月，财政部在《会计改革与发展“十四五”规划纲要》中明确提出，要推动会计、审计工作数字化转型。企业借助数字化手段对管理会计工作进行改进，积极应对应用环境变化，要选择合理的管理会计工具，对信息和数据资源进行客观揭示，并提供有针对性的管理会计报告。大数据技术的兴起，逻辑回归、朴素贝叶斯、随机森林、神经网络等技术的应用，为非结构化数据在管理会计领域的集成应用提供了强有力的支持。将数字技术与管理会计工具或其概念结合，可以更好地反映信息支持系统的有效性和管理控制系统的功能。但是，这也会给企业的保密工作及其他管理会计制度建设带来新的挑战。因此，企业应加强对管理会计工具的创新，完善信息支持和其他系统功能，且在嵌入数字技术时做好风险管理。

2. 实现可持续性发展的管理会计制度创新

管理会计制度优化需从动态规则和路径变迁出发，并在情境化知识创造的过程中强调将“制度内部化与知识全球化”作为管理会计谋求理论突破的新思路，即当国家对“双循环”有新的目标要求时，管理会计准则要随之进行调整。管理会计是企业管理中的一项重要内容，其作用和影响渗透在企业生产经营过程中。在管理会计实践中，必然会有政府与市场之间的利益摩擦，要让市场资源配置起到更加积极的促进作用，政府部门对管理会计制度的指导必不可少。市场资源配置是指合理配置社会资源，完善市场机制，促进公平竞争，把市场竞争的外部压力转变为企业内部的动力，从而把政府“看得见”的手和市场“看不见”的手统一于管理会计实践。

我国管理会计制度创新在很长一段时间内遵循着渐进式发展道路，在数字经济时代的管理会计实践中，一些传统的手段和方法已经限制了企业的可持续发展。这是因为，这些传统的手段和方法在面对快速变化的市场和技术环境时，往往没有足够的灵活性和敏捷性。因此，需要对管理会计制度体系进行优化。但是，体制间常常相互嵌套，使得渐进式改革难以推进。在此背景下，需要进行独立自主的颠覆式革新，而不仅仅是简单地引进、消化和吸收国际管理会计工具。长期以来，管理会计照搬其他学科的范式与理论，极大地影响着中国特色管理会计理论和方法体系的构建。将文化知识和中国特色管理相关的创新概念融入管理会计的研究范式，可以更好地解决我国管理会计实践中面临的问题，推动管理会计制度的进一步完善。

第四节　管理会计理论前沿

一、“十字型”决策法

（一）“十字型”决策法的概念及特点

“十字型”决策法，就是用“十字型”坐标来分析管理会计决策。该方法需要依据“十字型”坐标设计对象或想要达到的目标，并且在四个象限都给出了相关概念（指标），接着对企业预期目标和“十字型”坐标中四个象限的指标实施量表管理和控制，最终找到最佳方案，或者行之有效的管理方法。“十字型”决策法是一种与企业决策有关的动态思考框架，也可以说是企业决策时的工作底稿，其目的是协助企业管理者处理所涉及的问题，借助管理会计信息支持系统与管理控制系统并运用理念、指标（或工具）等进行综合分析和合理判断，让企业注重价值创造和价值增值，进而作出科学的决策。

“十字型”决策法有四个特点：①动态性。管理会计的对象不是固定的，会随着市场环境的变化而变化。管理会计工具的创新要体现灵活性和多样性，以及知识、技能和方法的有机结合，以提升企业实践的可靠性和有效性，提高解决实际问题的能力。②延展性。坚持管理会计的“二元论”，即将传统的大会计学科分为财务会计与管理会计，通过截取“十字型”坐标将管理会计工作进一步分解。③开放性。“十字型”决策方法是“非正式工具”的延伸，它不仅是一个开放的分析框架，也是一个全面的管理会计分析平台，其开放性体现在三个方面：一是不仅追求原汁原味地运用管理会计工具，还关注在中国市场运用管理会计工具的实际情况；二是不仅追求工具的使用形式，更加关注工具运用的实际效果；三是不仅追求使用单一管理会计工具，还重视综合运用多种管理会计手段或指标。④易于操作。“十字型”决策法简单易行，是基于管理会计“可理解性”的一种应用和创新。

（二）“十字型”决策法下的企业创新

为了使管理会计实践的创新更有针对性和有效性，可以使用“十字型”决策法来总结和细化企业管理会计案例。通过“十字型”决策法，对相关对象进行分析，提炼管理会计实践的价值内涵，有利于加深对管理会计的理解。管理会计的案例总结常常和经营模式创新联系在一起。经营模式的形成和发展主要受到两方面因素的驱动：一是成本；二是收益。管理会计案例以“十字型”决策法为基础，以信息支持系统和管理控制系统为核心，以成本和收益为支撑，深入探索商业模式的形成和发展，以期获得更好的经济效益。“十字型”决策法的基本框架如图 1-1 所示。

图 1-1 的上半部分是以收益为导向的模型，以日本京瓷公司和中国海尔公司为例进行分析；下半部分是以成本为导向的模型，以日本丰田公司和中国邯郸钢铁公司为例进行分析。在以收益为导向的模式下，时间价值、速度

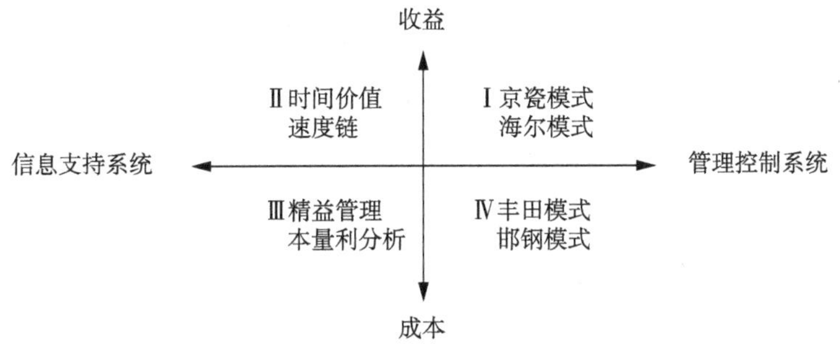

图 1-1 “十字型”决策法的基本框架

链是较为常见的信息支持（价值计量）工具。例如，京瓷公司利用单位时间核算反映时间价值，用阿米巴组织反映小经营主体在时间上的输出效果，即强调时间的公平性。速度链管理是由某个小经营主体组织的提速引发其他组织链条提速的机制，其经济含义如下：一味地节省成本虽然可以增加企业的生产能力剩余，但通过发现存在的机会损失来寻求更大的收益更为重要。因此，利用“十字型”决策法，围绕信息支持系统寻求收益的新路径成为京瓷公司的战略选择，这样京瓷公司便可以更有效地利用剩余人员，改进工作方法和流程，并开拓产品的新用途或开发新产品，从而使收益最大化。图 1-1 中的精益管理和本量利分析是常用的成本导向模型，可以用于衡量信息的价值。目前精益管理是“互联网+”推动下产生的一种管理需求。换句话说，智能互联产品会让员工、原料、能源、工厂和设备生产效率大大提高（波特，2014），实体经济的各项业务流程也会受到影响。在过去，本量利分析主要用于计算企业销售额、成本和利润之间的关系，并通过确定最佳销售数量来优化利润。然而，在现代管理会计控制系统和信息支持系统的支持下，本量利分析已经发展为一种更全面的分析方法。企业可以根据市场需求和竞争环境制定全面的销售策略，并通过评估绩效和实时数据来监控和调整策略的执行。

二、区块链技术下管理会计的业财融合

（一）区块链嵌入业财融合的价值链管理

区块链是建立在共识机制上的分布式记账系统，是一门新兴技术，也是管理领域的一种思维方式，其基本原理是通过节点认证和时间戳生成新的区

块数据。区块链能够以编程方式记录任意资产的价值，并具有可追溯、真实透明、不可篡改等特性。基于区块链的管理会计实现了业务与财务的整合，通过纵向价值链的拓展，将供应链、生产链和销售链结合起来。每个企业作为一个节点，在区块链上保存交易信息，并经由共识机制确认，为经营管理和财务管理提供真实、透明的数据，降低信息不对称带来的交易成本。

以区块链技术为核心的业财融合是一种专业化的管理理念。通过业财融合，企业能够优化作业流程，降低价值链中各环节的成本，提高核心竞争力，实现价值最大化。

（二）区块链嵌入业财融合的预算管理

区块链技术支持下的全面预算管理可以实现预算的全面制定和实施，同时确保信息的共享和不被篡改。全面预算管理是业财融合的一种机制，而区块链的应用进一步完善了这一机制。通过区块链技术的嵌入，各个跨部门主体能够以“块”的方式对价值链活动进行统筹，预算管理也可以在交易主体之间扩展，以实现价值链收益的最大化和费用的最小化。这种链式预算管理能够有效实现区块链中的价值流转。区块链嵌入业财融合的预算管理在以下四个方面有所改进：①预算执行。区块链中的共识机制能够极大地提升公司或者部门之间的信任度。智能合约是指每个成员企业或者部门根据预先设定的规则，自动履行契约，保证预算单位经费的实时收支，以及交易信息的透明。②预算控制。预算控制是指对成本收入进行预算管理，建立在链中企业利润最大化的基础之上，能够从整体上提高企业的竞争力。③预算决策。企业结合自身数据、链上数据和大数据，可以作出预算与决策，实现自己的商业模式。以区块链为基础，管理会计能够突破信息壁垒，使企业以较低成本获取实时决策信息。④预算考核。预算考核是指对跨组织的企业或者部门绩效进行评价，包括协作所产生的整体利益，以及成员之间的利益。区块链技术具有信息透明、共识性强等特点，规避了因信息不对称而导致的利益侵占问题。

三、商业智能管理会计体系

商业智能可以使用现代的数据仓库技术、线上的分析和处理技术、数据挖掘与数据展现技术分析数据，从而高效实现商业价值。企业在推进会计智能化的过程中，会建立健全管理会计体系，准确记录和分析生产经营业务，向管理人员提供相应的管理信息，以协助他们制定未来发展计划。商业智能管理会计体系包括一个目标、两套系统、六项工作内容和许多种手段。一个目标，就是通过工作达到创造价值的目标；两套系统指数据信息系统和管理支持系统；六项工作内容为风险管控、投融资决策、经营管理、成本管控、绩效管理和预算管理；手段是指对应系统在运行过程中采用的程序、分析方法等。商业智能管理会计体系整体框架如图 1-2 所示。

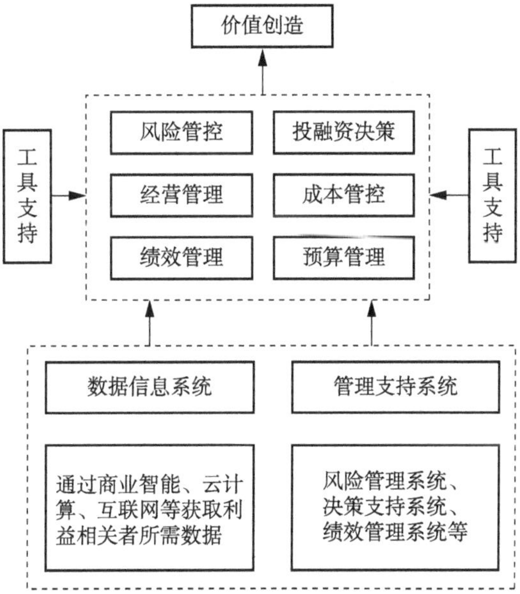

图 1-2 商业智能管理会计体系整体框架

企业管理人员在进行融资决策时，需整合全部数据信息。决策支持系统需要利用数据信息系统、风险管理系统和绩效管理系统收集与整理信息。使用 ETL 技术，可以提取相应的数据，并将收集和整理好的数据保存到内部综合数据仓库中。接下来，可以应用联机分析处理（Online Analytical Processing，OLAP）等技术对数据进行分析和总结，以生成信息列表，为管理层提供信息支持。下面将通过第五节的案例来展示商业智能管理会计体系的运用。

第五节 管理会计案例

三祥新材股份有限公司（简称“三祥新材”）创立于 1988 年，是一家高新科技公司，秉承“节能、环保、绿色管理”的理念，致力于开发、制造电熔氧化锆、铸造改性材料等新型材料，其产品被广泛应用于汽车、医疗等行业，并在30多个国家获得了良好的口碑。三祥新材于2016年8月在上海证券交易所成功上市，股票代码为603663。

一、商业智能管理会计体系的构建

为了充分发挥管理会计的作用，促进企业持续提高经营收益，三祥新材积极引进商业智能技术，加快商业智能管理会计体系的构建，加强生产经营数据分析，以确保各项战略决策的准确和有效。

首先，明确商业智能管理会计体系的总体框架。三祥新材积极建设商业智能管理会计体系，旨在对成本支出进行有效管控，完善经营管理，使战略决策的效果达到最优。三祥新材所构建的商业智能管理会计体系框架如图1-3所示。

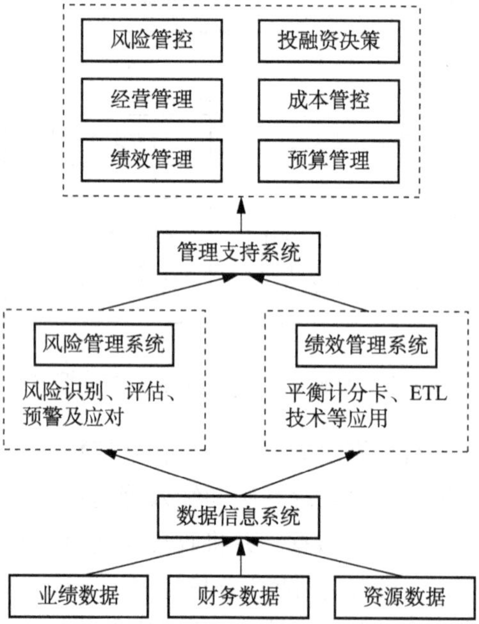

图1-3 三祥新材商业智能管理会计体系框架

其次，建立数据信息系统。为了确保商业智能管理会计体系能够有效地进行信息分析和处理，三祥新材在确定总体框架后进行了数据信息系统的建设：第一步，将下属分公司和全资子公司的财务责任中心按地域分为两类，即福建省内和省外二级财务责任中心，再根据归属，确定三级财务责任中心；第二步，根据业务范围、经营任务的不同，将虚拟责任中心分为生产企业、研发企业和电力企业三大类，以确保财务管理的有效性。财务责任中心的具体划分见表 1-1。

表 1-1 三祥新材财务责任中心划分

一级责任中心	二级责任中心	三级责任中心	编号	市场部	采购部	……
三祥新材财务责任中心	省内财务中心	杨梅州电力	1			
		新材料研究院	2			
		福州公司	3			
		福州分公司	4			
	省外财务中心	宁夏公司	5			
		上海分公司	6			
虚拟责任中心	生产企业	福州公司	3			
		福州分公司	4			
		宁夏公司	5			
		上海分公司	6			
	电力企业	杨梅州电力	1			
	研发企业	新材料研究院	2			

在建立了责任中心之后，三祥新材启动了信息流转体系建设：对企业主数据进行明确的规范；责任中心需共享全部主数据，并对会计科目、产品、客户和其他资料提出要求，继而制作标准主数据汇总表。

有了明确的数据规范，三祥新材立即启动数据信息系统的建设。根据企业的实际情况，这个系统由三个重要部分组成：一是数据收集系统，主要职责是汇总各种结构化和非结构化的数据；二是数据存储系统，根据总体组织架构，在每个二级财务责任中心设立一个数据存储中心，并将其连接成一个完整的数据仓库；三是数据处理系统，该系统将对收集到的所有生产经营数据进行分类整理，并综合分析数据的变化，预测企业发展趋势并挖掘潜在问题，再对得到的信息进行整合并存入数据仓库。

再次，组织管理支持系统的建设。第一步，建设风险管理系统，旨在及时发现生产经营过程中的问题，并作出合理的战略决策。三祥新材建设风险管理系统主要有以下四个程序：①构建风险识别子系统，实时分析数据信息系统收集和整理的信息，找出隐含的风险因素，并汇总储存在风险信息库中；②构建风险评估子系统，辨析信息库内保存的资料，厘清相关要素对应的风险类别；③构建风险预警子系统，依据评价结果，对风险因素的变动趋势进行分析，预估其出现的概率，当出现概率高于警戒线时，对高管进行预警；④构建风险应对子系统，根据评价结果，制定策略。第二步，建立绩效管理系统。三祥新材利用 ETL 技术设计数据信息系统，然后从风险管理系统和绩效管理系统中收集数据并进行整理，再把收集和整理好的数据保存在一个内部的综合数据仓库。第三步，建立管理支持系统。运用 OLAP 技术进行信息分析，找出其中隐藏的信息，然后进行总结分析，产生信息汇总表，以便更好地进行决策。

二、商业智能管理会计体系的应用效果分析

商业智能管理会计体系启用后，三祥新材各项工作包括经营管理和成本管控，都取得了明显进步。第一，企业的运营周期逐步缩短。在该系统投入运营之前，三祥新材的运营周期为 89 天，在该系统启用之后，运营周期迅速缩短到 85 天，使用一年后，运营周期缩短到 75 天。第二，存货成本管控成效显著。三祥新材依据系统显示的存货信息编制了合理的物资采购计划，并适时进行调整，物资的采购成本得到有效控制。第三，资金管理效果显著，具体体现在以下三个方面：①对现金流进行全程跟踪，从而提高了各个分公司现金需求和使用情况的管理效率。②能够提醒下属企业按时办理贷款结息，从而对成本开支进行有效控制。③财务费用控制效果显著。企业 2018 年财务费用为-1 169 329. 81 元，2017 年财务费用为-589 334. 97 元，这表明利息收入超过利息支出，且增长幅度加大。第四，利润水平大幅提高。三祥新材积极采用阿米巴经营管理模式，把自己分成若干个小组织，明确各组织成员职权，并运用商业智能管理会计体系进行监督和管理，充分调动了员工的积极性，切实提高了企业的生产效率和利润。三祥新材 2018 年营业收入近 6. 0 亿元，同比增长 46. 75%；归属上市公司股东扣除非经常性损益的净利润为 7 215. 9 万元，比 2017 年增长 41. 55%。

思考及讨论题

1. 简述管理会计的定义及主要特征。
2. 决策会计有哪些职能？
3. 简要介绍执行会计的内容。
4. 简述中国管理会计的演进历程。
5. 我国当前的管理会计存在哪些问题？该如何解决这些问题？

02 第二章 成本性态分析

第一节　成本与成本对象

一、成本

（一）成本的含义与演进过程

国内外学者对成本的含义进行了持续的探究。从演进过程看，成本含义的侧重点不尽相同。

我国西汉时期就出现了成本计算的思想：司马迁《货殖列传》中的“豫章出黄金，长沙出连锡，然堇堇物之所有，取之不足以更费”，就反映了成本计算思想，只是此处的“成本”和“费用”两个概念很难区分，所要表达的仅仅是一种朴素的“节用”思想。到了东汉时期，成本的概念则明确为资源的耗用，且仅是简单的统计与计算工作。

20 世纪以来，国内外学者对成本的含义进一步清晰。美国会计学家劳伦斯（1925）在其编著的《成本会计》一书中提出，成本是工厂制造与推销其产品所发生的一切费用的总和，由此对“成本”和“费用”两个概念进行了区分。AAA（1951）在《成本概念与标准》报告中对成本的定义是：为了实现一定目的而付出（或可能要付出）的、用货币测定的价值牺牲。该定义的特点是不再局限于以某个具体的成本核算对象来界定成本的概念。我国学者在此基础上也对成本的概念进行了探究。著名会计学家娄尔行等（1951）指出，成本是完成一项作业，或者企图完成一项作业时，直接或间接因作业而付出或耗费的有形和无形的代价。这个定义强调了成本的特定目的性。曲晓辉（1988）也持有类似的观点，在其论文《论成本观念的广义化》中指出，成本不是牺牲的或放弃的价值，确切地说，成本是为特定目的所支出的价值。

1996年，中国会计学会核工业专业委员会课题组在《我国当代企业的成本管理问题——成本观念需要更新》一文中指出，成本是企业为实现一定经济目的而耗费的本钱。

21世纪以后，学者们对成本概念的研究趋于纵深化，与现实经济和社会发展阶段的联系日趋紧密。阳昌云（2000）指出，成本在本质上反映了资源配置的效益，而资源消耗和时间因素是成本形成的基本因素；成本具有空间性、系统性、连续性、补偿性、责任性和综合性等特征，在定义成本时应考虑这些。陈汐、沈红（2003）从经济学、管理学和会计学的角度对成本的概念进行了比较分析，指出会计学角度的成本概念强调了其计量属性。近年来，战略管理思维在企业管理中占据重要地位，战略成本的概念由此形成并发展起来。陈骏、徐明哲（2003）指出，战略成本概念中的成本不仅限于产品制造过程，更重要的是保持企业长期的竞争优势；战略成本是公司为加强（或维持）其竞争地位而付出的代价，通常包括时间成本、市场成本、学习成本、智力成本等。

综上所述，可得出以下三个结论：第一，成本是为实现某一经济目标而有意发生的，这个经济目标与产品、设计、客户、部门或运营等有关。由此扩大了成本的内涵，出现了产品成本、责任成本、质量成本、战略成本等概念。第二，成本是失去或放弃的经济资源，该资源包括物质资源和非物质资源、有形资源和无形资源，所有对有价值的经济资源的放弃都是成本经济内容的主体。第三，成本可以用货币计量，这是成本含义的核心内容。

成本的含义随着经济的发展及企业组织形态的变化不断演进，我们可以将成本定义为各种资产、资源或价值的牺牲或代价，或者为实现特定目的而耗费的资源。

（二）财务会计中的成本与管理会计中的成本

主体和环境的不同，使得财务会计和管理会计两个领域的成本侧重点也不同。

财务会计中的成本是显性成本，可以用货币衡量，通过会计账簿反映，强调以历史成本计量属性为主反映会计事项。具体来说，财务会计中的成本是指在正常的生产经营过程中，为获得资产或劳务而使用的可用货币计量的经济资源消耗。生产经营中的消耗包括产品生产过程中消耗的材料、劳动力和间接费用等。财务会计中的成本可以通过货币支出、转让财产、承担的负债或消耗的劳务来确定。

财务会计的目标主要是向公司外部各利益相关者提供各种能够对其决策产生影响的财务信息。因此，在财务会计中，成本是根据财务报表的需求定义的，并遵循会计准则或会计制度的规定。财务会计强调成本的计量属性，认为成本必须可以用货币计量，是面向过去的。

管理会计中的成本是应用及发展较迅猛的概念之一。国内外有关学者对管理会计中的成本进行了概念界定，较为一致的观点是：在达成某种目的的过程中可被对象化，可用货币衡量的各种资产、资源或价值的牺牲或代价。

与财务会计中的成本相比，管理会计中的成本不再强调与特定计量对象的关系，而是侧重目标导向。此外，管理会计中的成本不仅包括可计量的成本，还包括帮助管理者作出决策的成本，如机会成本和差别成本。这是成本概念的延伸，由成本的决策职能决定，无法在会计科目中体现。在管理会计得到广泛应用后，有学者提出了多维成本的概念，即管理会计中的成本：管理会计服务于公司内部的业务决策，根据决策需求或管理需要，应计量不同维度的成本，既包括已发生的成本，也包括未发生的成本。

（三）成本与支出、费用的关系

美国财务会计准则委员会在其第 6 号公告中对费用作出了如下定义：“费用是指某一组织为了完成其持续的、主要的或核心的业务，提供应交付或已生产的货品、应尽的劳务或进行其他活动时应付出或耗用的资产，或因此承担的负债，或两者兼而有之。”该定义表明，费用是一种以取得收入为目的的耗费，是企业以取得营业收入为目的的一系列经营活动所导致的耗费，强调与收入的匹配性和因果联系。

成本与费用密切相关。AAA 将成本分为两个概念，即已耗成本和未耗成本，并且将已耗成本定义为费用，将未耗成本定义为资产，则成本就是对象化了的费用。成本与费用有一定的关系，但也有本质的区别。成本与资产或劳务有关，即成本是为了获得某一资产或劳务而付出的代价，因此不能抵销收入，只能以资产的形式反映在资产负债表中；而费用是为了获得收入而发生的资源耗用，可与当前收入相抵销，最终在利润表中呈现。成本和费用有双向转化的关系，成本可以通过资本化过程转化为费用，费用可以通过对象化过程转变为成本，二者的转化关系如图 2-1 所示。

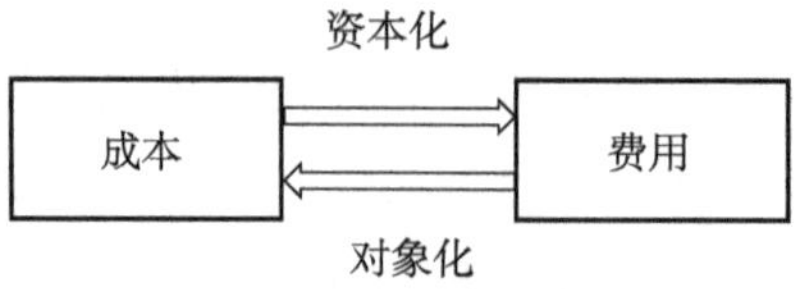

图 2-1 成本与费用的转化关系

如果企业为了生产某种产品而购买某种设备并交付使用，则形成固定资产的采购成本，这意味着费用转化为了成本；设备作为资产投入使用后按期计提折旧，则被确认为是制造费用，是成本转化为费用的过程；当制造费用分配结转至产品的生产成本时，又是一个费用转化为成本的过程。

在管理会计中，一般不需要特别区分是成本还是费用。在实践中，管理会计中的成本不仅包括财务会计中的成本，也包括财务会计中的费用。

支出是企业在生产经营活动中经常发生的业务，是指经济单位为实现一定目的进行支付而引起的资源减少。支出不是管理者单方能控制的，是一种随机的、被动的资源减少。支出可分为收益性支出和资本性支出两种。《企业会计制度》规定，仅在本年度（或营业周期）产生效益的支出，属于收益性支出；收益性支出遵循配比原则，构成费用，计入当期损益。如果支出产生的效应跨越多个会计期间，则属于资本性支出；根据配比原则及资产的定义，可暂时将其视为为形成资产而产生的成本，按照一致的折旧方法计提成费用并在各会计期间进行分摊。当期支出可能是现在和未来的费用，过去和未来的货币支出也可能是当期的费用。

二、成本对象

成本对象又称“成本核算对象”，是指为核算成本而确定的收集和分配成本的对象，即成本费用的承担者。在实践中，可根据企业成本核算的需要确定成本对象。制造企业的主要业务是生产和销售产品，其成本对象主要是产成品的品种、批次等。随着企业业务的多样化和成本计算方法的日趋复杂，可进一步将成本对象细分为规格、运营、设计、部门，甚至是责任中心。

成本对象的确定取决于产品的生产特征和企业的管理要求。企业在产品生产中可能是单步骤生产或多步骤生产。如果是发电企业等单步骤生产企业，其单个产品的生产是一次性完成的，则不能将步骤作为成本对象，可以将品种或批次作为成本对象。如果是冶金企业等多步骤生产企业，则将步骤与品种相结合作为成本对象较为合理。大规模、重复生产的企业一般将产品品种作为成本对象。实施责任成本管理的企业可将投资中心、利润中心或成本中心作为成本对象。

成本与成本对象的关系如图 2-2 所示。

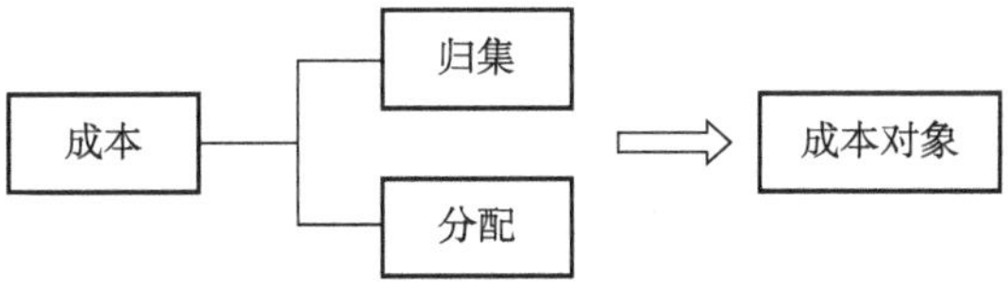

图 2-2　成本与成本对象的关系

第二节　直接成本与间接成本

生产成本是企业生产产品的支出，按照成本与特定对象的关系，可将生产成本分为直接成本和间接成本。

一、直接成本

（一）直接成本的概念

直接成本是指直接用于产品生产过程的各种成本。一定时期内的总直接成本会随产量的变化而变化，而成本与产量的变化通常成正比，因此直接成本也称变动成本。尽管总直接成本因生产而异，但在给定的生产区域，单位产品的直接成本基本不变。

直接成本包括直接计入成本和直接生产成本。直接计入成本是指生产成本发生时可以直接计入某一成本核算对象的成本。一项生产成本能否直接计入成本，取决于该项成本是否与成本核算对象直接相关。

（二）直接成本的内容

直接成本包括直接材料和直接人工两部分。企业生产经营过程中所消耗的原材料、备品配件、外购半成品、生产工人计件工资等，通常都属于直接成本。

直接材料包括直接用于产品生产，形成产品实体所发生的原材料、外购半成品、设备折旧等资源的耗用。

直接人工是指直接从事产品生产的工人的工资及薪酬，如工资、奖金、其他福利等。

二、间接成本

（一）间接成本的概念

间接成本是指当生产成本发生时，与生产过程无直接关系，难以直接计入成本核算对象的成本，但根据发生地点或用途，应在期末按一定方式计入相关成本核算对象的成本。

间接成本包括间接计入成本和间接生产成本。间接计入成本是指在生产费用发生时不能直接计入成本核算对象的成本，必须按发生地或使用目的进行归纳、经核算后计入相关成本核算对象的成本。该类成本在月末按照特定的分配方式进行分配。选择合理的分配标准来分配间接计入成本非常重要。间接计入成本的分配标准必须与分配费用的发生紧密关联，否则会影响间接计入成本分配的合理性和产品成本核算的准确性。间接生产成本是指与产品生产过程没有直接关系的成本，如机械材料的消耗、辅助工人和车间管理人员的工资、车间建筑物的折旧等。

（二）间接成本的内容

间接成本包括车间管理人员的工资、折旧、租赁费、维修费、机械材料消耗、水电费、车间办公费等。停工损失一般也属于间接成本。

间接成本和直接成本可以相互转化。在产品生产过程中，管理者所发生的费用被归为间接成本。然而，如果管理人员在进行管理工作的同时，还参与了一线运营的生产工作，他们的资金支出将由间接成本变为直接成本。

（三）间接成本的分配方法

间接成本的分配方法有以下四种：

第一，占地面积法。这种方法普遍适用于土地成本的分摊，是指按照开发成本对象占开发用地总面积的份额进行分配。根据不同的开发方式，该方法可具体分为两种：①一次性开发的，按某一造价对象占造价对象总面积的比重进行分配。②分期开发的，先按照当期所有成本对象的实际占地面积占实际开发面积的比重分配，再按单一成本对象的占地面积占所有成本对象的占地面积的比重进行分摊。

第二，建筑面积法。该方法普遍应用于公共配套设备的成本分配（仅指过渡成本对象的核算）。所谓建筑面积法，是指按照开发成本项目的建筑部门占发展中国家全部建筑部门的比重进行划分。根据不同的开发方式，该方法可分为两种：①一次性开发的，必须对特定成本对象的建筑部门与成本对象的总建筑部门进行划分。②分期开发的，先按照当期所有成本对象的实际建筑面积占实际建筑面积的比重分配，再按单一成本对象的建筑面积占所有成本对象的建筑面积的比重进行分摊。

第三，直接成本法。该方法通常应用于借款费用的分配。所谓直接成本法，是指按某一成本项目的直接开发成本与当期所有成本项目的直接开发成本的比重进行分配。

第四，预算成本法。该方法涉及贷款费用的分配。所谓预算成本法，是指按某一成本对象的预算价格占当期所有成本对象的预算成本的比重进行分配。

对土地成本、公共配套设备成本和借款费用的分配，必须按照以上四种方法；对于其他成本或费用的分配，企业可以选择其他方法。

第三节　固定成本与变动成本

一、成本按性态分类

成本性态又称“成本特性”，是指业务量与成本变动之间的依存关系。按照成本性态，可将成本分为固定成本和变动成本。

（一）固定成本（Fixed Cost）

1. 固定成本的概念

固定成本是指总成本中不随业务量的变化而变化，在一定时期内和一定业务量范围内保持不变的部分。制造企业的生产设备、厂房、办公楼的折旧费，行政人员的工资、办公费、劳动保护费、租赁费、修理费、职工福利费等，都是固定成本。固定成本虽然不受销售量或工作量等的影响，但每期都要支付固定费用，其单位固定成本会随着时间的推移及业务量的变化而变化。

2. 固定成本的分类

固定成本通常可分为两类：约束性固定成本和可自由支配的固定成本。

约束性固定成本是指为形成和保持一定的生产经营能力而一定要花费的成本，不受管理者短期决策的影响。厂房和机械设备的折旧，照明费用，行政人员的工资、租金、保险费、财产税等，都是约束性固定成本。约束性固定成本实际上是企业维持正常经营所需支付的最低固定成本，其数额仅由企业生产经营的规模和质量决定。约束性固定成本由管理层酌情决定。除非企业改变经营方向，否则短期的决策不会影响约束性固定成本，所以这类成本也称为“承诺成本”。这类成本与维持企业的生产经营能力有密切关系，因此也称为“经营能力成本”。

可自由支配的固定成本是指在会计年度开始之前，由企业管理者结合财务资源和经营状况制定的计划期间预算金额逐步形成的固定成本。这些成本受到管理权限和具体时期的影响，不受短期决策的影响。新产品的开发费用、广告费用、员工培训费用等，均属于可自由支配的固定资产。这类成本的数额取决于管理层的经营决策，不具约束力，可权衡各种情况而定。这类成本支出的多少，会影响企业未来的竞争力。鉴于这类成本的预算在预算期内有效且保持不变，企业管理部门可以根据具体情况的变化确定不同预算期的预算金额，因此这类成本也可称为“可选固定成本”。一般来说，降低总固定成本就意味着降低总可自由支配的固定成本。

3. 固定成本的特征与性态模型

固定成本的总额不变。固定成本的总额不随业务量或作业量的变动而变动，是固定的金额。在坐标轴上，该类成本线是一条与横轴平行的直线，它的成本性态模型为 $y=c$（如图 2-3 所示），其中 c 是一个常数。

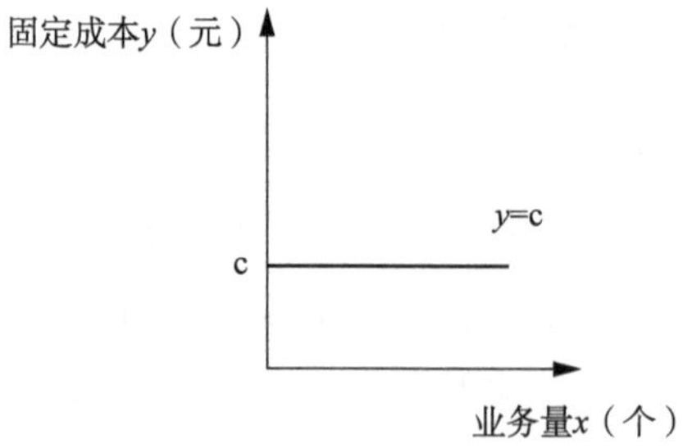

图 2-3 固定成本总额性态模型

单位业务的固定成本（固定单位成本）与业务量的变化成反比。就固定成本而言，单位固定成本随着业务量的变化必然发生反方向的变化。随着业务量的增加，单位固定成本会减少；反之，单位固定成本会增加。单位固定成本在坐标轴上是一条反比例曲线，用公式表示为 $y=c/x$（如图 2-4 所示）。

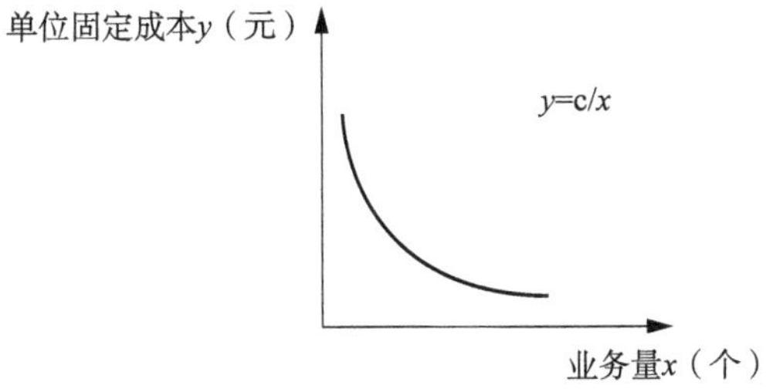

图 2-4　单位固定成本性态模型

【例 2-1】A 企业生产一种产品，专用生产设备的租赁费为 100 000 元/台，最大生产能力为 5 000 件/月。当该设备每月分别生产 1 000 件、2 000 件、3 000 件、4 000 件、5 000 件产品时，A 企业所负担的单位固定成本见表 2-1，固定成本和单位固定成本分别如图 2-5 和图 2-6 所示。

表 2-1　基本数据

产量（件）	租赁费（元）	单位固定成本（元）
1 000	100 000	100. 0
2 000	100 000	50. 0
3 000	100 000	33. 3
4 000	100 000	25. 0
5 000	100 000	20. 0

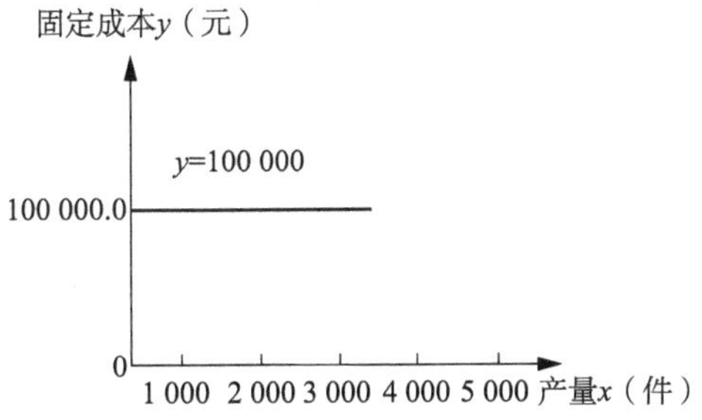

图 2-5　固定成本

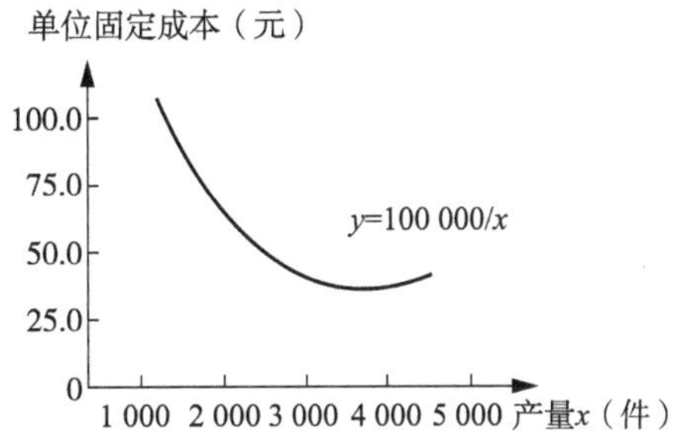

图 2-6　单位固定成本

由表 2-1 和图 2-5、图 2-6 可知，租赁费不会随着产量的增减而变动，但其单位固定成本会随着产量的增加而降低。

（二）变动成本（Variable Cost）

1. 变动成本的概念

变动成本是指总成本中受成本动因增减因素影响，在一定范围和期间内，在总量中按一定比例发生变化的部分，即相对按成本动因变化的部分，一般是指支付给各种可变生产要素的费用，如材料费、包装费、燃料费、计件工资等。这些费用会随着产量的变化而变化，大多数情况下会在实际生产过程开始后才可以付款。

2. 变动成本的分类

结合成本变动的原因，可将变动成本分为两类：技术性变动成本和酌量性变动成本。

技术性变动成本是指单位成本由技术因素决定而总成本随着消耗量的变动成正比例变动的成本。只要产品生产出来，就不可避免地会产生这种成本。如果不生产，其技术变动成本为零。例如，在生产成本中，单位成本相对稳定的元器件外购成本，在设计方案效果和工资水平不变的前提下，流水线生产岗位工人的工资福利支出是技术可变动成本。如前文所述，这样的成本对管理权限的影响很大，如果发生变化，大多数情况是因为企业产品线改造。

酌量性变动成本是指因管理部门的决策行为而发生改变的变动成本。这类成本的特点是能够由企业最高管理层决定产品的单位成本。常见的酌量性变动成本包括企业按销售收入一定比例支付的佣金、新产品开发费、技术转让费等。例如，在计时工资制下，计时单价由管理者决定，工人的工资随工作时间的增加而增加，因此，这部分支出属于酌量性变动成本。

3. 变动成本的特点及绩效模型

一般来说，变动成本归因于它所发生的部门。例如，A 产品由甲车间生产，B 产品由乙车间生产，如果以车间为成本对象，生产 A 产品所用的直接原材料和直接人工成本应在甲车间收集。同样，B 产品的变动成本应归集到乙车间。

变动成本可由负责部门控制。例如，A 产品只能由甲车间生产，如果甲车间停工，则无法生产 A 产品，就不会产生变动成本，即其变动成本为 0。

总变动成本与业务量成正比。在坐标轴上，变动成本是一条直线，其斜率为单位变动成本（k）。单位变动成本越高，斜率越大，在坐标轴上显得越陡。变动成本总额的性态模型为 $y=kx$，如图 2-7 所示。

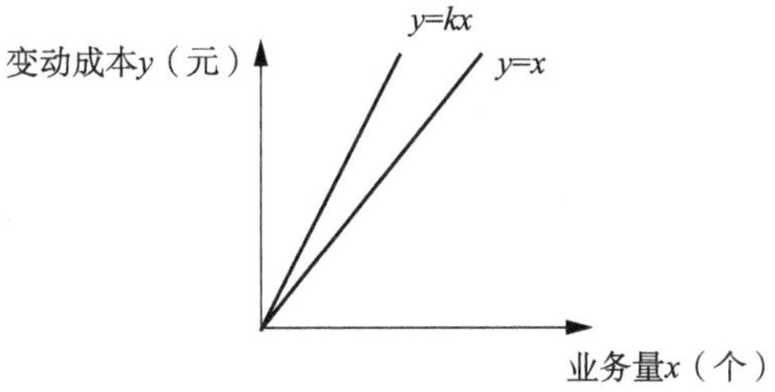

图 2-7　变动成本总额性态模型

单位变动成本保持相对固定。由于变动成本的变化与业务量的变化成正比，单位变动成本有可能保持不变。该特征在坐标轴上表示为平行于横轴的直线，单位变动成本性态模型为 $y=\mathrm{c}$，如图 2-8 所示。

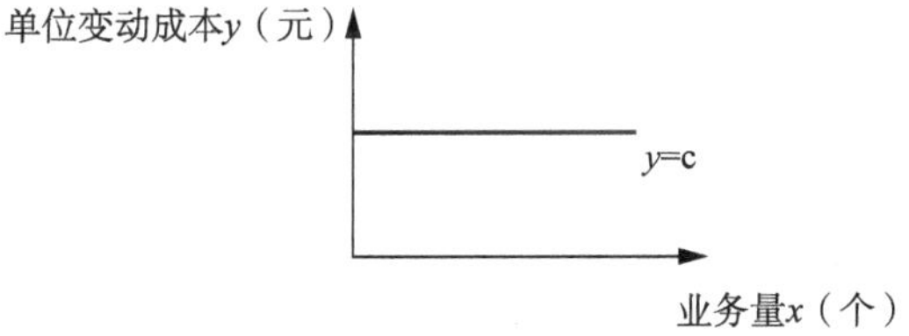

图 2-8　单位变动成本性态模型

【例 2-2】假定某企业生产 C 产品的单位直接材料成本为 200 元，当产量分别为 40 000 件、80 000 件、120 000 件时，该产品的直接材料成本总额和单位直接材料成本见表 2-2。单位直接材料成本和直接材料成本总额分别如图 2-9 和图 2-10 所示。

表 2-2　直接材料成本总额和单位直接材料成本

产量（件）	直接材料成本总额（元）	单位直接材料成本（元）
40 000	8 000 000	200
80 000	16 000 000	200
120 000	24 000 000	200

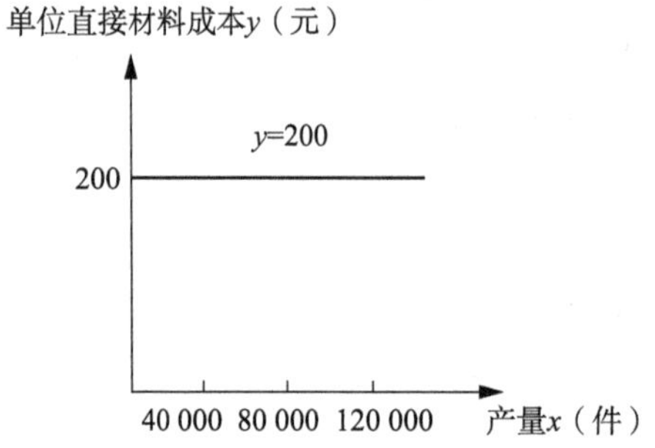

图 2-9　单位直接材料成本

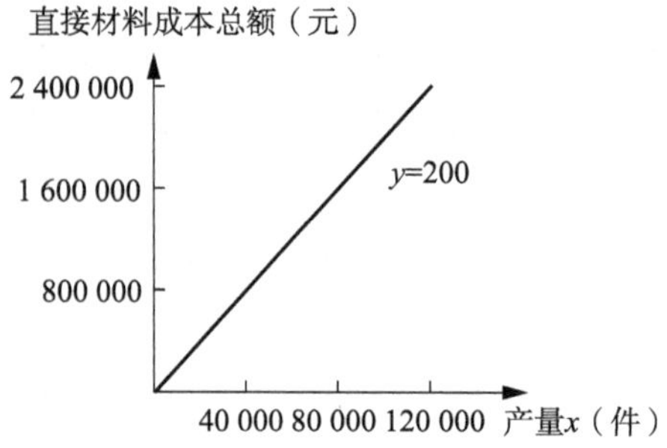

图 2-10　直接材料成本总额

由图 2-9 和图 2-10 可知，无论产量是多少，C 产品的单位直接材料成本都是 200 元，而其直接材料成本总额会随产量的增加而增加。这说明单位变动成本可以保持不变，而变动成本总额会随产量的增加而增加。

（三）混合成本（Mixed Cost）

1. 混合成本的概念

总成本中与业务量变化不成正比的部分，称为“混合成本”。混合成本的数额不随业务量的变化而变化。在实际业务中，有些成本并不明显，如维修费用、检测费用等，这些项目也会随业务量的变化而变化，但与之不成正比。总成本是兼具固定成本和变动成本两种不同成本性质的成本，因此，实际上总成本就是混合成本。此外，要对混合成本进行决策，还需要结合其成本行为进行分析。

2. 混合变动成本分类及成本行为模型

混合成本与业务量的联系较为复杂。根据混合成本的变化趋势，可将其分为延期变动成本、半变动成本、半固定成本和曲线式混合成本。

延期变动成本（又称“低斜率混合成本”）是指总成本在一定范围内保持不变，超过一定范围后会随着业务量的变化按比例提高。延期变动成本在日常生活中有着广泛的应用。例如，在正常工作时间内，企业支付给员工的工资是固定的，但如果工作时间超过正常水平，则需要依据加班时间的长短支付加班费。这里的加班费，就属于延期变动成本，在坐标轴上表示为在一定范围内与横轴平行的直线，超出一定范围则以一定比例（k）变化的直线，成本性态模型（如图 2-11 所示）为

$$\begin{cases} y=\mathrm{c} \quad (0<x\leqslant b) \\ y=kx+\mathrm{c} \quad (x>b) \end{cases}$$

其中，b 为特定的范围；k 为斜率。

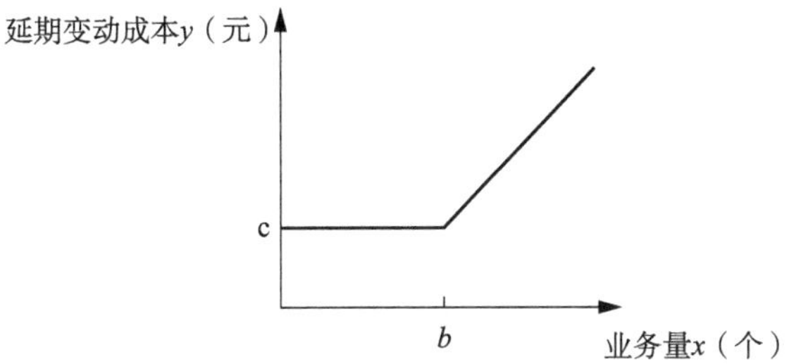

图 2-11　延期变动成本性态模型

【例 2-3】甲企业实施的工资制度如下：员工每月生产 B 产品的产量在 100 件以内，工资为 2 000 元；产量超过 100 件的部分，按每件 15 元的标准向员工发放奖励。当每位员工每月产量为 50 件、100 件和 150 件时，员工工资总额见表 2-3，B 产品产量与员工薪资延期变动成本性态模型如图 2-12 所示。

根据上述资料，可将甲公司生产 B 产品的产量与员工薪资的关系用下列公式表示：

$$\begin{cases} y=2\ 000 \ (0<x\leqslant 100) \\ y=15x+2\ 000 \ (x>100) \end{cases}$$

式中，y 为员工工资；x 为产量。

表 2-3　产量与工资总额

产量（件）	工资总额（元）
50	2 000
100	2 000
150	2 750

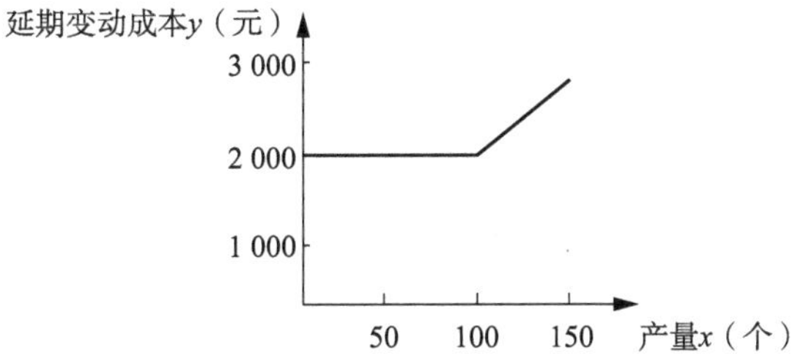

图 2-12　B 产品产量与员工薪资延期变动成本性态模型

半变动成本（又称“标准混合成本”）是指虽然会受到业务量的影响，成本变化幅度与产量不同，但严格按比例变化的成本。半变动成本是一种混合成本，包括固定成本和变动成本。电话费、燃料费、设备维修费等，都属于半变动成本。这类成本在坐标轴上表现为一条在一定基数上成正比例变化的直线，成本性态模型为 $y=kx+c$，如图 2-13 所示。

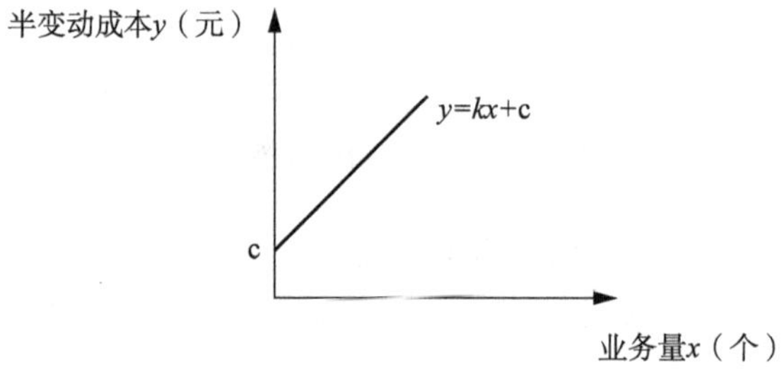

图 2-13　半变动成本性态模型

【例 2-4】甲公司向通信公司购置电话套餐，该套餐计价分为两部分：一部分是无论是否通话都需缴纳 50 元的套餐费，另一部分是一旦通话了就以 0.1 元/10 分钟计价。甲公司每月电话费成本如图 2-14 所示。

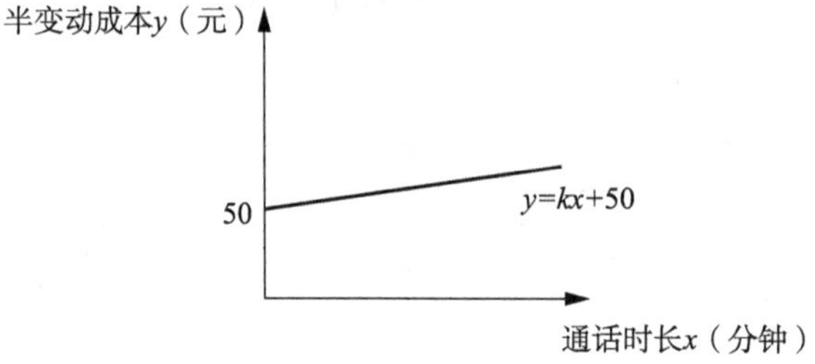

图 2-14　甲公司每月电话费成本性态模型

半固定成本（也称“阶梯式混合成本”），是指随产量变化而呈阶梯式变化的成本。这类成本的特点是在一定范围内不受业务量的影响。它看起来很像固定成本，但是当业务量突破这个特定范围时，成本会跳升并保持在新的范围内，直至业务量再次突破。维修工、质检员、送货员等员工的工资就属于半固定成本。该类成本在坐标轴上以阶梯式表现（如图 2-15 所示），其成本性态模型为

$$\begin{cases} y=c_1 & (0 \leqslant x \leqslant a) \\ y=c_2 & (a<x \leqslant b) \\ y=c_3 & (b<x \leqslant d) \\ \cdots\cdots \end{cases}$$

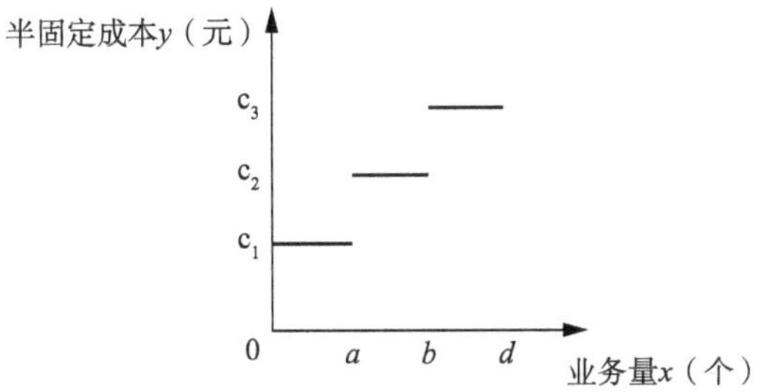

图 2-15　半固定成本性态模型

曲线式混合成本的初始量通常保持不变，被认为是基础成本，这个基础成本会因为业务量发生变化而呈非线性变动。这种混合成本可以分为递增混合成本和递减混合成本。如果成本的增加小于业务量的增长速度，斜率会随着业务量的增加而减小（即递减曲线成本）；如果成本增加的速度大于业务量变动的速度，斜率会随着业务量的增长而增大（即递增曲线成本）。常见的曲线式混合成本包括各种合同罚款、累计计件工资等。

二、成本性态分析方法

（一）定量分析方法

1. 散布图法

散布图法也称“目测线画法”，是指在坐标轴上标出观察到的几段历史数据，然后画一条接近所有点、被认为反映成本变化趋势的直线，从而确定固定成本和单位变动成本的方法。这条线的截距是固定成本。

散布图法能够考虑所有历史数据，反映成本变化的趋势。它较为直观，易于理解。但由于直线绘制完全靠目测，受绘制技术的影响较大，容易出现人为错误，妨碍分析结果的客观性。

采用散点图法的具体步骤如下：

（1）将所有观测值（a，b）逐一在坐标轴上标注，形成散点图。

（2）通过目测，画一条尽可能接近所有点的直线，尽量使该直线两边的

点数一致，且各点与直线的距离之和最小，增强拟合效果。假定该直线的公式为

$$y=kx+c \tag{2-1}$$

（3）根据画出的直线与坐标轴纵轴的交点值确定固定成本 c。

（4）将式（2-1）化简为

$$k=\frac{y-c}{x} \tag{2-2}$$

（5）选取直线上任一点，将其代入式（2-2），求出单位变量成本 k。

【例 2-5】A 公司 2×21 年上半年甲产品产量、总成本数据见表 2-4。

表 2-4　A 公司甲产品产量、总成本数据

月份	产量（万件）	总成本（万元）
1	300	95 200
2	500	115 600
3	200	85 000
4	600	125 800
5	700	136 000
6	600	125 800

【解】由图 2-16 可知，截距为 64 600，则固定成本为 64 600 万元。

选取经过直线的点 p，将其代入公式，得

$$k=\frac{136\ 000-64\ 600}{700}=102\text{（万元/万件）}$$

成本性态模型为 $y=64\ 600+102x$。

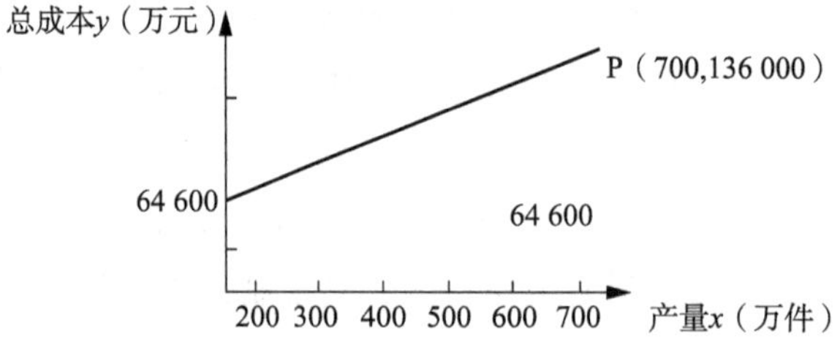

图 2-16　A 公司 2×21 年上半年甲产品总成本曲线

2. 回归直线法

回归直线法是指借助最小二乘法的原理，运用公式对在一定时期内业务量（x）和混合成本（y）的历史数据进行计算，得出最能代表评价成本水平的线性回归直线，即最能代表 α 和 γ 之间联系的直线，由此确定固定成本和变动成本。这条直线是使代价点的误差平方和最小的直线，所以这种方法也叫“最小二乘法”。直线的截距参数是固定成本，斜率参数是单位变动成本。

回归直线法的基本原理是：先将过去某一时期的混合成本历史数据，按照散布图法在坐标图上标出；然后，目视检查，绘制反映每个成本点之间 x 和 y 关系的平均趋势线，这条线就是回归线。

回归直线法虽然计算较为复杂，但它选取所有观测值计算回归线，与高低点法相比，能够避免选择高点和低点的偶然性。

用回归直线法分解混合成本的过程，即求解 b 和 k 的二元阶联立方程组的过程，步骤如下：

（1）假设混合成本的直线方程式为 $y=kx+c$。其中，y 表示混合成本总额；x 表示业务量；c 表示混合成本中的固定成本总额；k 表示混合成本中的单位变动成本。假定有 n 个观测值（a，b）。

（2）上述方程式用 n 个观测值的和的形式来反映为

$$\sum y = nc + k\sum x \tag{2-3}$$

将式（2-3）的各项用业务量 x 来加权，得

$$\sum xy = nc\sum x + k\sum x^2 \tag{2-4}$$

将式（2-3）移项化简，可得

$$c = \frac{\sum y - k\sum x}{n} \tag{2-5}$$

将式（2-5）代入式（2-4），并对结果进行移项化简，得

$$k = n\sum xy - \sum x\sum yn\sum x^2 - (\sum x)^2 \tag{2-6}$$

（3）将观测值代入式（2-5）和式（2-6），求出 c 和 k，并确认固定成本和变动成本。

【例 2-6】沿用【例 2-5】的资料，采用回归直线法计算 2×21 年上半年甲产品的成本性态模型。

解：$\sum x = 300 + 500 + 200 + 600 \times 2 + 700 = 2\ 900$(万件)

$$\sum y = 95\ 200 + 115\ 600 + 85\ 000 + 125\ 800 \times 2 + 136\ 000 = 683\ 400(\text{万元})$$

$$\begin{aligned}\sum xy &= 300 \times 95\ 200 + 500 \times 115\ 600 + 200 \times 85\ 000 + 600 \times 125\ 800 + \\ &\quad 700 \times 13\ 600 + 600 \times 125\ 800 \\ &= 349\ 520\ 000\end{aligned}$$

$$\sum x^2 = 300^2 + 500^2 + 600^2 \times 2 + 200^2 + 700^2 = 1\ 590\ 000$$

$$k=\frac{6\times349\ 520\ 000-683\ 400\times2\ 900}{6\times1\ 590\ 000-2\ 900^2}=102\ (\text{万元/万件})$$

$$c=\frac{683\ 400-102\times2\ 900}{6}=64\ 600\ (\text{万元})$$

因此，成本性态模型为 $y=64\ 600+102x$。

3. 高低点法

高低点法是一种简单的比较可靠的分解方法，通过插值选择历史成本数据中的最高点和最低点，并计算最高成本和最低成本之间的差异与业务量差异之间的比率，从而得到单位变动成本和固定成本。

高低点法的基本原理是，鉴于混合成本的数学模型与总成本的行为模型相似，可以在一定范围内用直线 $y=c+kx$ 表示混合成本。在这个范围内，固定成本保持不变，不受业务量的影响，而变动成本会受到业务量的影响。

高低点法的优点是易于理解和使用，缺点是从众多数据中只选择了两个数据集作为计算基础，形成的成本行为模型不一定具有代表性。其他方法可能具有更大的机会获得更好的结果。这种方法只适用于成本相对稳定的公司。

采用高低点法的具体步骤如下：

（1）从所有观测值（a，b）中选取最高点（a_1，b_1）和最低点（a_2，b_2），将自变量的大小即业务量的大小作为选择依据。

（2）用最高成本和最低成本之差除以最大业务量和最小业务量之差，得到单位变动成本，即

$$k=\frac{b_1-b_2}{a_1-a_2}$$

（3）将高点或低点代入公式 $y=c+kx$ 中，求固定成本。

【例 2-7】沿用【例 2-5】的资料，采用高低点法计算 2×21 年上半年甲产品的成本性态模型。

解：根据表2-4，可确定最低点（200, 85 000）和最高点（700, 136 000）。

$$k=\frac{136\ 000-85\ 000}{700-200}=102\text{（万元/万件）}$$

选最高点求固定成本：$c=136\ 000-102\times700=64\ 600$（万元）

该公司成本性态模型：$y=64\ 600+102x$

（二）定性分析方法

1. 合同确认法

合同确认法是企业根据合同和内部约定的成本确定变动成本并进行评价的方法。

2. 会计分析法

会计分析法是根据会计账簿中各成本费用账户及其明细账户进行经验判断确定、分解成本性态的方法。与变动成本比较接近的项目划分为变动成本，与固定成本比较接近的项目划分为固定成本，至于难以明确区分的部分，按一定的比例进行划分。例如，“制造费用”账户中的燃料费、维修费、电费等，虽然不像直接人工费那样与产量成正比，但其数量大小也明显与产量变化有关，因而可以将其视为变动成本。

该方法的可靠性在很大程度上取决于分析员的能力和经验，因此存在一定的局限性和片面性。一般来说，该方法适用于特定期间总成本的分解，并且仅限于比较典型的情况，而对于其他情况，则需要采用其他分析方法。

3. 工程分析法

工程分析法又称“技术计量法”，是利用技术计量生产过程中各种人工和材料成本的消耗，根据业务量确定固定成本和变动成本，并反映其变化的方法。使用该方法的前提条件是明确成本依据。例如，在项目可行性研究报告中，成本估算表和设计规范就涉及特定产量下所需耗用的动力、燃料、材料和机时等。初期可参照研究报告进行成本行为分析，获得更准确的结果，但如果因重大技术变更使产能发生变化，则不适合采用该方法。

虽然这种方法测定的结果比较准确，但工作量很大，尤其是制造费用和管理费用这类间接费用的明细项目，需要结合其他方法进行分析，难度系数较大。

第四节 成本与作业水平量的关系

一、作业水平量的概念

作业是指在组织中为特定目的而进行的活动，是活动成本核算体系中最小的成本汇总单位。它贯穿了从产品研发设计、材料采购、生产加工到销售运输的整个产品生产和销售过程。

作业水平量是指在一定时间内完成的工作量，通常以单位时间内所完成的业务量或工作量来衡量。其中，业务量是指一定时间内的产品生产量、销售量、工作时间或机器小时数。作业水平量可以用于评估个人、团队或整个组织的工作效率和生产力。

二、作业水平量对成本性态的影响

（一）对成本的影响

短期变动成本是指与相关地区产品生产相关的成本，这些成本是由数量因素引起的。长期变动成本的运营成本会随着活动成本和活动量的变化而变化，可能需要下一个时期或更长的时间才能感受到操作量变化的影响。固定成本是一段时间内数量和活动不变的成本。

（二）对成本性态的影响

在管理层的计算中，相关期间和业务量在一定范围内的变化，不改变固定成本和变动成本行为的，广义上称为“相关范围”；业务量因素的特殊经营区域，狭义上称为“相关区域”。在给定时间段内，固定成本和变动成本之间的关系可以通过总成本表达。总成本等于固定成本加上变动成本。当业务量增加时，变动成本会增加，而固定成本保持不变，总成本会随之增加。

固定成本在特定的作业水平量内具有固定性，一旦超过这个水平，就需更新设备、增加行政人员等，这必然会带来费用的增加。相对于空间限制，作业量水平的限制更具实际操作意义。将成本按性态划分正好反映了这一点。

与固定成本一样，变动成本的变化或“与工作量变化成正比的变化”也有其范围。也就是说，总变动成本与业务量成正比的变化关系（即完美的线性关系）只能在一定的工作量范围内实现，超出这个工作量范围就不再成立了。例如，当公司产品的产量较低时，单位产品的材料成本可能相对较高，但当产量增加到一定程度时，材料成本能更好地发挥作用。

通过合理的作业安排，单位产品的材料成本和人工成本会逐渐下降。而当产量超过上述范围并继续上升时，会导致一些变动成本项目上升过快（如工人加班工资增加一倍），从而使单位产品的变动成本由减转为增。

第五节 成本动因及其对成本性态的影响

一、成本动因概述

（一）成本动因主要观点

1985 年，美国的迈克尔·波特（M. Porter）首次提出成本动因的概念，认为成本动因是成本结构的决定因素。

1987 年，库珀和卡普兰在题为《成本会计如何系统地扭曲产品成本》的文章中首次提出“成本动因”理论。他们认为，成本本质上是一种功能，是各种独立或交互因素共同作用的结果。

1990 年，美国学者罗马诺指出，成本动因是“特定活动与一系列成本之间的因果关系”，并将成本动因分为各活动中心内成本库之间资源配置的动机和成本库在产品之间配置的动机。

1991 年，格里森指出，成本动因是“组织成本的诱导者”，但他混淆了活动和成本动因，认为“作业是作为成本动因的任何事项或交易”。

1993 年，马来西亚学者巴巴德（Babad）和巴拉钱德兰（Balachandran）提出了基于“两成本动因合并”的作业成本动因最优化模型的思想。

1997 年，陈胜群在《经营战术意义上成本元的理论分析》一文中首次提出了“质”与“量”完美结合的“成本元”概念。

1999 年，王平心在《成本动因量的同质性研究》一文中继承并发展了 Babad 等（1993）提出的基于“两成本动因合并”的作业成本动因优化思想，提出了作业成本动因近似合并的思想。

总结起来可以看出，波特和格里森的观点是从组织整体角度得出的，而库珀、卡普兰和陈胜群等的观点是从作业及资源角度得出的。综合各种观点，可将成本动因的概念归纳为导致成本发生的重要事项，即成本的推动力，包括生产工时、规模和质量成本管理等。

（二）成本动因的基本特征

掌握成本动因的属性有助于为现代成本管理服务。成本动因有以下四个基本特点：

（1）隐蔽性。成本动因作为隐藏于成本背后的动因，通常不容易被直接认定。对成本动因进行识别和选择时切忌武断。

（2）相关性。成本因素与引发成本形成和变化的价值函数有很强的相关性，而价值函数会直接导致资源的消耗。因此，只有分析运营链及其相关性，才能正确选择成本因素。

（3）适用性强。成本动因隐含在多种作业类型、多种资源流动以及多种成本领域，适用性较强。

（4）可计量性强。成本动因是成本分配和分析的基础，通常易于衡量。在运营成本核算中，所有成本因素都是可以衡量的，因此可以作为成本分配的标准。

（三）成本动因的分类

根据对成本影响的大小，可以将成本动因划分为战术性成本动因和战略性成本动因。战术性成本动因是指导致成本发生的要素，主要在企业的操作层面，具有短期性的特点。具体包括：与作业量关联的资源消耗量，成本对象的确定基础，作业的实施原因，以及企业拥有的资源和其他成本动因。战略性成本动因是指从企业全局出发引起成本发生的各种因素，具有长期性的特点。战略性成本动因包括：技术、产品或服务复杂性、全面质量管理、产品设计、供应商与顾客联结关系，以及其他成本动因构成。

根据企业长期整体战略的导向，可以将成本动因划分为执行性成本动因和结构性成本动因。执行性成本动因决定了企业的作业程序，主要表现为职工参与程度、生产能力使用情况、全面质量管理、劳动力投入和工厂布局效率。结构性成本动因是指确定企业基础经济结构所依据的成本动因，主要包括经济、规模、技术和垂直整合度。

根据在执行作业过程中分配资源和成本的标准，可将成本动因分为资源动因和作业动因。资源动因是指将资源成本分配到作业中心的标准，它反映作业中心对资源的耗用情况。作业动因反映产品消耗作业的情况，是将作业中心的成本分配到产品或劳务的标准。

二、明确成本动因的必要性

明确成本动因的必要性主要体现在以下三个方面：

第一，在传统的成本体系中，假设只存在一种成本动因，因而在过去的人工密集型企业中不会带来太大的成本误差。然而，随着技术的不断革新，在高度自动化的工厂环境中，这种假设会影响成本核算的准确性。企业应扩大成本动机的范围，并将每个成本动机相应分配给成本的组成部分，提高制造成本的分配效率，进而提高成本核算的准确性。

第二，有助于确定项目盈利能力。明确的成本动因能揭示产品的盈利能力。传统成本核算体系依据 28 法则，即 20%的产品会带来 80%的销量。然而，现今很多产品正在侵蚀企业利润，而新的 20/225 法则表明 20%的产品会带来 225%的利润。传统成本核算系统无法发现运营成本核算中的变化。因此，明确的成本动因可以帮助企业识别项目盈利能力，作出决策，获取更大利益。

第三，加强成本管理。在生产经营过程中明确各种成本驱动因素，有助于更有效地实施成本控制计划，“对症下药”，达到降低成本的目的。

三、成本动因对成本按性态划分的影响

传统的成本核算体系根据成本与数量（如产量、销售量、工时等）之间的依赖关系，将成本分为固定成本、变动成本和半变动成本三类。这种处理方法忽略了成本会随数量以外因素的变化而变化的实际情况。

在作业成本法中，成本形式实际上由成本动因支配，要将不同的成本分摊到不同的产品上，首先要了解成本行为，以确定合适的成本动因。一旦给定了变动成本水平，就可以形成对应的成本库，并据此选择成本动因。

根据短期内生产要素能否调整，变动成本可以分为短期变动成本和长期变动成本。短期变动成本是原始意义上的变动成本，其变化与产品的生产量成正比。数量动因与短期变动成本有关，是短期变动成本分配的依据，主要包括工时、机器工时、产量等。

对大多数长期变动成本来说，使用体积成本因素是不合适的，因为这些成本是由许多比体积因素复杂得多的因素驱动的。成本的变化通常与生产品种的选择有关，而不仅仅与产量变化相关。因此，长期变动成本应该基于活

动，并随着活动消耗的变化而变化，为此应该使用“与活动相关的成本动因”。经营因素是影响经营成本的主要因素，也是分配长期变动成本的依据，主要包括原材料加工、产品检验、产品工艺计划、调机准备、生产计划、检验准备程序。需要注意的是，长期变动成本的变化与工作量的变化并不同步。在当前季节引起的长期变化是不会体现出来的，相关成本变化的影响可能在下一个时期或更长时间内才会体现出来。生产批次计划制订后，即使公司决定减少当前生产批次，批次计划中指明的已发生成本也不会立即减少，而是必须分配到每个产品批次。正是由于长期变动成本具有这一特点，常把这部分成本看作固定成本。

事实上，很多间接成本是由不同部门的工作方式或活动的不同造成的，部门间的差异可能很大。例如，小批量产品对某些支持部门的需求可能并不低，即产品生产与需要的支持可能并非总是成正比。在这种情况下，只能按照传统的成本核算方法分配间接成本：高产出产品的间接成本超过其实际消耗，而低产出产品则相反。单位成本处于正常水平，多数情况下是高产出、均衡发展、连续生产的产品，这可能导致成本信息失真，甚至使公司管理层在产品决策上犯错误。

四、成本动因分析方法

常用的成本动因分析方法共有六种，其中，前两种方法可用于确定影响成本产生和变动的所有动因，剩余四种方法是从所确定的成本动因中选择有代表性的。

（一）作业成本动因分析法

作业成本动因分析法是一种基于作业的成本管理方法，其基本立场是“生产导致行为的发生，行为的发生导致成本的发生”。这种成本核算方法可以分为两步：第一步，以作业为成本对象对成本进行归集和分摊；第二步，将人工成本分摊到最终服务或产品上。

作业成本动因分析法是在采用作业成本法时，以成本因素分析法为基础的方法。它调查资源消耗与产品、运营和运营消耗之间的逻辑关系，找出导致运营成本产生和变化的原因，并根据成本的分配情况得出结论。如果每次执行作业时资源成本变化不大，并且重复执行该作业，则可以选择作业执行的次数作为成本触发因素。如果工作量（体积、重量、时间等）的变化与资源消耗的变化之间存在近似正比关系，则可以选择工作量作为成本动因。

（二）战略成本动因分析法

战略成本动因分析法从更高和更深层次揭示了企业成本的影响因素，包括结构性成本因素和实施成本因素。战略成本动因分析从根本上说是一道“选择题”，对管理者的能力要求很高，而且由于成本因素之间的相互作用更为复杂，实施难度更大。

（三）回归分析法

我们在运用回归分析法分析成本因素时，首先，要根据成本理论和经验建立计量经济模型来衡量成本与成本因素之间的关系；其次，收集大量成本及相关成本的历史数据，对模型进行显著性检验；再次，采用回归分析法衡量各成本与相关成本因素的相关性和影响程度；最后，根据分析结果确定具有代表性的成本因素。

回归分析法的优点是只有一个计算结果、简单易行，但需要大量数据作为回归分析的基础，一些重要的因素很可能被忽略。

（四）经验法

经验法是基于相关人员的经验，对相关成本因素进行评估、评价和确定的一种方法。例如，运营中心的技术负责人可以根据其经验，在充分考虑影响各运营中心耗电量的因素后，确定粗略的资源分配比例作为驱动因素。同样地，在分析战略成本因素时，相关人员可以根据经验选择适当的管理成本因素，并对选定的因素进行打分，选择得分较高的作为代表因素。

如前所述，经验法主要是根据人员在选择和确定成本因素时的经验，没有复杂困难的计算和推理，也没有大量的历史数据作为依据，因此耗时最短。相比其他方法，这种方法最简单和易操作，但结果易受相关人员的知识结构、情绪、心理和个人特征等因素的影响。因此，采用该方法得到的结果、作出的决策可能缺乏客观性、可操作性和科学性。

（五）层次分析法

在使用层次分析法选择成本因素时，需先求解评价矩阵的特征向量，得出每个成本因素的权重，再按权重排序确定代表性的成本因素。

相较于常用的定量分析方法，层次分析法更强调定性评价和分析，适用于解决传统优化技术无法处理的问题。但这种方法存在很多定性因素，特别是指标过多、数据量大、权重难以确定。

（六）现场测量法

现场测量法是指利用仪器、仪表等设备和人工，详细记录动因信息和运营成本，确定关键成本动因。采用这种方法获取的信息非常准确客观，得到的结果非常可靠，但每个运营中心都必须有专门的设备和人员进行计算，实施成本较高。

五、成本动因分析方法的比较

各种成本动因分析方法的比较见表 2-5。

表 2-5　各种成本动因分析方法的比较

方法	优点	缺点
作业成本动因分析法	• 提供非财务信息 • 有助于辨识产品盈利能力 • 能够细化和精确产品成本	• 数据核算工作量大 • 可能误导成本分配 • 忽略了作业属性之间的差异 • 视角狭窄，局限于作业活动
战略成本动因分析法	• 核算范围更广 • 视角更加宽阔 • 适用于企业进行战略成本管理	• 定性因素多 • 对管理者的能力要求高 • 成本动因之间的相互作用比较复杂
回归分析法	• 结果客观 • 操作简单、方便 • 适用于多因素分析	• 信息收集、分析和处理的成本较高 • 可能忽略某些重要因素
经验法	• 耗时少、速度快 • 成本低	• 缺乏科学性、主观性强 • 结果准确性较低，不利于成本决策
层次分析法	• 需要的定量数据较少 • 适用于处理传统技术难以处理的情况 • 简洁实用	• 定性因素多，不易让人信服 • 当指标过多时，数据统计量太大且难以确定权重 • 特征值和特征向量的精确求法比较复杂
现场测量法	• 结果客观 • 准确率高	• 成本高

第六节 基于成本动因制定决策

一、企业决策及其主要影响因素

（一）企业决策

企业决策是指企业为提高企业实力和盈利能力而作出的有关生产经营活动的决策。决策管理大师西蒙将决策分为两类：非程序化决策和程序化决策。非程序化决策（Non-programmed Decisions，NPD）通常存在很多不可控因素，一般情况下难以进行定量分析，因此作出的决策可能无法达到预期目标，甚至可能带来高风险。结构良好的程序化决策（Procedural Decision-making，PD），能够对数据进行量化分析，而且拥有稳定的决策程序，使管理层可以按部就班地进行决策。各类决策问题在期初都属于非程序化决策，但是当对该类决策问题进行多次、长期决策时，管理者可逐渐积累经验，从而更新和丰富决策过程，直到达到最大效率，由此该类问题的决策过程逐渐稳定，决策过程也就从非程序化转变为程序化。

（二）主要影响因素

影响企业决策的因素有很多，其中主要的是企业文化、决策者的个人因素和社会环境。

企业文化会影响组织及其成员的行为。它通过影响人们对组织和改革的态度影响企业决策。碎片化、压迫性、等级制的企业文化会导致人们只关注本职工作，对其他事务漠不关心，不利于调动积极性。相反，团结平等的企业文化可以提升员工的融入感和同理心，鼓励他们积极参与决策。企业文化会影响决策的合理性、效率和效益。

决策者的个人因素包括经验、心理、认知能力、情绪、价值观、教育水平、知识结构、对过去决策的理解和依赖性等。决策者的主观因素会影响非程序化决策和程序化决策，其中非程序化决策受到的影响更大。大多数管理决策是对过去决策的改进和延续，即使是非程序化决策，也与过去的决策有关。

社会环境可分为市场环境、社会文化环境、经济环境和政治环境四类。

市场环境主要包括市场竞争态势、产业生命周期和市场发展趋势等。社会文化环境主要包括社会价值取向、价值观、风俗习惯、人力资源、科技水平等。经济环境主要包括居民消费特征、社会经济发展、货币政策、税收政策、经济政策等。政治环境主要包括政策、法律法规、国家主权等。社会环境对决策的影响主要是由于环境在不断变化。例如，人工智能的快速发展使得许多企业采用该技术来提高管理效率。又如，企业在选择注册地时，地方政府提供的便利和税收优惠是管理者首要考虑的因素。

二、成本决策中成本动因分析的必要性

（一）有助于提高公司的战略地位

进行成本动因分析，改变传统的归因标准，有利于公司扩大成本管理范围，也有利于管理部门制定更准确、透明的内部转让价格，同时能够实现降低成本的目标，提高公司的战略地位。

（二）有助于实现战略成本管理目标

战略成本管理的目的是提高公司的战略地位，降低成本。为此，需要突破传统成本管理理念，扩大成本核算范围，充分考虑外部成本驱动因素（如供应商、客户、税务部门等）。传统成本核算方法不再适用，因为它会将这些因素视为间接成本，按唯一因素（如数量）分配到产品上，导致管理不力。因此，成本动因分析及处理非生产要素的实际成本动因变得非常必要。

（三）提高成本核算的准确性

成本动因分析扩大了成本动因的范围，使其与成本构成相对应，进而提高了成本计算的准确性。此外，它揭示了传统会计方法无法发现的变化，如产品对利润的侵蚀和少量产品导致的高利润。因此，成本动因分析有助于管理者清晰地识别产品的盈利能力，找到问题所在，提高成本核算的准确性，作出更科学的决策。

三、战略成本动因与成本决策的关系

战略成本动因是指在战略中会影响成本的因素。战略成本动因具体可分为结构性成本动因和执行性成本动因两类。

（一）结构性成本动因

进行结构性成本动因分析，确定一组在产品质量等方面具有非常重要影

响的成本动因（企业规模经济、地理位置、学习、技术、整合程度等），不仅可以决定公司的成本定位，还可以决定公司的成本状况和成本决策。

1. 企业规模经济

企业规模经济是指通过大规模生产产品获得成本优势。在不同活动对规模敏感性不同的情况下，管理当局会选择最敏感的活动来发挥规模经济优势。

2. 地理位置

地理位置影响成本决策的情况有很多，主要表现在三个方面：①企业所在地的社会文化、意识形态、风俗习惯、气候等人文环境。②由于不同国家和地区的经济发展水平和税收优惠政策不同，企业承担的劳动力成本和税收优惠也会有所不同，从而影响企业的区位选择。③良好的地理位置有助于企业降低运费等运营成本。交通发展水平、客户和供应商的地理位置都是商业决策要考虑的因素。

3. 学习

专业学习可以完善企业价值链，提高运营效率。例如，通过专家咨询、认真研究等途径不断学习，提高产品生产技术和管理水平。又如，通过不断关注市场、进行市场调研、收集和分析用户反馈信息等，及时掌握市场动向和用户需求变化，进而不断优化产品或服务。

4. 技术

大多数增值活动涉及技术，采用和改变技术可以降低成本。选择持久、成本效益最大化的技术，并使企业具备实施技术变革的能力是企业战略管理的重要内容。

5. 整合程度

这里的整合程度主要是指公司业务的垂直整合程度。企业整合程度的增强，可以降低成本并提高运营效率。评估整合价值活动的优势和劣势，有助于全面考虑其对企业成本的长期影响。例如，当生产原材料的成本低于外购成本时，企业可以选择与原材料供应商进行垂直整合，这样不仅可以避免市场带来的额外采购成本、订货成本、销售成本和税收，还有利于企业扩大规模。

（二）执行性成本动因

执行性成本动因分析是在结构性成本动因分析构建的成本动因框架基础

上，强化成本结构的行为。如果这些驱动程序能够成功实施，成本就可以降低；反之，成本就会增加。执行性成本动因分析的内容主要包括：全面质量管理、产能运营模式。

1. 全面质量管理

全面质量管理的目的是以最低的质量成本获得最高质量的产品或服务。强调质量控制贯穿整个工作流程，要求每个员工对质量改进负责并承担相应责任。全面质量管理将质量责任下放给每个员工，核心目标是降低故障成本，因为随着错误减少，纠正成本也会降低。从理论上说，误差为零时的成本可以被视为最低成本。质量成本支出高的企业通常会选择全面质量管理，以在所有阶段控制质量，增强员工的责任感，保证产品或服务质量并降低成本。

2. 产能运营模式

产能运营模式对企业的产能利用率具有重要影响。随着产能利用率的提高，产品性能会相应提高。当固定成本不变时，单位产品的固定成本会降低，形成经营杠杆效应。对固定成本在总资产中所占比重较大的企业而言，产能运营模式是最重要的成本驱动因素之一。企业可以通过改变或发展原有的产能运营模式降低单位成本。

第七节　相关理论前沿——质量成本管理

一、质量成本概述

在对质量成本管理进行探讨之前，应先弄清什么是质量成本。

（一）质量成本的概念

20 世纪 50 年代，美国质量管理专家费根堡姆首先提出“质量成本”的概念。他指出：“预防和识别产品质量的成本应与不符合要求的产品造成的损失一起考虑。”在过去的半个世纪里，随着质量管理科学的发展，这一概念逐步得到完善。美国质量管理大师朱兰（Juran）有一句名言：质量成本就像矿山里的金子。Juran 在他的《质量控制手册》一书中引入了质量成本的概念。他认为，质量成本是企业为保证和提高产品质量而支付的一切费用，以及因未能达到既定质量而造成的一切损失。质量成本可分为失败成本、识别成本和规避成本三类，而其中的失败成本又可分为内部失败成本和外部失败成本两部分。

1985 年，刘新义指出，质量成本包括两个方面：保修成本、提高产品质量的成本和因产品质量问题而增加的费用成本。

1987 年，Harrington 在《不良质量成本》一书中将质量成本的名称改为“不良质量成本”，并将其分为直接不良质量成本和间接不良质量成本。间接不良质量成本包括用户损失、信誉损失及用户不满意所导致的成本，这些都被视为质量差的成本。此外，Harrington 还将质量测试、测试设备及与报告质量数据相关的设备投资列为不良质量成本。同年，Juran 在《质量控制手册》一书中指出，企业为保证和提高质量而发生的一切支出，以及因不符合产品质量标准而造成的损失，均应确认为质量成本。

1999 年，蒋尧明指出，质量成本包括质量提高引起的成本，并主张将质量成本分为预防成本、评估成本、差错处理成本、质量改进成本和外部质量保证成本。

2018 年，杨世忠等提出战略质量成本的概念，指出企业为保障和提升产品价值而发生的研发成本、制造成本和营销成本都应计入质量成本。

综上所述，质量成本的概念和分类是不断演变的。质量成本包括预防和评估产品质量的成本，以及由于产品不符合规定而导致的损失成本。

（二）质量成本的分类

1. PAF 分类

PAF 分类法是最典型、应用最广泛的质量成本分类方法，它将质量成本按经济重要性分为四类，即预防成本、鉴定成本、内部损失成本和外部损失成本。预防成本是为确保制造的产品达到规定的质量水平而发生的费用。预防成本包括质量管理培训费用、质量管理活动费用、产品质量检验费用、各部门发生的质量改进费用、质量管理人员的薪酬福利等。鉴定成本是指对产品进行测试、评价和检验，以评定其是否达到所要求的质量水平的成本。测试设备的维护成本和折旧成本，部门的行政成本，质检员的工资和服务利润，原材料及成品检验、生产过程检验等产生的费用都属于鉴定成本。内部损失成本是指产品出厂前因质量不符合规定标准而发生的成本，包括报废损坏成本、维修成本、停机成本、质量损失和事故处理成本。外部损失成本是指产品售出后，因产品质量缺陷而发生的成本，包括因产品质量问题引起的客户投诉造成的退货运费、折扣费、保修费、投诉费、声誉损失费用等。

2. 按控制的效果分类

根据控制的效果，质量成本可分为可控质量成本和不可控质量成本。可控质量成本与产品的质量变化有关，代表有效可控的质量成本，包括预防成本和识别成本；不可控质量成本是企业质量成本控制的重点，是产品质量控制失误造成的损失，内部损失成本和外部损失成本都属于这一类。

3. 按与产品质量的关系分类

按与产品质量的关系分类，质量成本可以分为直接质量成本和间接质量成本。直接质量成本是指产品生产和销售产生的质量成本，如作业质量成本；间接质量成本是指产品生产和销售之外所发生的质量成本，如顾客质量成本。

4. 按表现形式分类

按表现形式，质量成本可以分为显性质量成本和隐性质量成本。显性质量成本属于有形成本，指能够列入成本开支范围的费用，如损失、返修费等；隐性质量成本指未能核算计入成本的费用，通常不是实际发生的费用，但会导致企业实际收益减少，如因产品质量导致的产品降价、销量减少、停工损失等。

（三）质量成本的构成

由于质量成本定义的变化，其范围和所涉及的项目也会发生变化。国外具有代表性的质量管理专家对质量成本设置的项目见表 2-6。

表 2-6 国外具有代表性的质量管理专家对质量成本设置的项目

成本项目	（美国）A. V. 费根堡姆	（瑞典）桑德霍尔姆	（日本）市川龙三氏
预防成本	• 质量计划工作费 • 新产品审查评定费用 • 培训费用 • 工序控制费 • 收集和分析质量数据费用 • 质量报告费 • 供应商评价费	• 质量方面的行政管理费用 • 新产品评审费用 • 质量方面的培训费用 • 工序控制费 • 收集质量数据费用 • 推进质量管理的费用	• 质量管理计划费用 • 质量管理技术费用 • 质量管理教育费用 • 质量管理事务费用
鉴定成本	• 进货检验费 • 零件检验和试验费 • 成品检验和试验费 • 测试手段维护保养费 • 检验材料的消费以及劳务费 • 检测设备保管费	• 进货检验费 • 工序检查费 • 检查手段维护校准费 • 成品检验和试验费 • 质量审核费 • 特殊检验费	• 验收费用 • 工序检查费 • 产品检查费 • 试验费用 • 再审费用 • 维护保养费

续表

成本项目	（美国）A. V. 费根堡姆	（瑞典）桑德霍尔姆	（日本）市川龙三氏
内部损失成本	• 废品损失 • 返修损失 • 复检费用 • 停工损失 • 降低产量损失 • 处理费用 • 废品分析	• 废品损失 • 返修损失 • 复检费用 • 降级损失 • 减产损失 • 处理费用	• 出厂前的不良品损失 • 无偿服务 • 出厂后的不良品损失
外部损失成本	• 处理用户申诉费 • 退货损失 • 保修费用 • 折价费用 • 违反产品责任法所造成的损失	• 保修费用 • 索赔损失 • 折扣损失 • 退货损失	

二、质量成本管理概述

（一）质量成本管理的形成与发展

质量成本管理大致可分为标准化质量管理、统计质量管理和全面质量管理三个发展阶段。

在工业生产兴起之前，社会产品主要是在作坊中手工制作的，工人凭借经验和技艺完成产品。优质产品能够提升工匠的声誉，优秀工匠能与客户建立良好的关系。那时虽没有质量管理的概念，但人们潜意识里的质量观念已经自觉地渗透到产品生产和服务的各个环节。

随着工业大批量生产，产品生产开始规模化，成本迅速下降，手工制品因成本高、生产效率低而逐渐淡出市场。20 世纪初，泰勒的科学管理明确了分工的概念，提出质量控制的专业化和独立化。自此，一个新的专业工种在社会上出现。直到那时，质量管理才被广泛接受和推广。当时的质量管理，是指标准化的质量管理。

第二次世界大战期间，由于军事工业的快速发展，标准化的质量控制费时费力，不能满足生产需要。美国电话公司工程师 Hugh Hart 运用数理统计和概率方法对产品质量进行抽样检验，并对废品和次品进行防护性预检。这种方法节省了时间和精力，取得了良好的效果。在 Dodge Romoger 的指导下，他采用统计方法解决了质量控制和减少破坏性试验损失的问题。这两个突破导致统计质量控制的形成。

美国制定了《美国战时质量管理标准》，包括《质量控制指南》《数据分析控制图法》《生产质量控制图法》，以确保武器生产检验的有效性。这些标准后来被应用到美国的商业中。戴明将质量控制的概念及其重要性带到了经济高速发展的日本，改变了其产品给人的质次价廉的形象，几十年后，日本以卓越品质称霸世界。戴明提出的质量管理十四法将质量管理上升到系统工程的高度，超越了技术范畴。然而，该理论仅局限于产品检验和质量预测，忽视了产品质量与企业组织管理的关系，割裂了产品生产与企业组织管理的各个环节。

20 世纪下半叶，科学技术的飞速发展显著提升了产品的技术含量和复杂程度。此外，各国的战略重点相继转向经济发展，经济水平不断提高，生活水平也显著提高。人们对产品的可靠性提出了更高的要求，快速发展的服务业也给服务质量管理带来了新的挑战，过去单一的产品质量管理方式已经无法满足实际需求。管理者亟须一个综合考虑影响产品质量各种因素的质量管理体系，以确保产品和服务的质量。在这样的背景下，全面质量管理理论应运而生。

20 世纪 60 年代初，美国通用电气公司的费根堡姆和质量管理专家朱兰提出了“全面质量管理”的科学理念，迅速为美国乃至世界各国所接受和采用。从此，质量管理进入全面质量管理的新阶段。

（二）质量管理与质量成本管理

在全面质量管理被广泛接受的背景下，企业为了获得竞争优势，必须投入大量资金，不断提高产品质量，但质量管理成本的增加也越来越受到有关部门的关注。有人认为，质量与价格并不冲突，于是产生了质量成本控制，并不断发展。质量成本管理是全面质量管理的重要组成部分。产品质量对企业参与市场竞争至关重要。企业声誉对财务回报具有积极影响。然而，改进质量管理必须投入一定的资金，而这些投资能够带来多少利润则是个值得讨论的问题。总之，质量成本管理是为适应质量管理与成本管理的需要，将成本、质量和财务效益相结合而形成的。

19 世纪 50 年代初，费根堡姆提出，应将质量预防和检测活动的成本与缺陷产品造成的损失一起考虑，即将质量和成本结合起来，进行质量成本管理。朱兰用“矿里的金子”和“水中的冰山”加以比喻，指出废品和次品只是

“暴露在水中的冰山”的一小部分，大部分损失隐藏在水下，建议将治理的重点从水面转移到水下，通过成本分析来解决管理技术对产品质量造成的长期影响。

20 世纪 60 年代末，费根堡姆在研究全面质量管理时，将质量成本管理的范围扩展到产品的整个生命周期，包括市场调查、产品设计、技术装备、物资供应、生产制造、产品销售及用户使用等环节，形成了全过程的质量成本管理，并提出五类重要的质量成本，即间接质量成本和卖主质量成本、无形质量成本与“责任暴露”质量成本、质量设备成本、寿命周期成本、用户质量成本。

1987 年，国际标准化组织（ISO）第 176 届技术委员会（负责质量管理和质量保证领域标准的制定）编写了国际标准 ISO 9004 质量管理和质量管理体系的基本要素，其中第 6 节“经济学——与质量相关的成本的思考”将质量成本作为质量体系的一个要素，并将其分为工作质量成本和外部保证质量成本。同年，哈林顿在《不良质量成本》一书中对间接质量成本作出定义，扩大了质量成本的范围。质量成本范围的扩大要求质量管理作出改进，从而推动了质量成本管理的发展。

综上所述，质量成本管理是企业满足外部质量要求、实现内部效益最大化的必然选择。质量成本管理包括落实质量成本责任、提高质量成本意识、设定目标、管理成本和提高效益。要实现最佳经济效益，企业需加强质量成本管理。

（三）质量成本管理的主要特征

质量成本管理具有以下四个主要特征：

（1）动态性。随着经济发展和外部市场环境的转变，质量成本的构成也会发生变化，其内涵会不断丰富。

（2）受益性。虽然企业经营的最终目的是盈利，但这并不代表质量与价格是对立关系。保持高质量虽然会提高生产成本，但也会带来更大的溢价空间，使企业获得长期收益。

（3）广泛性。质量成本包括显性成本和隐性成本。前者可以核算，而后者难以计量。

（4）多样性。鉴于不同质量成本主体的目标各不相同，质量成本的考核方法有很多种。除了使用货币计量外，还可采用其他形式综合评估质量成本，以全面反映其内在属性。

二、质量成本管理的原则与意义

质量成本管理的原则有以下五个：

（1）全员参与。按照大众化质量管理的理念和全面管理的要求，只有“全员参与质量成本管理、质量成本全面优化、质量成本全过程控制、完成实施效益”，才能进行有效的管理，并实现目标。

（2）寻找合适的质量成本。本单位质量成本管理体系的建立必须根据本单位的实际情况，确定合适的目标，并采取合理的措施。

（3）基于真实可靠的质量记录和数据。为了做到核算准确、分析透彻、评价真实、成本有效控制，观察和分析必须基于真实可靠的信息，否则既定目标和效益将无法实现。

（4）将质量成本管理职责纳入相关职能部门。质量成本管理的目的是对整个生产经营过程进行管理，因此涉及财务、生产、仓库、检验和维修服务等职能部门。只有把质量成本的统计分析作为相关职能部门的工作任务之一，这项工作才能有效开展。

（5）建立合理的成本结算制度。企业有必要对员工的工作时间、产品生产定额、废料成本和生产成本建立统一的计量和核算标准。结合会计口径，可以实现更及时、更快速、更准确的计量，提高统计数据的客观性。

质量成本管理的意义体现在以下四个方面：

（1）有助于提升企业核心竞争力。目前，国内外市场竞争越来越激烈，通过有效控制质量成本，企业可以提高产品质量，更好地满足消费者需求，降低产品生产成本和销售价格，从而吸引更多客户，获得更大的市场份额，提高核心竞争力。

（2）帮助企业获得更多经济利益。客户对产品的要求不断提高，满足这些要求的成本也在不断增加。通过分析成本结构，优化质量成本，企业可以降低生产成本，提高销量，实现更大利润。同时，降低的生产成本能释放资金，用于其他经济活动，进一步提升效益。

（3）帮助企业实现最佳质量水平。加强质量成本管理，有助于企业确定消费者的质量要求，分析质量成本，找到最佳的质量成本结构，以最低成本实现最佳质量。

（4）有助于全过程管理目标的实现。公司不同生产线之间是有关联的，应统筹全局，进行资产配置和流程管理。这样，不仅可以实现资金的合理配置，而且可以对整个流程进行管理，更详细、更真实地了解公司发展的实际情况。公司应根据实际情况的变化及时调整战略，提高计划实施的效率，保持稳定增长。

三、质量成本管理的主要内容

质量成本管理包括质量成本预测和计划、质量成本核算、质量成本分析、质量成本控制、质量成本评价和编制质量成本报告六个方面，其本质是要达到最低成本，优化产品质量。质量成本管理的最终目标是在质量、成本和经济效益之间找到最佳平衡点。

（一）质量成本预测和计划

质量成本预测主要依据公司内外部信息、发展起点和质量成本因素的相互关系。首先，进行大量研究和数据收集，包括历史质量数据、采购对产品质量的影响、检测设备和验收标准、客户满意度、竞争对手质量水平、政策等。其次，管理部门对数据进行分析，找出影响质量成本的因素。最后，采用经验评价法、计算分析法或相对计量法预测企业的质量成本。质量成本计划是指根据预测的质量成本，描述企业为生产满足质量要求的产品而发生的成本。质量成本计划主要包括质量总成本、单位产品质量成本和为未来计划期计划减少的质量成本。

（二）质量成本核算

质量成本核算是质量成本管理的重要组成部分，是承前启后的纽带。根据财务内容归集和分摊与企业质量有关的成本和损失，能够准确反映生产经营质量和部门所有制问题导致的费用，同时为质量成本分析和质量成本改进提供数据支持。公司质量成本核算是按照质量成本对象的不同层次进行的。

质量成本对象大致可分为四类，即预防成本、检测成本、内部损失成本和外部损失成本，每个类别都规定了详细的主题。财务部汇总各部门提供的质量成本数据，并进行定期或不定期抽查，以核实数据的准确性。企业一般将会计核算法和统计核算法结合使用来核算质量成本，对显性质量成本采用会计核算法进行核算，对隐性质量成本则采用统计核算法进行核算。

（三）质量成本分析

质量成本分析是质量成本管理的核心内容。质量成本分析的目的是根据获得的信息，找出影响质量成本的关键因素，从而提高产品质量。质量成本分析通常包括质量成本构成分析、质量成本变化趋势分析、质量成本效益分析、质量成本与相关指标对比分析、目标质量成本完成情况分析和质量成本灵敏度分析。

通过质量成本各构成项目与质量成本总额的比值判断质量成本管理优劣的方法称为“质量成本构成分析法”。相关质量管理学者提出了各自认为的最佳质量成本结构。朱兰认为，预防成本 10%、损失成本 50%、鉴定成本 40%为最佳质量成本结构。桑德霍尔姆提出，预防成本 7.9%、鉴定成本 23.8%、内部损失成本 43.5%、外部损失成本 24.8%较为合理。哈灵顿提出，预防成本 10%、鉴定成本 25%、内外部损失成本 65%为最佳质量成本结构。

通过质量成本与销售收入及净利润等指标的比值判断质量成本管理优劣的方法称为“质量成本与相关指标分析法”。由于质量成本总额受销售收入的影响，单纯的质量成本总额并不能向管理者提供有价值的信息，而质量成本与相关指标分析法能更直观地向管理者反映企业质量成本管理的水平。常用的比率有质量成本率和质量损失率：质量成本率=（质量成本总额÷销售收入）×100%；质量损失率=（内外部损失成本总额÷销售收入）×100%。理论上，质量成本率小于 2.5%较为合理，如果企业的质量成本率高于 2.5%，则说明企业需要采取相关措施降低质量成本。

（四）质量成本控制

制定质量成本目标，并根据当前的质量成本分析制定相应的措施来监控使用过程中的质量成本，就是质量成本控制。质量成本控制的目标是降低质量成本，将影响总质量成本的各种因素控制在预定的框架内。

按照时间顺序分类，质量成本控制可分为事前控制、事中控制和事后控制三个阶段。事前控制主要包括质量成本目标的制定、控制标准的制定和成本限额的确定，主要发生在产品设计阶段。事中控制主要是指为解决日常业务中出现的问题而采取的措施，分为设计、采购、工艺、生产、销售等阶段，主要发生在产品质量控制的实施阶段。例如，产品设计阶段管理的一个重点是设计出性能最佳、成本最低的产品，以防止质量失控，而所产生的成本通常是预防成本。生产阶段是产品质量事中控制的重要阶段，主要通过合理投入尽可能降低内部浪费，使最终产品达到质量要求。销售阶段主要是控制对外损失成本，有效的管理有助于公司控制市场份额，取得有利的竞争局面。事后控制的目的是对质量成本管理进行评价，分析高质量成本的实施效果，找出实际值偏离目标值的原因，进一步支持降本增质。

（五）质量成本评价

质量成本评价是指对部门和个人的质量成本指标完成情况进行检查和评价，以激励全员不断改进质量成本管理。企业常根据废损率、返修率、质量事故等指标估算部门的质量成本，并制定相应的奖惩措施。将质量成本评价与财务责任制相结合，不仅可以帮助企业顺利实施质量成本管理，还可以提高员工的质量成本管理意识，进而提高企业的质量管理水平。

（六）编制质量成本报告

编制质量成本报告，一般要交代质量成本现状、各项目质量成本的经济效益、实际质量成本与计划质量成本出现偏差的原因，并进一步提出改进质量、降低成本的措施。

第八节 企业质量成本管理案例

H 公司是一家集开发、生产、销售于一体的冷饮制造企业，现有多条冰激凌全自动生产流水线、原料流水线、包装设备等，是国内技术领先的冷饮企业。公司共有一百余种产品，同时设有高端产品分支品牌，畅销全国。H 公司始终秉持科技、健康和人文的理念，并且高度重视产品质量，生产的所有产品系列均通过国家食品和质量认证，销售网覆盖全国数百个城市和地区，并已拓展至我国港澳台地区和国外市场。

一、H 公司质量成本管理的实施过程

H 公司从 2018 年 4 月起实施质量成本管理，以明确质量成本的投入产出关系，促进管理决策落实和提高经济效益。

2018 年 4—6 月，H 公司设立了质量管理部门，主要由总经理、副总、财务人员、各部门负责人、品控部门人员等组成。质量管理部门统计生产作业和工序，核对产品生产成本和质量相关信息，确定质量成本项目。在确定数据采集流程和编制质量成本管理文件时，H 公司聘请了专家和经验丰富的工人参与。

2018 年 7—12 月，H 公司各部门按照质量成本管理文件要求，收集质量成本相关数据，编制质量成本报表，质量管理部和品控部负责收集各部门在落实质量成本管理文件过程中遇到的问题，频繁产生的问题会上报总经理并

开会决定如何处理。H 公司是冷饮制造企业，其生产和销售具有一定的季节性，全年分为两旺季两淡季，7—12 月覆盖一个淡季和一个旺季，具有代表性。质量管理部根据以往规律，编制了 2019 年的质量成本预算。经过半年试运行，H 公司结合发现的问题进行了改进，形成新的质量成本管理文件，并自 2019 年 1 月 1 日起执行。

二、H 公司组织架构

H 公司组织架构如图 2-17 所示。

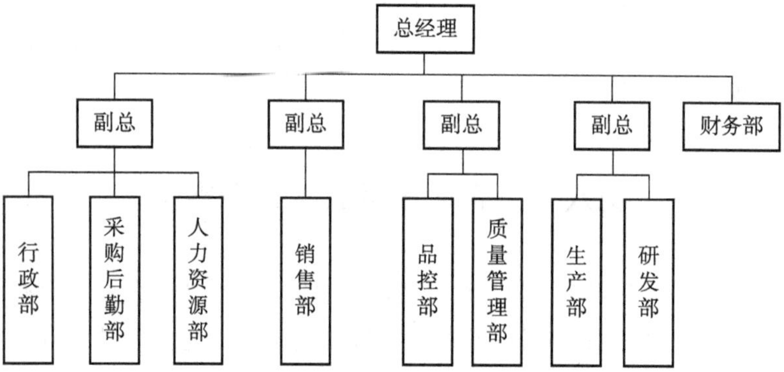

图 2-17　H 公司组织架构

（一）财务部

财务部的主要职责包括：①配合质量管理部结合企业实际情况和自身特点研究制定质量成本项目；②规范质量成本各项目的核算范围；③根据企业生产经营情况制订质量成本管理计划，监督实际执行情况并做好考核；④收集各部门上交的质量成本相关数据，进行汇总核算，并出具报告；⑤审核质量成本管理报告，探讨质量成本管理方案对企业产生的影响。

（二）质量管理部

保障公司质量成本管理正常运行的另一个部门是质量管理部，其主要职责包括：①根据运行中出现的问题，经会议审议通过后，对成本数据采集流程进行调整；②根据公司实际情况和特点，与财务部共同研究制定质量成本项目，找出相应的成本因素；③对企业质量成本管理实施效果进行全面分析，定期报告发现的问题；④根据质量成本分析，为公司质量成本管理提出切实可行的改进措施。

（三）人力资源部

人力资源部的主要职责包括：①组织开展针对公司内部员工的质量成本相关培训；②明确落实各部门的质量成本管理职责；③提供财务部和质量管理部所需的职工薪酬等数据和信息；④参与质量成本管理考核工作，并提出设定指标建议。

（四）其他部门

其他部门的主要职责包括：①明确公司开展质量成本管理过程中本部门的职责，并作出合理安排，配合质量管理部和财务部开展工作；②按要求收集本部门质量成本数据，确认无误后上交财务部；③根据公司最新的质量成本计划，将质量成本管理目标分解，有序实施改进措施。

三、质量成本项目设置

在质量成本统计过程中，H 公司将质量成本分为三级：一级对象为质量成本；二级对象为预防成本、评价成本、内部损失成本和外部损失成本；三级对象根据企业特点设定，可根据实际情况进行调整。

这里主要介绍二级对象。预防成本包括：质量管理人员工资及总策划成本、质量管理运行成本、质量培训成本、质量激励成本、质量改进措施成本、质量（设计）评审成本、供应商质量保证成本等。评价成本包括：入库前物料的选择和整理成本、检验人员的工资和总体设计成本、质量控制部门的办公成本、测试和检验成本、检验设备的维护成本、校准折旧及检验员培训费用等。内部损失成本包括：废品损失费、复检费、停机损失费、产品折旧和降价损失等。外部损失成本包括：赔偿损失、诉讼损失、产品折扣损失、退换货损失等。

思考及讨论题

1. 管理会计对成本是如何分类的？各种分类的主要目的是什么？

2. 对成本按其性态进行分类时，为什么混合成本的存在具有必然性？

3. 固定成本与变动成本的高低通常以什么形式反映？

4. 相关范围对成本性态有何影响？怎样理解成本性态的相对性、暂时性和可转化性？

5. 如何理解质量成本与企业可持续发展的关系？

03 第三章 作业成本法与作业成本管理

第一节 作业成本法概述

一、作业成本法产生的背景

20 世纪 30 年代末，埃里克·科勒首次提出作业成本法，该方法在 70 年代至 80 年代得到广泛应用并不断发展。与其他方法一样，作业成本法的出现和发展并非偶然，而是多种因素综合作用的结果。20 世纪 70 年代以来，科学技术和社会经济环境发生了巨大变化，这些变化对企业的成本计算方式产生了一定影响。科学合理地分配制造费用，不仅对产品成本的准确性和有效性至关重要，而且直接关系到企业的经济效益。

（一）技术背景

20 世纪 70 年代以来，科学技术的飞速发展使生产的计算机化、自动化进入新的阶段，为生产经营管理领域的变革提供了技术上的可能。

随着科技的发展，从生产订单到设计、生产、销售等环节将众多自动化系统集成为一体，由计算机中心控制。技术变革给许多企业的生产环境带来了重大变化——多台机器和计算机控制器的使用，生产过程自动化的快速发展，产品的技术含量大大提高，极大地改变了产品的成本结构——直接人工成本比例下降，制造费用比例显著增加。以前，制造费用仅为直接人工成本的 50%~60%，而现在，大部分企业的制造费用是直接人工成本的 4~5 倍；以前，直接人工成本占产品总成本的 40%~50%，而现在，直接人工成本仅为产品总成本的 10%，有的企业该比例甚至不到 5%，与此相关联的是制造费用在总成本中的占比日益提高。在成本结构不断变化的情况下，合理、有效地分配制造费用是非常重要的，可以避免成本信息被扭曲。

（二）社会背景

随着科技的不断进步，生产效率大大提高，成为社会经济发展的巨大推动力。从消费的角度来看，个性化消费成为社会经济的主流，这就要求企业作出改变，为客户提供与众不同的、个性化的产品和服务。传统的采购、生产、销售等业务流程转变为接受订单、组织采购、进行生产、交付商品的流程，以保证差异化产品及服务的及时提供。因此，公司的内部组织，从订单到产品研发、设计、生产，再到销售，必须高效协同。传统的成本核算方法是基于批量生产设计的，已不适应新的业务流程。

（三）传统成本核算方法的缺陷

传统成本核算方法存在以下两方面缺陷：

(1) 产品成本计算不准确，可能产生误导决策的成本信息。采用传统成本核算方法，制造费用通常采用投入法分配到相关产品的成本中。例如，人工成本、人工工时和机器工时等都可以用来计算制造费用的分配情况。这就是“基于数量”的计算方法。在传统的制造业时代，企业产品产量少，产品成本以直接材料成本和直接人工成本为主，制造费用占比较低，而且制造费用的分配受到直接人工成本的影响。因此，直接人工成本可以作为制造费用分配的重要参考依据，采用投入法分配制造费用较为合理。然而，在机械化、智能化生产系统逐渐取代劳动力的新制造环境下，产品成本结构发生了根本性的变化——直接人工成本占比显著降低，制造费用占比大幅提高且呈现出多元化的变化趋势。如果仅将生产投入作为分配标准，很难准确反映不同产品的成本，从而会导致产量高、技术含量低的产品成本过高，而产量少、技术含量高的产品成本过低，这将严重影响不同产品的成本占比，进而扭曲成本信息，影响生产和运营决策的正确性。

(2) 将固定成本分摊给不同种类的产品，可能会在成本控制方面产生短期行为。传统成本核算方法通常会将固定成本分配给不同类型的产品，但随着产量的增加，这种方法可以降低单位固定成本。即使单位变动成本保持不变，平均成本也会相应降低。当销售收入保持不变时，产量的增加会导致部分固定成本被存货抵销，从而降低已售商品的价格，提高当期利润。这种现象很容易使管理层作出单方面追求大批量生产的短视决策，造成库存大量积压，也可能导致公司采购部门大量购买产品原材料，造成原材料挤压，或者采购部门为了获得有利差价，大量采购低劣或不符合规格要求的原材料，造成产品质量问题。

综上可知，传统成本核算方法已无法满足现代企业的需要，需要新的成本核算方法提供更科学、更精准的成本信息。

二、作业成本法的含义及与作业成本法相关的概念

与传统成本核算方法不同，作业成本法涉及的内容更加广泛，包括资源、工作量和成本驱动因素等。

（一）作业成本法的含义

作业成本法是一种成本核算方法，用于计算和分配作业（或工作）的成本。它被广泛应用于需要追踪和控制不同作业成本的制造业和服务业。在作业成本法中，成本是根据作业的特征和特定成本对象的要求来追踪和分配的，每项作业都被视为一个独立的成本对象，可以是一种产品、一个项目、一项服务或其他需要追踪成本的工作单位。

作业成本法会将直接成本直接计入产品成本，这与传统成本核算方法并无不同，但作业成本法下直接成本的范围更加广泛，包括直接材料成本、直接人工成本和其他所有可以直接追溯到产品的成本，因而更加准确。无法直接追溯到产品的成本，如制造费用，应归集到相关作业或作业中心，再归集到最终产品的成本中。

（二）与作业成本法相关的概念

1. 资源

资源是企业运营的基础，是支撑企业生产和消耗的最初形态。在将整个公司看作一个物质交换系统时，所有投入的资源都是该系统的重要组成部分。企业的资源包括原材料、辅助材料、燃料和能源、劳动力、社会成本、折旧、维护和运输等。如果要确定哪些活动消耗了资源，需要将其分解为多个部分。在进行资源成本分析时，需要选择一个合适的量化基础，以便更好地反映资源消耗的动因。

2. 作业

作业成本法的目标是追踪和识别企业为实现特定目标而耗费的作业，这些作业是企业生产产品或提供服务所消耗的所有资源的集合。简而言之，作业是企业中特定组织（成本中心、部门或产品线）重复完成的任务或活动，

即为了达到某种目的而消耗资源的各种活动或行为。企业的生产经营活动是一个复杂的过程，涉及资源的投入和产出，而作业将这些资源与最终产出联系起来，贯穿整个生产经营过程。

作业具有以下六个特征：①作业的本质是交易。企业任何一项业务活动都是一种投资活动，它们会产生不同的结果，这种投资与产出之间的因果关系构成了一种交易。例如，对于销货收款行为，所销售的商品是一种投入的资源，而收到的款项是一种产出。再如，人操纵机器，人的操纵行为投入的是人力资源，机器生产出来的产品是产出。②作业具有独立性。每项作业都是一个独立的成本对象，可以单独追踪和核算。③作业具有可标识性。每项作业都有一个唯一的标识符，用于区分和识别不同的作业，这样可以确保成本准确地分配给相应的作业。④作业具有可测量性。作业的成本是可以被测量和计算的。通过追踪直接成本和间接成本，可以计算每项作业的总成本，并提供有关资源利用情况的信息。⑤作业具有可分配性。作业成本可以根据特定的分配基础分配给不同的作业。常见的分配标准有直接劳动小时数、直接劳动成本、作业数量等。⑥作业具有可控性。作业成本可以被管理和控制。通过了解每项作业的成本构成，企业可以采取措施优化资源利用，降低成本，提高效率和盈利能力。

3. 成本动因

成本动因是指那些能够导致或增加作业成本的因素，又被称为“成本驱动因素”。成本动因可以是事件、活动或工作。随着产量的增加，直接材料成本会增加，则产量是一种成本驱动因素；随着检验次数的增加，检验成本会增加，则检验次数是一种成本驱动因素。成本动因控制成本行为，决定成本的产生方式，是成本分配的基准。作业成本法将成本动因划分为两类，即资源成本动因和作业成本动因。

（1）资源成本动因。资源成本动因是指影响企业资源成本的因素。资源成本包括劳动力成本、原材料成本、设备和设施成本等。通过将资源与作业紧密结合，我们可以把总分类账上的资源成本合理分配到每一项作业中。

（2）作业成本动因。作业成本是指与特定作业相关的成本。作业成本动因是指影响企业作业成本的因素。作业成本动因决定最终产品或工作的成本，反映资源消耗和产出之间的关系，是资源投入与产出之间的重要桥梁。例如，每批产品完成后都需要进行质检，如果任意产品的每批产品的质检成本相同，那么检验的“数量”就是检验过程的成本动因。

三、作业成本法的优点及局限性

作业成本法的优点是相对以产量为基础的传统成本核算方法而言的，具体体现在以下四个方面：

第一，可以更加准确地核算产品成本，从而提供更加切合实际、合理的成本信息。作业成本法能够进行较为准确的作业成本计算和分配。通过跟踪和记录与每项作业相关的直接成本和间接成本，可以更精确地了解每项作业的成本构成。作业成本法将作业、作业中心、客户和市场等多个要素纳入核算范围，使得可追溯至单一产品的成本比例大幅上升，形成了以作业为核心的成本核算体系，能够有效降低分配给产品的成本，从而避免成本扭曲。将多种成本驱动因素作为间接成本分配的基础，可以大大提高分摊基础与分摊成本之间的关联性。

第二，使成本控制和成本管理更加有效。作业成本法是一种有效的管理工具，可以帮助管理人员深入了解产品的运行流程，从而更好地识别成本驱动因素，而不是仅仅局限于直接材料、直接人工和制造费用的核算。对成本驱动因素的改进（包括优化产品设计和生产流程），可以有效消除或减少非增值作业，提升增值作业的效率，从而持续降低成本，减少浪费。

第三，为战略管理提供信息支持。作业成本法与价值链理论内容兼容，并且可以用信息技术予以支持。价值链分析是公司用来评估客户价值感知重要性的战略分析工具。通过了解每项作业的成本构成，管理层可以更好地评估作业的盈利能力，制定定价策略，选择合适的作业和资源配置方法等。通过价值链分析，企业可以更好地了解供应、生产和分销业务，并识别各项活动的成本动因，从而更有效地利用这些活动创造更高的价值。此外，价值链分析可以帮助企业更好地评估客户价值感知，确定当前的成本和绩效标准，从而有效提高客户价值，降低整个供应链的成本。

第四，有利于建立新的责任会计制度。作业成本法可以激发各部门挖掘产品利润潜力的积极性，并进行绩效考核，公司的运营链也将成为责任链的一部分。以成本库为核心，对产生的费用进行合理性分析，可以确保最终产品的价值得到有效提升。对价值链进行全面评估，充分利用资源，可以有效提升经济效益，实现可持续发展。

作业成本法的局限性主要体现在以下四个方面：

第一，开发和维护成本高。作业成本法的实施较为复杂，需要跟踪和记录大量的成本信息，特别是间接成本的分配情况，可能需要进行一定的估计和分配方法的选择。采用作业成本法核算成本，订单分析、确认、记录和计量等方面的工作量会大大增加，还会拉长选择成本动因和分配作业成本的过程，导致需要处理的数据量大幅增加。即使当前计算机和数据库方面的技术已经成熟，采用作业成本法依然会产生较高的开发和维护成本。

第二，不符合外部财务报告要求。采用作业成本法核算的产品成本包括制造成本和一些非制造成本。因此，采用作业成本法的公司必须重新审核并调整成本数据，以确保其外部财务报表符合会计准则的要求。与变动成本法的调整相比，这种调整不仅需要耗费大量的人力物力，而且技术难度较高，容易导致财务处理流程不顺畅。

第三，很难识别成本驱动因素。虽然基于作业的成本核算可以有效减少传统成本核算方法中的主观分配，但间接成本并非完全由特定的驱动因素决定，有时会出现人为的主观分配。作业成本法存在一定的估计和假设，特别是对间接成本的分配，可能需要使用一些分配标准，这些选择可能会对结果产生一定的影响，导致产品成本估算不准确。

第四，不利于通过组织进行管理控制。与完全成本法不同，作业成本法的成本库与企业的组织结构不匹配，无法提供有效的管控信息，因此遭到很多管理人员和财务人员的强烈反对。作业成本法通过牺牲管理控制信息来获取改进的决策信息，可能会削弱会计数据对管理控制的重要性。

第二节 作业成本计算原理与应用

一、作业成本计算原理

传统成本会计根据产品成本与业务量的关系，将成本划分为变动成本和固定成本。这种划分在产品成本与业务量存在较强关联性的情况下是恰当的，但在其他情况下并不合理。从长期来看，企业的生产成本是可变的，因此作业成本法将其划分为短期成本和长期成本。短期成本包括直接材料和人工成本，会随着产品产量的变化而变化；制造费用是一项长期变动成本，与企业生产、管理、服务等部门的工作量有关，与产量的变化无关。作业成本法提出将成本驱动因素理论作为基本原理，即企业制造费用的产生与其生产产品的数量无关，与企业所需完成的作业数量紧密相关。作业成本法可以更准确地计算每项作业的成本，并有助于更深入地理解成本。根据成本驱动因素理论，在分配制造费用时，应将其与成本产生的原因关联起来。例如，电力成本的产生可以追溯到产品消耗的机器小时数，因此，根据机器小时数分配电力成本是合理的。通过基于成本驱动因素进行成本分配，企业可以更好地了解不同作业的成本结构，找出成本的主要来源，并采取相应的管理措施。这有助于优化资源配置、提高生产效率、降低成本，并支持决策制定和经营管理。

短期变动成本与产出密切相关，因此“与数量相关的成本动因”应用于短期变动成本的计算，如人工工时、机器工时、直接人工成本和产量等，而大多数长期变动成本则不能采用与数量相关的成本动因进行计算，因为这些成本是由各种比数量复杂得多的因素驱动的，如果采用与数量相关的成本动因进行分配，计算出来的产品成本势必会出现偏差。

例如，某企业生产 A、B、C 三种产品超过 100 万台，其中 A 产品数量达到 800 台，B 产品数量达到 10 万台，剩余的产品均为 C 产品。如果 A 产品承担 0.08%的制造费用，B 产品承担 10%的制造费用，显然是不合理的，因为产量低的 A 产品也驱动了各种作业的发生，通过“数量相关成本驱动因素”分配制造费用将低于其实际消耗，而产量高的 B 产品则恰恰相反。造成这种情况的根本原因是，很多制造费用是由各种作业驱动的，主要体现在各部门为产品提供的劳务上，而某种产品所需要的劳务与其产量不成正比。又如，某产品具有特殊用途，由于产量较低，制造费用的消耗相对较大，在基于数量的分配制度下，低于实际消耗的部分将被转移到产量较高的产品上，从而使成本信息失真，这将严重影响管理层的决策。

由以上分析可知，所谓“成本动因”，重点是研究成本的成因。作业成本法根据原因将成本动因分为两类：第一类，与数量相关的成本动因，或称“数量相关成本驱动因素”，会导致短期变动成本的产生，因此也是短期变动成本分配的主要依据；第二类，与作业相关的成本动因，又称“作业量基础成本驱动因素”，会导致长期变动成本的发生，因此应作为长期变动成本分配的主要依据。

作业成本法与传统成本核算方法在直接材料、直接人工等方面没有太大差异，但在制造费用的分配上有着显著的不同，如图 3-1 所示。

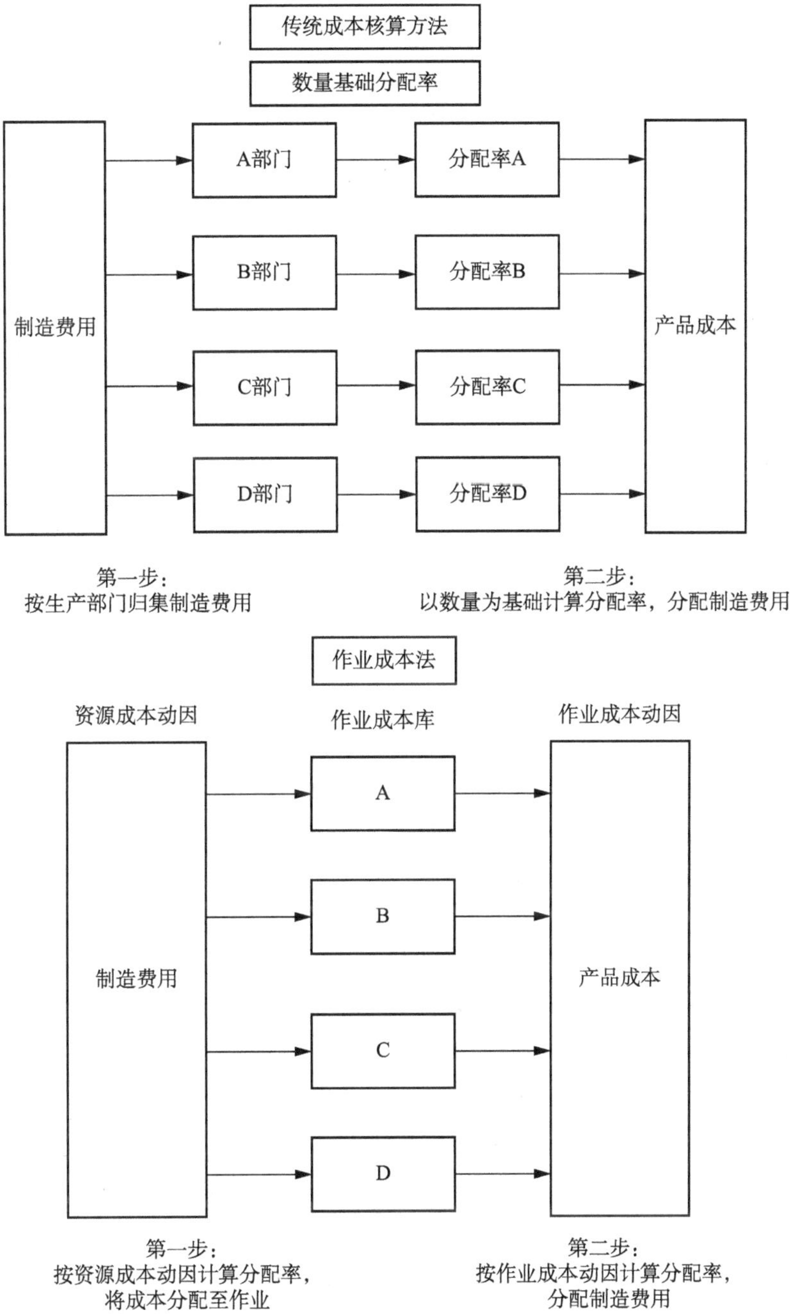

图 3-1　传统成本核算方法与作业成本法的比较

传统成本核算方法假定制造费用与生产数量有关，因此将直接工时、直接人工成本和机器工时作为分配标准，但这种方法只能满足与产量有关的间接费用的分配，无法满足实际生产需求。由于生产特点不同，各生产部门的制造费用分配标准也不同。例如，劳动密集型部门以人力投入为主要考量因素，而自动化程度较高的部门则将机器运行时间作为衡量标准。随着作业成本法的实施，企业各部门对制造费用的归集和分配发生了重大变化，原本按照单一标准（直接工时或机器工时）进行分配的制造费用，现在可以根据引起制造费用发生的成本驱动因素进行分配，从而可以更加精准地控制成本。

二、作业成本法的核算程序

（一）确认作业

作业是基于特定目的、以人为主体、消耗一定资源、在特定范围内完成的，是产品生产、服务程序的重要组成部分。作业可以是一项具体的活动，也可以是一类活动，甚至是整个部门或过程的代名词。进行成本核算的作业，可以是产品的制造过程、服务的提供过程或其他特定的工作过程。作业认定可以通过两种方式实现：一种是按照产品的生产流程，自上而下地进行分解；另一种是通过与员工和经理的沟通，从下而上确定每项任务的具体内容，并对其进行细致的评估。

在实际工作中，可能遇到的作业类型包括：准备工作、材料采购、物料处理、设备维护、质量控制、生产计划、工程处理、动力消耗、存货移动、装运发货、管理协调等。

（二）按同质作业设置作业成本库

资源驱动因素是作业消耗资源的原因或方式。企业应根据资源成本动因将制造费用分配到不同的作业成本库中。

作业成本库包括以下四类：

（1）单位级作业成本库。单位级作业成本库涵盖了每一单位产品至少需要执行一次的加工、组装等作业，这些作业的成本包括材料、人工、机器和能源消耗等。单位级作业成本库记录了与每项作业相关的直接材料成本，包括作业所使用的原材料和零部件的成本，以及与其相关的运输和存储成本。单位级作业成本属于直接成本。

（2）批次级作业成本库。批次级作业按照产品批次划分成本库，涉及多个产品的生产过程，包括调试机器、运输产品到下一道工序、采购和检验等。

这些作业的成本不仅取决于每种产品的单位成本和数量，还取决于整个生产过程的总成本。在批次级作业成本库中，成本信息先被组织和记录为每个批次作业的独立条目，并按照批次进行计算，然后分配到不同的批次（如一个订单），最终根据产品数量分配到每个产品上。

（3）品种级（产品级）作业成本库。品种级作业是指不同种类或品种的产品或服务的生产或作业。其成本可以通过设计、生产、规范制定、改造和更新等操作来确定，而这些操作的成本取决于产品的等级或型号，而不是产品的数量或生产批次。品种级作业的成本是根据特定产品品种定义的，不受产量或批号的限制，会随着产品品种的数量变化而变化。例如，生产某种产品所需的工程师数量可以根据产品的复杂程度分配，而产品的复杂程度一般与组成产品的零件数量成正比，因此可以为每种产品分配不同的品种级作业成本，以满足不同批次（如订单）的需求，从而实现成本的有效分配。因此，建立一个完善的品种级作业成本库非常重要。

（4）维持级作业成本库。生产维持作业是指为保持和维护生产设备、设施和流程所进行的作业，包括但不限于厂房安全、维护、管理、保险、财产税等，以及确保产品的数量、批次和品种的稳定性。生产维持作业旨在确保工厂的生产能力，以最终实现工厂的可持续发展。生产和维护成本是一种无法追溯到产品单元且与产品批次和产品型号无关的费用，它们首先会被分配给不同的产品品种，然后是订单，最后是计件产品。这种分配顺序并不是唯一的，也可以根据实际情况，如人工或机器工时，直接分配给成本对象。

作业成本层级如图 3-2 所示。

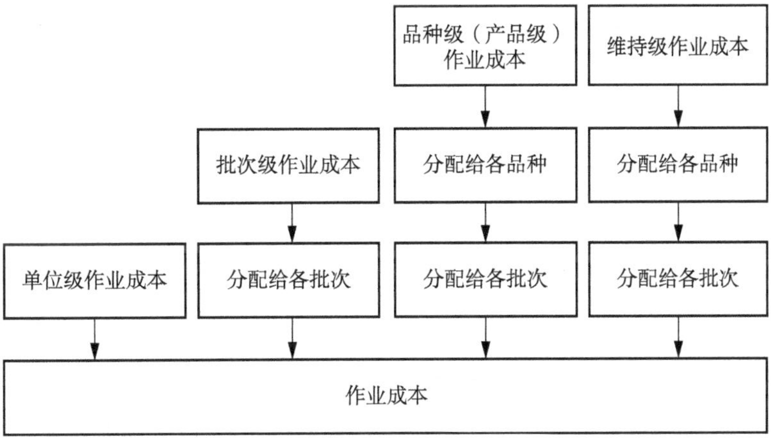

图 3-2　作业成本层级

（三）将资源成本分配到作业

资源成本可以通过多种方式进行分配，包括直接分配和估计方法等。直接分配是指根据实际情况计算资源消耗量。例如，可以通过查看电表来确定机器的运行成本，或者通过天然气的消耗量来确定机器的使用情况。估计方法是根据工人的工作时间来确定搬运作业的成本。当无法获得可靠的分配基准时，通常会采用调查和查询的方式来估算作业所需的运营资金成本，以便更好地满足需求。

（四）将作业成本分配到产品

产品的特性、用途、设备类型等都会影响作业成本，而作业成本的决定因素是最终产品的特性，以及为何要进行这些作业。例如，准备工作的次数决定了准备工作的成本，而质量检验的时间决定了质量检验的成本。在明确了作业成本动因之后，企业可以先根据每种产品对各项作业的耗费比例，合理分配间接费用，计算出产品的各项作业成本和相关材料的耗费，再确定最终产品的成本。作业的资源成本动因见表 3-1。

表 3-1　作业的资源成本动因

作业	资源成本动因
机器运行	机器小时
安装	安装小时
清洁	平方米
材料移动	搬运次数、搬运距离
人事管理	雇员人数、工作时间
能源消耗	电表、流量表、装机功率和运行时间
制作订单	订单数量
顾客服务	服务电话次数、服务产品品种数、服务的时间

单位作业成本=本期作业成本库归集的总成本÷作业量

作业的资源成本动因可以分为三类：业务动因、持续动因和强度动因。

1. 业务动因

业务动因通常以执行的次数为基础，可以帮助我们确定每项或每次作业的成本，并假设这些成本是相等的。当业务规模扩大或业务量增加时，作业成本可能会相应增加。例如，生产数量的增加可能导致更多的材料和劳动成本。因此，可以根据业务动因分配不同产品的作业成本。具体计算公式如下：

分配率＝归集期内作业成本总额÷归集期内总作业次数

某产品应分配的作业成本＝分配率×该产品耗用的作业次数

2. 持续动因

持续动因通常以一项作业所耗用的时间为基础。如果作业时间延长或作业周期增加，作业成本可能会随之增加。例如，延长生产时间可能导致额外的能源消耗和人工费用，如果不同产品所花费的时间差异很大，就可以考虑采用持续动因分配成本，以确保更准确有效地分配作业成本。如果没有持续动因的假设，将会严重影响作业成本分配的准确性。但是，为了确保作业成本的准确分配，必须确保每种产品在单位时间内耗用的资源是相等的。以持续动因作为分配基础，可计算出不同产品应负担的作业成本，具体计算公式如下：

分配率＝归集期内作业成本总额÷归集期内总作业时间

某产品应分配的作业成本＝分配率×该产品耗用的作业时间

3. 强度动因

强度动因是指当无法以业务动因和持续动因作为分配依据时，就将执行作业所耗用的全部资源归集于某项作业成本，并将其直接计入某特定产品的成本。如果作业的强度增加或资源使用效率降低，作业成本可能会上升。例如，加快机器的运转速度可能导致更高的能源消耗和维护成本。强度动因适用于情况特殊的订单或者新产品的试制，并将所有作业成本计入该订单或新产品的成本中。

在三种作业成本动因中，业务动因计算的成本精确度最低，但它的执行成本也最低；强度动因的精确度最高，但它的执行成本也最高；持续动因的精确度和执行成本均处于中等水平。

（五）计算产品成本

作业成本法的最终目标是计算产品的成本。计算产品成本的步骤如下：先将与产品关联的各个作业成本库的分配成本、数量驱动的间接费用、直接成本（直接人工和直接材料）进行合并汇总，计算出产品的总成本，然后用总成本除以产品数量，得出产品的单位成本。作业成本法的计算过程如图 3-3 所示。

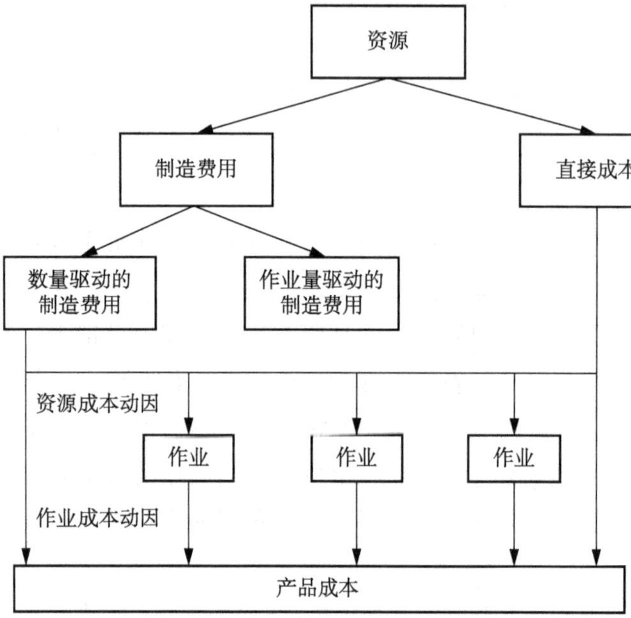

图 3-3 作业成本法的计算过程

三、作业成本法的适用条件

从发达国家使用作业成本法的经验来看，如果企业满足以下条件，则使用作业成本法更为有利：①制造费用在产品总成本中占比较高；②管理层对传统成本会计系统所提供信息的准确性不满意；③企业生产经营活动十分复杂，涉及许多环节；④企业产品品种结构十分复杂，而且种类繁多；⑤企业产品制造过程复杂，需要长时间的准备和调整，从而使生产准备成本比预期要高；⑥企业需要经常调整制造作业，但对会计核算系统很少进行相应的调整；⑦企业拥有现代计算机技术和自动化生产设备；⑧企业可以很好地应用实时生产系统，并实施全面质量管理。

在以上条件中，前 6 个强调采用作业成本法计算成本的必要性，后两个则表明这种方法的可行性和有效性。总体而言，发达国家的技术比较先进，生产自动化和企业会计核算电算化程度较高，营造了适合作业成本法应用的环境。

四、作业成本法在我国应用的可行性

随着经济和科技的迅猛发展，作业成本法在国外得到了广泛的应用，但是在我国的应用尚需提升。

（一）我国应用作业成本法存在的问题

我国应用作业成本法主要存在以下四个问题：

第一，制造费用所占比重不高。根据我国目前的国情和大多数企业的现状，在我国占据主导地位的企业仍然是劳动密集型企业，资本密集型或技术密集型企业的数量相对较少。这表明，中国企业的产品成本结构仍以直接材料或直接人工成本为主，制造费用在产品结构中所占比重较低。

第二，数据较难收集。作业成本法的实施需要进行数据收集和分析。在我国，一些企业可能面临数据收集不及时、数据不准确或数据质量低下等问题，从而导致作业成本计算的不准确。

第三，我国企业管理人员缺乏全面成本意识，生产管理水平不高。作业成本法的应用需要企业具有良好的组织文化和管理意识，包括对成本管理的重视和支持。在我国的一些企业中，仍然存在对成本管理的认识不足或重视程度不高的情况。我国大部分企业仍然采用传统的生产管理模式，这种模式是在 1950 年左右创立和发展起来的，虽然近年来我国引进了先进的管理方法和模式，但至今在很多企业仍没有实质性的变化。总的来说，中国式生产管理模式具有以下属性：①以产品为中心组织生产；②由于计划控制能力较弱，生产调度成为整个生产过程的核心；③企业管理手段非计算机化；④管理工作非程序化，不太规范；⑤存在目标对象不明确的问题。这种落后的生产管理模式带来许多问题，包括成本意识低下、管理理念落后、管理人员素质不高、管理范围狭窄、控制力不足、生产准备和组织不够完善等。

第四，缺乏涉及和执行作业成本法的部门。作业成本法的应用是一个复杂的过程，需要企业全面考虑各方面因素，而完全依靠企业自身设计和实施是一项艰巨的任务。国内一些财务软件公司和高校可以参与作业成本法的设计和推广，但在这方面取得突破性进展的很少。

（二）我国应用作业成本法的有利条件

我国应用作业成本法具有以下四个有利条件：

第一，我国市场环境不断变化。目前，我国已从早期的卖方市场向买方市场过渡，大多数行业的竞争力已处于世界先进水平。随着全球竞争的加剧，中国企业在劳动力成本方面的优势日益减弱，因此，企业需要采取措施降低产品成本，以提高竞争力。这为作业成本法在中国的推广应用打下了良好的基础。作业成本法作为一种先进的成本管理方法，受到越来越多企业的重视，并成为推动企业发展的重要手段。

第二，随着时间的推移，电算化会计和企业信息系统在我国越来越普及，作业成本法也受到越来越多企业的重视，这也为企业相关方面的发展提供了更大的可能性。此外，许多财务软件公司的出现为作业成本法的普及提供了良好的条件。只要作业成本法能够被企业接受，它就能迅速普及。

第三，作业成本法的应用需要对与作业相关的资源消耗进行准确的数据收集和分析。在我国，许多企业已经建立了成本管理系统和数据收集机制，可以支持作业成本法的应用。

第四，我国的企业和组织在管理技术和工具方面有了很大的发展。许多企业已经采用了先进的管理软件和系统，可以支持作业成本法的应用。

第三节　作业成本法的本质特征及作业成本管理

一、作业成本法的本质特征

作业成本法是一种以作业为核心的成本计算体系，将作业作为制造费用的归集对象，通过确认和计量资源动因，将资源成本归集到作业，并将作业成本分摊到产品上，计算出各种产品的总成本和单位成本。作业成本法的基本原理是，资源驱动作业，而作业又驱动成本。在生产过程中，作业的发生会产生相应的成本，而产品生产也会产生成本。作业成本法的出现，标志着一种全新的管理思想的出现，是将企业视为满足客户需求的“一系列作业”的集合。作业成本法的核心在于精确分配成本，并为产品定价提供支持。

波特兰电力查询公司最早运用作业成本法。该公司通过改变作业分配单元，重新分配间接费用，算出来的分配系数更为合理。

二、作业成本管理概述

（一）作业成本管理的定义

作业成本管理是指使用作业成本信息帮助管理者识别非增值作业。作业是一组相关任务或在组织内为特定目的的消耗资源的活动的总称。作业成本管理是一种管理方法和技术，旨在计算、分配和控制与作业相关的成本。作业成本管理对作业的资源消耗、成本产生和分配进行系统化的管理和控制，使管理层能够更好地满足客户的需求，从而使企业获取更多的利润。

通过作业成本管理，可以更加准确地衡量关键作业的活动量，从而替代传统的基于财务信息的管理方法。从方法上讲，作业成本管理是利用战略选择技术，先将公司的总体愿景、使命和战略目标分解到部门乃至过程，然后运用过程设计技术，识别关键工作要素并设计一个系统，该系统可以收集有关每项工作活动量的信息并反馈结果。

作业成本管理是一种全新的、有效的集中管理模式，旨在提供准确的作业成本信息，提升客户价值，实现企业可持续发展和经济效益最大化。

（二）作业成本管理的实质

作业成本管理将企业的作业链看成价值链、客户链、责任链，通过评价作业的性质，勾勒出贯穿生产过程和经营的责任体系。现代商业观点认为，企业是由一系列密切相关的作业组成的集合，最终能满足客户的需求。

精确计算产品或服务的成本是成本管理的基础，而不是最终目标。成本管理的最终目标是通过分析和控制各项活动，以及从内部到外部的流程，支持企业的成本控制、决策制定和绩效评估，实现企业的财务目标。实施基于作业的成本管理，可以有效减少非增值作业，提升增值作业的效率，降低成本，提升企业价值，从而增强企业的竞争力。

作业成本管理从客户需求和公司盈利目标出发，追求无差错、无库存和高价值作业，以实现公司的战略管理目标。在作业成本管理中，与库存相关的任何作业（如存储、处理、保管等）都不能为最终产品增加价值，因此需实现零库存。要实现零库存，需实施准时生产系统（JIT），然后对设备、人力等资源进行调整。

（三）增值作业与非增值作业的划分

从客户的角度来看，增值作业和非增值作业是有本质区别的。能够为客户带来价值的作业才是增值的，否则就是非增值作业。在一个企业中，衡量作业是否增值的标准是：能否为客户带来实质性的收益或者提升客户的效用。作业成本管理的本质是识别那些不能为客户增加价值的作业，寻找改进的机会。一般来说，在制造企业中，增值作业包括直接参与产品制造或服务提供的活动，如加工、组装、检验、设计、包装等；非增值作业包括等待作业、物料或半成品堆积作业，企业内部产品或在产品运输作业、清废作业、次品处理作业、返工作业，无效率重复某工序作业、由于订单信息不准确而导致无法准确送达并需要重新送达的低效率或无效率作业等。

（四）基于作业进行成本管理

作业成本管理是作业成本信息的具体应用，可提高作业效率，消除或遏制非增值作业，实现生产过程的连续性、生产及运营效率的提高和企业价值的增加。作业成本管理主要从成本角度优化公司的作业链和价值链，是作业管理的核心环节。作业成本管理的目的是找到非增值作业成本，并试图将其消除、转换或最小化。降低非增值作业成本通常有四个步骤：确定和评估作业、分析作业链-价值链、确定成本动因、评估业绩以及报告非增值作业成本。其中，确定和评估作业具体包括识别不必要或非增值作业、分析重要增值作业、将作业与先进水平进行比较、分析作业之间的联系等。

三、作业成本管理的实施

（一）作业成本管理的实施程序

作业成本管理在不同行业、不同经济技术条件和不同规模的企业有所不同。我国企业应根据作业成本管理的基本原则，结合西方企业的实践经验，制定有效的实施方案。一般应按照以下程序进行：

第一，分析并积累具有客户价值的终端产品的各项作业，成立作业中心。为了确保公司最终产品的客户价值，作业成本管理应该重点关注业务过程，明确作业成本管理的目标和范围，识别和定义各个作业，以确定主要作业和作业中心。每个作业中心都是生产过程的重要组成部分，管理层应该对其进行归集和披露，以便更好地控制作业和评估绩效。

第二，企业的资源是有限的，作业成本管理需要对企业的资源进行分类汇总，对每项作业，收集和记录与之相关的资源消耗数据，建立资源库，以便合理分配资源。企业的生产和经营活动消耗作业，作业消耗资源，但是，可以通过采取有效措施避免资源浪费，提高资源的利用效率，并对消耗资源所创造的客户价值进行跟进分析，实现企业的可持续发展。

第三，必须明确成本对象，确保企业生产的最终产品或提供的服务能够有效地进行分类汇总。确定要管理的作业范围和重点，包括确定需要计算和控制成本的作业，以及成本管理指标和要求。成本对象必须包括企业所有的最终产品或提供的服务，不能有遗漏，否则会导致成本信息失真，进而影响企业的经营效率。然而，作业成本管理不仅关注最终产品或提供的服务的产出，还将所有相关的作业、作业中心、客户和市场纳入考量，以确保资源的有效利用，并有效控制成本。

第四，挖掘成本动因，加强成本控制。挖掘成本动因意味着摒弃传统的成本分析方法，代之以广泛的、具有战略性的成本动因分析组合，以成本动因为标准，总结最终产品或提供的服务付出的各种成本。为了有效控制成本，应重点关注两个方面：一是深入了解主要价值链活动的成本来源，以便更好地控制成本；二是对产品设计、开发、生产、营销等作业链主要环节进行优化，以获得更大的成本竞争优势。

第五，建立一个完善的绩效评价体系，将其与责任会计核算体系相结合，以确保作业中心的设立与责任中心的划分相符，并明确各方的经济责任和权力。建立监控机制，对作业成本管理的实施情况进行监测和评估。定期审查作业成本的数据和结果，并与预期目标进行比较，及时发现问题并采取纠正措施。采取合理的成本动因，确保成本指标和运营绩效的准确性和可靠性，有助于管理者从非财务角度评估绩效，更好地实现责任会计的目标。

作业成本管理的目标从“商品”转变为“作业”，不再仅仅关注“成本”，而是将前因后果相结合，即将成本驱动因素和成本消耗联系起来，控制产品成本的方式不再是简单地依靠降低成本，而是通过对作业的实时监督和反馈，以及对作业链和价值链的分析，实现可持续的低成本、高利润的目标，以更有效地控制成本。

（二）实施作业成本管理的意义

与传统的以商品或服务为核心的成本管理相比，作业成本管理以作业为出发点进行成本管理，是一次深刻的变革和质的飞跃。实施作业成本管理具有以下四个方面的重要意义：

第一，有利于企业适应新的竞争环境。随着全球经济一体化的加速和资本的国际化，科学技术的发展正在朝着计算机化和信息化的方向前进，市场需求的多样性和个性化日益凸显，企业生产过程的自动化和计算机化以及制造系统的复杂化成为当今世界经济发展的必然趋势。在这种新的经济技术环境下，如果继续依赖占比越来越低的直接人工来分配占比越来越高的制造费用，将会导致产品成本的严重扭曲，从而影响公司的战略决策。

与传统成本管理不同，作业成本管理将作业视为一系列满足客户需求的活动，以价值链的形式表现。因此，“产品”转向“作业”，以作业为成本分配的对象，不仅可以更加科学合理地分配各种制造费用，还可以提供更加客观的成本信息，并且可以通过作业分析追溯源头，不断改进生产方式，进行合理的资源配置，从而提高生产效率，实现持续降低成本的目标。因此，在科技高速发展的环境下，实施作业成本管理很有必要。

第二，有利于加强成本控制。20 世纪 80 年代以来，企业之间的市场竞争愈演愈烈，企业的生产经营模式也发生了巨大的变化，以“商品”为起点和管理核心的传统成本管理已经不能满足客户不断变化的需求。企业必须采用更加灵活、多样化的小批量生产经营模式，才能适应新的、动态的、不稳定的市场环境。

作业成本管理旨在以作业成本为核心，以每项作业的完成情况及其所消耗的资源为基础，及时有效地提供成本控制所需的信息，以提升管理者的成本意识，并在作业中心的基础上建立成本控制责任中心，将作业人员的奖惩与作业责任成本控制紧密结合，以激发员工的积极性、创造性和协作精神，进而更加有效地控制成本，实现企业的可持续发展。

第三，有利于提高企业产品的竞争力。传统的成本管理只关注产品投产后的成本，在很大程度上忽略了产品投产前的开发设计成本，这种做法不仅无法满足企业当前发展的需要，而且严重阻碍了企业产品竞争力的提升。作业成本管理是现代企业在激烈的市场竞争中发展的重要手段，从一开始就强调商品设计、研发、质量成本管理的重要性，以技术与经济统一为原则对企业资源进行合理配置，不断改进产品设计、工艺设计等，以提升企业产品的竞争力。

第四，提供决策支持信息。作业成本管理提供有关作业成本和效益的信息，可为企业决策提供支持。管理层可以根据作业成本的数据和分析结果，制定战略和目标，优化资源配置，改进业务流程，从而提高经济效益。

第四节　作业成本法相关前沿动态

一、2019—2022 年文献归纳

关于作业成本法的研究，国内始于 1995 年，国内期刊中相关文章数量多

年来呈现上升趋势，到 2009 年前后趋于稳定。2019—2022 年，仍然有相当一部分学者在研究作业成本法，并呈现出多元化的发展态势。

从学科应用上看，作业成本法的研究主要集中在经济与管理科学方面，医药卫生科技、工程科技、社会科学等方面也在逐渐深入。相比之前，作业成本法更加广泛地应用于医疗、商业、金融、交通运输、公用事业等领域。

易颜新（2019）对作业成本法的行业研究范畴十分广泛，尤其是在医药行业。他以某医院肾内科手术室腹膜透析置管术和腹膜透析拔管术为对象进行研究，发现基于时间驱动作业成本法（Time-driven Activity-based Costing，TDABC）的医疗项目成本核算方法更加准确，有助于医院进行成本管理和正确决策。此外，瑞安市人民医院基于业财融合视角，构建了医院作业成本管理总体逻辑框架，并开发了作业成本管理系统软件，上线运行后取得了良好的效果。实施作业成本法，可以实现成本管理决策数据的实时化、图形化和可视化，从而帮助地方政府管理部门更好地进行行政运行成本核算。通过应用作业成本管理理论，环保公司可以精确计算阿米巴经营单元的成本，并以此为基础制定内部转移价格，为公司的战略决策和经营管理决策提供准确、及时的信息，从而提升公司的经济效益和核心竞争力。

陈良将（2019）采用时间驱动作业成本法对医疗服务项目进行成本核算，使流程得以优化并提高了效率。他认为，采用时间驱动作业成本法将会革新医院管理，改善绩效评价方案。此后，许多人将时间驱动作业成本法引入医院的成本管理。徐桔密等（2019）采用时间驱动作业成本法对病种进行成本核算。张伯平等（2020）、陈恕等（2020）、潘春华等（2021）在相关研究中利用时间驱动作业成本法对产科医疗、超声科室等医疗服务进行成本核算。这些学者都认为，相对于传统成本核算方法，时间驱动作业成本法能够使成本更接近实际，并且提高成本的控制与分配效率。易颜新等（2020）在对医院的作业成本管理系统进行分析后指出，该系统有利于运营绩效的管理和考核，能够优化医院的管理效率与服务质量。李晓燕等（2019）、陈民等（2021）均通过作业成本法优化了医院部门的成本核算模型。

谭浩等（2020）结合统计中的显著性水平对成本动因的重要性划分进行分类合并，较好地平衡了成本核算的效率和准确性，在减小计算量的同时保证了准确性。程平等（2021）以研究院为研究对象，运用主成分分析法和聚类算法进行成本动因合并，避免了人为因素的影响。以上学者的思路相似，都是依靠统计与计量经济学的方法进行成本动因合并，提供了提高成本核算准确性与效率的新思路。

还有些研究涉及企业经营管理、预算管理和行政机构等方向。劳梦倩（2019）将作业成本法同全面预算的编制、执行、控制、考核、分析等相结合，通过利润与作业成本法中增值与非增值作业相结合、质与量的平衡、执行与控制的相互制衡、考核和差异分析设计，最终提出将作业成本法融入预算管理的方案。易颜新等（2020）将作业成本法应用于行政部门，实现了降低公共资源消耗、优化资源配置的目的，并认为采用作业成本法提升了政府成本信息的可靠性，提高了政府的运行效率，明确了政府部门的职责。张利等（2022）尝试将作业成本法应用于煤炭企业，以实现环境成本核算。他们对作业成本法进行了创新和扩展，形成“产品消耗作业、作业产生污染、污染形成成本”的核心思想，并引入环保税税率作为辅助工具，以解决传统作业成本法无法考虑不同情况下环境承载能力的问题。这一兼具创新性和前瞻性的思路，为煤炭企业环境成本核算提供了一种可行的解决方案。

除前文研究外，还有学者对诊疗路径（徐雨虹 等，2021；吴晓琳 等，2021）、医疗服务项目（徐静晗 等，2021；向前 等，2020；赵要军 等，2020；陈恕 等，2020）、绩效管理（易颜新 等，2020；田文美 等，2021）、绿色经济（张利 等，2022；张五星，2019）、地铁项目（王均山 等，2021；徐晓红 等，2020）、建筑施工（黄昌义 等，2021；杨艳 等，2020）等进行了研究，以作业成本法结合实际案例的应用研究以及作业成本法在各领域的应用优化为主。

总体来看，作业成本法相关研究呈现多元化态势。

二、作业成本法与平衡计分卡的结合应用研究

作业成本法与平衡计分卡结合将使评估结果更加准确。平衡计分卡中作业成本法的使用应遵循“衡量绩效—作业成本动因—资源成本动因—产品成本”的思路。在评估绩效时，一般遵循以下步骤：①对所涉及的作业进行全面分析，以确定所需消耗的资源，进而确定产品的成本；②评估每一项作业对绩效的影响，以确定是否有提升空间，进而制定更有利的决策。在平衡计分卡的四个维度（财务、客户、内部流程、学习与成长）之外，引入第五个维度——成本。通过将作业成本法与平衡计分卡结合，可以将作业成本作为一个关键的绩效指标，并与其他维度的指标相关联，这样可以更好地将成本管理纳入绩效管理体系，使成本控制与企业的整体目标和战略保持一致。此

外，资源动因和作业动因中包含大量非财务信息，有助于分析平衡计分卡的客户、内部流程、学习和成长三个非财务方面。平衡计分卡可用于评估作业成本法中各项作业的绩效，如可以评估企业为产品添加特定功能所带来的绩效，即以客户为出发点，从各方面分析顾客是否需要为产品添加特定功能，在顾客需要的前提下研究如何添加该功能。在这一过程中，会出现各种操作，增加资源消耗，导致成本增加，因此，最后必须将成本与可以增加的收入进行比较，即通过计算会计和财务方面的指标来确定是否应该增加这个功能。可以将每项操作增加的成本与增加功能的贡献分别进行比较，从而判断该作业是否为非增值作业，进而控制成本。

三、基于经济增加值的作业成本法研究

基于经济增加值的作业成本法是现代企业成本管理的先进方法，它以作业和作业中心为核心，通过科学的成本分配和及时准确的信息来控制和管理企业产品的成本。

基于经济增加值的作业成本法的原理是，在作业成本法的基础上，按照作业消耗资源、产品消耗作业或者产品直接消耗资源的原则，对经营成本与资本成本重新进行归集分配。直接经营成本与直接资本成本可以直接计入成本受益对象，而间接经营成本与间接资本成本按照作业消耗资源、产品消耗作业的原则进行分配。将间接成本通过成本动因归集到成本对象，避免了传统成本计算方法将资源按照固定比例进行盲目分配的缺陷。引入经济增加值的作业成本法，采用产品-资本依赖法（PDC）与作业-资本依赖法（ACD）结合的方法进行资本成本的分配，改善了原始作业成本法忽略资本成本的情况。

通过比较不同作业的经济增加值，可以评估和优化作业的贡献和效益。经济增加值较高的作业创造的价值会超过其所使用的资本成本，对企业有正向贡献；相反，经济增加值较低或出现负值的作业，可能需要进行改进或淘汰。

四、物质流量成本会计和作业成本法融合研究

将物质流量成本会计与作业成本法相结合，可以为企业提供更加科学有效的成本核算和管理方法。将作业成本法纳入物质流量成本会计，可以从实物量和货币量两个维度归集和计量投入生产的材料、能源、系统和废弃物处

置等成本数据，并追踪这些成本流量在生产过程中的变化趋势，从而更好地将成本按照资源成本动因和作业成本动因进行分配，使产品成本核算更加准确，继而有效地控制成本，提高企业的经济效益。物质流量成本会计和作业成本法的融合研究旨在将物质流量和成本信息结合起来，以更全面地评估作业的成本和效益。通过将物质流量与作业成本相关联，可以更准确地分析作业的成本构成、物质的消耗和浪费情况，并为成本控制和效率提高提供更有针对性的建议。将物质流量成本会计与作业成本法相结合，可以为环境管理提供一种新的会计工具。这种新的会计工具可以更加细致、透明地分析物质流量及其成本，并且可以应用于所有使用物质和能源的生产企业和服务型组织，提高物质和能源使用数据的质量，使企业生产过程中各个环节的物质流信息更加透明和准确。此外，通过可视化分析，企业可以清晰地识别出低效的生产线和生产过程，并采取有效措施减少资源损失，实现经济效益和环境效益的双赢。

第五节 作业成本法案例

阳光公司生产三种电子产品：A、B 和 C。其中，A 产品工艺最简单，每年销量为 8 000 件；B 产品的工艺比 A 产品复杂，每年销量为 16 000 件，是三种产品中销量最大的；C 产品的工艺最复杂，每年销量为 3 200 件。阳光公司拥有完善的生产流程，包括零件分拣、自动插件、人工插件、压焊、技术洗烘、质量检测、包装等，所有原材料和组件均以外包方式提供。此前，阳光公司一直采用传统成本核算方法对产品成本进行核算。

一、传统成本核算方法下产品成本的核算

（一）相关产品成本

相关产品成本见表 3-2。

表 3-2 阳光公司相关产品成本

项目	A 产品	B 产品	C 产品	合计
产量（件）	8 000	16 000	3 200	27 200
直接材料（元）	400 000	1 440 000	64 000	1 904 000

续表

项目	A 产品	B 产品	C 产品	合计
直接人工（元）	464 000	1 280 000	128 000	1 872 000
制造费用（元）				3 115 200
直接人工工时（小时）	24 000	64 000	6 400	94 400

（二）传统成本核算方法下以直接人工工时为基础的制造费用分配情况

传统成本核算方法下以直接人工工时为基础的制造费用分配情况见表 3-3。

表 3-3 传统成本核算方法下的制造费用分配

项目	A 产品	B 产品	C 产品	合计
直接人工工时（小时）	24 000	64 000	6 400	94 400
分配率	3 115 200÷94 400＝33			
制造费用（元）	792 000	2 112 000	211 200	3 115 200

（三）传统成本核算方法下的产品成本

传统成本核算方法下的产品成本见表 3-4。

表 3-4 传统成本核算方法下的产品成本

项目	A 产品	B 产品	C 产品
直接材料（元）	400 000	1 440 000	64 000
直接人工（元）	464 000	1 280 000	128 000
制造费用（元）	792 000	2 112 000	211 200
合计（元）	1 656 000	4 832 000	403 200
产量（件）	8 000	16 000	3 200
单位产品成本（元）	207	302	126

由表 3-5 可知，采用传统成本核算方法计算出的各产品单位成本分别是 207 元、302 元和 126 元，这个结果与各产品工艺复杂程度不成比例，或者说相关度不高（A、B、C 产品的工艺复杂程度分别是：简单、较复杂、最复杂），这意味着采用传统成本核算方法提供的成本信息是扭曲的。

二、定价策略及在产品销售方面的困境

（一）定价策略

阳光公司采用成本加成定价法来实现定价目标，将产品成本的120%作为目标售价，具体情况见表3-5。

表3-5 阳光公司产品目标售价 单位：元

项目	A产品	B产品	C产品
产品成本	207	302	126
目标售价	248	362	151
实际售价	248	315	240

（二）在产品销售方面的困境

近年来，阳光公司在产品销售方面遇到了一些问题。A产品通常以目标价格出售。外企竞争迫使阳光公司将B产品的实际售价下调至315元，远低于362元的目标售价。C产品目标售价为151元，阳光公司接到的订单非常多，超出了产能，因此将C产品价格上调至240元。即使C产品价格调整到240元，订单量仍然远超其他公司。综上所述，A产品的销售和盈利状况处于正常水平；C产品是高利润低产量的优势产品；B产品是公司的主打产品。在面临销售困境的情况下，阳光公司管理层决定以B产品为重点进行管理，同时对传统成本核算方法的准确性表示怀疑，并决定采用作业成本法重新计算产品成本。

三、作业成本计算法

（一）作业划分

经过管理人员的精心分析，阳光公司的主要作业被划分为几个同质作业成本库，并将间接费用归集到每个作业成本库，最终结果见表3-6。

表3-6 各作业成本库归集的制造费用 单位：元

作业成本库	制造费用
装配	970 080
材料采购	160 000

续表

作业成本库	制造费用
物料处理	480 000
起动准备	2 400
质量控制	336 800
产品包装	200 000
工程处理	560 000
管理	405 920
合计	3 115 200

（二）认定成本动因

管理人员认定各作业成本库的成本动因，并计算单位作业成本，见表3-7和表3-8。

1. 成本动因

表 3-7　成本动因归集的制造费用

作业成本库	成本动因	作业量			
		A 产品	B 产品	C 产品	合计
装配	机器小时（小时）	8 000	20 000	6 400	34 400
材料采购	订单数量（张）	960	3 840	11 200	16 000
物料处理	材料移动（次数）	560	2 400	5 040	8 000
起动准备	准备次数（次数）	800	3 200	8 000	12 000
质量控制	检验小时（小时）	3 200	6 400	6 400	16 000
产品包装	包装次数（次）	320	2 400	5 280	8 000
工程处理	工程处理时间（小时）	8 000	14 400	9 600	32 000
管理	直接人工（小时）	24 000	64 000	6 400	94 400

2. 单位作业成本

表 3-8　单位作业成本归集的制造费用

作业成本库	成本动因	年制造费用（元）	年作业量	单位作业成本（元）
装配	机器小时（小时）	970 080	34 400	28. 2
材料采购	订单数量（张）	160 000	16 000	10

续表

作业成本库	成本动因	年制造费用（元）	年作业量	单位作业成本（元）
物料处理	材料移动（次数）	480 000	8 000	60
起动准备	准备次数（次数）	2 400	12 000	0.2
质量控制	检验小时（小时）	336 800	16 000	21.05
产品包装	包装次数（次）	200 000	8 000	25
工程处理	工程处理时间（小时）	560 000	32 000	17.5
管理	直接人工（小时）	405 920	94 400	4.3

（三）费用分摊

将作业成本库的制造费用按单位作业成本分摊到各产品，见表 3-9。

表 3-9 各产品归集的制造费用

作业成本库	单位作业成本（元）	A 产品		B 产品		C 产品	
		作业量	作业成本（元）	作业量	作业成本（元）	作业量	作业成本（元）
装配	28.2	8 000	225 600	20 000	564 000	6 400	180 480
材料采购	10	960	9 600	3 840	38 400	11 200	112 000
物料处理	60	560	33 600	2 400	144 000	5 040	302 400
起动准备	0.2	800	160	3 200	640	8 000	1 600
质量控制	21.05	3 200	67 360	6 400	134 720	6 400	134 720
产品包装	25	320	8 000	2 400	60 000	5 280	132 000
工程处理	17.5	8 000	140 000	14 400	252 000	9 600	168 000
管理	4.3	24 000	103 200	64 000	275 200	6 400	27 520
合计			587 520		1 468 960		1 058 720

（四）计算结果

经过计算，管理人员获得的产品成本数据见表 3-10。

表 3-10 作业成本法下各产品成本

单位：元

项目	A 产品	B 产品	C 产品
直接材料	400 000	1 440 000	64 000
直接人工	464 000	1 280 000	128 000
装配	225 600	564 000	180 480

续表

项目	A 产品	B 产品	C 产品
材料采购	9 600	38 400	112 000
物料处理	33 600	144 000	302 400
起动准备	160	640	1 600
质量控制	67 360	134 720	134 720
产品包装	8 000	60 000	132 000
工程处理	140 000	252 000	168 000
管理	103 200	275 200	27 520
合计	1 451 520	4 188 960	1 250 720
单位产品成本	181.44	261.81	390.85

通过对表 3-9 和表 3-10 的数据进行对比，公司管理人员发现，传统成本核算方法和作业成本法有很大不同。作业成本法不仅能够提供更详细的成本信息，而且确定的成本更加精确。在本例中，A 和 B 两种产品的单位成本被高估，而 C 产品的单位成本被低估了。

传统成本核算方法忽略了企业不同产品在重要性、技术含量和作业量等方面的差异，以及它们之间的关联，从而导致最终结果出现了偏差。相对而言，作业成本法考虑了导致制造业企业产生各类生产成本的原因，并以此为依据分配制造费用，能够比较真实、合理、客观地反映高科技制造环境下的生产总成本。

四、案例思考

通过阳光公司的案例，我们应思考并讨论以下三个问题：

第一，完成成本核算后，谈谈你对该公司产品销售的看法。你认为该公司在产品销售方面存在哪些问题？这些问题是什么原因造成的？

第二，对比分析两种成本计算方法的差异。

第三，为什么 B 产品和 C 产品会出现截然不同的市场反应？企业应该如何定价？企业应该在什么情况下采用作业成本法解决问题？

思考及讨论题

1. 简述作业成本法产生的背景及理论基础。
2. 什么是作业成本法？它与传统成本核算方法有什么区别？
3. 采用作业成本法进行成本核算的基本程序是什么？
4. 为什么说传统成本核算方法丧失了与决策的相关性？
5. 确定资源动因的原则是什么？
6. 你认为作业成本法的本质特征是什么？
7. 根据作业成本法的前沿动态，请设计一个相关的研究主题及研究框架。

04 第四章 战略成本管理

第一节　战略成本管理概述

一、传统成本管理的不足

从20世纪70年代开始，世界经济环境发生了巨大变化。现代高新技术的蓬勃发展，信息技术革命席卷全球，工业时代的竞争日趋走向信息时代的竞争，必然引起企业经营环境的巨变，这对传统成本管理产生了巨大的冲击。成本管理目标不再是利润最大化这一短期目标，而是定位在更具广度和深度的战略层面。从广度上看，成本管理已从企业内部管理发展到企业上下游供应链管理；从深度上看，成本管理已从传统成本管理发展到战略成本管理。

传统成本管理重在节约成本，即力求在生产过程中减少不相关成本的发生和改进工作方式，以节约本将发生的成本支出。信息技术的不断发展、全球市场竞争的加剧都要求企业寻求新的管理思想、技术和方法，建立战略成本管理信息系统来满足新形势下企业经营管理的需要。企业战略管理理论和方法的广泛运用，使管理者越来越意识到，传统的强调以企业内部价值耗费为基础的成本管理系统已经不能适应管理环境的变化，也不能为企业战略管理提供有用的决策信息。在实施企业战略管理的背景下，传统成本管理的不足日益凸显，主要体现在以下四个方面。

（一）成本管理理念滞后

传统的成本管理理念较为狭隘，就是努力降低成本，通过降低成本提高企业效益。在我国长期实行的计划经济体制下，统购统销贯穿整个生产过程，企业要降低产品成本，就必须加强成本管理。随着我国市场经济由卖方市场逐渐向买方市场转变，企业之间的竞争越来越激烈，企业只有加强成本管理，才能真正达到降低成本的目的。一家企业不应该只重视产品生产的成本，更应该重视自己的产品在市场中能够获得的收益。随着我国市场经济体制的逐步健全，企业要加强成本管理，提高整体经济效益，必须树立一种新的观念——成本效益观念，即从“投入”和“产出”两个方面来考虑“投入”的必要性、合理性，以及使用价值等因素对企业经济效益的影响。

（二）成本管理内容片面

从管理角度来看，传统的成本管理仅对产品生产过程中的成本进行规划、核算与分析，并未扩展到技术与流通领域。从管理体系上看，企业往往会忽略事前的决策与预测：在成本管理的过程方面，只重视生产过程的成本管理，而忽略了对供应链和销售过程的成本管理；在成本管理的内容上，只强调投产后的成本管理，而忽视了对投产前产品设计及生产要素合理组织的成本管理；在成本的具体核算中，只注重财务成本核算，缺少管理成本核算，或是只注重生产成本的核算，而忽视了对产品设计过程中的成本及销售成本进行核算。传统成本管理思想往往较为僵化，无法适应快速变化和创新的商业环境，已无法适应现代企业发展的要求。因此，必须创新成本管理理念，变革成本管理制度，建立新的成本管理系统。传统成本管理仅关注产品财务和内部生产过程成本的控制，而忽略了对管理人员、原材料、销售市场和销售渠道等非财务方面进行有效的控制，从而导致销售环节与外部价值链脱节。传统成本管理方法往往将企业视为一个封闭的系统，忽视了价值链和供应链中不同环节成本与效益的关系。这导致无法全面评估和优化整个价值链和供应链的成本效益。在这种情况下，企业要想在激烈的开放型竞争环境中生存下去，就必须建立起与现代企业相适应的以降低生产成本为目标的成本管理模式，从而获得持续的竞争优势。因此，企业在关注内部生产过程中的成本的同时，还要分析内部价值链的变化，包括生产流程、产品设计流程、售后服务流程等。

（三）忽视了战略成本动因

战略成本动因是指从战略上对企业的产品成本产生影响的因素。传统成本管理对环境的应变能力不强，没有考虑到风险在成本管理中的显著作用，也忽略了产品开发成本、设计成本、市场开拓成本和企业内部结构调整成本。战略成本管理是指在产品生命周期内，企业为了生存和发展而采取的各种措施或策略，其目的在于使企业适应由开放型向竞争型转变所带来的市场环境变化，通过对价值链各环节及整个市场环境的分析来确定企业的成本动因，从而实现成本管理的目标。战略成本管理的对象为整个产品生命周期的成本，重视开放型、竞争型的市场环境及行业的价值链，结合市场环境从成本动因出发进行成本管理。对现代企业来说，非常有必要站在战略的高度思考那些对企业成本有重大影响的战略成本动因。

（四）造成成本信息扭曲

传统成本核算系统以“业务量为唯一成本影响因素”为假设前提，且传统企业成本构成普遍以制造成本偏高、期间费用偏低为主要特征，成本计算简单，仅重视对制造成本的计算和控制。在以往高度劳动密集型的企业中，间接费用根据直接人工小时数或者产量进行分配，一般不会对产品成本造成扭曲。但是在现代制造环境下，企业在产品研发及售后服务等方面进行了大量投资，而其产品成本主要由设计确定，这时直接人工成本占比大幅降低，制造费用占比显著增加，若采用传统成本核算方法，以制造成本为主进行核算就不再合理。此外，由于产品成本受多种不确定因素的影响，传统成本核算方法难以全面反映企业真实的生产状况。常规成本核算方法既会造成产品成本信息严重失真，又无法对产品整个生产周期的经济效益进行准确评估，从而会导致企业对产品经营方向的误判。

二、战略成本管理与传统成本管理的关系

战略成本管理有其深刻的社会经济根源。从宏观上讲，是为了适应企业经营环境的变化和信息技术的快速发展而产生的；从微观上讲，一方面是为了适应企业战略管理的需要，另一方面是企业传统成本管理系统弥补自身缺陷和变革的需要。

战略成本管理将成本管理与企业的战略目标和长期竞争优势相结合，以提高企业的绩效和可持续发展能力为目的。战略成本管理是一门新兴学科，是企业战略与成本管理相结合的产物，是战略会计的主体内容。与传统成本管理相比，战略成本管理具有全局性、长期性、动态性和外向性等特点，能够解决传统成本管理在新环境下所面临的诸多问题。

战略成本管理与传统成本管理的关系体现在以下三个方面：

第一，传统成本管理的目标是降低成本、获取短期利益，强调在企业内部价值链耗费的基础上，用管理手段引导、调节和制约现实的生产活动，使

企业的各种生产成本最小化，从而达到成本最小化和利润最大化。传统成本管理模式在理论上存在着局限性，在实践中也不太符合现代企业的发展需要，缺乏前瞻性，不能为企业战略管理提供对决策有用的成本信息。战略成本管理是企业战略管理的重要组成部分，能帮助企业及时掌握市场变化，准确把握成本信息。传统成本管理主要关注成本的规划、核算和控制，注重对生产过程中的成本进行管理。战略成本管理更关注将成本管理与企业的战略目标和长期竞争优势相结合，以支持企业的战略决策和价值创造。

第二，战略成本管理是在传统成本管理基础上发展起来的，以战略管理为导向，通过优化成本结构、规范成本行为获取竞争优势。与只注重企业内部活动的传统成本管理相比，战略成本管理既拓宽了成本管理的空间，使成本管理对象由只注重内部活动向注重外部活动扩展，又扩展了管理时间，将成本管理时间跨度由日常管理层面上升到战略管理层面。战略成本管理更注重投产前的成本管理，包括产品设计和生产要素组织的成本管理。战略成本管理更加全面，将成本管理范围扩展到技术、流通和销售等环节，以实现整个价值链的成本优化，同时在成本管理手段与方法上进行了创新，能够较好地适应现代企业的经营管理需要。

第三，传统成本管理为战略成本管理奠定了理论基础，同时提供了实践经验，而战略成本管理是传统成本管理的深入发展，是将成本管理与战略管理相结合的结果，也是传统成本管理适应竞争环境改变的一种变革，更是现代成本管理必然的发展趋势。

三、战略成本管理的内涵和特征

（一）战略成本管理的内涵

战略成本管理（Strategic Cost Management，SCM）是现代成本管理和战略管理相结合的产物。传统成本管理只是有利于在短期内实现利润最大化目标，并没有把企业日常业务决策与长期计划决策结合起来，比如管理者在降低成本时会削减必要的产品研发成本，这样的决策尽管可以在短时间内获取高额利润，但是在技术不断创新的大环境下，放弃了能给企业提供持续创新动力的研发工作而追求短期利润最大化，无疑会降低企业的竞争力。因此，为了达到降低成本和保持长期竞争优势的目的，越来越多的企业开始通过战略成本管理来解决成本问题。

学术界对战略成本管理有不同的界定。国外学者关于战略成本问题的研究始于20世纪80年代后期，在90年代快速发展。英国学者肯尼斯·西蒙最先提出“战略成本管理”这一概念，认为战略成本管理是通过对企业自身和竞争对手有关成本资料的分析为管理者作出战略决策提供依据。后来，迈克尔·波特提出了利用价值链分析战略成本的通用方法。托尼·格兰迪等认为，战略成本管理可作为企业制定竞争战略的工具。罗宾·库珀提出了以成本作业制度为主线的战略成本管理模式。夏宽云将战略成本管理定义为：管理会计人员通过为企业自身及竞争对手提供分析资料来协助管理者对企业战略进行评估，进而产生竞争优势，实现企业对不断变化的外部环境的有效适应。因此，战略成本管理不再简单地以降低成本为目的，更注重在维持长期竞争力的前提下合理控制成本。很明显，要降低成本、获得竞争优势，需要采取各种协同措施：一种是在经济规模、技术条件和质量标准既定的情况下，以降低消耗和提高劳动生产率为手段降低成本；另一种是以改变费用产生的基础条件为手段降低成本。企业要想获得长期竞争优势，就必须加强战略成本管理，从制定企业战略开始就实施成本领先战略和差异化战略，并采用科学有效的成本管理方法，包括转变传统的成本管理理念、完善各项规章制度、规范各部门的工作流程、加强对各级人员的培训、强化对基层的业务管理等。此外，企业还要重视培养员工的成本意识。培养员工的成本意识就是要使全体员工树立节约成本和控制成本的思想，做到“节省成本，并了解成本管理的执行结果”。成本管理需要所有成员一起参与，这样才能强化员工的成本意识，提高其降低成本的主动性和积极性。

简单地说，当企业管理随着竞争环境的改变而步入战略管理阶段时，传统成本管理就转向了战略成本管理。战略成本管理以战略管理为基础，其理论和方法符合战略理念。战略成本管理将对成本信息进行分析和运用贯穿于企业整个战略管理循环，并对战略管理中的每个关键步骤提供战略成本信息，以帮助企业塑造形象和打造核心竞争力。因此，战略成本管理的内涵可以表达为：企业怎样利用成本信息作出战略选择和怎样进行多战略选择中的成本管理，即把成本管理放在企业战略管理层面来分析企业及其关联企业的成本行为与成本结构。战略成本管理以谋求企业长期有效的竞争优势为核心，将企业的外在市场竞争与内在管理融为一体，所有活动都是为了达到战略目标。

（二）战略成本管理的特征

战略成本管理作为新环境下成本管理和战略管理相融合的有机产物，分析了企业不同策略下的成本行为和成本结构，服务于企业成本管理决策，有利于企业获取竞争优势。与传统成本管理相比，战略成本管理具有以下五个特征：

第一，目标规划的长远性。战略成本管理以企业的长远发展战略为管理依据，关注企业长远目标，以期获得长期有效的竞争优势，所以不限于某一会计期间，而是对竞争地位在较长期间内的变动情况进行分析，以便在较长时间内赢得竞争优势。战略成本管理注重长期竞争优势的实现，而不仅关注短期成本控制和效率。

第二，成本管理的多角度性。战略成本管理是一种全方位、多角度、打破企业界限的成本管理。它从企业所处的外部环境出发，把成本管理贯穿于采购、产品研发和设计、售后服务等环节，对企业与外部客户（包括供应商）之间的关系进行综合分析，从而为企业创造良好的外部环境。战略成本管理是企业不断适应市场环境变化的过程，也是企业根据市场环境制定相应管理战略的过程。

第三，以价值链为核心的全面性。战略成本管理面向企业全局，依据企业总体发展战略来制定战略目标，是结果控制与过程控制的有机结合。在对企业经营活动进行价值链分析时，除了对传统的内部价值链进行分析外，还要考虑竞争对手的情况，并对其进行行业价值链分析。战略成本管理将成本管理的范围扩展到整个价值链，以实现整体成本优化和价值创造。在战略成本管理中，应考虑供应商和客户等外在因素，做到知己知彼、洞悉全局，进而形成以价值链为核心的多种成本战略。

第四，战略成本管理的动态性。战略成本管理为企业竞争战略服务，关注企业生命周期中的阶段变化。企业在不同发展阶段，其成本管理的侧重点是有区别的，需依据内外部环境作出战略调整。战略成本管理考虑到商业环境的不确定性，将风险管理纳入成本管理范畴，通过评估和管理风险避免潜在的成本增加和利润损失。

第五，战略成本管理信息的多样性。战略成本管理系统是由财务和非财务信息、主观与客观信息、定量与定性信息等组成的。它既需要搜集企业内部生产经营管理活动中的日常成本数据，又需要了解供应商、顾客和竞争对手对其成本产生的影响；既需要响应货币性成本数据，也需要响应产品质量和顾客满意度这类非货币性费用数据；既需要历史上真实的成本数据，又需综合考虑即时信息和预测未来的信息。

（三）战略成本管理的基本模式

企业经常采用的战略成本管理模式有以下三种。

1. 克兰菲尔德模式

这一模式于1995年被欧洲著名的克兰菲尔德（Granfield）工商管理学院所提倡，它将战略成本管理作为工具，对企业的竞争地位进行分析，发现问题，分析问题，作出选择，解决问题。该模式强调，在公司内部采取群策群力的方法，使各部门人员各司其职，形成合力，共同制定竞争战略，从而提高企业竞争力。这一模式主要是在成本效益分析的基础上进行评价和策划，并付诸实施，以实施结果的评估及持续的学习过程来启动一个新的周期。该模式创始者Tony Grundy提出，战略成本管理工具应包括以下内容：竞争战略的制定（决定企业采取差异化战略还是成本领先战略）；竞争者分析及标杆瞄准（对竞争者的战略状况进行分析，对竞争者的竞争地位进行评价，找到与竞争对手在经营管理上的差距）；进行行业分析，对所处行业状况进行研究；进行成本动因分析（硬性成本动因和软性成本动因）；评估组织面临的挑战；确定自身目标。

2. 罗宾·库珀模式

罗宾·库珀（Robin Cooper）是作业成本制的倡导者之一。他认为，作业成本控制主要集中于策略的应用，以帮助企业形成最佳策略，并对该策略的执行提供全方位的服务。罗宾·库珀模式的特点在于构建了作业成本制引领下的战略成本管理。该模式的主要思想是，将作业成本控制综合应用于企业内部各个部门、企业外部及竞争对手，用精确的成本核算资料将企业成本竞争地位蓝图呈现给不同部门人员，让企业管理者及所有员工将其工作与企业战略地位挂钩，从而实现在降低成本前提下提高企业竞争力的目标。

3. 桑克模式

美国管理会计教授桑克（Shank）提出了桑克模式，该模式实际上以哈佛大学商学院迈克尔·波特教授所著的《竞争优势》一书为蓝本。该模式的三个要素为价值链分析、战略定位分析和成本动因分析，它们也是战略成本管理中最重要的方法。

综上所述，克兰菲尔德模式的精髓在于将战略成本管理作为企业制定竞争战略的工具来提升企业竞争力；罗宾·库珀模式的实质是将作业成本制全面引入传统成本管理体系，同时注重企业竞争地位的转变，由此形成战略管理会计系统；桑克模式以价值链分析、战略定位分析和成本动因分析为工具，形成了相互联系、不可分割且有内在逻辑关系的体系，是三种模式中较为完善的一种模式。

第二节　战略定位分析

一、战略定位分析方法

战略定位分析是指分析企业在赖以生存的市场上如何选择竞争武器来对抗竞争对手，通过对企业自身条件和所处内外部环境、竞争对手以及产品生命周期等进行分析，制定出企业战略目标的过程。战略定位分析能够使战略成本管理在管理方法、管理重点、分析方法上与企业的战略管理配合，更加有利于企业保持战略成本管理随企业情况变化而变化的特征，是战略成本管理的有效工具。

（一）SWOT 分析

SWOT 分析是一种常用的战略管理工具，用于评估企业或组织的内部优势（Strengths）、内部劣势（Weaknesses）、外部机会（Opportunities）和外部威胁（Threats）。分析这些因素，可以帮助企业制定合理的发展战略。

SWOT 可以分为两大部分：第一部分为 SW，主要用于分析公司的内部条件——成本优势、产品质量、市场份额和研究开发等；第二部分为 OT，主要用于分析公司的外部环境——竞争对手、替代产品和消费者偏好等。企业内部条件分析主要集中在企业自身能力和与竞争对手之间的对比上，尤其需要分析其核心竞争力。核心竞争力主要是指竞争对手不可取代、不可效仿的能力。企业外部环境分析就是将目光集中在企业外部环境的变化以及这些变化可能给企业带来的影响上。一般采用 PEST 分析模型来分析企业外部宏观环境，即从政治（Politics）、经济（Economics）、社会（Social）和技术（Technology）四个层面来分析。另外，也可利用行业分析即五力模型对企业外部环境进行分析，主要分析供应商议价能力、购买者议价能力、潜在竞争者的进入能力、替代品的替代能力和行业中竞争者当前的竞争能力。除上述两种分析方法外，企业还可进行竞争对手分析、消费者行为分析等。

下面我们对全聚德集团进行SWOT策略组合分析。在SO策略方面，全聚德集团应发挥品牌优势，利用既有的连锁店和优惠政策，加大宣传力度，强化技术创新，提高餐饮业准入门槛等。在ST战略上，全聚德可以充分利用品牌优势来规避一些威胁，比如全聚德的菜虽然贵，但是物有所值。顾客普遍认为老字号信誉比较好，全聚德可以此为契机更加关注食品安全，提高顾客的满意度。对于不可规避的威胁，全聚德集团要以积极的心态来面对，并不断提高菜品的质量与配套服务，以赢得更好的声誉。就WO策略而言，随着国内经济的回暖，国民消费水平的连年上升，全聚德集团应抢抓机遇，学习先进餐饮企业的经验，转变经营策略，构建先进管理体系。就WT策略而言，对于不可能在短期内化解的威胁，全聚德集团应努力规避，提高菜品品质和经营管理水平，同时不断满足市场变化的需要，并尽可能弱化威胁。总之，全聚德集团应从自身实际出发，采取相应措施尽量变不利为有利，实现成本的降低。

（二）波士顿矩阵分析（BCG矩阵分析）

在分析竞争对手时，一般采用波士顿矩阵分析方法。波士顿矩阵分析，也被称为“产品组合矩阵”或“增长份额-市场增长矩阵”，是一种常用的战略管理工具，用于评估企业产品组合的竞争地位和发展潜力。波士顿矩阵分析的核心思想是，以市场为导向，通过不断调整和优化各种生产要素来实现最优组合，从而最大限度地满足顾客需求，获取最佳经济效益。波士顿矩阵分析方法主要用于解决企业产品品种和产品结构与市场需求相适应的问题，以及怎样有效地把有限的资源配置给产品以获取利益，并最终赢得竞争优势。

在波士顿矩阵分析中，决定产品结构的根本要素有两个：市场增长率和相对市场份额。市场增长率是指特定市场的增长速度。市场增长率高，表示市场潜力大；市场增长率低，表示市场饱和或成熟。相对市场份额是指企业在特定产品市场中的市场份额与最大竞争对手相比的比例。相对市场份额高，表示企业在市场上具有较大的竞争优势，竞争力较强；相对市场份额低，表示企业在市场上的竞争力较弱，且市场中存在多个竞争对手。反映市场引力的首要综合指标是市场增长率，它是决定企业产品结构合理与否的外部因素，也可用来反映企业的现金耗用情况。反映一个企业实力大小的主要指标是相对市场份额，它决定企业产品结构的内在要素，代表企业的盈利水平和生产能力。

波士顿矩阵分析从市场增长率与相对市场份额出发，对企业的全部产品进行重新组合，构成一个四象限分析矩阵。在坐标图中，企业的市场增长率用纵轴表示，相对市场份额用横轴表示。波士顿矩阵将四个象限界定为明星产品、金牛产品、问题产品和瘦狗产品，并提出维持、创业、丰收和撤退的战略对策。

$$\text{市场增长率}=\frac{(\text{比较期市场销售量}-\text{前期市场销售量})}{\text{前期市场销售量}}$$

$$\text{企业某一产品的相对市场份额}=\frac{\text{某一产品在企业中的市场份额}}{\text{某一产品在市场占有份额最大者（即某一个竞争对手）的市场份额}}$$

（三）结合产品生命周期分析

所谓产品生产周期，就是某一产品从投入市场到从市场上消失的全部过程，这个过程可分为导入期、成长期、成熟期和衰退期四个阶段。波特认为，企业要想在竞争激烈的环境中生存下去，必须根据自己所处生命周期的不同阶段制定相应的战略。

导入期是企业根据自身情况确定产品类型及目标市场的阶段，此时产品用户主要集中于高收入用户，由于消费者对价格不敏感，企业需要大量的营销费用（如广告费用等）来刺激销量，从而达到扩大销售量、缓解产能过剩、降低生产成本的目的。产品在刚刚进入市场的阶段，市场份额较低，市场增长率可能较高。通过 SWOT 分析，企业可以确定产品的优势和机会，以制定推广和营销策略，提高市场份额。在此阶段，企业需要通过高投入来扩大销量，但是由于市场存在很大的不确定性，此时企业要想获得更高的市场份额，就必须制定战略目标，进行研究开发和技术改进。

成长期是企业发展的重要阶段，此时应以提高产品销量为目标。产品进入成长期后，市场增长率可能仍然较高，企业需要继续利用产品的优势，加大推广和销售力度，以保持市场份额的增长。高利润会吸引更多的竞争者进入该行业并占据龙头地位，此时竞争会更激烈，为了获得最大市场份额，企业需要不断开发新产品。

在成熟期，产品趋于标准化，销量稳定，老顾客继续购买，企业可以通过提高销量来扩大市场份额，提高投资报酬率。产品进入成熟期后，市场增长率会逐渐降低，市场份额可能达到饱和。在这个阶段，企业需要通过 SWOT 分析识别产品的竞争劣势和市场威胁，并通过产品创新、市场扩展或差异化营销等方式保持竞争力。

在衰退期，随着产业规模的缩小和技术的进步，产品的性价比越来越低，销量会不断下降。产品进入衰退期以后，市场增长率会降低，市场份额也可能下降。在这个阶段，企业需要通过SWOT分析来确定是否继续销售此产品。此时，企业面临着来自其他竞争者的威胁，要想生存下去，就必须不断开发新产品以增加盈利，但由于竞争者众多，企业很难在短期内获得较高的利润，从而导致现金流量不足，无法扩大规模。若在控制成本方面不占优势，则可选择及早撤离。

二、关键成功因素

战略成本管理的实质并不限于以成本为中心，而更应着眼于获得持久竞争优势所必须具备的关键成功因素。关键成功因素就是企业在特定市场上获取利润所必须具备的技术与资产——成本、时间和质量。

（一）成本

成本是企业在生产和提供产品或服务时所需的资源投入。在竞争激烈的市场中，控制成本是确保企业盈利的重要因素。降低生产成本、管理成本和运营成本，可以提高企业的竞争力和利润率。

（二）时间

时间是评价质量或者服务的重要指标，这里主要是指新产品推向市场的时间、企业对顾客需求改变的反应速度，以及产品能否及时交付。时间是企业在市场上迅速推出产品或服务时要考虑的关键因素。及时满足市场需求，抢占市场份额，可以帮助企业获得竞争优势。快速的产品开发、生产和交付，以及高效的供应链管理，可以缩短产品上市时间，使企业在竞争中抢占先机。

（三）质量

质量是产品或服务的关键特征，对企业的声誉和客户满意度至关重要。随着人们生活水平的不断提高，客户对商品和服务质量的要求越来越高，对低劣商品的容忍度越来越低，产品和服务的质量已成为影响顾客满意度的关键因素之一。企业只有建立一套完善的管理体系，才能保证产品质量。提供高质量的产品或服务，可以提高客户忠诚度，还可以帮助企业获得好的口碑。

三、基本竞争战略的种类

（一）成本领先战略

成本领先战略是指企业从内部强化对成本的控制，从研发、生产、营销、服务和广告等方面将成本控制到最低，成为行业内的成本领先者，从而获得长久竞争优势。成本领先战略的目标是以较低的价格吸引客户，并在市场中获得更大的市场份额。企业可以通过规模经济、高效生产和供应链管理等实现成本领先。采取总成本最小策略的企业必须确保质量可靠，从而使客户发现和修正缺陷的成本最低。成本领先战略建立在规模效益和经济效益理论基础上：首先是规模效益，当生产规模不断扩大时，单位产品的生产成本会不断降低，从而使企业获得由规模扩大带来的效益；其次是经济效益，随着生产数量的增加，员工在生产与管理方面的技术水平不断提高、经验不断增多，从而会使单位产品成本不断降低，间接为企业提升效益。

丰田汽车的成功在于其高竞争性价格和总成本最低的购物体验。总成本最低战略，首先要对供应商进行严格筛选。丰田汽车公司对供应商有提前通知期。其次，将供应商投入转化为向顾客提供产品与服务的高效运作过程，转化过程要做到费用最低，同时要保持稳定，做到质量高、响应快，以最短的周期将投入或者顾客需求转化为产出。在这种情况下，企业的分销流程应以低成本、零差错为目标，以降低管理运营风险为手段，以实现可用性最大化和客户损害最小化为目的。此外，丰田汽车公司还提出了准时生产的理念，即“只在最适合的时候，按需求的量，生产所需的产品”，它通过对固定容量的工位器具和看板进行控制，并发出补货令到总装厂，减少了采购环节，实现了整个供应链的准时化运作，使整个供应链上各节点之间的联系更加紧密，从而提高了整个供应链的效率。总成本最低战略通过简化客户管理流程来减少企业的运营事务，使企业能够专注于产品的研发与制造、售后服务等，以获得最大客户群。丰田汽车公司对经销商有很大的选择权，通过市场调查了解最大客户群期望获得的商品与服务，并通过有限商品与服务的供给降低运营成本。

（二）差异化战略

差异化战略是企业为了使自己的产品、服务等和竞争对手有显著差异而取得竞争优势所采用的一种策略。企业通过在产品或服务的设计、功能、品质等方面创造独特的价值，实现相对于竞争对手的差异化优势。差异化战略的目标是吸引客户，并为其提供独特的价值，从而使其愿意支付更高的价格。企业可以通过创新、品牌建设、客户体验等方式实现差异化，即实现“人无我有”。其核心是使产品在品质、性能及风格上与同类产品相比有明显的差异。国外知名品牌如耐克、阿迪达斯、匡威等，都是通过产品差异化来赢得市场的。

（三）目标集聚战略

目标集聚战略是指企业通过专注于特定市场细分领域或特定客户群体，实现在该领域的专业化和竞争优势。其目标是在有限的市场范围内，满足特定客户群体的需求，确立企业的市场地位。企业可以通过深入了解目标市场和客户需求，提供定制化的产品或服务。该战略最大的特点不是在大市场追求小份额，而是在小市场追求大份额。美国西南航空公司就是典型的例子。它是“9·11”事件后美国航空业唯一不享受政府补贴而保持盈利的公司，1997—2006年连续10年获评“美国最值得尊敬公司”。西南航空公司的战略核心是“经济舱飞行”，其各项运营活动都是经过精心设计的。它将旅客从传统的跨航线行李转运中解放出来，提供给旅客更多的高级舱位服务，减少旅客在短程航线上的泊机时间，同时通过在飞机登机口处和自动售票机上的推荐，使旅客能够更加方便地选择旅行社。它为波音737客机提供优化运营和维护备件服务，并通过机师培训和交接岗改变运营方式，降低批量订购价格。这些创新措施使西南航空公司从低成本航空公司中脱颖而出。由于运营活动围绕“单一经济舱飞行”这一定位，形成了战略配称，西南航空公司业绩超越单项运营效益的单纯集合，并最终产生超过美国5家航空公司之和的市值。可见，在竞争激烈的情况下，要想获得长期发展，必须有自己独特的经营理念和策略。

第三节　价值链分析

一、价值链分析的内容

价值链（Value Chain）理论最早由美国哈佛商学院迈克尔·波特教授提出。他将企业的生产经营行为划分为基本活动和辅助活动两部分，认为这两部分相互关联形成了一条可以创造价值的动态价值链条。1997 年，我国学者张旭波对价值链进行了重新定义，认为企业在一定时期内所从事的各种价值行为都是围绕着某一核心价值展开的，是企业获得竞争优势的重要手段之一，也是企业通过优化价值活动获取利润的重要途径。张峰（2021）也提出，加强内部生产成本控制和外部价值链与下游产业之间的关联性是实施战略成本管理的重要手段之一。因此，中国企业应从价值链的角度出发，将战略成本控制与内外部价值链相结合来进行成本管理，以提高整个产业价值链的竞争优势。

企业的价值链活动包括基本活动和辅助活动。基本活动包括内外部后勤、生产经营、市场营销和服务等；辅助活动包括采购、技术开发、人力资源管理和基础设施等。价值链的基本活动和辅助活动皆可进一步划分为显著不同的具体活动。价值链分析是企业获取竞争优势最重要的手段，也是最具代表性的系统性方法。价值链分析的核心问题是：什么是价值？企业的一切活动都围绕价值活动展开，而创造价值又是企业所有经营活动中最重要、最核心的部分，因此，价值链被认为是企业的“战略环节”之一。在通过价值链分析识别核心竞争力时，企业要密切注意组织中资源的状况，特别要注意并培育获取价值链关键环节重要核心竞争力的能力，以形成自己的产业竞争优势。

价值链分析的具体内容如下：

（一）内部价值链分析

内部价值链分析是企业价值链分析工作的起点。内部价值链分析是指对企业内部各个环节的活动进行详细的分析和评估，以确定哪些活动创造了价值，哪些活动存在改进的空间。企业内部各单元价值链包括研究开发、生产经营、市场营销及售后服务等环节。企业内部价值链分析始于原材料、外购件的采购，终于产品的销售，而不同单元链又是相互关联的，对其进行深入剖析可以减少不提高或降低价值的操作，实现基于企业战略目标的价值操作之间的协调，从而达到提高运作效率、降低成本、提升价值等目的。

（二）纵向价值链分析

纵向价值链是指将企业作为一个整体，由最基础的原材料输入到最终产品生成的全部价值形成和转移环节组成的链条。纵向价值链分析能够帮助企业了解产业链中的参与者，以及他们在价值链中所扮演的角色和作出的贡献。纵向价值链分析主要包括对企业价值转移与增值过程的延伸环节、供应商与顾客以及供应商与供应商之间的关系等一系列问题的分析。企业要想获得持续的竞争优势，就必须重视价值转移与增值过程的延伸环节。纵向价值链分析关注供应商与顾客选择，以及企业长远发展潜力与利益共享，并能从中发掘企业竞争优势等。

（三）横向价值链分析

横向价值链分析是指对同一产业中不同企业或组织之间的关系进行分析和评估，以了解各参与者在价值链中的角色和作出的贡献。它关注企业之间的合作、竞争和价值共享，以实现整个产业链的协同和增值。横向价值链分析是企业确定竞争对手成本的基本工具，也是企业进行战略定位的基础。企业通过横向价值链分析，能识别出自己和竞争对手之间的成本差距，进而制定能给自己带来相对竞争优势的策略。

二、价值链分析的意义

价值链分析是企业的一系列输入、转换与输出的活动序列集合，每项活动都有可能相对于最终产品产生增值行为，从而增强企业的竞争地位。价值链上的每一项价值活动，都会对企业最终能够实现多大的价值产生影响。进行价值链研究，就是要在深入行业价值链“经济学”的基础上，对其影响的方面和程度进行深入的考查，充分权衡利弊，以确定最佳的投资方案。

价值链分析的意义主要体现在以下六个方面：

第一，通过价值链分析，可以杜绝不增值作业。在行业价值链上，往往有很多无法提升价值的操作，如炼铁厂给炼钢厂供应生铁时，由于铁水冷却、输送、熔化等，会出现大量不增值作业和社会资源浪费等现象，对其进行价值链分析，可以找出问题，并采取相应的措施。

第二，通过价值链分析，企业可以深入了解自身的运营状况和价值创造过程，这有助于企业优化资源配置、降低成本、提升产品质量和客户满意度。

第三，价值链分析可以帮助企业发现改进和创新的机会。通过分析各个活动的细节和流程，企业可以找到提高效率、降低成本、改进质量控制、引入新技术等的方法，从而不断提升竞争力和业务绩效。

第四，通过价值链分析，企业可以了解自身在价值链中的优势和不足，进而制订合理的行动计划。

第五，通过价值链分析，企业可以利用上下游价值链来降低成本。价值链分析可以促进企业之间的合作。通过横向价值链分析，企业可以找到合作伙伴和共享资源的机会，实现资源共享、风险分担和共同创造价值。

第六，通过对竞争对手进行价值链分析，可以了解其成本情况、市场份额，从而科学评估自身与竞争对手的实力对比，为后续决策提供支持。

三、价值链分析的步骤

（一）识别价值活动

识别价值活动包括两个方面：一是识别企业运营中所有与价值相关的活动，这些价值创造活动构成了企业最基本的运营链条，包括供应商环节、生产/操作环节、分销与物流环节和客户环节；二是为了建立企业的整体价值链，对这些与价值创造相关的运营链，必须根据功能和重要性进行分类和整合。

（二）价值链的确定

价值链的确定是指根据内部和外部功能、技术流程和重要性，对与企业价值创造相关的各种活动进行分类和汇总，确定对哪些环节和活动进行分析，以及涉及的供应商、合作伙伴和客户。企业通过对不同类型价值链的分析与研究，可以识别出有具体价值的管理活动的综合质量控制价值链和综合成本控制价值链。

（三）价值链内部活动及各环节之间的联系分析

根据有关学者的观点，价值链是指企业价值创造过程中一系列不相同但相互联系的价值活动的总和。每两项价值活动之间都存在着一种活动和成本量的改变影响另外一种活动和成本量的改变的内部联系。例如，高质量材料的购买成本可能升高，但废品和材料检修活动的成本会降低。价值链各环节内部以及不同环节之间的连接，为价值链优化奠定了基础。

（四）价值链的“价值-成本”分析

价值链的“价值-成本”分析是价值链分析的关键。就其本质而言，企业价值链的增值能力分析实际上是对企业运营链有效性的分析。企业应仔细研究运营链各组成部分的增值潜力，分析和了解不同经营活动的价值和成本，取消或减少非增值业务，以提高增值业务的效率。因此，对价值链进行分析不应局限于单一工作，而应着眼于整体。例如，某项工作的资源消耗增加，但是该项工作能显著降低其他工作的消耗。进行总体工作价值和成本的分析，可能会给企业带来好处。

（五）价值链的优化

价值链的优化是指利用价值链各环节内部以及不同环节之间的联系，改变企业某些活动的安排，以达到降低产品或服务成本、最大化企业附加值和满足客户要求的目的。分析供应链中不同环节之间的关系，了解供应商、合作伙伴和客户之间的合作模式、合同条款、风险分担情况等，有助于优化供应链管理和促进合作效应。换言之，价值链优化就是通过对现有资源进行有效配置来实现产品策划、设计、生产、销售及服务等环节的整合，从而达到企业价值增值或延长产品生命周期的目的。

综上所述，可进一步对全聚德集团进行内部价值链分析。全聚德集团的生产经营活动主要包括餐饮服务及食品加工、销售业务等。生产经营活动是全聚德集团利润的主要来源，因此，提高全聚德集团食品加工厂的烹饪效率、简化制作流程、优化产品包装等都可以节约大量人工费用，提升菜品品质，从而实现全聚德集团的成本控制和内部价值链增值目标。从市场营销环节来看，由于成本消耗较大，对全聚德集团的成本管理提出了更高要求。为了提升企业的整体形象及品牌影响力，需要通过各种宣传和管理手段提高消费者对全聚德产品的认知度，避免因成本失控而导致损失。全聚德集团在发展过程中出现了一些问题：从内部横向比较来看，其基础建设薄弱，内部价值链不完善，主要体现在原材料采购流程和供应商评价两方面，导致企业整体价值链水平不高。从价值链整体来看，全聚德集团的主要业务集中在食品加工和销售两大板块，但是由于各部门之间存在较大差异，整个产业链发展并不平衡。为此，全聚德集团应从厨房、原材料储备加工和制作过程等环节入手改善内部价值链，并从价值链的上游（有食品材料供应商的参与）和下游（有消费者的参与）两个层面改善外部价值链。

第四节　战略成本管理方法

目前，主要的战略成本管理方法有三种，即作业成本法、目标成本管理法和标杆管理法。作业成本法在第三章已进行具体介绍，故本节重点介绍目标成本管理法和标杆管理法。

一、目标成本管理法

目标成本管理最早产生于美国，后来传入日本、西欧等地，并得到广泛应用。日本把目标成本管理法和自己特有的经营机制有机结合起来，创立了一套完整且有效的成本管理模式，以丰田生产方式为代表的成本企划应运而生。目标成本管理于20世纪80年代被引入我国，先是机械工业企业拓展了目标成本管理的内涵与外延，并推行了全过程的目标成本管理。20世纪90年代，我国邯郸钢铁总厂率先应用目标成本管理法，成功地降低了产品成本，提高了产品竞争力。尽管现在有了更先进的成本管理方法，但目标成本管理法凭借其对成本的有效管控，仍然被很多企业采用。

（一）目标成本管理法的基本思想

目标成本管理法是一种以市场需求和企业利润目标为基础的成本管理方法。它的目标是通过在产品设计和开发阶段就设定目标成本，确保产品在满足市场需求的同时，能够实现企业的利润目标。当前，我国大部分企业需要借助库存货物、材料收发、运输费用等支出单据对具体的成本差值进行核算。企业应用目标成本管理法，可在对材料进行简单分类之后，计算整体成本，使会计工作简化，降低工作中出错的概率，提高工作效率。与此同时，目标成本管理法还能保证供应链成员企业的产品先以特定的功能、成本及质量生产，然后以特定的价格销售，并获得令人满意的利润。该方法不容易受到企业异质性和市场环境的制约，具有较强的适用性和灵活性。与其他成本控制方法相比，目标成本管理法保障了企业拥有更高效率的成本核算，进而有助于减轻企业在经营管理方面的压力。

目标成本管理法是一种全过程、全方位、全员的成本管理方法。全过程是指从产品生产到售后服务的全部活动贯穿产品整个生命周期，并通过与之相关的各个环节进行核算和考核，牵扯到供应商、制造商、分销商等。全方位是指从生产过程管理到后勤保障、质量控制、企业战略、员工培训、财务监督等企业内部各职能部门各方面的工作，以及企业竞争环境的评估、内外部价值链、供应链管理、知识管理等。全员是指从高级管理人员到中级管理人员、基层服务人员和一线生产人员。在作业成本法的基础上，目标成本管理法检查作业的效率、人员绩效和产品成本，并明确每项资源的背景及每项活动对总体目标的贡献。总之，传统成本法只局限于事后的成本反映，无法为企业提供实时、全面、动态的成本信息，且未监控成本形成的全过程；作业成本法只对已有作业进行成本监控，无法实现对未来整个供应链的控制，不能使供应链作业环节和顾客需求密切结合；目标成本管理法体现了“开放系统”的优势，强调组织适应环境的重要性，更多地考虑影响系统运作的互动关系，在实际结果发生之前便采取预防措施，并且随着时间的推移不断提高标准。

（二）目标成本管理法的实施原则

实施目标成本管理法需遵循以下七个原则：

（1）价格引导成本管理。首先，通过市场调研，了解和掌握客户需要何种功能的产品。其次，在市场调研的基础上，确定现在或未来较长一段时间内产品预计的功能、需求量、生命周期、企业将额外投入的相关设备、现在的成本水平及改善空间、企业资本成本的水平、企业期望的利润水平、客户愿意支付的价格及竞争对手可能的报价等。在制定目标成本时，需要充分考虑市场定价和消费者的需求，以确保产品在市场上具有竞争力，再以预计的目标价格扣除期望利润，得出预计的目标成本。

（2）以客户需求约束成本。这一原则要求企业充分考虑客户对产品质量的要求、价格的可接受范围、交货时间是否充足等。

（3）关注产品和流程设计。关注产品和流程设计是指在产品研发和设计流程的初始阶段，尽量满足客户需求，又避免在对客户无用的功能上花费成本，即将客户的需求以最经济的形式体现在价格和设计中。

（4）利润导向。目标成本管理的目标是实现企业的利润目标。在设定目标成本时，需要考虑企业的盈利能力和长期发展，以确保产品的定价能够实现预期的利润。

（5）持续改进。目标成本管理是一个持续改进的过程。企业应定期评估实际成本和目标成本之间的差距，并采取相应的措施进行调整，以不断提高效益。

（6）全生命周期成本控制。为达到目标成本，不仅要控制制造成本，还要控制上游成本——研发成本，以及下游成本——售后成本。

（7）价值链参与。价值链参与是指在要求企业全员参与、进行严格的目标成本控制之外，还要求价值链上游的供应商和下游的零售商、批发商及服务提供商参与其中。

（三）目标成本管理法的具体实施

（1）面向市场，制定目标成本。首先，根据企业的盈利目标和市场需求，确定产品的目标利润。目标利润应考虑企业的盈利能力和市场竞争力。其次，根据市场需求和目标利润，确定产品的目标销售价格。目标销售价格应能够覆盖目标成本和实现目标利润。最后，根据目标销售价格和目标利润，计算出产品的目标成本。目标成本是指为了实现目标利润而需要控制的成本金额。以新品计划及目标售价为基础，拟定新品开发提案。一般在新产品投放市场之前，先要正式启动目标成本规划工作，每一种新产品都要配备一个主管产品开发工作的管理者，然后由各部门负责人协商制定新产品方案并组织实施。编制新品开发提案，包括新品样式规格、开发计划、目标售价和预计销量等。其中，目标售价和预计销量是在和业务部门进行充分探讨（考虑市场变化趋势、竞争产品状况、新产品性能提高等因素的影响）之后决定的。开发提案经高级主管组成的产品规划委员会批准，即可在产品开发初期实施，也就是进入了目标成本的设定阶段。

（2）在设计阶段，要完成目标成本和成本差距的计算。将目标成本与公司相关产品估算成本（也就是现有技术条件下非主动进行降低成本活动所发生的费用）进行比较，可帮助企业查明成本差距。将目标成本分解为不同成本项，并设定相应的成本控制目标，可以帮助企业更具体地了解需要控制的成本项目，并制定控制措施。分析产品的成本结构和成本驱动因素，有助于挖掘降低成本的潜力。在产品设计和开发阶段，可以通过早期参与和成本控制技术，寻找降低成本的机会，包括选择更经济的材料、优化产品结构和工艺等。

（3）在生产阶段，持续改善成本法，实现既定目标成本。在新产品投入生产 3 个月以后，可以考察目标成本是否真正实现了，从而发现在新产品研发过程中存在的一些问题。企业应持续监控实际成本和目标成本之间的差距，并根据实际情况及时采取措施进行调整和改进。这可以通过定期的成本分析和绩效评估来实现。企业应开展成本规划实绩考核工作，并将其与预期目标成本之间的差距作为改进工作的重点，确定改进措施并组织实施，用评估目标成本来预测活动结果。至此，新品目标成本规划工作正式结束。在生产阶段，产品成本计划已经确定并开始实施，但在执行过程中，成本指标与实际情况会有偏差，这时成本管理就需要向成本维持与持续改善的方向发展，根据目标成本和成本控制目标，制定成本控制措施，包括提高生产效率、降低材料和人力成本、优化供应链等。成本控制的目的在于建立一个能在保证产品质量前提下有效降低产品成本的体系，恰当地衡量与核算成本对象消耗企业资源的情况，以确保目标利润的实现，使目标成本控制在合理范围。

二、标杆管理法

面对越来越激烈的市场竞争，企业要保持竞争优势，就要从生产率水平、产品质量、产品稳定性等方面不断进行改善和提升。标杆管理法注重实效、适用性广，已被越来越多的企业所采用，成为现代企业获取竞争优势的重要方法。

（一）标杆管理法概述

标杆管理法（Benchmarking）又称“基准管理法”，是美国施乐公司于20世纪70年代后期提出的，后来经过美国机构的系统化和规范化，运用于企业管理中，成为20世纪90年代三大管理方法之首。标杆管理法旨在通过比较和学习行业或同类企业的实践，为企业设定目标，并以之为标杆来指导和改进自身的管理和业务流程。标杆管理法通过比较的方式，不断发现企业内外、行业内外的最佳理念或实践，将本企业的产品、服务或其他业务活动与最佳部门、竞争对手或行业内外的一流企业进行对照分析，是一种评价自身企业和研究其他组织的手段，是将企业内部或者外部的最佳做法作为自身发展目标并进行改造的系列措施。

从本质上看，标杆管理法是一种赶超的管理方法，即先设置定点，再瞄准定点追赶。这种方法通常以一流企业为赶超和学习对象，不断寻求和研究优秀公司的管理模式，将在企业的关键指标及管理方法与行业内具有领先优势的公司进行对比及评估，以发现自身存在的问题，寻找差距，并研究绩效方面产生差距的原因，继而对业务流程进行梳理与剖析，再采用流程图的方法达到改善或者再定位的目的，最终找到适合本企业、实践效果最好的步骤与办法，改善企业经营业绩。标杆管理法蕴含科学管理规律，能够更好地反映现代企业在知识管理方面寻求竞争优势这一本质特征，因而被广泛应用于各类组织的管理过程之中，成为企业重要的战略计划工具，并扩展到了库存管理、质量管理、成本管理、市场营销、人力资源管理、新产品开发、企业战略、教育部门管理及政府绩效评估等各个方面。世界上已有很多跨国公司使用标杆管理法，如IBM、美国雅芳公司等。在国内，很多企业也在积极引进标杆管理法，如海尔的“OEC”管理等。

（二）标杆管理法的分类

按照不同的标准，可以将标杆管理分为不同的类型。

按标杆管理的对象不同，可将其分为内部标杆管理、竞争标杆管理、功能标杆管理和通用标杆管理四种类型。

（1）内部标杆管理。内部标杆管理是指企业选择企业内部表现突出的部门作为基准和标杆，达到既定绩效之后，将成功的信息逐渐共享出去，延伸至企业的其他部门，从而带动企业整体绩效提升。当然，内部标杆法也有不足，即缺乏与外部的交流，易形成封闭自大思维定式，对企业进一步发展不利。

（2）竞争标杆管理。竞争标杆管理是指从同行或者竞争对手中筛选出一家好的企业，并将其作为标杆，以实现赶超。在选择标杆时，必须保证标杆企业与自身有相同的产品、类似的服务或者相近的操作流程，因为只有相同或者相似的企业才能进行有效的对比。但站在竞争者的立场上，该方法明显存在一个缺点，即如何从竞争对手那里获得充分的信息。

（3）功能标杆管理。功能标杆管理就是企业将行业领先者或者部分企业优秀的职能与操作或者业务实践作为标杆。使用该方法的合作者往往可以共享某些技术和市场信息。由于没有直接的竞争关系，合作者通常更倾向于提供和共享技术与市场信息，从而规避了竞争标杆管理的缺陷。但该方法成本很高，且企业间难以达成合作。

（4）通用标杆管理。通用标杆管理，通常选用最佳的工作流程作为标杆。通用标杆管理就是类似的工作流程，而不是某项业务、操作、职能或实践。从这一点可以看出，通用标杆管理对标杆目标有较大的选择余地，因为这种方式可选择跨越不同类别的企业。当然，这种管理方式通常需要企业非常了解整个工作流程和操作情况，而且难以执行。

根据标杆管理的重点不同，可将其分为过程标杆管理、产品标杆管理、战略标杆管理、管理标杆管理四种类型。

（1）过程标杆管理。所谓过程标杆管理，就是注重过程，找出领先企业所依赖的优秀绩效、关键要素，同时找到自己差距较大的环节，再通过模仿、借鉴和学习实现整合、追赶和超越。

（2）产品标杆管理。产品标杆管理以产品为基准，此时竞争对手或者行业内有关企业的优质产品就成了企业借鉴的目标。首先，要将竞争对手的某一种产品确定为标杆，接着进行分析、调研，然后将该产品与基准进行比较，发现该企业产品存在的缺陷，继而对产品进行改进。

（3）战略标杆管理。战略标杆管理重在战略。战略是个很宏观的概念，在战略标杆管理中，首先必须知道竞争对手的战略意图，然后对该企业进行策略对比，确定本企业应该做什么和怎样去做，分析竞争对手取得成功的原因和本企业应完善之处，进而制定改进方案，对企业的发展给予战略性支持。

（4）管理标杆管理。管理标杆管理是指通过与领先企业的管理系统、管理绩效进行对比，找出它们成功的关键，并以此为基础制定适合自己的改进方案，进而实现赶超。

根据标杆管理的应用领域和目标不同，可将其分为绩效标杆管理、流程标杆管理、品质标杆管理、创新标杆管理和可持续发展标杆管理。

（1）绩效标杆管理。绩效标杆管理是指通过比较和学习其他企业或组织的实践，为本企业设定目标并改进绩效的管理方法。它可以应用于各个层面，如企业整体绩效、部门绩效、个人绩效等。

（2）流程标杆管理。流程标杆管理是指通过比较和学习其他企业或组织的业务流程，促进本企业改进和优化流程的管理方法。它可以应用于各个业务流程，如生产流程、供应链流程、销售流程等。

（3）品质标杆管理。品质标杆管理是指通过比较和学习其他企业或组织的品质管理实践，促进本企业改进和提升产品或服务质量的管理方法。它可以应用于各个品质管理环节，如产品设计、生产过程、售后服务等。

（4）创新标杆管理。创新标杆管理是指通过比较和学习其他企业或组织的创新实践，促进本企业提升创新能力的管理方法。它可以应用于各个创新领域，如产品创新、技术创新、市场创新等。

（5）可持续发展标杆管理。可持续发展标杆管理是指通过比较和学习其他企业或组织的可持续发展实践，促进本企业制定和实施可持续发展战略的管理方法。它可以应用于各个可持续发展领域，如环境保护、社会责任、经济效益等。

（三）实施标杆管理的基本步骤

实施标杆管理的基本步骤见表 4-1。

表 4-1 实施标杆管理的基本步骤

	内容
计划	成立项目小组，管理整个标杆管理过程；明确标杆管理的目标；通过对组织进行测量与评价确定标杆项目；筛选标杆伙伴；制订数据收集计划，如制作调查问卷、安排参观访问，全面了解标杆伙伴并及时沟通；制定测评方案，对标杆管理项目进行赋值，以便衡量与对比
内部信息收集与分析	搜集和分析企业内部披露的信息；选择企业内部标杆管理合作伙伴；通过企业内部访谈与调研，收集企业内部第一手研究数据；企业内部标杆管理可为企业外部标杆管理的进一步实施提供基础资料
外部信息收集与分析	收集外部披露的信息；通过调查和实地访问方式收集外部第一手研究资料；对收集的最佳实践数据进行分析，并与自身绩效进行对照，最终形成标杆管理报告
实施与调整	根据标杆管理报告，确定纠正性行动方案，制订详细计划，在组织内部实施，并对实施结果进行监控和评估，及时作出调整，以最终达到增强企业竞争优势的目的
持续改进	标杆管理就是一个不断进行管理的过程，并非一次性行为，所以，为了方便以后的实施，企业要维护好标杆管理数据库，制订并执行持续的绩效改进计划

第五节 战略成本管理案例：格兰仕的竞争之道

格兰仕集团是一家全球领先的综合性健康家电和智能家居解决方案供应商，是我国家电业在国际上具有广泛影响力的领军企业。自 1978 年 9 月 28 日创立以来，格兰仕集团始终致力于制造业的创新发展，是“中国制造”在国际市场上的一块金字招牌。历经 40 多年的努力，格兰仕集团从纺织业基地转型为微波炉产业基地，并迅速发展，夺得了微波炉产销“世界冠军”称号。近年来，格兰仕从微波炉制造企业转型为综合性白色家电集团，同时融合全产业链智能制造和 Galanz+智慧家居优势，加快从传统制造企业向数字科技型企业的转型。如今的格兰仕，不仅研发微波炉、电蒸炉、蒸烤箱、微蒸烤一体机、烤箱、空调、冰箱、洗衣机、洗碗机、电饭煲、破壁机、热水器、燃气灶、油烟机、炊具等精品电器，在生活电器、厨房电器、物联网家电等领域也实现了创新发展。格兰仕品牌已在全球 150 多个国家及地区注册，格兰仕产品和服务从中国广东供应到全球近 200 个国家和地区。在 2020 中国民营企业 500 强榜单中，广东格兰仕集团有限公司位列第 488 名，年营业额为 2074 255 万元。格兰仕能够在短期内由一家以羽绒制品为主要产品的乡镇小厂一跃成为国内微波炉市场上的龙头企业，其高速成长有哪些原因呢？格兰仕的成功在于采取成本领先战略，构建了实现有效规模生产的设施，目的就是让成本比竞争对手低，但格兰仕何以实现成本领先还盈利呢?

在企业成立之初，受资金、技术等方面的制约，格兰仕大部分产品加工和生产采用合资经营形式进行，即用最少的资金投入，集成最多资源，创造出最大的收益。格兰仕通过实施一体化战略，获得了丰富的内外部客户资源，与众多优秀供应商建立了良好的合作关系，实现了对内外部资源的有效配置。在发展阶段，格兰仕采取目标集聚战略和成本领先战略，以达到总成本领先，提高市场占有率。进入发展新阶段后，格兰仕的战略开始转向多元化与国际化。除微波炉外，格兰仕向市场推出电饭煲和电风扇，后来又全力发展干衣机、洗衣机、冰箱、洗碗机等，并在该阶段实行多元化经营。格兰仕选择将成本领先作为企业的主导战略，通过多元化和国际化来应对强大的竞争对手。

格兰仕通过实施全价值链成本管理实现成本领先。全价值链成本管理是指将价值链管理、战略成本管理和作业成本管理相结合，用 ERP 系统对价值链各环节的成本信息进行有效整合，实现价值链上下游企业之间以及核心企业与价值链联盟之间的协同发展，从而获得竞争优势。它比传统成本管理更加广泛地注意到了成本，并从所有价值创造相关活动出发管理成本。格兰仕对基于价格战的成本领先战略进行了反思，推行基于全价值链的成本领先战略，具体执行情况如下：

第一，实施一体化战略。格兰仕正式进军芯片产业以来，创造了不少“中国芯”的里程碑。与大部分家电企业采用通用芯片不同，格兰仕从最底层开始，将其对产品的理解和研发都包含在产品的定义里。这种贯穿整个产业链的理念，一方面可以为企业及时匹配所需的元器件，在保证质量的同时大幅降低成本，降低经营风险；另一方面使企业在获取核心元器件生产研发技术的同时，能以外部运营方式开发匹配材料。

第二，实施战略联盟。比较成功的案例是格兰仕与上海宝山钢铁公司（简称“宝钢”）的战略联盟。作为家电企业，格兰仕的钢材材料成本在总成本中所占比重较大。格兰仕与宝钢建立战略联盟之后，宝钢不断为其开发新材料，以满足新产品的特殊需求，从“黑白金刚”“五朵金花”到“数码光波微波炉”，宝钢一直是格兰仕的后盾，作为对联盟方的回报，格兰仕 80% 以上的钢材采购于宝钢。与宝钢的这种联盟模式对格兰仕采取成本领先战略起到了积极的推动作用——既缓解了格兰仕的库存压力，又大大降低了格兰仕的总体采购成本。

第三，实施全员参与的全过程质量成本管理。格兰仕通过下层流程对上层流程提出更高的要求与标准，并将提升客户满意度作为改善工作质量的首要目标。在生产技术、生产工艺、技术力量、设备以及管理机制这五大方面，格兰仕根据内部实际情况，制定出了适合本企业发展的质量管理机制。在销售方面，格兰仕通过提高商品物流服务质量、缩短客户订单的间隔期、延长客户订单的交货期、选择合适的运输方式、降低物流费用、加强信息保障等措施来满足客户需求。

第六节　战略成本管理的前沿动态及展望

一、企业数字化改革与成本管理创新

数字化改革正在成为当今社会发展的趋势，也对构建现代化成本管理体系发挥着积极作用。随着数字化技术在制造业和服务业领域的广泛应用，企业成本管理模式不断变革，传统成本管理向数字化成本管理转变已势在必行。

企业数字化转型创新成果之一就是借助数字化改革成本动因，增强企业价值活动竞争力。企业数字化改革是指通过引入和应用数字技术和解决方案，对企业的业务流程、组织结构、管理方法等进行全面的改进。数字化改革可以帮助企业提高效率、降低成本、提升竞争力，并为企业创造更多增长机会。企业数字化改革包括但不限于以下方面：自动化业务流程、数据分析与决策支持、数字化营销与客户关系管理、供应链优化、智能制造等。成本管理创新是指企业通过改进和创新成本管理方法和策略，实现成本的控制和优化。

成本管理创新的目标是寻找更有效的方式来使用资源、提高生产效率、降低运营成本，同时不影响产品或服务的质量。成本管理创新包括但不限于以下方面：供应链优化、采购策略优化、生产流程优化、节约能源与资源、人力资源管理等。

企业数字化改革和成本管理创新可以相互促进和支持。通过数字化改革，企业可以提高运营效率和生产能力，降低成本并实现更精确的成本控制。成本管理创新可以为企业提供更多的资金和资源，推动数字化改革的实施和推进。两者的结合可以帮助企业获得更高的绩效，实现可持续发展。从外部价值链来看，数字化是以数字化资源为基础实现生产要素优化配置，并在此基础上创造新价值的过程。从内部业务流程来看，数字化改革可以看作一种流

程再造或组织重构。它在价值链和网络链中植入了数字技术，目的在于提升价值创造能力，持续增强企业核心竞争力。以内部价值链为观察视角：对企业内部物流而言，可借助智能化手段建立仓储成本管理系统；对内部经营活动或制造环节而言，可借助物联网及大数据为智能化控制寻找新契机，如借助人工智能机器人控制系统完成日常作业任务；对销售情境及市场价格行为而言，可在数字技术下智能化订货系统中植入成本执行性动因，并以数字化方式自动执行；对售后服务而言，可借助设备维护及顾客沟通系统进行优质成本管理。对企业外部经营环境来说，需要借助互联网平台进行信息化建设，以更好地满足客户的多样化需求。因此，企业必须重视数字化改革给传统成本管理模式带来的冲击，以及可能出现的挑战。企业成本管理创新一定要顺应数字化改革的需要，对现代化成本管理体系存在的问题进行深入研究。企业在数字化改革的推动下进行成本管理创新，从内部看能够较好地结合微观主体提高经营管理效率，从外部看有利于同宏观经济管理、财政税收管理进行联动，为优化国家治理体系、增强企业自主治理能力提供有力支持。

二、数据赋能与传统精益生产

数据赋能是指以大数据的形式将能量赋值给相关角色主体（Carmen，2015），或者相关作用主体运用对数据资源进行挖掘、分析后形成的以往没有的数据能力创造以往无法实现的价值（Gupta and George，2016）。传统精益生产源于日本丰田汽车公司。该理念从引入我国开始就在生产制造领域得到普及，曾被业界视为现代生产运营管理中的黄金规律。近年来，由于受到西方国家经济下行，以及国内市场激烈竞争等因素的影响，传统精益生产方式越来越难以适应形势发展的需要，许多先进企业开始探索并实施新的生产方式，其中，数据驱动就是典型代表之一。传统精益生产被认为能最大限度减少企业资源消耗、提高企业生产效率、促进管理模式创新（Womack，1990）。但是，由于生产环境与需求日益复杂，在传统精益生产理念缺陷的冲击下，其实践隐患逐渐暴露出来（Tortorella，2019）。一方面，企业倾向于过分放大传统精益生产中“消除浪费”的思想，忽略了“优化价值创造过程的进取精神”（Wickens，2007）；另一方面，传统精益生产思想从渗透范围来看只是局部的，没有融入多元价值协作活动之中（Womack，1990）。现实中有相当一部分遵循传统精益生产逻辑发展起来的企业，其总体生产水平仍然处于“非精益”甚至粗放型的状态。数据科学技术给传统精益生产的创新升级提供了机遇，数据赋能推动企业从客户交互到流程管控再到合作方式的精益变革（陈国青 等，2020；陈剑 等，2020）。数据赋能是一个新兴概念，已有研究虽然关注到大数据给相关主体带来的赋能效果（陈冬梅 等，2020），但是更多的还是局限于描述性地指出以大数据及大数据所使用的工具或者技术为作用主体带来的“增益”效应。数据赋能和传统精益生产可以相互支持。数据赋能可以提供更多的数据和信息，帮助企业更好地理解和分析生产过程中的问题和机会，从而指导精益生产的改进。精益生产可以提供实践场景和需求，帮助企业更有针对性地收集和分析数据，以支持管理者进行相关决策。两者的结合可以帮助企业提高生产效率、产品质量和竞争力。目前，大多数学者只是从客户、流程、合作和员工等维度探讨数据赋能下精益生产创新的内在机理及转变，不同维度赋能之间的相互影响值得进一步研究，以在大数据背景下丰富对精益生产的诠释，并为引导生产企业打造基于数据的精益生产优势提供启发。

三、竞争战略与新能源汽车发展

我国要实现2030年前碳达峰、2060年前碳中和的目标，对新能源汽车发展提出了更高要求。在碳排放政策的刺激下，整个新能源汽车市场发展起来，以特斯拉为代表的世界一流新能源汽车进入中国，满足了消费者的需求，进一步激活了新能源汽车市场。新能源汽车的发展带来了成本优势。企业可以通过提高生产效率、降低制造成本、优化供应链等方式，实施成本领先战略。新冠疫情以来，我国出台了一系列绿色复苏政策，并将原定于2020年终止的新能源汽车购买补贴延长至2022年。2020年，新能源乘用车销售受全球经济绿色复苏政策影响，增速从2019年的5.4%增长到40.6%。尽管如此，受新冠疫情影响，全球经济遭受重创，加上新能源汽车购车补贴政策的持续调整，中国新能源汽车的产销同比在2020年上半年大幅下滑，但2020年下半年开始高速复苏（白玫，2021）。2022年，在政策的支持下，加上燃油价格的再创新高，新能源汽车迎来较大幅度增长，短期内企业数量和市场规模都达到了空前的水平。即使新能源汽车在短期内占据了“天时、地利、人和”，其主要竞争优势还是国家的补贴政策。补贴政策退出后，与传统燃油汽车相比，新能源汽车将不具备成本竞争优势。此外，国内的新能源汽车行业并没有自己核心技术的加持，更缺乏国际竞争优势，新能源汽车企业全球资源配置能力还不足，生产布局、配套大多在国内，这与欧美车企有很大差距，如特斯拉整车生产在美国和中国，动力电池生产在日本和韩国，市场在美国、加拿大、欧洲和中国。对企业来说，新能源汽车领域的发展需要大量的资金、技术和资源投入。在这种情况下，合作与联盟战略可以说是一种有效的方式。企业可以与供应商、科研机构等建立合作关系，共同开展研发、生产和市场推广，实现资源共享和优势互补。基于此，虽然新能源汽车行业在短期的极大需求下能保持较好的销量，但拥有持续的竞争优势才是发展的核心。因此，成本是关键，取得成本竞争优势才是获胜法宝。燃油汽车较高的用车成本，迫使更多的消费者转向新能源汽车，但从2020年底开始，动力电池原料中的锂盐价格持续上涨，导致动力电池生产成本进一步提高，高成本压力迫使车企由产品竞争转向产业链竞争。为了降低生产成本，很多企业着手研究上游产业链，并不断完善自己的产业链，试图降低成本，保证产品利润和竞争力。全球范围内的新能源汽车市场都具有巨大的潜力。企业可以通过市场拓展和国际化战略，将业务扩展到其他国家和地区，以获得更大的市场份额和更多的增长机会。新能源的发展很大程度上取决于怎样用低成本去建立并完善自己企业的产业链以获得竞争优势，这对我国实现碳达峰、碳中和具有重要意义。

思考及讨论题

1. 为什么传统成本管理不能满足现代企业管理的需求？
2. 战略成本管理的本质是什么？
3. 价值链是什么？价值链分析的意义在哪里？
4. 什么是战略定位分析？如何进行战略定位分析？
5. 什么是目标成本管理法？简述其实施原则和流程。
6. 什么是标杆管理法？如何利用标杆管理法进行战略成本管理？

05 第五章 全面预算管理

第一节　全面预算管理概述

一、全面预算管理的概念

全面预算管理是企业管理工具的组合，用于汇集、配置和有效运用财务和非财务资源，协调各单位和部门的生产经营活动，并体现公司整体预算的战略目标和生产运营计划。不断监督实施过程，分析实际完成情况与预算目标的差距，及时指导业务活动的调整和改变，可以为管理者提供可靠的决策信息，促进战略目标的达成，并推动公司完善制度、提高经营管理效率。

二、全面预算管理的作用

全面预算管理的作用体现在以下五个方面：

（1）规划未来：根据公司现阶段的战略目标预测未来发生的状况。通过全面预算管理，企业可以将战略和业务目标细分为具体而明确的数据，以实现最小利润单位目标。这样，每个部门都有明确的计划指标，便于协调和统一各个小单元的行动，并及时预测未来可能出现的情况。

（2）控制现在：预算能够作为控制现阶段经济活动的手段。全面预算管理是企业日常经营活动的重要手段之一。在执行预算时，通过会对选定时期的实际经营指标和预期经营指标进行比较，从而发现并解决当前经济活动中存在的问题和潜在风险。

（3）激励机制：明确目标和考核的标准。通过预算，企业能够将奋斗目标指标化。指标化使企业有了明确的方向，为了达成目标，企业会努力留住与企业发展理念一致的人才，在此过程中建立激励机制。

（4）考评业绩：将预算作为考核部门或者个人业绩水平的依据。预算可以考评各个利润单位的工作效率和绩效。全面预算指标是企业进行绩效评估的基础和依据。无论是部门还是个人，都可以通过对比选定实际经营指标和预期经营指标，并根据差距来评估绩效水平。

（5）内部沟通：横纵向的沟通渠道。全面预算是各部门通过预算编制进行协调的重要工具，能够使各部门之间进行有效沟通。企业总体目标、子公司目标和部门目标的实现，需要及时的横向和纵向沟通。部门之间相互沟通需求、目标和计划，有助于实现资源的合理有效分配，推动整体预算目标的实现。

三、全面预算管理的预期效果

全面预算管理的预期效果体现在以下四个方面：

（1）细化战略目标。全面预算管理完善了公司的战略和年度运营规划，通过事先计划和安排管理活动来推动战略和商业计划的顺利实施。在全面预算管理中，企业的上下级以及部门之间可以实现横纵方向的沟通，由此增进彼此之间的了解，积累各部门在公司战略方面的经验。

（2）实施绩效考核。企业实施绩效管理以全面预算为基础。将预算与绩效管理相结合，有助于企业对各部门进行评估，确保绩效评估过程有条不紊。

（3）加强风险控制。全面预算管理提供事前、事中和事后的高效监管，通过发现实际与预算之间的差距，及时解决问题，强化公司内控，降低经营风险。全面预算系统可以预测来年的经营状况，并根据其反映的预算结果预测风险，从而实现对风险的规避与化解。

（4）合理分配资源。在全面预算管理中，可以使用数据评估未来财务、人力资源及其他方面的状况，为合理分配资源提供依据。

第二节　预算编制原理

全面预算管理能够按照公司战略规划，将计划、控制、协调、激励措施以及考核等有机结合起来。它贯通于企业供、产、销等多个环节，协调人、财、物等各个方面。国内外许多公司的实践已经证实，全面预算管理是行之有效的科学管理方法之一，也是现代化的企业管理系统。

一、销售预算

在“以销定产”的前提下，企业的整体预算通常以销售预算为起点。在全面预算管理中，其他运营预算和多数财务预算都以“销售额”为基础，销售预算编制说明见表5-1。

表5-1　销售预算编制说明

项目	说　明
编制依据	企业主要依据历史销售情况、市场情况和产品发展前景等信息，按产品、地区和客户等分类编制销售预算表，确定销售量和单位售价，最后进行汇总
预算表	按产品类别编制的销售预算表（按季/月编写） 按区域、顾客编制的销售预算表（按季/月编写） 应收账款预算表（按季/月编写）
计算	销售预算=预计销售量×预计销售单价 应收账款预算=期初余额+本期赊销额-本期收款额
预测方法	销售量：市场预测法、本量利分析 销售单价：竞争定价法、本量利分析

销售决定了采购需求、生产计划、人力资源配置，以及现金流、研发规划和企业资源的配置。企业的运作和各部门的服务都围绕销售展开，因而全面预算管理应以销售预算为切入点。

二、生产预算

生产预算建立在销售预算基础之上，旨在规划满足销售需求所需的资源，并考虑预算期内的销售量和期末库存。在实际生产中，由于生产批量较大或者具有一定季节性，生产计划必须与销售计划配合。在规划过程中，除了确保有足够的商品供销售外，还需考虑期初和期末库存预估量，以避免库存过多或库存不足影响下一期的销售。生产预算编制说明见表5-2。

表5-2　生产预算编制说明

项目	说　明
编制依据	以销售情况及预计产成品库存为基础编制生产预算。首先，对销售情况进行预测；其次，对产成品存货量进行预测；最后，对产成品的期末库存进行预测

续表

项目	说　明
预算表	按品种编制的生产预算表（分季度编写） 按品种分步骤编制的生产进度日程表（分月、日编写）
计算	预计生产量=（预计销售量+预计期末产成品存货）-预计期初产成品存货
关注问题	销售、库存、生产环节的协调 生产规划：生产能力、排产、质量等

生产预算也就是企业预计的生产量，根据预计销售量及预计期末产成品存货计算。生产量、销售量和库存量应保持一定比例，防止出现产销脱节等问题。

三、直接材料预算

直接材料预算是对直接材料采购的量或额的一种预期。在实际工作中，当期采购材料产生的应付账款仍需编制预算，编制说明见表5-3。

表5-3　直接材料预算编制说明

项目	说　明
编制依据	直接材料预算由直接材料成本、材料采购、应付账款预算等组成。 直接材料预算主要根据生产预算、材料单耗量定额、存货预算与采购成本预算进行计算
预算表	按品种编制的直接材料预算表（按季/月编写） 按品种编制的采购预算表和库存预算表（按季/月编写） 应付账款预算表（按季/月编写）
计算	直接材料预算：材料耗用量=预计生产量×单位产品的材料消耗量 预计材料采购数量=预计生产量×单位产品的材料消耗量+预计期末存货-预计期初存货 预计材料采购额=预计材料采购量×单价
关注问题	材料消耗定额的确定 材料采购成本的合理确定 采购、库存、生产的衔接 采购资金安排

四、直接人工预算

直接人工预算是根据已知工资标准率、标准单位、直接人工工时、其他直接费用计提标准和生产预算等因素制定的经营预算，用于预测预算期内的人工成本、工时占用等，编制说明见表5-4。

表 5-4 直接人工预算编制说明

项目	说明
编制依据	主要根据生产预算、工时定额和工资水平等指标确定
预算表	按品种编制的直接人工预算表（分季度或月份） 人工成本明细预算表
计算	预计直接人工总工时 = 预计产量×单位产品直接人工小时 预期直接人工费 = 预计直接人工总工时×预计小时工资
关注问题	工时定额薪酬制度

五、制造费用预算

除直接材料和直接人工外，制造费用预算能反映全部生产费用预算的情况，有变动成本和固定成本之分。变动制造费用预算可根据预计生产量及有关制造费用分配率来编制，编制说明见表 5-5。

表 5-5 变动制造费用预算编制说明

项目	原理及说明
编写依据	变动制造费用根据分配率来确定；固定制造费则使用增量法或者零基预算法等确定
预算表	制造费用预算表（分季度或月份） 制造费用明细预算表
计算	预计制造费用 = 预计直接人工总工时×变动性费用分配率+固定性制造费用 预计需用现金支付的制造费用 = 预计制造费用-折旧等
关注问题	变动费用分配率的合理性 各种固定费用的具体计算方法（区别对待）

六、期间费用预算

通过期间费用预算管理，企业能够建立科学的成本控制结构，促使上下级和各部门之间协同合作。期间费用预算管理的目的是明确相关部门和员工的费用控制责任，准确评估各部门和个人的工作绩效，并实施适当的奖惩措施，推动企业制度的不断完善。期间费用预算以控制费用、缩小成本、提高竞争力、为企业创造更大利润为目标，编制说明见表 5-6。

表 5-6　期间费用预算编制说明

项目	说　明
销售费用	变动性销售费用以预计销售量为基础分费用项目进行确定，且与销售收入匹配；固定性销售费用使用增量法或者零基预算法等确定
管理费用	变动性管理费用按预算期的分配率和预计销售业务量进行测算；固定性管理费用使用增量法或者零基预算法等确定
财务费用	根据负债率、借款以及还款时间与利率等因素确定
费用总额	根据变动费用的水平、固定费用的额度、总费用的水平等确定

七、现金预算

现金预算是企业对现金流量进行预测和管理的重要工具，用于预测某一时期的现金收入和支出情况，以及未来现金盈余。现金预算包括现金收入、现金支出、现金溢余或短缺、资金的筹集与运用四部分，它们之间的关系可以用以下公式表示：

期初现金余额+现金收入=当前可动用现金合计-现金支出

=现金溢余或短缺

现金溢余或短缺+资金的筹集与运用=期末现金余额

（一）现金收入

现金收入特指期初现金余额和预算期的现金收入，具体包括：销售产品产生的现金收益、应收账款的回收、到期应收票据的变现、票据贴现收入、长期资产的出售收入、回收投资以及其他现金交易。其中，销售产品是取得现金收入的主要渠道。

（二）现金支出

现金支出包括预算期间的各类现金支出，如：采购材料的费用、应缴纳的税费、应付利润与资本性支出等。需要注意的是，短期贷款利息支出不包括在此项目内，而属于资金筹措和使用的范畴。

（三）现金溢余或短缺

现金溢余或短缺是指目前可用的现金总和与预期的现金开支总和之差。该项目若为正值，表示企业现金过剩；反之，表示企业当前现金不足。

（四）资金的筹集与运用

资金的筹集与运用是指根据预算期间的现金收入与现金支出差额以及企业的资本管理政策，确定资金的数量。当出现资金不足的情况时，在明确了还款时间及数额的情况下，可采取借款或其他方式进行融资；若资金有盈余，在确保能及时还贷款的前提下，可以选择购买债券作为短期投资。

八、预计损益表

预计损益表是按照应计制原则，以各项业务预算为基础编制的一份综合报表。它全面反映了计划期内预计的销售收入、销售成本以及预期的利润或潜在损失，用于展示公司未来的盈利状况，可以帮助管理层及时调整经营战略。

九、预计财务状况表

预计财务状况表是根据当前真实财务状况表以及全面预算中其他预算得到的信息编制的一份概括性预算表，用于反映预算结束时的总括性预算。

预计财务状况表可以帮助管理者在期末了解预期财务状况，协助管理者判断未来经营状况，并及时采取改进措施。

第三节　全面预算编制的常用方法

一、弹性预算法

弹性预算法是一种通过分析业务量和预算项目的数量关系，对不同业务量及其耗用的资源分别制定预算的方法。比如，在以手工操作为主要特征的车间，应选择以人工工时作为基准。在弹性预算的编制中，应以最能体现企业生产经营水平的业务量作为指标。编制弹性预算的方法主要有公式法和列表法。

（一）公式法

$$预算总额=固定基数+\sum(与业务量相关的弹性定额\times预计业务量)$$

使用公式法编制预算时，相关弹性定额可能仅适用于一定业务量范围。当业务量变动超出该适用范围时，应及时修正、更新弹性定额，或改用列表法编制。

（二）列表法

列表法是指在业务量范围内，按不同层次计算和列出可能涉及的预算方案。在采用列表法进行预算编制和对实际成本进行评估与考核时，常用内插法计算实际业务量预算成本，工作较为烦琐。

弹性预算法可以计算出明年与今年对应的预算数值，便于与今年的实际数进行比较，同时可以统计不同年度的预算差异。弹性预算法简化了预算编制过程，并且便于分析。

二、零基预算法

以抽象的零字为基础编制计划和预算即为零基预算。零基预算是德州仪器公司首先提出的一种基于“零”的预算，它不考虑过去的状况，而是从基本角度出发，对每个预算进行分析和研究，确定开支的必要性和数额。它不是对过去的数据进行修补，而是对每个项目的重要性和影响进行再评估，根据成本效益原则将所有经营活动按轻重缓急进行排序，进而决定资金及其他资源的配置。

会计学学者 Zimmerman 将预算的功能归纳为两个，即决策和控制。传统的费用预算强调控制功能，主要是进行费用总量控制，即“可以花多少”。一般情况下，只要费用预算总额与上年实际偏差不大，就能通过，而很少对具体费用项目是否合理进行分析。在执行过程中，传统的费用管理较为粗放，主要是控制实际费用不超出预算，是一种相对静态和被动的管控，其管理水平有待提升，费用效率有较大的提升空间。与传统的费用预算强调控制功能不同，零基预算更强调预算的决策功能，旨在促进沟通、协调、计划及资源配置，通过分析、排序和优化业务计划和支出项目，以最小的资源投入创造最大的效益产出，并实现组织的目标。零基预算既关注费用总量的合理性，也关注费用结构的合理性，即既关注“花多少”，也关注“为什么花、如何花更有效”。企业需要分析现有的费用项目哪些是有效的，哪些是无效的，哪些项目的投入产出效果好，哪些项目的投入产出差，并根据这些分析进行决策，对投入产出效果好的项目增加投入，对投入产出效果差的项目减少投入，对无效的项目停止投入，进而实现费用结构合理化。同时，零基预算鼓励业务人员积极参与投入产出分析和决策，优化业务策略与投入方案，与财务人员共同提升费用有效性和优化资源配置。

零基预算与传统调整预算法相比，优势在于能够增强职工的“投入-产出”意识，提升主管人员的计划、预算、决策与控制水平。此外，零基预算有助于合理分配资金，避免组织内部发生各项随意性的支出，且可以充分发挥下层单位参与预算编制的创造性，对提升预算管理水平也有益处。零基预算法也有不足之处，如：在项目分级和经费拨付方面存在主观性，可能引起部门之间的冲突；根据实际发生情况编制预算，从零开始对预算进行评价，持续地跟踪评价发生的预算，会导致预算编制花费较多的时间和精力。

早期的零基预算研究受到了一定的限制，在国内发展较慢。自 1995 年零基预算被正式列入国家预算编制模式，对零基预算的探讨才走上了正轨。从整体上看，零基预算的研究呈现出快速增长和稳定发展的态势，而从 2010 年起，零基预算相关的论文发表数呈现出减少的态势。从论文发表数量来看，《会计之友》在零基预算领域的论文数量居首位，《财政研究》《财会通讯》《中国财政》《财会研究》等杂志的论文数量均超过 20 篇。以研究机构来区分，发表论文的单位以高校、省属财政部门及其科研院所为主，其中厦门大学、中山大学的论文发表数量居全国前列。虽然有不少机构从事零基预算的研究，但大部分机构还处于独立研究的状态，各机构之间缺乏交流和协作，这极大地制约了这一领域的创新发展。预算编制、预算绩效、零基预算、财政支出、绩效预算、支出预算和预算管理机制系统等为 1992—2022 年零基预算研究中的热门词。

零基预算法是我国企业制定全面预算的有力手段，很多企业在实施全面预算管理时，对一些项目采用零基预算法进行预算。

三、滚动预算法

滚动预算又称“永续预算”或“连续预算”，是指根据“近细远粗”原则，在一个阶段完成后，对下一阶段预算进行调整并对其进行细化，把所要编制的阶段一个接一个地往前推，以确保预算的连续性和固定周期范围。简而言之，滚动预算法是指建立在上期预算目标实现基础之上，对下期预算作出调整和具体编制，以及在预算期内继续滚动前进的一种预算编制方式。在制定滚动预算时，可采用长规划、短安排方式，即编制预算时可按季度进行规划，其中第一个季度可进一步细分为每个月的具体预算，其他季度则以总额为主。随着第一季度的结束，对第二季度每个月的预算进行细分，依此类推，使预算持续地滚动下去。

滚动预算法能够实现预算的完整性与连续性，对企业发展趋势进行动态把握，还能让各级管理人员在任何时候都能对未来一定期间的生产经营活动进行周密的考虑和整体的规划，从而确保企业每项工作都能有序进行。企业可以随着时间的推移不断调整、修正预算，使其更加符合现实状况，起到引导、控制的作用。滚动预算法的特性，使得预算编制工作十分复杂。为简化预算编制工作，可以按季编制滚动预算表。滚动预算法也有一些缺点：①工作量较大，每个阶段结束后都需要调整接下来的预算；②需要收集不同维度的资讯以评估未来的支出，沟通及决策成本较高；③会将问题复杂化，使决策变得很困难；④需要考虑远期未来的营收，这样决策者会将未来的收入假设得很美好，如果“预支”控制不好，未来会有债台高筑的风险。

滚动预算法在实际应用中会遇到一些壁垒。一方面，滚动预算的设计与使用存在缺陷。滚动预算需要依照公司的整体经营战略进行编制，强调企业长远、稳定、可持续的发展，预算的组织也要符合企业的组织结构和管理特征等。把预算管理植入企业的运营和管理等有关部门与环节，才能实现长短期目标、局部利益和整体利益的均衡，在满足企业发展对资金的需要的同时，起到预防风险的效果。然而，很多部门从各自小团体利益出发，报告的基本数据不够准确也不够全面，这就导致公司在编制预算时不能进行科学、合理的预测。除此之外，由于数据及信息部门之间沟通不足，企业预算管理的信息化建设不能与滚动预算的需求相匹配，从而造成预算编制的不合理。因此，滚动预算资金管理无法充分地反映持续经营的需要与实际情况的差异，对将来一段时期经营所需资金进行的统筹分配与实际情况脱节，从而无法达到预期效果。另一方面，预算考核和监管机制不完善。在实施滚动预算管理时，应进一步强化监督和考核的效用。在设置考核指标时，有的公司将重点放在对业绩和盈利能力的考评上，对盈利与业绩的盲目追求会导致相关部门过于注重小团体利益，很难实现公司价值最大化。这种考核体系很难与企业的真实经营状况相适应，也很难把滚动预算落到实处，更无法帮助各部门在编制预算的过程中对经营情况作出合理的预算和判断。

对企业运用滚动预算法进行资金管理的建议如下：

第一，利用大数据技术为企业预算管理提供准确依据。在信息技术快速发展的背景下，企业全面预算管理应与时俱进，利用信息管理系统来收集、整理和分析预算数据，如果仅仅依靠人力对基础表格数据进行收集和汇总，相对单调的工作可能让参与者疲于奔命，不仅效率低下，还会浪费大量的时间和资源。企业应当组织机构和参与人员设立信息化建设推进工作组，并指派人员负责具体业务的实施。同时，系统软件需要确保数据同步，提升数据传输速度并进行安全规划，以确保预算管理部门的信息管理质量。这样可以更快地整理和反馈数据，提供可靠的信息。在滚动预算中，管理人员可以根据相关数据对未来一段时间的生产经营活动进行总体规划，并监督预算的执行情况，合理分配企业的资本。这有利于及时进行预算的考核和评价工作。

第二，完善预算的组织架构、人员配置和运作程序。企业应根据自身发展规划、行业趋势和市场需求，确立与全面预算管理相关的专门机构，并配备专业人员。这样做的主要目的是有效地规划、执行和监督全面预算管理的各项工作。深入了解企业的战略目标和经营状况，能够确保预算的制定和执行与企业的发展战略相契合。密切关注行业趋势和市场需求，及时调整预算策略和预期指标，可以帮助企业适应不断变化的市场环境。有专门机构和专业人员支持的全面预算管理，能够为企业提供准确的数据和决策支持，实现更高效、更灵活的预算规划和执行。企业管理层会对参与预算决策的相关人员进行培训，以实现整体联动。他们不仅仅负责预算目标的编制、汇总和审批，还要对预算的执行进行控制。

四、概率预算法

概率预算法基于概率论，即在制定全面预算时，充分考虑每笔业务的可能性和业务量大小。首先，应根据业务量变化的可能性及概率的大小，计算各业务量的期望值。其次，按照业务量的期望值，编制与其有关的预算项、预算数。企业在编制全面预算的过程中，受市场等多种不确定因素的影响，所涉项目可能产生多样化的结果，因而需要根据市场变化的趋势或者规律，对可能出现的结果作出概率的近似估计，之后估算业务量的预期指标和产生的差异系数，再根据业务量的期望值编制与该业务量相关的各预算项目的预算数。

第四节　相关理论前沿

一、全面预算管理的前沿动态

大数据时代的“数据”不仅包括传统数据，还包括数量庞大、结构复杂、变动迅速的数据。在智能化与物联化的时代，预算是计划工作的结果之一，这既是企业决策的具体体现，也是企业管理生产经营活动的基础。全面预算管理是一种有效控制支出的方法，通过充分利用现有资源为公司创造更大价值；全面预算管理还是各个部门、单位工作努力的目标、方向、考核依据和协调工具等，在公司日常经营管理中发挥着非常重要的作用。在大数据时代，进行全面预算管理是企业实现可持续发展的必经之路。

（一）全面预算编制更具灵活性

全面预算管理以企业现有的资源为基础，以市场经济环境为导向，并实时调整以应对环境变化给企业带来的挑战。现行的预算管理方式存在一个问题，即企业信息数据没有定期及时建立动态关系，导致大量数据的处理工作变得十分繁重和耗时。由于这个问题，目前很少有企业采用涉及一系列业务量的弹性预算法来进行预算编制，预算的预测特点没有被最大限度地呈现，难以形成对企业日常运营的有效引导。

企业的发展可采取大数据下的会计模式，优点是具有动态、实时、个性化等方面的灵活性。借助创新型的会计模式进行预算编制，企业在市场上可以及时获取各类经营信息，进行动态调整与改进，进而保证预算的权威性、专业性、全面性与合理性。采用实时、动态数据，使企业能够从自身实际出发，充分考虑预算执行过程中可能遇到的突发问题，并且有弹性变动的可能，使预算处于合理范围。

（二）全面预算控制更加精确

全面预算编制完成并启动后，需要对其进行有效控制。现行的预算管理方式，由于缺乏适合的高效数据共享平台，通常采用手动编制和人工信息传递的方式进行，导致企业无法及时控制实施，可能与实际情况存在偏差。在进行内部资源共享时，企业应该认真分析内外部经济环境，结合市场趋势和竞争情况进行综合评估。通过深入了解内部和外部环境，企业能够更好地把握资源共享的机会和挑战，制定相应的策略和措施，以最大化资源利用效率并提升企业竞争力。依据历史资料，企业可以对新会计年度内的各项目进行预测，并且在实施时进行严格把控。

所有的预算项目都需要提前提出预算申请，并在通过相关领导的审批之后储存到云端。与此同时，由于政策法规、市场环境、经营条件等因素的改变，预算执行结果会产生较大偏差，可以在不违背年度预算目标和发展战略的情况下，对编制预算的方案进行调整。经过审批后，这些经过调整的预算数值会被自动修正并存储到云端。

（三）预算分析从事后变为事前

全面预算管理对企业经营至关重要，它要求企业对预算的执行状况进行定期的分析和总结。企业期望在海量数据中发现具有决定性的关键数据，以优化经营管理，但数据均已成为历史，甚至在一系列整合后还是得靠个人经验去分析预算。也就是说，目前对公司预算进行分析的方法就是“通过事后分析来做事前的预测”。数据产出后做的事后分析，最大的缺点就是不能及时洞察最关键的市场反应。在当前的会计环境下，进行预算分析可以实现对未知的预测。通过将各项发生额和企业预算数据实时汇聚到云端，能及时算出项目的预算数与实际数之间的差额，同时可将这些数据与企业同期、同规模、同行业的公司的数据进行横向比较，生成的分析报告可以为企业经营决策提供预测参考，使预算分析更加科学。

二、全面预算管理的特征

在现代企业中，全面预算管理就是在企业战略定位指导下，按照规范流程编写的，涵盖了全方位、全过程的监管，面向全体成员，融合执行、监控、考评和激励于一体的企业综合管理控制系统。全面预算管理具有以下六个特征：

（1）战略导向性。现代企业要想长期生存和发展，就必须形成自己的核心竞争力。企业战略涉及使命、愿景、核心价值等，即企业长期及短期目标的制定。因此，企业必须在所确立的战略目标指导下编制符合本企业实际的全面预算。

（2）全面性。全面预算管理由业务预算、资本预算、筹资预算和财务预算构成，不仅可以反映企业的日常经济活动，还可以体现资本性财务资金的筹集与运用情况。

（3）全员参与性。全面预算管理作为一项制度安排，涉及企业内部权、责、利的关系，不仅是某个部门的事情，更要求上下合作、全员共同参与。

（4）全程监控性。全面预算管理既要对企业的运营活动进行全程的控制，又要对企业运营活动的成果进行评价和考核。

（5）目标性。全面预算管理有明确的目标，能体现企业的目标利润、资本结构和股东权益。

（6）指令性。预算委员会负责全面预算管理，预算一旦决定，一般不再调整。

企业全面预算管理是一种先进的管理方式，在全球范围内广泛应用于各类公司。它能够将公司的重要战略决策具体化、数量化，是企业管控的核心工具。在企业整体战略的指导下，基于企业经营总体目标的全面预算管理能够发挥激励职工、控制流程的作用，并推动实施有效的奖惩机制。企业进行全面预算管理的核心，并不只是降低显性成本，还要利用预算管理和精细化管理来降低隐性成本，并对生产管理流程进行优化，实现对公司资源的合理分配和整合，有效提升经济效益。

三、全面预算管理的发展

全面预算管理是随着实践活动的需求，尤其是企业管理实践的需要，通过许多人的探索、总结和研究，逐步形成并发展起来的。今天的全面预算管理是19世纪末国外企业广泛应用的，其发展主要经历了四个阶段，如图5-1所示。

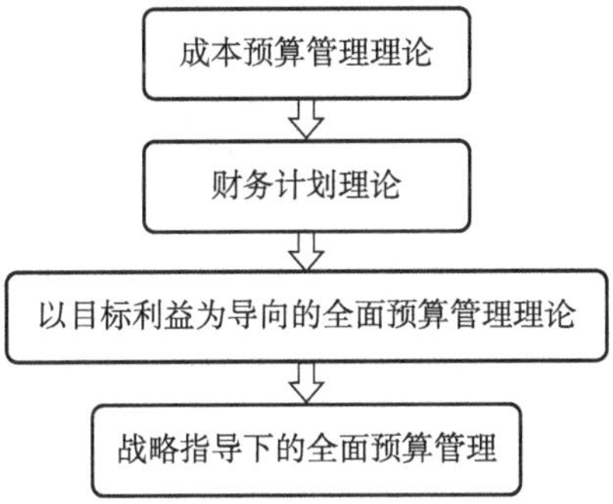

图5-1　全面预算管理的发展

20世纪初，西方国家的主要工业企业开始实施全面预算管理，并且获得了较好的成绩。接受过系统财务培训的下一代公司领导者依靠财务预算目标和激励推动绩效改进。这代替了生产率和市场效率等衡量标准。安索夫（1976）撰写了一部引入当代战略基础思考的著作《从战略规划到战略管理》。19世纪80年代，情况发生了变化，许多企业领导者察觉到，预算如果使用得当，可以为组织内部不同层级共同认知的形成打下基础，并有助于企业各个业务领域和部门的管理；反之，如果没有正确地使用，一成不变的年度规划与预算管理会阻碍企业对外界变化作出有效的回应，从而抑制企业的创新。

第五节 全面预算管理案例

一、农村商业银行全面预算管理案例

（一）农村商业银行全面预算管理中存在的主要问题

1. 对全面预算管理重视不够

一方面，一部分管理者认为农村商业银行内部和外部环境的不确定性较大且区分性不强，难以进行准确预测，预算成为一种形式化的需求。也有一些管理者对全面预算管理的理解局限在预算和计划的层次上，认为全面预算管理属于会计和统计的范畴，只适用于预测和记录。因此，在现实工作中，绝大多数情况是财务部门负责组织实施预算管理等工作，执行力不强，很难发挥内部控制的作用。另一方面，对农村商业银行的评价主要面向目标与结果，对经营过程关注较少，形成了以目标为主线的绩效管理取代全面预算管理的考核模式，该模式成为农村商业银行实现经营目标的首要手段。

2. 执行全面预算管理的基础环境有待优化

全面预算管理与银行经营策略的关联性不强。战略与预算之间的关系在于战略为预算的向导，而预算是对战略实施的保障与支持。在实践中，农村商业银行的预算缺少长期的战略性目标，多以短期目标为主。原因如下：①以净资产收益率、存贷金额等经营性指标增加以及风险控制类指标下降为基本依据，对银行进行重大考核与评估，使得管理层过分注重短期利益而忽视了以长期为导向的战略目标；②战略与现实脱节，难以指导预算决策，没有建立起完整的风险控制系统，从而对全面预算执行的成效产生影响；③农村商业银行的风险管理机制不完善，风险控制的手段和工具普遍不足，存在不良贷款率高、拨备覆盖率低等风险。

3. 存在预算松弛现象

在编制农村商业银行的预算时，执行者与管理者站在不同的立场，期望不同，为了顺利实现预算目标，他们会把预算标准制定得较为宽松。预算标准的宽松会对银行造成很大危害：第一，使预算与实际发展脱节。从局部出发，会对整体利益造成损害，掩盖真实存在的经营问题，从而使全面预算管理效果大打折扣。第二，资源效率未能全面有效发挥。预算宽松的部门会有更多的资源流入。第三，导致考核评价时公平性不足，从而打击多数职工的工作积极性。

4. 预算指标设置和选取存疑

预算指标是企业绩效评估的基础，也是企业预算控制的标准。农村商业银行的全面预算指标应以战略目标为中心来选取，包括对年度经营、财务和资本等进行计量的指标。但在实际中，多数农村商业银行的全年预算以财务收支指标、经营规模为主，很少涉及风险预算和资本，对非财务指标中的价值创造力指标涉及极少，甚至没有反映。大多数预算以年度指标的方式呈现，没有分类量化成月度、季度等明细指标，较难作为比较的依据，也无法达到监督的效果。

（二）农村商业银行全面预算管理的改进措施

1. 树立全面预算管理理念

要建立一种成熟的、以现金为导向的管理模式应做到以下两点：第一，进行理论学习与持续的交流学习，提高中高层管理者对全面预算管理模式先进性的认识，特别要厘清全面预算管理和绩效管理的关系，杜绝绩效管理“全能性”这一历史观念，并将全面预算管理作为强化内部基础管理的一个重要手段，还应将各预算执行部门的首要负责人确定为预算管理的第一责任人，在全行树立全面预算管理理念。第二，通过构建预算与策略之间的交流与反馈机制，将预算与策略的制定和执行有机地联系起来，保证战略不与现实脱节，发挥引导预算的功能。充分运用全面预算管理这一重要手段，对全面风险管理系统进行改进。提高农村商业银行的风险管理水平，能够促使农村商业银行在错综复杂的环境下稳步发展。

2. 改善预算松弛现象

管理层要认识到预算松弛带来的危害性，并采取措施及时进行改善。一方面，可倡导全员参与编制全面预算。在参与预算编制的过程中，既能加强组织内部的协调和沟通，又能提高职工的认知水平，从而增强预算执行的主动性、积极性。另一方面，通过预算编制，组织内部的信息不对称程度会降低，职工会及时向管理者反馈所掌握的经营环境、经营运行以及其他信息和工作意见，通过上下级之间的充分交流，在预算目标上达成一致，减少预算执行过程中的阻碍。在对全面预算进行整体考核方面，可以加入内部和外部的审计，对同规模商业银行的发展状况进行横向比较，并对预算执行情况进行定期的差异化分析，及时采取更正手段。只有合理的目标、公正的考核，才能改善预算松弛的现象。

二、民办高校全面预算管理案例

（一）民办高校全面预算管理中存在的主要问题

1. 预算管理制度缺乏科学规范性

民办高校原有全面预算管理制度形式化程度过高，制定及执行过程与学校建设发展需要衔接不紧密，从而造成学校全面预算管理制度的实用性及可操作性不强。此外，民办高校全面预算管理制度在优化与建设中缺乏部门之间的沟通与配合，很难全面掌握各部门真实的情况与需求，致使高校预算标准与要求得不到强有力的制度保障。

2. 预算管理组织结构设计不合理

全面预算管理最大的特色是它的“综合性”。在高校实施全面预算管理，能让学校所有教职工都参加。然而在现实中，民办高校财务预算管理工作一般委托给财务部门，但财务部门的行政职权与预算管理之间难以维持较高的独立性，从而会降低高校全面预算管理的权威性。除此之外，在这种模式下发展的民办高校因为没有设置合理有效的预算管理组织结构，会导致预算制衡机制的缺失，从而限制高校提升自身全面预算管理工作的质量和效率。

3. 预算管理沟通机制不健全

现阶段，大多数民办高校采用的是传统的静态管理模式，主要是“以收定支”，在这样的模式下，很难体现全面预算管理的科学性和前瞻性。也有些民办高校没有建立完善的财会团队，从事财务工作的员工专业素质较差，在日常经济活动中主要根据以往数据进行预算编制，运用的预算编制方法也不够先进和科学。民办高校在开展全面预算管理工作时，会由于对预算编制的过分关注而忽视对预算的控制和执行。在这种情况下，很可能需要对预算进行反复调整，这样不仅会使工作效率降低，还会增加财务人员的工作量。同时，民办高校缺乏对全面预算的事前、事中及事后控制，从而会导致年底预算超支等问题。

（二）民办高校全面预算管理的改进措施

1. 健全全面预算体制

民办高校财务部门要注重提升全面预算管理制度的实用性与可操作性，以实际工作和发展需求为依据，对制度内容进行调整和优化，保证可以最大限度地实现管理目标及全面预算各项工作的规范化。民办高校管理部门应当定期对预算管理人员进行专业培训，提高其个人能力和素质，以更好地执行全面预算管理。

2. 提高全面预算编制工作水平

在推行全面预算管理工作时，民办高校要将各个部门的工作协调好，按照年度工作计划和既定步骤，有序地进行预算编制信息的传递、利用、共享，对预算全过程进行跟踪和监督。同时，要实时跟进，定期安排各部门进行交流，提出相关工作意见及改进建议。

3. 加强全面预算控制

民办高校在实施全面预算管理时，必须强化事前、事中、事后三个环节的控制作业。在进行事前控制时，以适配性为依据，结合实际情况，制定合理、有操作性、科学的预算控制目标，并安排专门的工作人员编制完整的预算方案，同时要及时进行风险控制和防范，以免造成不必要的经济损失。在事中管理方面，民办高校应注意对内部预算的执行情况进行及时的监督，可以通过引进先进的信息化技术，提升资源管理工作的质量和效率，全面推进对预算全过程的跟踪和监管。在事后控制方面，要更多地关注对预算执行情况的分析，加强各部门之间的交流，提出指导意见，合理进行下一年度预算的编制工作。

思考及讨论题

1. 简述预算管理与公司治理的相关性。
2. 简述全面预算管理与公司治理机构融合的思路。
3. 如何发挥全面预算管理在公司治理中的作用？
4. 全面预算管理的特征有哪些？
5. 简述企业战略与全面预算管理的联系。

06 第六章 企业绩效评价

第一节　绩效评价概述

一、绩效评价的概念及分类

（一）绩效评价的概念

绩效是企业在特定时间内经营效益和经营业绩的表现。根据财政部统计评价司的解释，绩效评价是指综合运用传统数理分析方法和基础运筹学，选择适当的定量与定性分析方法，对公司特定运营期间的营运效益和实际业绩进行真实、公允的评价，以期更好地指导公司发展。

（二）绩效评价的分类

可根据企业经营性质、评价的特点、评价的深入程度、评价对象的性质和评价的目的等不同标准，对企业绩效评价进行分类，如图 6-1 所示。

根据企业经营性质，可将企业绩效评价分为工商类企业绩效评价和金融类企业绩效评价。不同经营性质的企业经营目的不同，其绩效特征和评价方法也存在差异。

根据评价的特点（评价时间、年度、方式等），可将企业绩效评价分为例行评价和特定评价。

根据评价的深入程度，可将企业绩效评价分为初步评价、基本评价和综合评价。选择不同的指标，会导致评价结论有所不同。另外，经评价机构批准后，也可对公司业绩作出定性评价。

根据评价对象的性质，可将企业绩效评价分为企业评价、行业评价和区域评价。

根据评价的目的，可将企业绩效评价分为单户企业评价和多户企业评价。单户企业通常采取综合评价，而多户企业则采用基本评价。多户企业评价的目的主要是比较和研究多家公司的经营业绩。

- 企业绩效评价的分类
  - 按企业经营性质
    - 工商类企业绩效评价
      - 工业类企业绩效评价
      - 商业企业绩效评价
      - 服务企业绩效评价
    - 金融类企业绩效评价
      - 银行绩效评价
      - 非银行金融机构绩效评价
  - 按评价的特点
    - 例行评价
    - 特定评价
  - 按评价的深入程度
    - 初步评价
    - 基本评价
    - 综合评价
  - 按评价对象的性质
    - 企业评价
    - 行业评价
    - 区域评价
  - 按评价的目的
    - 单户企业评价
    - 多户企业评价

图 6-1　企业绩效评价的分类

二、绩效评价的理论基础

绩效评价是管理会计的重要组成部分，涉及的理论包括委托代理理论、利益相关者理论、战略管理理论和组织行为理论等。

（一）委托代理理论

在现代社会中，委托代理关系普遍存在。通常委托方将经营决策权授予代理方，代理方代表委托方进行一系列业务活动。在信息不对称的情况下，委托方和代理方追求共同目标是理想的状态，但在实际中，常常会出现道德危机和逆向决策，从而增加代理成本。因此，降低信息不对称程度是委托代理关系顺利发展的关键。企业内部绩效评价系统可以有效提高信息透明度。科学的绩效评价系统，可以有效反映代理方受托责任的履行情况，降低信息不对称程度，防止受托人滥用职权；也可以通过绩效评价来指导和协调受托人行为，使受托人与委托人的目标保持一致。

（二）利益相关者理论

利益相关者理论可以追溯到20世纪60年代。利益相关者包括股东、销售商、雇员、债务人、客户、供货商、竞争者等，他们都为企业发展作出了贡献，也带来了风险。利益相关者理论为现代公司治理提供了新的思路，它强调股东在寻求自身利益的同时也受到其他利益相关者的制约，以确保合同有效执行。在企业的运营过程中，不同利益相关者的利益需求或偏好不尽相同，因而在企业的业绩评价指标体系中，应对财务指标和非财务指标进行设计，以尽可能满足各利益相关者的需求。

（三）战略管理理论

当企业面临复杂的外部环境和内部环境时，应综合考虑长期目标和短期目标，并制定有效的战略管理方案。企业不仅要按照既定的长期发展方向来明确经营目标和方式，还应采取灵活的策略，以解决当前或局部的问题。战略管理理论向企业发出了一系列挑战，因此建立完善的战略经营绩效评价体系非常重要。在实施企业绩效评价时，要加大对企业战略规划的执行力度，并根据实际情况对绩效评价系统进行完善，以推动企业持续发展。

（四）组织行为理论

组织行为学是一种综合性的社会学科，研究社会团体中人们心理和行为的变化规律，以及不同组织者的行为特征。它结合了心理学、社会学、人性学、生理学、发展生物论、法律和政策学等方面的知识和实践经验，为经营管理者提供了更多自主权。根据组织行为理论，企业绩效评价体系的设计和使用应着重考虑三个方面：一是应能有效帮助企业实现战略管理目标，并激发员工的主观能动性；二是评估指标和尺度应可控制和具有激励作用；三是在制定评估标准时，应采用参与式民主管理方式，以确保结果公平、公正和有效。员工参与能够让他们觉得自己被尊重，从而受到鼓舞，达到所有者、经营者和员工为实现公司的目标而共同奋斗的目的。

三、绩效评价体系的设计原则与实施步骤

（一）设计原则

绩效评价体系的设计原则对于指标的确定、模式的选择和具体实施都具有重要的指导意义。具体来说，绩效评价体系有以下三个设计原则：

（1）以结果为导向。绩效评价体系的设计应以结果为导向，即明确评价的目标和预期结果，将注意力集中在实际达到的成果上。面对市场的变化，绩效评价的标准需根据“变化”来制定。任何变革，不论是策略的确定还是制度的革新，都要首先确定业绩目标，而并非等业务流程制定出来之后再确定业绩目标。此外，绩效指标应侧重于结果，而非侧重于方式。

（2）追求卓越绩效。通用电气公司前首席执行官杰克·韦尔奇曾说：“评估大多存在一个问题：你是否将其设置在自己力所能及的范围内。”制定高目标可以对公司绩效产生影响，如激发员工的主观能动性等，这可以视为行为主义的结果。当企业设定了较宏大的目标时，为了产生积极的效果，应该采取激励措施，对取得卓越业绩的人进行奖励。

（3）正确评估项目。企业衡量标准的制定应以目的为前提。如果选择错误的评估项目，可能导致行为结果与期望目标完全相反。国内外学者提出了一系列评估框架和方法（如欧洲质量管理基金会提出的企业卓越标准模式），它们可以帮助企业更好地评估其经营绩效，但在不同的企业发展水平下，应根据实际情况，选择合适的评价方法，以确保企业的可持续发展。

（二）实施步骤

绩效评价是一个完整的过程，具体分为以下五个步骤：

（1）战略开发。绩效评价计划的核心驱动目标是实现企业的竞争优势，因此必须以战略发展为出发点。在制定战略时，需要综合考虑财务预测，并着重规划企业的价值创造活动。此外，还应充分考虑市场环境的变化。

（2）制定预算。企业应把战略目标细分为经济业务和过程的具体目标，并以预算的方式进行资源配置。这一步骤要求对宏观环境的复杂性进

行全面评估，采用弹性预算、滚动预算等方法，把市场的变动纳入规划范围，这样才能使计划具备良好的可操作性，并更好地衡量企业的经营绩效。

（3）绩效计测。这一步骤能够有效获取并收集绩效相关数据，为高效实施后续子程序奠定基础。信息内容的相关性、可靠性、及时性等直接影响着绩效评价的有效性。人们对生产经营过程中产生的数据缺乏统一的理解和认知，导致绩效考核存在一定困难。为了解决这个问题，企业应该收集能够准确反映经营状况的信息，并根据责任归属原则进行整理，确保在进行绩效考核时不会发生不必要的争议。因此，建立对生产经营过程数据的统一理解和认知是非常重要的，可以为绩效评价提供依据，确保公正地评估企业业绩。

（4）绩效检查。该步骤能够及时考察实际绩效和目标绩效之间的差异，并根据当前形势作出预测，进而及时采取适当措施，保证公司的前进方向不偏离。随着信息科学的发展，利用科学模型和数据处理技术可以增强绩效评价的及时性和可靠性，从而达到更好的控制效果。

（5）激励性报酬。如果前面四个环节的工作都做好了，却没有相应的奖惩制度，就会降低职工实现战略目标的积极性。企业应采取激励性报酬策略，将特定的经营行为与直接影响战略目标达成的关键因素紧密结合。

信息技术的不断发展会推动绩效评价体系发挥作用，在这一过程中，信息的透明化、实时化、集成化是关键，有效的绩效评价体系离不开信息技术的支持。

第二节　我国企业绩效评价体系的演进及国内外绩效评价体系的比较

一、我国企业绩效评价体系的演进

我国企业绩效评价体系以政府为导向，以财务型为主，不断向平衡模式发展。近年来，我国在绩效评价实施方面的研究取得了很大进展，相关机构和学者提出了新的绩效评价体系。总体而言，我国政府颁布实施的企业绩效评价体系的演进经历了两个阶段。

第一阶段，财务绩效评价体系。1992年颁布的《企业财务通则》主要从出资者角度设置了8项企业绩效评价指标；1995年6月，财政部颁发了《财政部企业经济效益评价指标体系（试行）》，该体系由产品销售比例、总资产报酬率、资本收益率、资金保值增值率、资产负债率、流动比率（或速动比率）、应收账款周转率、存货周转率、社会贡献率、社会积累率10项指标组成。

第二阶段，财务与非财务相结合的阶段。1999年，财政部等印发了《国有资本金效绩评价规则》和《国有资本金效绩评价操作细则》，为国有企业业绩管理提供了重要的指导和依据。2002年2月，财政部等对《国有资本金效绩评价操作细则》进行了修订，制定了《企业效绩评价操作细则》，将企业绩效评价指标体系指标由32项改为28项。与原来的评估体系相比，新的评估体系更加科学和完整，也更加符合社会主义市场经济的需要。2003年11月，国务院国有资产监督管理委员会（简称“国资委”）颁布了《中央企业负责人经营业绩考核暂行办法》，并分别于2006年、2009年和2012年进行了修订，2012年修订后的版本包括年度绩效评价和任期绩效评价。2006年4月7日，《中央企业综合绩效评价管理暂行办法》颁布，明确了财务管理的量化评估和经营业绩的定性评价以及相关监督管理措施。2009年，为强化金融服务类大型企业和国有控股公司的财政监督管理，财政部颁布了《金融企业绩效评价办法》，新的金融企业绩效评价指标体系中的盈利能力、经营增长、资产质量、偿付能力等指标，能更有效地促进企业的发展。2019年，《中央企业负责人经营业绩考核办法》正式施行，针对不同的企业，国资委设置了合理的考核指标，并对主业处于充分竞争行业和领域的商业类企业、主业处于关系国家安全和国民经济命脉的重要行业和关键领域、主要承担重大专项任务的商业类企业和公益类企业等的重点考核指标予以明确，突出高质量发展的考核要求。

二、国内外企业绩效评价体系的比较

随着全球市场经济的发展，中国企业的绩效管理也开始将社会责任和企业利益放在同等重要的位置，企业绩效评价模式的发展历程及各种绩效评价模式的优点和不足见表6-1。

表 6-1 企业绩效评价模式的发展历程及各种绩效评价模式的优点和不足

绩效评价模式		推出时间	理论基础	价值取向	评价内容	优点	不足
成本模式		20 世纪初期	新古典经济理论、科学管理理论	股东	单位成本、标准成本	目标明确、有利于成本控制	内容不全面，忽视资本成本
财务模式	以利润为核心	21 世纪中期	新古典经济理论	股东	偿债能力指标、营运能力指标、盈利能力指标	操作性强、可比性强、与会计核算一致	过于追求经济利益、忽视社会责任、忽视战略管理、忽视资本成本
财务模式	以 EVA 为核心	1991 年	资本成本理论、代理理论	股东	EVA、MVA	考虑了资本成本、侧重股东价值评估	以经济利益为中心、资本成本不易确定、忽视社会责任
平衡模式	平衡计分卡	1992 年	新古典经济理论、战略管理理论	股东 顾客 员工	财务、顾客、内部流程、创新和学习	以战略为导向、注重过程评价、财务与非财务相结合	未考虑股东、顾客和员工以外的其他利益相关者和环境责任
平衡模式	GRI（第 1 版） GRI（第 2 版） GRI（第 3 版）	2000 年 2002 年 2006 年	利益相关者理论、可持续发展理论	利益相关者	经济绩效、环境绩效、社会绩效	以可持续发展为目标、内容全面	多为总量指标、偏重结果评价、未提出量化方法
平衡模式	绩效三棱镜	2002 年	利益相关者理论	利益相关者	利益相关者满意，战略、流程、能力，利益相关者贡献	注重战略、关注利益相关者和社会责任、反映企业与利益相关者之间的互动	未明确利益相关者的主次、未提出量化方法、需要扎实的利益相关者管理基础
平衡模式	中央企业绩效评价办法	2008 年	社会责任理论、利益相关者理论	利益相关者	28 个方面、80 项指标	注重社会责任评价	多为总量指标，侧重结果评价，指标体系结构松散
平衡模式	金融企业绩效评价暂行办法	2009 年 2011 年	资本保全理论、目标管理理论	股东	盈利能力、资产质量、经营增长、偿付能力	注重利润质量与资产质量评价	本质上仍然属于财务绩效评价模式，未包含环境绩效和社会责任
平衡模式	中央企业负责人经营业绩考核办法	2019 年	资本保全理论、目标管理理论	股东	利润、EVA、资本保值增值率、资产周转率等	注重 EVA 评价	本质上仍然属于财务绩效评价

第三节　以利润为核心的绩效评价

一、利润及其内涵

利润是指公司特定时期的经营结果，即收入减去成本费用后的差额。如果收入小于成本费用，则为亏损。按照我国现行会计准则，企业的利润应分步计算，包括营业利润、息税前利润、利润总额和净利润，不同步骤的利润从不同角度反映企业的绩效水平。

“营业利润”反映公司的收入、成本、税收、费用、资产费用、公允价值变动损益和投资收益之间的变动关系。营业利润作为公司获利的主要来源，其高水平表示公司在行业中处于较高的地位，且具有更强的可持续发展能力和更大的融资市场价值。企业真正的“营业利润”应以“息税前利润”为准。

在基于利润的企业绩效评价中，“息税前利润”是指企业在经营过程中扣除营业成本、税金及附加和期间费用等各项成本和费用之后，尚未扣除利息费用和所得税费用的余额。这是企业真正的经营利润，能够反映企业通过经营活动取得的成果。该指标在基于利润的企业绩效评价中具有特殊的重要性。目前，我国企业的利润表中还没有这一项目，只是在一些财务管理教科书中有所介绍。

“利润总额”体现了公司的经营性成果，包括主营业务盈利、营业外收入和主营业务外费用，是扣除所得税之前的金额，可以帮助公司更好地进行财务管理。

“净利润”也称“净收益”，是企业最终的财务成果，表示公司盈利净额减去所得税支出。净利润是利润分配的依据，净利润越高，表示在其他条件不变的情况下，公司的盈利能力越强。

根据以上不同利润的概念，可以从多种角度评价公司的经营管理水平，其中常见的指标有企业总资产报酬率、长期资本报酬率、净资产收益率等。

二、以利润为核心的评价指标

（一）总资产报酬率

总资产报酬率是指企业的息税前利润与平均资产总额的比值，是一项可以体现公司对资产综合使用效果的指标，也可用于衡量公司总资产的盈利能力。其计算公式为

$$总资产报酬率=\frac{息税前利润}{平均资产总额}\times 100\% \quad 或 \quad \frac{净利润}{平均资产总额}\times 100\%$$

（二）长期资本报酬率

如果说总资产报酬率在资产负债表左方进行了“投入”与“产出”的比较，那么长期资本报酬率则是在资产负债表的右方进行“投入”与“产出”的比较。长期资本报酬率也称“长期资本收益率”，是指收益总额与长期资本平均占用额的比值，用于反映企业对长期资本的投资所获得的盈利能力。其中，长期资本是企业长期负债和所有者权益之和，收益总额是利润总额。其计算公式为

$$长期资本报酬率=(利润总额\div 长期资本平均占用额)\times 100\%$$

$$\begin{aligned}长期资本平均占用额&=平均非流动负债+平均所有者权益\\&=(期初非流动负债+期末非流动负债)\div 2+\\&\quad(期初所有者权益+期末所有者权益)\div 2\end{aligned}$$

长期资本报酬率是衡量企业投资回报率的重要指标，反映企业投入长期资本的效率和回报。为了提高长期资本报酬率，企业应采取有效措施，同时减少对长期资本的占用。

在使用长期资本报酬率衡量企业盈利能力时，不能只对企业某一个会计年度的长期资本报酬率进行分析，而应结合整体趋势进行分析，以便得出相对准确的结论。

总资产报酬率是对所有资金提供者的收益进行衡量，其值往往偏低；而长期资本报酬率是指长期资金提供者的收益，其值比总资产报酬率高。

（三）净资产收益率

净资产收益率也称“净资产报酬率”“股本报酬率”“净值报酬率”。净资产收益率是指一定时期内企业净利润与平均净资产（所有者权益）之比，

反映企业所有者所获投资报酬的大小，其计算公式为

$$净资产收益率=\frac{净利润}{平均净资产总额}\times 100\%$$

其中，净利润为企业税后净利润；平均净资产总额为企业期初净资产总额与期末净资产总额的平均数。

对上市公司而言，净资产收益率一般是指所有者权益报酬率。然而，一旦公司股票中包含优先股，这部分利润将被扣除。在财务制度中，优先股的分红将在企业计提任意盈余公积和派发普通股之前发生，并且无论企业的盈利情况如何，优先股的分红都是固定的。因此，普通股所有者是该公司的实际拥有者，也是该公司的重要风险承担者。在这种情形下，净资产收益率的计算公式为

$$净资产收益率=\frac{净利润-优先股股利}{平均净资产总额-平均优先股股东权益}\times 100\%$$

对净资产收益率的分析要注意以下两点：

第一，净资产收益率从所有者权益视角考察企业的盈利能力和投资收益能力，因此会受到所有者的重视。当公司的净资产收益率较高时，意味着公司有效地利用了其净资产，提高了利润率。高净资产收益率表明公司的盈利能力和资产管理能力良好，投资者可以期望获得更多的回报，也可以反映出公司具有更好的竞争优势和市场地位，以及采用了有效的运营策略和业务模式。因此，投资者倾向于选择那些净资产收益率较高的公司来获取更多的收益。

第二，通过净资产收益率指标分析，不仅可以评估企业的投资回报率，还能洞察企业的经营管理能力和绩效水平。对这一指标进行分析，也是所有者对其投资企业进行资产保值和增值的一种基本方式，在开展具体数据分析时，应结合具体趋势、领域或同业比较等，更加准确地把握数据的特征。

第四节 以 EVA 为核心的绩效评价

一、EVA 概述

（一）EVA 的概念及特点

彼得·德鲁克在《哈佛商业评论》中提出，经济增加值（EVA）不仅是

一种评价生产要素的重要指标，更是一种全面的绩效评估工具，它评估经济效益、财务管理框架和激励薪酬。EVA 管理是一种以价值为基础的管理方式，它深入探讨了价值创造的途径，指明了创造财富的关键，是一种具有重大意义的战略。它能够影响企业从经理层到基层的决定，改进团队里每个人的工作环境及员工的行为，协助企业管理者为企业、顾客和自身创造更多的价值。

（二）EVA 的计算

EVA 是一种反映公司经营业绩的指标，以财务信息为主要依据，通过税后净营业利润减去债务和股权成本反映公司的运营绩效。具体计算公式为

EVA＝税后净营业利润－总资本×加权平均资本成本

根据斯图尔特咨询服务有限公司（简称“斯图尔特”）的研究，要准确估算经济增加值，需要进行多达 120 项的调整，但实际上只需要调整 15 项左右就能达到预期效果。在决定是否需要调整某项目时，需要考虑该项目是否“至关重要”及对管理行为具有多大影响。“至关重要”不是指某些财务数据与企业资产或盈利的比重，而是指对企业管理者而言这些财务数据是否具有重要性，以及它们是否会直接影响股东财富，进而影响企业管理者的决定。如果某项调整不会对决策产生影响，那么改变往往是不值得的。

二、EVA 绩效评价系统

（一）EVA 绩效评价基本原理

20 世纪 90 年代以后，公司运营所面临的宏观环境和微观环境发生了巨大变化。在新的经营环境下，传统的会计衡量标准与管理方式并不完美。正是在这种背景下，备受关注的 EVA 业绩评价方法应运而生。该方法不再采用投资收益率等传统绩效评价指标，而将公司市值的增值作为衡量业绩的标准，从而克服了绩效评价系统的许多缺陷。

EVA 是 EVA 评价方法的核心指标。斯图尔特指出，财务利润和经营现金流量指标都存在很大的缺口，应当摒弃——由于它们没有将权益资本的机会成本纳入财务利润，很难准确反映该公司的实际运营绩效。EVA 能够高效地将内部因素与外部因素结合，是一个广泛应用于业内的绩效评估指标。其内核是：只有当资金回报率高于资金成本时，资金才具有经济价值。公司可以设定明确的目标，并向主要股东、经销商和监管机构提交客观而准确的业绩数据，为公司的奖励机制提供合理的依据。

（二）EVA 绩效评价指标

将 EVA 作为企业经营绩效的核心指标时，应根据经营风险使用不同水平的差异收益来计量股权成本，并用三种不同水准的 EVA 指标来评估公司的经营成果。

1. 基本 EVA

企业的净利润应大于或等于股本资本的时间价值，可将其称为“基本 EVA 值”，计算公式为

$$\text{基本}\ EVA=NOPAT-IC\times\left[\frac{D}{D+E}K_D+\frac{E}{D+E}R_F\right]$$

其中，$NOPAT$ 表示税后净营业利润；IC 表示总资本；D 表示有息负债；E 表示所有者权益；K_D 表示负债资本成本；R_F 表示无风险投资报酬率。

当该指标的值为零时，表明资产持有者的投资并未受到经济损失，即资产保值，运营效益良好；当该指标的值大于零时，表明资产持有者通过投资获得了利润，运营效益较佳；当该指标的值低于零时，表明资产持有者的投入产生了损失，运营效益不好。

2. 正常 EVA

一般来说，公司的盈利应该等于或超过股权投资者的正常盈利，这种情况下，我们称其为“正常 EVA 值”，计算公式为

$$\text{正常}\ EVA=NOPAT-IC\times\left[\frac{D}{D+E}K_D+\frac{E}{D+E}(R_F+R_P)\right]$$

其中，R_P 表示风险补偿率，其余符号含义同上式。

若该指标的值等于零，表明企业未能达到整个社会平均利润率或正常利润水平；若该指标的值小于零，表明资产持有者投放的资产未能实现保值，反而遭受损失，运营绩效欠佳；若该指标的值大于零，表明资产持有者投放的资产实现了增值，运营绩效较好。

3. 理想 EVA

理想标准是企业的净利润大于或等于普通股成本，我们将其称为“理想 EVA 值”，具体计算公式为

$$\text{理想}\ EVA=NOPAT-IC\times\left[\frac{D}{D+E}K_D+\frac{E}{D+E}K_M\right]$$

其中，K_M 表示按资本资产定价模型计算的股本成本，其余符号含义同上式。

若该指标的值小于零，表明企业未能达到股票市场投资人的预期，资产拥有者投放的资产未能保值，反而遭受损失，运营效果欠佳；若该指标的值大于零，表明资产持有者投放的资产实现了增值，运营效果较好，资本成本率得到了有效的体现，从而使企业经营业绩得到了提升。因此，理想 EVA 值的变化将直接影响企业的市值，从而决定其未来发展方向。

（三）EVA 绩效评价其他相关指标

1. 修正的经济增加值

从理论上讲，在计算 *EVA* 的过程中，资产净额应使用资产的市场价值，因此产生了修正的经济增加值（REVA），计算公式为

$$REVA_t = NOPAT_t - K_W \times MV_{t-1}$$

其中，$NOPAT_t$ 表示 t 时期公司的税后净营业利润；MV_{t-1} 表示 $t-1$ 期的期末公司资产的市场总价值，在数值上等于公司所有者权益的市场价值加上负债价值。

根据该指标，企业用以产生盈利的资金价值总量与其市场价格相当。因此，投资人可以在任意会计年度初期，按市价卖出企业，并将所得的盈利投入与其具有同等风险的负债，以获取与其加权平均资本成本相当的收益率。如果投资人不能及时将其投入资产变现，他们将无法获得投资回报，因为加权资本成本将高于期末盈利。因此，投资人应尽快变现投资资产，以获得期望的回报，而不是等待投资回报。

2. 市场增加值

市场增加值（Market Value Added，MVA）是斯图尔特提出的一个重要技术指标，它可以准确地反映公司股东的利益和损失。因此，对那些注重所有者资本的企业而言，实现 MVA 是其主要任务。MVA 是一种衡量企业资本市场利益与过去若干年投资总额之差的技术指标，可以通过计算股权和负债的账面价值来确定。其中，股权是根据当日的市场价格计算出来的，负债则是根据账面价值计算出来的。MVA 是一种绝对数技术指标，可以用来对比不同规模的企业，可通过市场增加值附加率（MVAR）来衡量。公司的 MVA 值越大，表示公司为股东创造的价值越大；反之，则表示股东利益可能存在损失。

作为一种有效的股东利益衡量工具，MVA 可帮助企业及时评估和调整经营策略，以提高股东价值。*MVAR* 的计算公式为

$$MVAR=\frac{\text{市场增加值}}{\text{净资产总值}}$$

这是一种可以比较不同企业市场认可度的可比性指标，也是一种能够比较客观公正地评估经营者的指标。斯图尔特对 EVA 和 MVA 之间的关系做了大量的经验性研究。它从 1000 家公司业绩榜的数据中发现，在统计意义上，EVA 对一家公司 MVA 的变动“解释”了 50%，再没有其他业绩度量指标能够这么好地解释变动了。如果企业能够持续增长，那么它的市值就会增加，这意味着它的市场价值也会提高。

MVA 是一种评估财富创造的指标，通过比较所有者的投入成本与出售公司股票所获利润之间的差异衡量企业财富的累积总量，并评估资本市场对管理者在使用有限资金方面的效果。此外，MVA 可以反映预期的长期收益，以帮助企业评估其长期定位是否合理。

第五节　基于战略的绩效评价

一、企业战略绩效评价的概念与特点

（一）战略与战略绩效评价的概念

“战略”一词源于古代兵法，本为军事术语，受 20 世纪 60 年代经济学家安索夫《企业战略论》一书影响，广泛应用于经济管理领域。企业战略是对企业长远发展的思考和决策的体现，指引着企业总体目标、发展趋势和经营模式，是重要的指导思想和行动计划，也是公司获得成功的关键。

“战略绩效评价”是一种以战略为导向的管理体系，能够动态地评估公司绩效，协助管理者决策。它结合财务指标和非财务指标，及时提供反馈信息，不仅是一个绩效评价系统，更是一种战略管理工具。

（二）企业战略绩效评价的特点

企业战略绩效评价具有以下五个特点：

第一，注重对企业可持续发展能力的评价。传统的绩效评价过度关注短期的发展结果，容易让企业管理者满足于短期利益，无法为企业提供有效的行动指导；战略绩效评价反映企业的长远发展潜力，能够预测未来趋势，从而提供更有效的应对策略。

第二，注重对企业内部经营过程的评价。传统的绩效评价常常忽略那些无法直接计量的非财务指标，而单纯依赖经营结果已不能在激烈的市场竞争中立足；战略绩效评价注重对经营过程的评价，能够满足顾客需求，优于仅关注经营结果的传统绩效评价。

第三，重视与外部相关利益主体的关系。随着信息化时代的到来，企业必须采取更加先进的投资策略，以提升竞争力，改善客户关系。企业战略绩效评价不仅关注企业内部经营管理过程，还将重点放在企业外部相关利益主体的发展上，以期获得客户的认可、股东的满意、政府的支持及公众的赞誉等。

第四，重视财务指标和非财务指标相结合。传统的绩效评价指标缺乏实时性和可操作性，很难及时发现和纠正公司的不良行为；战略绩效评价注重财务指标和非财务指标的结合，如关注生产回修率、质量级别、职工专业能力、客户满意等指标，以期获得全面而客观的评价。

第五，战略绩效评价是一个动态评价系统。传统的绩效评价反映过去一段时间内企业的经营业绩，因而是静态的评价。战略绩效评价将企业战略、具体行动和绩效评价不断组合，是个动态的过程。战略通过具体行动来实施；绩效评价指导战略的实施，并结合实际效果调整战略和计划，从而可以提高企业员工的工作质量。

二、企业战略绩效评价模型

20 世纪 80 年代，美国管理会计委员会从财务效益的角度发布了《计量企业业绩说明书》，提出了八项计量企业经营绩效的指标，即净收益、每股盈余、现金流量、投资报酬率、剩余收益、市场价值、经济收益、调整通货膨胀后的业绩。如今，以企业战略为核心的绩效评价体系已经成为专家学者和有关部门的重要研究课题。其中，平衡计分卡和绩效三棱镜是最具代表性的评价方法。

（一）平衡计分卡模型

1992 年，卡普兰和诺顿创造了平衡计分卡，提供了一种全新的价值创造战略，从而大大改善了传统的财务管理手段，使绩效管理更加有效。当然，平衡计分卡也存在一些缺陷，如需要从四个层面（财务、顾客、内部流程、学习与成长）思考战略目标，成本很高。因此，我们在采用平衡计分卡时，应该采取更加有效的措施降低成本，提高绩效实现的效果。平衡计分卡的内容在本书中独立成章介绍，此处省略。

（二）绩效三棱镜模型

2002 年，尼利提出了绩效三棱镜模型，如图 6-2 所示。该模型的衡量指标不局限于财务指标，也不强调在财务指标之外使用非财务指标。

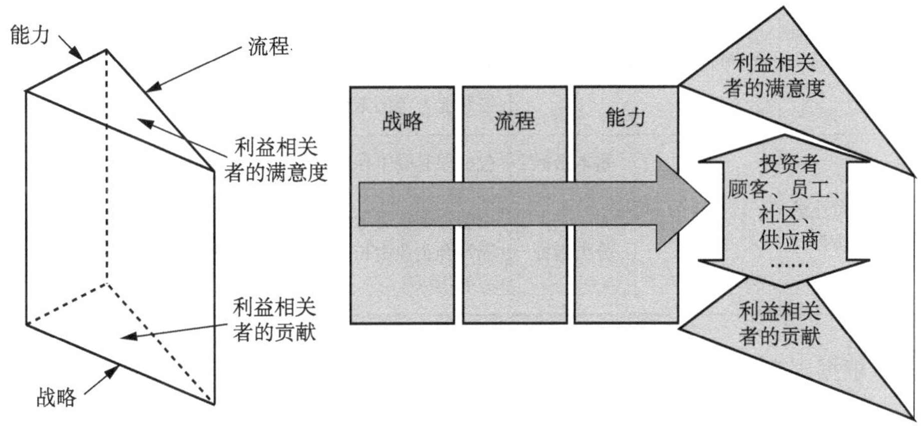

图 6-2　绩效三棱镜模型

尽管采用绩效三棱镜模型可以达到最佳效果，但在实际操作中仍面临一系列棘手的问题：测量非财务指标困难且准确性不足，指标与非指标的平衡和匹配存在困难，设定经营者报酬可能破坏非财务绩效与高管薪酬之间的平衡，过多的绩效模型指标会分散管理人员的注意力，过度强调现实情况可能忽视变化等。

随着时代的进步，绩效评价指标体系已从单一的财务指标转变为兼顾相关利益，甚至考虑人类子孙和非人类利益，以评价企业绩效，促进经济社会健康发展。但同时，当前的非经济指标忽视了环境保护和责任，没有从全面的、动态的、综合的视角去分析，不能充分体现可持续发展的思想，也不能充分体现在国民经济、社会效益等领域创造价值的能力和持续时间。

（三）中央企业负责人经营业绩考核办法

2003 年 11 月 25 日，国资委颁布了《中央企业负责人经营业绩考核暂行办法》，并分别于 2006 年、2009 年、2012 年进行了修改。《中央企业负责人经营业绩考核办法》已于 2018 年 12 月 14 日审议通过，并从 2019 年 4 月 1 日起施行，国资委主要依据年度和任期经营业绩考核结果对中央企业负责人实施奖惩，进行评价主要依据的指标等见表 6–2。

表 6–2 《中央企业负责人经营业绩考核办法》中的指标分类及说明

指标	考核期	分类	说明
年度经营业绩考核指标	以公历年为考核期	基本指标	包括利润总额和经济增加值
		分类指标	由国资委根据企业所处行业特点和功能定位，针对企业管理“短板”，综合考虑企业经营管理水平及风险控制能力等因素确定
任期经营业绩考核指标	以 3 年为考核期	基本指标	包括国有资本保值增值率和总资产周转率
		分类指标	由国资委综合考虑企业所处行业特点和功能定位，选择符合企业中长期发展战略、可以反映可持续发展能力的指标

根据国有资本的战略定位和发展目标，国资委针对不同功能和类别的企业，为了突出不同考核重点，实施了分类和差异化考核。例如：对主业处于充分竞争行业和领域的商业类企业，以质量效益为重点，年度主要考核净利润和经济增加值，任期主要考核国有资本保值增值率；对主业处于关系国家安全、国民经济命脉的重要行业和关键领域，主要承担重大专项任务的商业类企业，在保证合理回报和国有资本保值增值的基础上，重点加强对其服务国家战略和重大专项任务的情况进行考核等。

（四）中央企业综合绩效评价体系

2006 年 4 月 7 日，国资委发布了《中央企业综合绩效评价管理暂行办法》，明确规定，中央企业全面绩效评价由财务绩效定量评价和管理绩效定性评价两部分内容构成，见表 6–3。

表 6-3　中央企业全面绩效评价指标体系

<table>
<tr><th rowspan="2">评价内容</th><th rowspan="2">权数（%）</th><th colspan="4">财务绩效（70%）</th><th colspan="2">管理绩效（30%）</th></tr>
<tr><th>基本指标</th><th>权数（%）</th><th>修正指标</th><th>权数（%）</th><th>评议指标</th><th>权数（%）</th></tr>
<tr><td>盈利能力</td><td>34</td><td>净资产收益率
总资产报酬率</td><td>20
14</td><td>销售（营业）利润率
盈余现金保障倍数
成本费用利润率
资本收益率</td><td>10
9
8
7</td><td rowspan="4">战略管理
发展创新
经营决策
风险控制
基础管理
人力资源
行业影响
社会贡献</td><td rowspan="4">18
15
16
13
14
8
8
8</td></tr>
<tr><td>资产质量</td><td>22</td><td>总资产周转率
应收账款周转率</td><td>10
12</td><td>不良资产比率
流动资产周转率
资产现金回收率</td><td>9
7
6</td></tr>
<tr><td>债务风险</td><td>22</td><td>资产负债表
已获利息倍数</td><td>12
10</td><td>速动比率
现金流动负债率
带息负债比率
或有负债比率</td><td>6
6
5
5</td></tr>
<tr><td>经营增长</td><td>22</td><td>销售（营业）增长率
资本保值增长率</td><td>12
10</td><td>销售利润增长率
总资产增长率
技术投入比率</td><td>10
7
5</td></tr>
</table>

（五）三重绩效评价模型

为了反映企业的全面绩效，温素彬借三重底线概念提出了企业的三重绩效评价模型（如图 6-3 所示），即公司应当以“多重资产”为基础，设置“多重价值”目标，以“双碳”为指导，努力实现经济效益、环境保护等的和谐发展，为全体利益相关者提供持续的经济价值。其中，生态绩效用于评价公司在维护和促进生态平衡方面的贡献和影响，社会绩效则用于评价公司在履行社会责任方面的能力和影响。

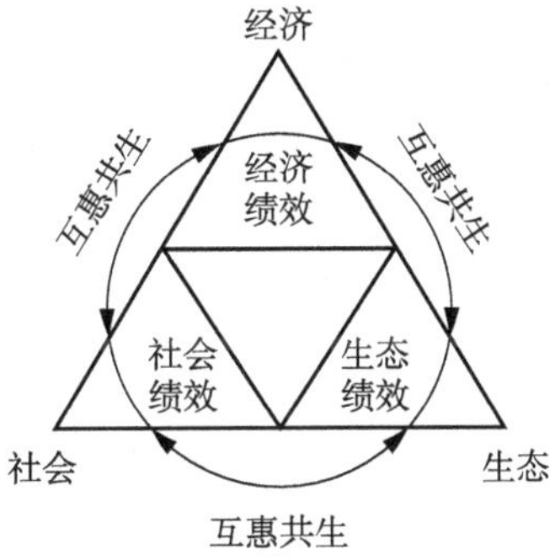

图 6-3　三重绩效评价模型

（六）共生战略绩效时钟模型

徐光华基于公司共同发展原则创立了共生战略绩效时钟模型（如图 6-4 所示），该模型通过全面考虑企业社会责任因素，构建了一个综合的公司共同发展经营战略绩效评价体系，包含财务绩效、经营绩效、社会绩效三大层面，以期实现企业可持续发展的目标。

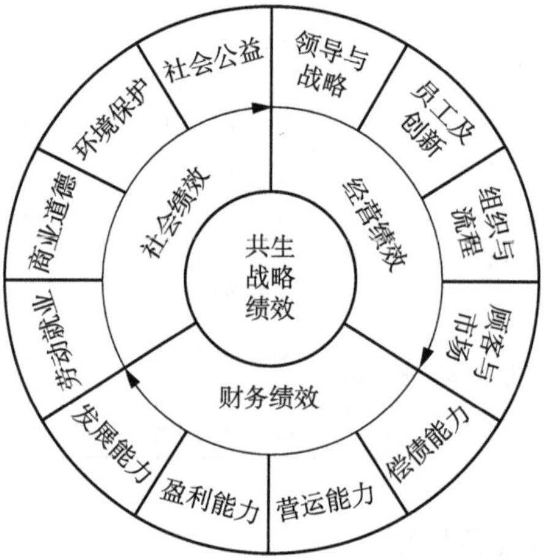

图 6-4 共生战略绩效时钟模型

三、绩效三棱镜模型的设计与实施

（一）绩效三棱镜模型的设计

绩效的第一个方面是利益相关者的满意度。绩效三棱镜理论认为，绩效评价的基础不应仅局限于“这个组织的战略是什么”，而应深入了解组织的主要利益相关者，以及他们的愿望和需求。

绩效的第二个方面是利益相关者的贡献，即组织能够从利益相关者那里获得什么来培育核心能力。

绩效的第三个方面是战略。应考虑以下几个问题：管理者应采取何种策略，才能既符合利益相关者的要求，又符合公司的要求？这些策略有没有真正执行？企业内部的策略是怎样协调的？怎样才能促进策略的执行？怎样评估策略执行的效果？

绩效的第四个方面是流程。流程是一个能够让组织运作起来，关于做什么、在哪里做、何时做以及怎样做的过程。组织需要什么样的流程才能执行其战略？

绩效的第五个方面是能力。根据绩效三棱镜理论，流程本身并不是一个有效的过程，其实施还需要人员的能力、物质基础设施和相关技术。企业需要培养哪些能力来顺利地运行流程？

这五个方面就是绩效评价中真正复杂的内容，如图 6-5 所示。

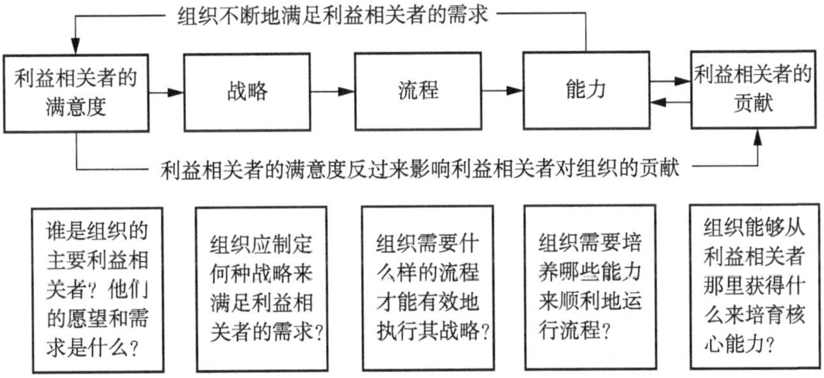

图 6-5　绩效三棱镜模型的设计

1. 利益相关者的满意度

充分考虑各利益相关方对企业的要求，是绩效三棱镜模型的起点。要想与各利益相关方保持良好的关系，企业必须充分了解各利益相关方的需求，见表 6-4。

表 6-4　绩效三棱镜模型之利益相关者的满意度

利益相关者	利益相关者的满意度
投资者	利润、奖金、数据和忠实
顾客和中间商	快速、恰当、便宜和容易
员工和工会	意图、关心、技能和报酬
供应商和合作伙伴	利益、增长、建议和信任
定规者	合法、公平、安全和真实
社区	工作、忠诚、正直和财富

2. 利益相关者的贡献

每一个利益相关者都是以社会交换理论和公平理论为基础与企业建立互惠互利的关系。利益相关者想要从企业得到好处，就必须对企业作出一些贡献，见表 6-5。

表 6-5　绩效三棱镜模型之利益相关者的贡献

利益相关者	利益相关者的贡献
投资者	资金、信用、风险和支持
顾客和中间商	利润、增长、意见和信任
员工和工会	手、心、思想和声音
供应商和合作伙伴	快速、准确、便宜和方便
定规者	规则、原因、明确和意见
社区	形象、技能、服务和支持

3. 战略

与之前的绩效评价体系相比，绩效三棱镜模型设计的理念是使组织更好地在各利益相关者之间分配价值。在该模型的具体设计中，企业应考虑多个层面，包括综合策略、行业规划、品牌战略、产品和服务质量、经营策略等。首先，要确保企业管理者可以清楚地知道所采取的策略已经获得了有效实施；其次，要有能力在机构内部协调和实施策略；再次，要鼓励策略的实施；最后，要对数据进行分析，以检验策略的实施情况。

4. 流程

流程是按照一定顺序进行工作的过程。业务流程是一系列活动，旨在满足用户需求，通过采购原材料和生产服务，达到用户的期望。业务流程是改善公司业绩最强大的驱动力，它决定了质量、效率、周期，以及产品和服务的成本。随着全球经济一体化进程加快，企业面临更多的不确定性，需要向快速反应和灵活运营转型。因此，业务流程的“过程性”“创新性”等越来越受到人们的重视。一个组织的流程与其策略的不一致经常是导致策略失效的主要原因。1993 年，哈默和詹姆斯创立了一个全新的商业再造，即对公司的流程实行全方位的再次规划，以提高经济效益、提升质量水平、改善服务和提升运营效率，从而取得显著的业绩改善。

绩效三棱镜模型将改善企业的核心业务流程。安迪·尼利等认为，从开发产品和服务、产生需求、满足需求、设计和管理企业等方面出发，流程的测量可以分为五个方面：质量（连贯性、可靠性、一致性、精确性、可信任性）、数量（容量、生产量、完整度）、时间（速度、交付期、有效性、快捷度、适时性、进度）、使用的容易程度（弹性、便利、可到达性、清楚、支持性）和货币（成本、价格、价值）。

5. 能力

特纳和克劳福德提出了中小企业应具备的行为能力，即有效的管理、有效的人力资源、有效的激励、有效的协同机构、有效的沟通方式、有效的承诺方式、有效的探索方式、有效的发展机制、信息系统/程序建设和有效的选择管理。齐庆祝和杜纲将中小企业管理能力划分为三个层次：资源与基本层次，包含领导人员控制、资源保障、组织学习、内部协同等；业务与技术层次，包含信息技术研发、产品制造、业务整合、流程再造等；市场与盈利层次，包含产品竞争力、市场营销能力、市场反应能力、客户管理技能等。这三个层次的能力构成了公司的核心竞争力，为公司的发展奠定了坚实的基础。企业能力与各个层次的关系表现为各个能力层次要素之间的物质、能量、信息交换。安迪・尼利等提出，能力是一个组织的核心特征，体现了组织在不同运作方式下如何利用人力、技术和基础结构等为其利益相关者创造价值。绩效三棱镜的测量方法，能够帮助管理者对企业的能力进行评估，确定企业的能力是否与流程相匹配，是不是有竞争力、有特色的能力（核心能力），重点识别和评价能力的动态性（企业内部流程对环境变化的动态适应能力）。

（二）绩效三棱镜模型的实施

绩效三棱镜模型的实施有四个基本步骤：

第一，绩效测量指标的设计，即要明确衡量的内容并定义衡量指标。

第二，为实施绩效测量系统做准备。这包括规划如何获取所需的数据，建立绩效测量系统，并对数据进行处理和分析，以及克服可能存在的文化偏见等。

第三，使用绩效测量指标进行管理。这意味着要通过测量数据来了解企业内部的情况，并采取相应的管理措施。通过绩效测量指标，可以获得组织各方面绩效的详细信息。

第四，确保绩效测量系统的持续改进和完善。这意味着需要不断更新和改进绩效测量系统，以确保评估的准确性和可靠性。

要实现绩效测量系统的持续改进，应考虑以下四个方面：一是定期评估。定期对绩效测量系统进行评估是非常重要的。可以通过审查测量指标的有效性、评估方法的合理性以及数据收集和分析的流程等来进行评估。根据评估结果，可以识别改进的机会和需求，并进行相应的调整。二是反馈机制。建立反馈机制，可以帮助我们收集来自关键利益相关者的意见和建议。关键利益相关者包括员工、管理层、客户和合作伙伴等。通过听取不同意见，我们可以获得更全面的视角，并在改进绩效测量系统时加以考虑。三是技术更新。利用新技术，可以提高绩效测量系统的效率和准确性。例如，采用数据分析工具、自动化数据收集和报告系统等。通过引入与时俱进的技术，我们可以提高数据质量、减少手动操作的错误，并缩短对数据进行处理和分析的时间。四是学习和发展。学习和发展是确保绩效测量系统持续改进的关键。我们可以关注行业的最佳实践、学术研究以及其他组织的成功经验，通过学习和借鉴他人的经验，不断完善和优化自己的绩效测量系统。

综上所述，确保绩效测量系统的持续改进和完善是关乎其有效性和可靠性的重要一环。通过定期评估、反馈机制、技术更新、学习和发展，可以不断提升绩效测量系统的质量，并确保其与组织需求和目标一致。

绩效三棱镜模型的基本步骤如图 6-6 所示。

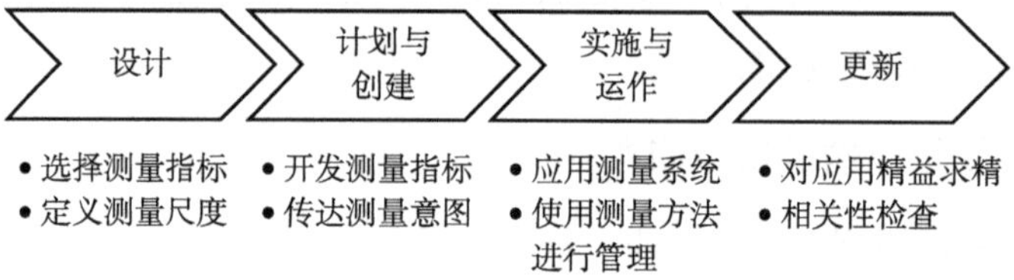

图 6-6 绩效三棱镜模型的基本步骤

在测量系统的设计阶段，应特别重视对测量指标的定义和质量测试。在进行测量指标的定义时，需要仔细考虑哪些内容是真正需要进行度量的。为了实现预期的效果并正确地指导行动，应当进行精确而谨慎的测量指标设计。这样做可以确保我们获得准确的数据和信息，从而更好地评估绩效并作出科学的决策。可以用测量定义模板来解答测量的目的是什么、由谁来测量、他们会做什么、目标是什么等一系列问题。测量定义模板见表 6-6。

表 6-6 测量定义模板

项目	内容
测量方法	
测量的目的	
相关性	
测量尺度	
目标	
频率	
数据来源	
由谁来测量	
谁按照数据行动	
他们将会做什么	
备注/评论	

在对测量指标进行质量测试时，需要考虑设计的测量指标是不是合适的测量指标。质量测试主要包括 10 项内容，见表 6-7。

表 6-7 质量测试的内容及目的

序号	测试内容	测试目的
1	真实性	我们真的在测量我们打算测量的指标吗
2	焦点性	我们仅仅在测量我们打算测量的指标吗
3	相关性	对于我们想要观察的绩效因素，这是一项合适的测量指标吗
4	一致性	不管由谁来测量，总是以相同的方式收集数据吗
5	可行性	定位和捕捉测量所需要的数据容易吗
6	明确性	解释结果时存在含糊不清的情况吗
7	行动性	能够按照报告数据采取行动吗
8	适度性	能够迅速并经常获取数据吗
9	成本	测量指标与测量成本匹配吗
10	对策	该测量指标鼓励不期望的或不适当的行为吗

在计划与创建阶段，必须克服与引进新的绩效测量系统相关的困难，尽可能获取相关数据，并将这些数据提供给利益相关者。计划的具体实施如图 6-7 所示。

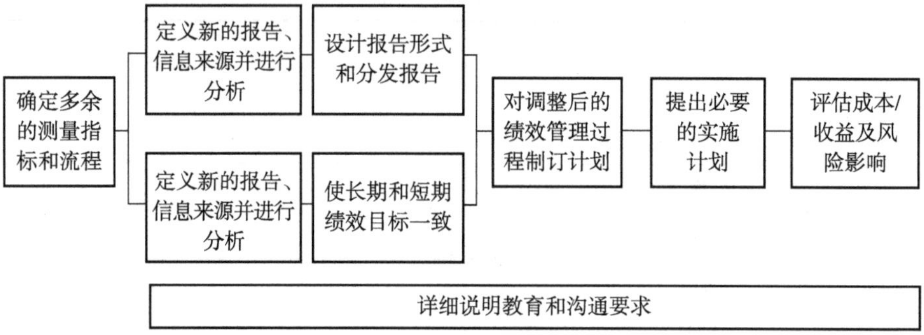

图 6-7 计划的具体实施

四、共生模式

（一）共生理论

1879 年，德贝里首次明确提出“共生”（Symbiosis）一词。随后，许多生物学家进行了深入研究，明确提出共存、互利共存、寄生等观点，为共同发展研究带来了新的视角，这对社会发展具有深远的意义。

企业是现代社会经济生活中最基本的组织，它的和谐发展对整个社会的和谐发挥着重要作用。若一味追求短期的经济利益，可能会忽视企业伦理，造成社会责任的缺失。随着中国市场的蓬勃发展，传统的绩效评价系统已经无法满足现代企业的需求。因此，需要引入“企业社会责任”（Corporate Social Responsibility，CSR）的概念，并建立“企业共生战略绩效评价模式”，以促进企业与社会的和谐共处，推动中小企业的持续发展，体现中小企业的社会职能。企业共生战略绩效评价模式强调企业的绩效评价不应局限于经济层面，还应考虑社会和环境层面。这种评价模式旨在通过将社会责任纳入企业经营战略和绩效评价体系，使企业在谋求自身利益的同时，关注和平衡利益相关方的诉求。

（二）企业社会责任

企业社会责任是一种重要的管理理念，强调企业不仅应承担经济权责，还要承担职业道德权责。这一理念要求管理人员在满足内外部各种人性需求的同时，也要履行道德义务。在《商人的社会责任》一书中，CSR 被明确定义为商人在遵守经济社会蓬勃发展总体目标和人类社会经济价值的前提下，采取的实现整体经济社会利益最大化的有效行为。社会责任国际组织提出了一个广受欢迎的观点：企业的社会责任不仅要求公司为股东创造财富，还要求公司对整体社会负责，包括坚守商界道义、维护劳动权利、注重环保、发展公益事业、捐助公益、照顾弱势等。

（三）三大模块

在全面考虑企业社会责任战略目标的基础上，企业绩效评价应考虑实现财务目标与非财务目标、过程目标与结果目标、企业发展与社会责任的有机结合，以及实现共生性、战略相关性和平衡性。该模型包括三个主要方面：经营绩效、财务绩效和社会绩效。

经营绩效是企业发展的基础，由四部分组成，即领导与战略、员工及创新、组织与流程、顾客与市场。这四个部分是企业战略绩效评估体系的重要组成部分，也是企业发展的内驱力。

财务绩效是公司战略绩效评价体系的关键组成部分，反映公司的偿债能力、营运能力、盈利能力和发展能力，也是推动企业发展的重要动力。

社会绩效是企业评价系统的最终环节，包括劳动就业、商业道德、环境保护和社会公益。社会绩效表现将直接影响企业下一经营周期的业绩。

经营绩效、财务绩效与社会绩效共同组成了“绩效链”，是一个闭合循环，即共生战略绩效时钟模型（见图 6-4）。随着时间的流逝，该绩效链每循环一次，企业的经营业绩就会提高一些，从而形成一种良性的、可持续的、共生的发展模式。

第六节　相关理论前沿

国内外学者在评估企业绩效方面采用了多种方法，包括层次分析法（AHP）、模糊层次分析法（FAHP）、灰色关联分析法（CSDN）、因子分析法、主成分分析法（PCA）、经济增加值、平衡计分卡（BSC）等。例如，采用 AHP 法，结合财务绩效评价指标体系，对研究对象进行绩效评价（张文耀，2009；Zhang et al.，2012）；利用模糊层次分析法（FAHP）和优劣解距离法（TOPSIS）等，对各银行的绩效水平进行排序与分析（Mandic et al.，2014）；用 CSDN 创造了对多种指标进行综合决策的混合决策方法，并构建了混合决策模型（Wang et al.，2016）；以灰关联熵为基础对经营业绩进行综合评价（Deng et al.，2017）；在因子分析法的使用上，研究对象以并购企业（潘颖 等，2014；张翼 等，2015；刘畅 等，2017；崔晓杨 等，2017）为主，包括体育上市公司（Gong，2017）、汽车制造业上市公司（王全在，2017）等，找到关键问题的成因及相应的对策，有助于促进业绩提高。

当然，在诸多绩效评价方法中，学术界对于EVA和BSC的研究和拓展相对较为丰富。

在EVA方面，Shen Changfu（2019）通过对经济增加值进行分析对比，初步建立了一套适合我国高科技企业的绩效评价体系；邓小军等（2019）通过不同的评估模型，运用不同的资本成本加权平均，得出更为真实的业绩；袁晓玲等（2020）则对经营绩效值进行分地区、分规模、分行业以及挂牌前后的比较，并进一步以异质性为切入点，深入探讨不同行业、不同规模、不同地区企业经营绩效水平的主要影响因素。但是，通过文献梳理我们也发现，近三年学者对EVA的研究热情逐年降低，尽管有少量研究对高校、白酒、互联网等进行了案例研究，但大部分研究对象集中在央企和国企。近年来，企业并购方面的研究颇为丰富，研究重点是企业并购后的协同效应，即企业并购后的财务状况和绩效增长。在实证研究上，学者多放眼于公司治理方面，研究上市公司EVA与内部控制（池国华，2022）、高管激励（肖永慧，2020）、盈余管理（何威风，2019）、独立董事（张涛 等，2020）等方面的颇多，主要聚焦EVA对企业薪酬和腐败两个方面的影响。

在BSC方面，有学者建立了以内部供应链为基础的企业绩效评估体系，其核心指标体现了效率、效益、质量、生产力和利润五个方面。Zhao Huiru和Li Nana（2015）对平衡计分卡进行了拓展，增加了可持续发展这一维度，更加精准地反映了企业在减少能源消耗和降低污染物排放等方面的绩效。Cui Congcong等（2018）以企业低碳供应链为视角建立的环保绩效评价体系，促进了企业向低碳环保方向转型，从而提升了企业的可持续发展能力。从研究对象来看，近几年，国内外学者对平衡计分卡的研究主要集中在高校、医院等领域。通过对某高校或不同类型高校对于BSC的应用研究，可以发现其在高校成本管理、预算管理、绩效评价及风险管理等领域的应用，从而帮助高校实现资源配置的优化及资金使用效率的提升（周瑜琛，2019；董淼，2019；杨维莉，2019；宫景玉，2020；王喆、杨国栋，2021；王春晖 等，2022）。公立医院在财务管理上往往以收支平衡为目标，不重视甚至忽视预算绩效，应建立以公益为导向的现代化医院运营管理评价体系。医院运营信息化建设可以实现医院决策层、财务管理层及业务活动层的有效衔接，满足医院不同层级人员的数据信息要求，使整个医院的运营管理效率得到较大幅度提高（段琛，2019；杨春瑜，2019；高婷，2021；窦剑峰，2022；孙婷婷，2023）。

此外，在绩效评价方法的采用上，学者们也越来越愿意将各类方法进行融合，如 FAHP + CEEMDAN（张振刚 等，2019）、BSC + KPI（孙涛 等，2020）、组合赋权模型+BP 神经网络（姜旭 等，2020）、BSC 与 GEVA 理论融合（陈琳，2023）。

第七节　企业绩效评价案例

一、案例背景

Z 建设集团（简称“Z 公司”）是由国资委直接管理的央企，隶属于全球 500 强企业，是一家集设计、施工、科研、房地产开发于一体的大型综合性企业，年工程总投资达 200 亿元以上。然而，随着资讯科技的进步，其经营范围的迅速扩大也带来了新的挑战。Z 公司设立了一个财务共享服务中心，目的是解决项目分散、区域集中度低、不同核算单位之间通信和交通状况不佳、成本控制压力大等问题，但原本的绩效评价体系已经不再适用。

二、Z 公司绩效评价体系存在的问题

（一）绩效评价方法体系不明

Z 公司财务共享服务中心上线之后，一些绩效评价指标不再适用。尽管 Z 公司已经针对这一问题展开了讨论，但尚未形成一个明确的评价体系，许多规范正处在商讨阶段，绩效评价的操作流程也一直存在一个疑问，即企业应采用何种方式进行绩效评价。因此，企业的当务之急是明确在财务共享服务中心模式下，采用什么样的绩效评价方法可以确保有效运作，实现整体价值的最大化。

（二）绩效评价相关信息缺乏有效整合

Z 公司建立财务共享服务中心的目的之一是把公司各单位所进行的大量重复性与相似性的业务集中起来，避免资源浪费，实现资源的整合利用。Z

公司财务共享服务中心尚处于起步阶段，同类企业中可借鉴的经验较少。对Z公司来说，主要有两个迫切需要解决的问题：一是缺乏一个能够有效整合绩效信息的平台，二是需要相关数据的支撑。

财务共享服务中心的运作建立在对企业各业务单位流程资源进行整合的基础上，一般情况下，可将其设置在集团总部，而集团旗下的子公司则需要建立一个远程服务操作系统，以将数据及时准确地传递到财务共享服务中心并提供必要的支持，这使得远程操作系统是否与本地协同成为需要重点关注的问题。现在，Z公司的远程维修信息系统已扩展到了各个重要的分公司，初始信息来源地的分散不可避免地会使一部分重要信息不能及时准确地传递到财务共享服务中心。基于此，如果今后Z公司财务共享服务中心不能有效解决信息系统的建设问题，那么必然会导致企业在信息管理方面的低效率，即不能对业绩评价信息进行有效的整合。

（三）绩效评价落实不到位

Z公司财务共享服务中心通常半年进行一次绩效评估，这种绩效评估模式并没有依据不同岗位的性质和特点进行区别化的评估周期安排。半年的绩效评估周期明显有些长，使得近期的工作绩效很容易影响考评结果，从而无法做到对员工全年的工作进行客观的绩效评价。从整体上看，Z公司财务共享服务中心的业绩评估还未有效落实，没有发挥应有的作用。

三、财务共享服务中心绩效评价体系的构建

首先，利用策略图将Z公司与财务共享服务中心的策略目标分解。其次，将策略目标嵌入平衡计分卡四个维度的分析框架，选择能够体现策略的核心指标并构建相应的评价体系。最后，采用AHP法对指标体系进行赋权，建立Z公司财务共享服务中心的绩效评价体系，如图6-8所示。

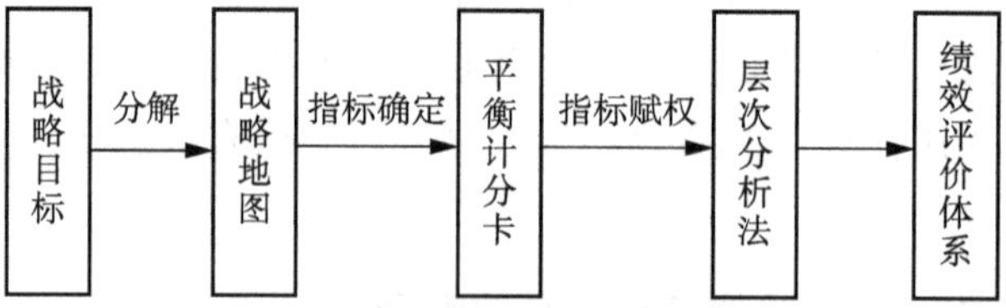

图6-8 绩效评价体系的设计思路

（一）明确公司战略愿景

平衡计分卡将经营单位的愿景和战略转变为特定的目标和指标。我们可以从Z公司和财务共享服务中心的愿景、使命和战略出发，选取能够有效反映战略的指标，对评价体系进行初步的构建。企业愿景：致力于打造备受尊重和信赖的行业品牌。本阶段实施的战略：国际化经营战略、管理创新和科技创新战略、人才兴企战略。

（二）制定策略

在财务共享服务中心，策略可以概括为三个方面：一是通过降低成本来提高效率；二是强化管理，提升顾客满意度；三是为企业创造价值，提高企业的金融管理水平。

（三）绘制战略地图

战略是一套关于因果的假设。战略地图以平衡计分卡的四个维度目标为基础，通过分析它们之间的关系，形成公司战略的因果关系。例如，单笔业务成本可能是平衡计分卡的财务指标。这一指标的驱动因素可能是消费者对产品的需求上升，因此客户满意度应该得到重视，因为它可以显著降低单笔业务的成本。那么，财务共享服务中心如何提高客户满意度呢？对客户偏好进行分析后可以发现，客户更加重视工程款支付时间指标。因此，缩短工程款支付时间，不仅可以提高顾客的满意度，还能有效改善公司的财务状况。在此基础上，顾客满意度与工程款支付时间均应列入评价指标。同理，通过对因果关系链的分析，可以得到Z公司在运用平衡计分卡时如何把数个计分卡指标同单独一项战略相联系，如图6-9所示。

（四）构建绩效评价指标体系

结合图6-9，将公司与财务共享服务中心愿景相结合，在指标选择的原则和财务共享服务中心的现实基础上，通过对有关文献的阅读和与有关领域专家进行讨论，形成Z公司财务共享服务中心绩效评价指标体系（见表6-8），其中，一级指标有4个，二级指标有15个。

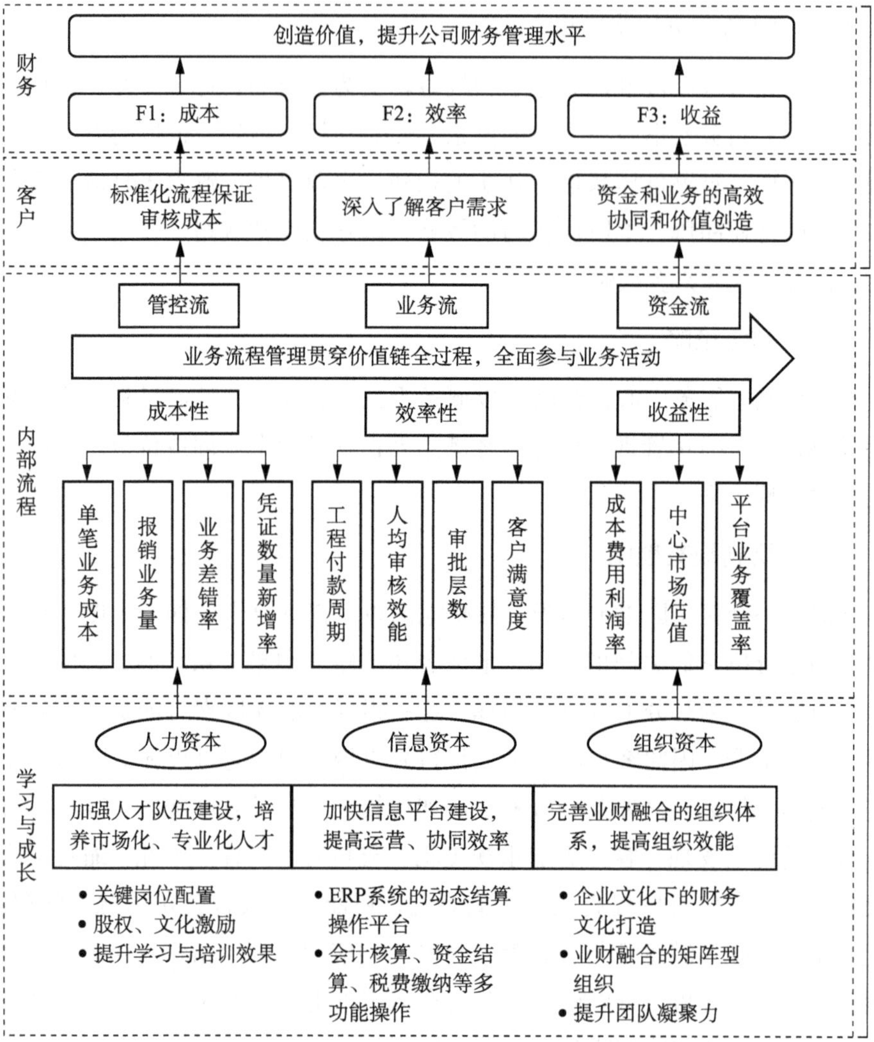

图 6-9　Z 公司财务共享服务中心绩效评价战略

表 6-8　Z 公司财务共享服务中心绩效评价指标体系

综合指标	一级指标	二级指标
财务共享服务中心绩效 A	财务维度 B1	中心市场估值 C11
		成本费用利润率 C12
		单笔业务成本 C13

续表

综合指标	一级指标	二级指标
财务共享服务中心绩效 A	客户维度 B2	报销业务量 C21
		工程款支付时间 C22
		顾客满意度 C23
		共享平台业务覆盖率 C24
	内部流程维度 B3	凭证数量新增率 C31
		审批层数 C32
		人均审核效能 C33
		业务差错率 C34
	学习与成长维度 B4	员工人均收入 C41
		培训目标完成率 C42
		关键员工流失率 C43
		流程改进意见采纳率 C44

（五）确定指标权重

为了实现权重赋值，在个案中利用 AHP 法决定指标的权重。我们对 20 名财务共享服务领域的教授、学者和一线工作人员进行了问卷调查，并对回收的有效问卷进行了处理，对各层面指标数据进行了汇总并排序，结果见表 6-9。

表 6-9　权重分配

一级指标	权重	二级指标	相对权重	组合权重
财务维度 B1	0.228	中心市场估值 C11	0.280	0.064
		成本费用利润率 C12	0.327	0.074
		单笔业务成本 C13	0.393	0.090
客户维度 B2	0.311	报销业务量 C21	0.238	0.074
		工程款支付时间 C22	0.270	0.084
		顾客满意度 C23	0.294	0.091
		共享平台业务覆盖率 C24	0.198	0.062

续表

一级指标	权重	二级指标	相对权重	组合权重
内部流程维度 B3	0.271	凭证数量新增率 C31	0.266	0.072
		审批层数 C32	0.170	0.046
		人均审核效能 C33	0.352	0.095
		业务差错率 C34	0.212	0.057
学习与成长维度 B4	0.190	员工人均收入 C41	0.232	0.044
		培训目标完成率 C42	0.290	0.055
		关键员工流失率 C43	0.190	0.036
		流程改进意见采纳率 C44	0.287	0.055

由此，企业可以对自身绩效进行全方位的评价。

思考及讨论题

1. 如何理解战略地图在整个绩效评价中的作用？

2. 试分析不同时期的公司绩效评价体系有何异同。

3. 在前文案例中，Z 公司平衡计分卡的学习与成长维度最重要的指标是什么？请结合当下人工智能技术的发展提出建议。

4. 请选定一家上市公司，结合企业战略目标及行业背景分析能否对其绩效评价方法进行创新。

5. 对比分析各绩效评价模型的特征，并说明它们适用的企业类型。

07 第七章 平衡计分卡

第一节　平衡计分卡概述

一、传统财务绩效评价模式的缺陷

财务绩效评价模式具有阶段性特征，其演变遵循了基本的由低级到高级、由简单到复杂的过程：从绝对值指标（如利润）到相对比率指标（如净资产收益率），从单一维度评价（如经济增加值）到多维度评价（如中央企业综合绩效评价体系），从定量评价到定性定量相结合的评价，充分阐释了财务绩效评价模式需与新的经济发展阶段、企业生产经营特征、企业所处经济环境相匹配。当前，企业组织更注重战略管理，从战略管理的视角构建新的与现代企业组织战略管理需求契合的业绩评价模型或业绩评价体系是亟待解决的问题。

传统财务绩效评价模式存在以下三个缺陷。

（一）传统财务绩效评价模式具有片面性

传统的财务绩效评价模式通常以财务指标为主，如利润、销售净利率、净资产收益率、经济增加值等。这些财务指标的计算通常以公司的财务报表为基础，从财务报表中获得的基础数据需要加工，可以反映企业业绩。但是，通过这些财务指标反映的企业业绩并不全面，也不能全面反映企业价值的驱动因素，不利于企业组织的战略管理及战略规划。在现代复杂多变的经济环境中，企业面临的不确定性日益增加，拥有相对竞争优势成为必须，也需要更加全面及多维度的绩效评价方法。除了财务指标，企业还应关注非财务指标。在传统财务绩效评价模式下，新产品开发、市场扩张、企业创新、顾客满意度等对企业价值提升有明显作用的因素均未纳入绩效评价体系。单纯依赖传统的财务指标会导致对企业绩效评价的片面性，也会误导企业管理层过度关注短期利益，而忽略企业的长远和可持续发展。

（二）传统财务绩效评价模式不利于长期战略管理

传统财务绩效评价模式以财务数据为核心进行评价，侧重于对企业过去的业绩进行短期评价，但是现代企业注重战略管理及战略规划，强调企业现在及未来竞争优势的获得及长远的绩效评价，因此传统财务绩效评价模式与现代企业的战略管理需求相悖。

从激励管理行为的效果分析，过去的产品生命周期普遍较长，管理者在岗时间也较长。如今企业技术及创新迅猛发展，产品迭代的周期变短，需要持续进行研发。企业管理者在面临市场、产品等方面的压力时，仍有晋升等需求，因此会通过绩效评价体系来证明其为企业带来的绩效。在传统财务绩效评价模式下，管理者通过减少即期开支（如材料、人工等）来提升企业绩效，但这对企业绩效的提升作用是有限的。因此，管理者通常通过调整信息技术系统、研发、营销、组织变革计划等方面的成本，以及调整与供应商、客户甚至竞争对手的关系（这些对其未来发展至关重要）来提高短期财务业绩。显然，在此种情况下，管理者更倾向于牺牲公司的长期业绩和未来发展，以换取企业短期业绩的提升。因此，传统财务绩效评价模式在实现长期激励方面具有较大的局限性。

（三）传统财务绩效评价模式不注重对无形资产及人力资本等的评价

早期的企业价值创造主要依赖有形资产和固定资产，即企业拥有的有形固定资产越多，技术壁垒越强，带来的相对竞争优势越大，企业价值越高。现代企业组织形态及生产经营特征发生了较大变化，生产经营中的无形资产、人力资本、技术创新、研发投入等为企业带来了更大的价值。但是，传统财务绩效评价模式并未考虑这些关键的价值驱动因素。

传统财务绩效评价模式存在与现代经营管理不匹配的诸多缺陷。当财务绩效评价模式无法发挥作用时，可能带来负面影响，尤其是当财务绩效评价模式与企业战略管理密切相关时，管理会计带来的负面影响将会变得更加严重。因此，企业组织更需要一种综合性强、准确性高、符合实际情况并支持企业制定和实施战略规划的经营业绩评价体系。

二、平衡计分卡的起源与发展

（一）平衡计分卡的起源

在平衡计分卡被提出之前，企业应用较为广泛的绩效考核方法之一是杜邦分析法，这种方法的关键是将核心指标净资产收益率分解为各比率指标，这些比率指标可以反映企业的偿债能力、运营能力、获利能力等，它们之间的关联性可以反映企业的绩效。杜邦分析法最主要的缺陷在于它是对企业既往的数据进行分析，不能对企业的未来发展进行预测，无法有效支持企业的长远发展。20 世纪 60 年代，美国学者开始关注企业战略问题，并意识到战略规划更注重企业的长远发展，包含财务、市场、产品、客户、员工价值实现等方面的内容。在此情境下，企业需要构建一种综合性的评价体系，以结合战略指标对企业经营情况进行全方位的综合评价。

平衡计分卡是由哈佛商学院教授卡普兰和咨询师诺顿于 1992 年提出的一种较为全面的企业业绩评价模型。平衡计分卡将组织的战略目标分为四个不同的维度，即财务维度、客户维度、内部流程维度和学习与成长维度，通过在每个维度上设定具体的绩效指标，并将其与组织的战略目标相对应，使管理层能够更好地了解组织的绩效表现，并采取必要的措施来优化运营、改进战略并提高整体绩效。传统的财务指标具有滞后性，对于指导和评价企业如何通过投资于客户、供应商、员工、生产程序、技术和创新等来创造未来的价值是不够的。因此，需要在传统财务指标的基础上，增加用于评估企业未来投资价值的具有前瞻性的先行指标，如创新和研发指标、社会责任和可持续发展指标、客户满意度指标等。在现实中，只有少数企业能够有效执行企业战略，根本原因在于企业的执行能力不足，计划与执行无法有效匹配。战略执行失败是由企业执行战略过程中各部门、各流程之间存在的误差造成的。平衡计分卡将“平衡”理念充分体现在了财务、客户、内部流程和学习与成长四个方面，这四个方面存在互相平衡、互为因果的关系，由此成为一个多维度考量企业业绩的评价体系。

卡普兰和诺顿不断丰富和发展平衡计分卡的理论体系，提出了“战略地图”的概念，并拓展了相关内容。平衡计分卡与战略地图相结合，不仅是绩效考核的工具，更是战略制定与战略执行的重要载体。现代意义上的平衡计分卡强调公司战略如何制定、如何具体分解和执行，是一套综合性较强的企业战略管理工具。通过平衡计分卡，企业能更全面、多维度地衡量绩效，将价值驱动因素纳入绩效评价体系，并有效地实施战略计划。

（二）平衡计分卡的发展

平衡计分卡提出并应用以来，逐渐展现出在企业绩效评价方面的优势，在从理论走向实践的应用中逐步被完善，并成为企业战略管理的重要工具。

平衡计分卡的发展经历了以下三个阶段：

（1）平衡计分卡单一发展阶段。这一阶段是平衡计分卡的最初发展阶段。平衡计分卡的概念及构架自 1992 年提出以后，先后综合了十几家龙头企业的绩效管理经验，逐渐被广泛应用于全球企业。此阶段平衡计分卡的特征是关注"如何平衡公司的整体评价体系"，对企业进行综合性的业绩评价，考虑从整体到各层面的有利于企业价值提升的因素。

（2）平衡计分卡与战略地图相结合阶段。平衡计分卡是对企业传统财务绩效评价模式的突破，既包括财务绩效评价因素，也融入了对企业价值驱动起关键作用的非财务绩效评价因素。随着企业战略管理理论的兴起，平衡计分卡进一步与战略地图相结合，弥补了自身在应用性方面的缺陷。战略地图本质上是企业战略的图形化表现，而平衡计分卡是将战略地图的描述以数据表格的形式呈现出来，因此二者之间是形式与内容的关系。

（3）平衡计分卡、战略地图与战略中心组织相结合阶段。卡普兰与诺顿认为，制定战略的目的就是更好地执行战略，企业管理者关注的也是战略执行，以实现战略管理的目标。因此，战略的有效执行就显得十分重要。在实际应用中，企业需要树立以战略为主的整体构建和组织意识，包含战略管控、制度设计和管理职能改造等多个方面。

第二节　平衡计分卡的基本内容

一、平衡计分卡的框架

平衡计分卡是一种采用财务指标和非财务指标全面评价企业绩效的评价体系，将企业的业绩评价和战略目标关联起来，将企业的业绩全貌以指标体系的方式呈现给管理者，全面反映企业战略的实施情况。平衡计分卡的目的是体现企业的战略规划及为达成该战略规划所用的指标。平衡计分卡基本内容及各部分之间的关系如图 7-1 所示。

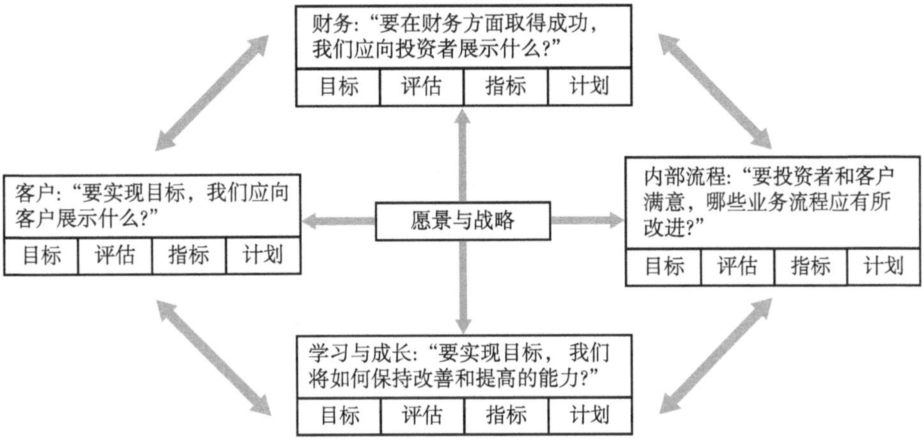

图 7-1 化战略为行动的平衡计分卡框架

资料来源:根据卡普兰所著《平衡计分卡:化战略为行动》整理。

二、财务维度

(一)必要性

财务业绩指标是企业战略实施的重要衡量标准,可以展示企业当期净利润的提高情况。财务目标通常与企业的盈利能力有关,如快速的销售增长或现金流的产生,通常由营业收入、已动用资本回报率或附加经济价值来衡量。财务指标具有综合性和可靠性等特点,是平衡计分卡的核心内容。

然而,对于客户、内部流程、学习与成长等方面的衡量取决于公司对关键成功因素的认知。有时,企业可能对关键成功因素的认知并不准确,导致对非财务指标的选择不够准确。平衡计分卡虽然将企业战略转化为具体的、可评估的指标,但并不能保证战略本身的正确性。如果平衡计分卡的财务表现在一天结束时有所改善,这可能意味着存在问题,公司应该重新定义并评估哪些是成功的关键因素,甚至调整战略规划。因此,企业的财务目标需要与生命周期结合起来,以确保企业的战略目标与实际情况相符。

(二)指标选择

企业的生命周期分为三个阶段:初创阶段、成长阶段和成熟阶段。企业每个生命周期阶段的战略都要考虑三个财务问题,即收入增长和投资组合、降低成本/提高生产率、资产利用/投资战略。企业需要根据所处阶段的特点，针对财务问题筛选恰当的衡量指标。

在初创阶段，企业有较大的发展潜力，会根据战略规划需要投入相当的人力、物力和财力，以实现扩大再生产。因此，在这一阶段，企业的财务目标应侧重于开发市场、增加市场份额及提升销售收入等。在成长阶段，企业要维持市场规模，并将投资与收益保持在良好的水平上。这一阶段的财务目标主要是保持良好的盈利能力，所采用的衡量指标一般是企业销售净利润率等。在成熟阶段，企业已经达到了生产能力最大化，投入少而盈利水平稳定，此时企业财务目标的重心是在利润最大化的基础上使现金流达到最大，衡量指标可选择与现金流相关的比率指标。

结合企业实践经验，财务方面的核心指标主要包括投资报酬率、净资产收益率、经济增加值、息税前利润率、自由现金流量、总资产周转率、企业的收入增长率和收入结构、企业的成本降低率等。

我们对山东家家悦集团的财务维度进行了分析，该企业的战略目标是追求经济利益最大化，财务目标能否实现直接关系到企业战略目标能否实现。企业在财务维度选择指标时，应考虑以下五个方面：第一，净利润是企业的最终经营成果，可以用于衡量企业的经营绩效，净利润越多，则企业获利能力越强。第二，销售毛利率是重要的经营指标之一，反映产品的竞争力和获利能力。第三，客单价可以反映顾客的实际购买力，在客流量一定的情况下，提高客单价可以提高销售收入。第四，收入是驱动企业价值变化的关键指标，销售增长率可以反映收入的增长，也可以反映费用的发生。第五，成本收入比可以反映资本效率，如果利润差额相同，成本收入的比值越低，创造的价值越高。财务层面评价指标见表 7-1。

表 7-1　山东家家悦集团财务层面评价指标

评价指标	指标说明	评价目的
净利润	利润总额-所得税费用	反映企业的经营绩效
销售毛利率	毛利/销售净收入	反映产品的盈利能力
客单价	销售总额/总交易次数	反映顾客购买力的大小
销售增长率	本期销售收入/上期销售收入	衡量企业的经营状况和市场占有能力
成本收入比	运营成本/主营业务收入	反映成本效率

资料来源：孙晓燕．平衡计分卡在山东家家悦集团绩效评价的应用研究［D］．南京：江苏科技大学，2017.

三、客户维度

（一）必要性

客户是企业获取盈利的主要对象，企业盈利一般是通过不断满足客户需求来实现的。在采用平衡计分卡的过程中，企业管理层需要确定竞争的客户并进行市场细分，进而动态监管这些细分领域。此外，企业要准确传达自己的价值主张，吸引和留住目标客户。只有满足客户需求，企业才能获得长远的战略性发展，股东、投资者才能获得长期回报。

（二）指标选择

企业根据不同目标客户的需求进行了具体划分之后，应努力维护老客户、增加新客户，增强客户与企业之间的黏性，提高企业的市场占有率，增加获得利润的机会。

通常，企业采用以下指标衡量客户维度：①市场份额。该指标反映企业在市场中的占有率，可从政府、第三方机构或媒体等处找到量化数据，帮助企业评估自身在市场中的地位，以进一步提高销售增长率。②客户保持率。该指标反映客户对企业的忠诚度。企业的客户保持率可以通过维持现有客户数量或降低老客户流失率来反映。③客户获得率。该指标用于衡量企业吸引新客户的能力。通过新客户占老客户数量的比例，可以衡量企业产品或服务对市场的吸引力和市场的肯定程度。④客户满意度。该指标反映客户对企业产品或服务的满意程度，即企业产品或服务是否符合客户的期望，并有助于提高客户的忠诚度和吸引新客户。⑤客户获利能力。该指标反映企业从客户那里获取利润的能力，用特定期间企业从客户或客户群体获得的利润与销售收入相除的结果进行衡量。企业可以通过调整经营战略，将资金投到能稳定带来利润的客户或潜在客户身上。综上所述，客户维度的核心评估指标对于企业的经营和在市场竞争中获利具有重要意义。通过对这些指标进行综合考量，企业可以更好地了解客户需求，提高市场占有率，并实现持续盈利。

公司战略制定的关键是实现企业在市场中的价值。卡普兰等学者设计的衡量客户成果的指标群涵盖了大多数类型的企业。例如，房地产类企业关于客户维度的战略目标包括两个方面：①在客户满意度方面，房地产企业设定了一定的战略目标，致力于为客户提供质量高、环境好的环保型房屋。通过提供优质的房产产品和关注客户的需求，企业能够增强客户对其产品的认可度和忠诚度，从而增加客户的回头率，并带来更多的口碑宣传，进而提高市场占有率。②提升房产企业的品牌价值是另一个重要的战略目标。通过积极承担社会责任、参与社会公益活动以及树立良好的形象，企业能够提高其品牌知名度，并在竞争激烈的房地产市场脱颖而出，吸引更多潜在客户，并提高客户群体的认同度。房地产企业知名度的提高，有助于吸引更多的投资者和合作伙伴，带来更多的业务拓展机会和资金支持。

四、内部流程维度

（一）必要性

该维度旨在结合企业当前的营运流程及股东的满意程度，进行必要的调整和改善，以匹配财务及客户层面的目标，建立一条能够满足当前并且对未来一定期间具有效用的营运流程价值链。通常企业的内部运营价值链包含创新、经营及售后服务三个方面，通过对市场和客户进行充分调查，创新并设计与其相符的经营流程，并持续更新售后服务流程，可以满足客户和股东的需求。

与传统的财务指标相比，平衡计分卡能够综合反映企业的整个生产经营环境，并且注重对整个生产经营过程的改进，有利于实现企业的长远目标。

（二）内部运营价值链

建立内部业务流程指标，一般需要建立内部运营价值链，如图 7-2 所示。

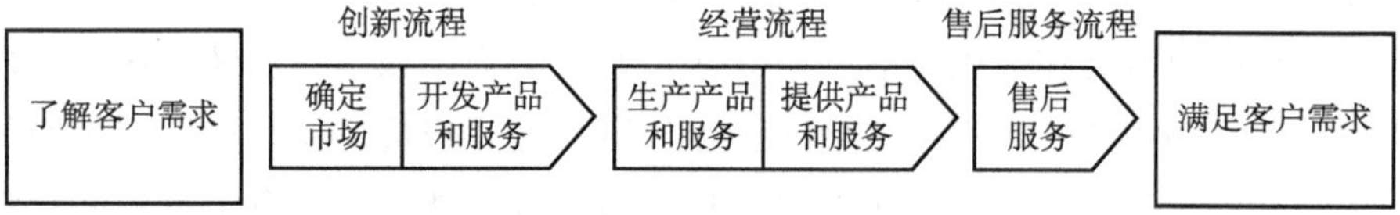

图 7-2　企业内部运营价值链

资料来源：根据卡普兰所著《平衡计分卡：化战略为行动》整理。

企业内部运营价值链由多个相互独立又相互关联的环节组成，每个环节都会在一定程度上影响其他环节。内部流程指标基于各流程的活动来设计。企业为了实现整体运营的最优化，应从整体发展的视角考虑各环节之间的关联性，构建一条完整而有效率的内部价值链。管理者可以站在企业总目标的角度，制定或改善经营流程，实现企业的整体目标。

1. 创新流程

创新流程是价值创造的“长波”，着眼于通过创新手段提供满足现有和潜在顾客期望的产品和服务。经营流程则对应价值创造的“短波”，主要提供现有的产品和服务给客户。在过去的大工业时代，企业的价值链更多聚焦于经营流程。例如，福特、通用等制造企业更关注如何以更快的速度、更低的成本和更稳定的质量去生产更大批量的产品，因此，经营流程价值创造占据了绝对主导地位。然而随着社会的发展和消费者需求的个性化，产品和服务呈现出差异化日益显著的趋势。企业要更好地满足这种需求，创新流程的作用将愈发重要。对于创新周期特别长的行业（如制药、软件、高科技等）来说，一旦产品进入制造阶段，毛利将会相当可观。但是，企业将相当一部分预算用于产品研发，也会导致大幅度降低经营流程成本的空间较为有限。

创新流程包含两个部分：市场规模和客户偏好信息的搜集，以及新产品和服务的开发。企业应努力获取市场规模和客户偏好方面的准确信息，致力于创造新的产品和服务，以赢得更多的市场和机会。创新流程涵盖了基础研究（新产品新服务研发）、应用研究（产品迭代）及新产品上市。衡量创新流程比生产过程更复杂，因为创新流程的投入与产出之间的关系较为间接，且新产品的优势通常需要较长的时间才能显现。衡量创新流程的指标包括：新产品销售额在总销售额中所占的比例、专利产品销售额在总销售额中的比例、新产品在整体市场上的比例、开发新产品所用的时间、开发费用占营业利润的比例、第一次设计出的产品中可全面满足客户要求的产品所占的比例、在投产前对设计进行修改的次数等。

2. 经营流程

经营流程涉及生产并提供产品和服务给现有客户，包括接收客户订单，生产制造，高效率、及时地将产品和服务提供给客户。衡量经营流程的指标包括：经营流程的时间、质量和成本业绩指标，关键产品和服务的业绩特征。

3. 售后服务流程

售后服务流程是指在向客户提供产品或服务以后，为客户提供后续支持和进一步的保障，以提高客户的满意度，包括提供担保、产品维修、退货和付款等手续的处理。此外，售后服务还包括处理由商业信用引起的较长时间的收款工作，以及解决因此而产生的纠纷。在市场竞争中，售后服务通常对客户满意度具有重要影响。售后服务流程常用的衡量指标包括：反应时间

（衡量企业对产品故障的准备程度，即从客户提出要求到问题解决所需的时间）、成本指标（衡量企业对售后服务的重视程度，即使用资源的成本）、一次成功率（衡量多少客户的要求是一个电话而不是数次电话能满足的），开发票和收款过程。例如：万科在内部流程方面做得比较好，他们在分析了自己的企业价值链以后，创造性地提出“产业化住宅”这一理念，通过住宅产业化，大大缩短了产品的研发周期，同时降低了研发和建设成本；在产品研发方面，万科提出“三五二”理念，就是三个月进行展品定位与布局，五个月进行产品设计，两个月作出施工图纸。

五、学习与成长维度

（一）必要性

学习与成长维度是衡量企业内部员工绩效的一个指标层次。员工成长一方面代表企业在宏观环境中的适应能力，另一方面凸显了企业的持续竞争能力。在激烈的市场竞争中，企业能否长期发展主要取决于自身能否动态地适应不断变化的竞争环境。因此，企业需要更新产品、业务或服务，满足客户不断变化的需求，并提高市场占有率。对企业来说，制定学习与成长维度的指标是必须的。学习与成长维度为其他三个维度提供了基础架构，并且能够驱动前三个维度。

（二）衡量指标

学习与成长维度采用的衡量指标主要有员工能力，信息系统能力，激励、授权和协作等。

1. 员工能力

首先，当今企业的生产模式已经从过去的大工业生产时代转向个性化定制和个性化生产时代。大工业生产时代，企业员工主要完成简单的重复性工作，使用体力劳动较多；如今企业实现了生产流程的自动化，并逐步进行数字化、智能化转型，脑力劳动及创意性作业日益增加，持续激发员工的创新能力成为企业获得及保持核心竞争力的关键。其次，在物质丰裕的当今时代，员工对自我价值实现和工作意义的追求变得愈发强烈，这就要求企业对工作流程和业务分工进行更加科学合理的设计，同时由于对员工的能力产生差异化的需求，需要不断对员工进行培训。最后，为了实现平衡计分卡其他三个维度的战略目标，必须对现有流程进行聚焦和创新，这也会催生员工对新职位和新能力的需求。

员工能力的核心衡量指标有员工满意度、员工保持率和员工生产率。

（1）员工满意度。员工满意度是衡量员工对企业的整体满意程度和员工工作态度的重要指标。员工满意度的直接表现是员工积极做好本职工作，该指标会对企业生产率、反应速度、质量和客户服务产生重要影响。例如，有些公司在实施平衡计分卡的初期就发现，员工满意度调查中对公司最满意的员工往往拥有最满意的客户。因此，企业为了实现更好的盈利效果以及达到更高的客户满意度，需要提高员工对企业的满意度，激发员工工作的积极性，从而提高他们为企业带来的效益。

员工满意度可以采用评分的方式测度。员工可以先对公司的各个方面进行打分，最低分表示“不满意”，最高分表示“非常（特别）满意”。然后，把员工满意度的综合指数列入平衡计分卡，并从公司、部门和主管部门等不同层面，分别作出员工满意度报告。由此管理者能够清晰地了解和判断员工满意度在不同层面的差异，并制定改进方案。

（2）员工保持率。员工保持率是衡量企业留存重要员工、技术人才情况的关键指标，能够间接反映企业对员工的吸引力。留住有价值的员工对企业的长远发展至关重要。员工保持率直接影响着企业的沉没成本和核心竞争力。对那些非公司意愿而离职的员工来说，企业在其身上所投入的培养成本可能会流失，对公司尤其是高科技公司而言，会产生不利影响。由员工保持率衍生的关键员工流失率指标也是一个重要的衡量指标。

（3）员工生产率。员工生产率是衡量员工所生产产品和所耗费员工人数之间数量关系的综合性指标，该指标涵盖了提高员工技能和士气、创新发展、改进内部流程及满足客户等多项具体内容。人均收入是反映员工生产率的一个重要指标，是将每位员工在某个时间段内生产或销售的产品数量比例化。

2. 信息系统能力

员工的积极性和拥有的技能对于企业实现内部流程目标至关重要。企业希望员工在竞争激烈的环境下保持应有的贡献力，就需要为他们建立起关于客户、内部流程和决策等财务效应的信息系统。各个层面的员工必须能够准确、及时、全面地了解客户群体与企业的关系。例如，一线员工应当熟悉客户群体的划分，准确判断企业能力与客户需求之间的匹配程度，努力挖掘客户的潜在需求并设法满足这些需求。

信息系统能力通常通过信息覆盖比率来衡量，即信息系统满足员工需要的能力。通过建立高效的信息系统，企业可以提升员工对客户和内部经营的敏感性，从而更好地实现战略目标和可持续发展。

3. 激励、授权和协作

当员工有了技术支撑和信息支持时，企业需要提高对员工的关注度，如员工是否愿意为企业利益最大化目标付出知识和技术，以及这种付出能否得到重视等。前述因素会影响员工对企业作出更大贡献的成功率。因此，学习与成长还需要第三个促成因子，即为激励员工的积极性和主动性营造良好氛围。用于衡量员工的激励状况和受重视程度的指标有很多，常用的指标之一是员工提出合理化建议的次数，该指标体现了员工对改善企业业绩的参与程度；另一个常用的指标是合理化建议被采纳的条数，该指标可以衡量建议的质量，同时展现企业对员工的重视程度。例如，浙江 A 能源公司（简称“A 公司”）一直致力于开发行业一流的创新平台和建设国际化人才团队，因此引进人才和留住人才是其考虑的重点问题。A 公司积极推进科技创新和产业升级，每年都会在研发新产品方面投入大量的人力与财力。如何合理分配资源，不因盲目而产生浪费也是个很重要的问题。在学习与成长层面，A 公司应制定能代表公司战略思路的开发成果验收合格率、员工满意度等指标。A 公司平衡计分卡的维度分析见表 7-2。

表 7-2 A 公司平衡计分卡的维度分析

维度	公司战略	指标	具体指标值的设定
学习与成长	产品创新与高级人才引进	研发投入率	研发投入率>9%
		员工素质	开发成果验收合格率>30%
		关键员工流失率	关键员工流失率<3%
		学习型组织建设	员工满意度>80%
内部流程	保证质量与安全	成本控制率	成本增长<10%
		产品合格率	产品合格率>97%
		退货率	退货率<2.5%
客户	客户满意第一	客户满意度	客户满意度>98%
		市场占有率	国内市场占有率>40%
			国外市场占有率>5%
		新市场开发率	新市场开发率>10%

续表

维度	公司战略	指标	具体指标值的设定
财务	净利润较上年上涨 15%	销售增长率	A 公司电池销售增长率>15%
		利润增长率	持久电池销售增长率>15%
		净资产收益率	金太阳电池销售增长率>20%

资料来源：何雅羚．平衡计分卡在企业全面预算管理中的应用研究［D］．合肥：安徽财经大学，2016.

六、平衡计分卡的平衡性

平衡计分卡并非一种放诸四海而皆准的通用工具，不同的市场情况、产品战略、竞争环境需要差异化的平衡计分卡。不同的业务单元需要设计有针对性的平衡计分卡，以使其与组织的使命、战略、技术和文化相匹配。

一般认为，平衡计分卡的“平衡”主要体现在以下五个方面：第一，财务指标和非财务指标的平衡。传统企业考核时，一般采用财务指标；现代企业的价值驱动因素不但有财务方面的，还有市场占有率、员工创新能力、良好的客户关系等非财务方面的，因此在对企业进行业绩评价时，理应考虑非财务指标，从而实现财务指标与非财务指标的平衡。第二，企业长期目标和短期目标的平衡。平衡计分卡的目的是战略管理执行的落实，即战略管理及战略目标是长远规划，平衡计分卡是为了实现长远规划而实施的短期行动导向，因此平衡计分卡是长期目标与短期目标的平衡。第三，结果性指标与动因性指标的平衡。平衡计分卡为了驱动战略目标的实现，从四个维度具体化各指标并将其作为衡量战略目标实现与否的量化标准，实现了结果性指标和动因性指标之间的平衡。第四，企业组织内部群体与外部群体的平衡。在平衡计分卡涉及的所有利益相关者中，客户属于外部群体，员工和企业管理层属于内部群体，平衡计分卡的四个维度将这些利益相关者包含了进来，实现了外部群体与内部群体的平衡。第五，领先指标与滞后指标的平衡。财务指标属于滞后指标，反映过去某一特定期间的财务状况及财务结果，而领先指标能预测企业未来的发展，包括客户、内部流程及学习与成长方面的指标，显然，平衡计分卡实现了领先指标与滞后指标的平衡。

第三节 平衡计分卡与企业战略管理

平衡计分卡各环节与企业战略管理紧密相连，企业通过平衡计分卡进行业绩评价，通过提升人力资本的积极性促进战略管理目标的实现。

一、财务指标与非财务指标的关系及作用

在一个具有合理结构的平衡计分卡中，财务指标和非财务指标保持一致并相互补充信息，彼此之间存在紧密的联系，有助于实现企业的战略目标。例如，利润可以作为财务维度评价的结果指标，其动因指标是现有客户的保持与新客户的不断加入。“只有当客户对他们的购买经历是完全或特别满意时，企业才能指望他们再次购买自己的产品”，即实现客户的保持。因此，客户满意度指标也被包括在评价体系中（通过客户维度反映）。使客户满意的途径之一就是在保持产品品质的基础上降低销售价格，另一途径是降低产品成本。这两条途径均需要优化内部经营过程，而内部经营过程的优化需要人力资本的创新能力，即员工的创新技能。这样看，平衡计分卡的财务指标和非财务指标形成了一个因果关系链条，贯穿平衡计分卡的四个方面。具体的因果关系链条如图 7-3 所示。

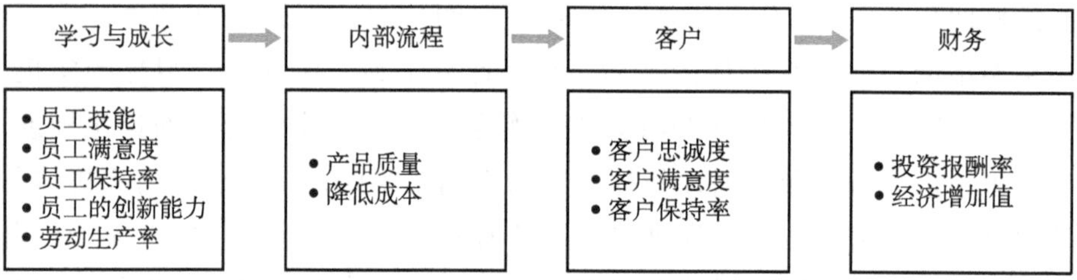

图 7-3 平衡计分卡四个维度的因果关系链条

资料来源：根据卡普兰所著《平衡计分卡：化战略为行动》整理。

平衡计分卡将公司经营的整体状况融入财务指标，使管理者能够了解企业如何为现有和潜在客户创造价值，并通过指标反映出内部能力的薄弱点，从而进行投资，以促进企业未来的发展。这种平衡的指标在绩效考核中发挥着重要作用。平衡计分卡衡量了员工对公司作出的一系列贡献，对企业过去和未来的发展进行综合考量。当前越来越多的公司采用财务指标和非财务指

标相结合的方式反映业绩，那么，这种突出“平衡”的指标有什么作用呢？

非财务指标相对于财务指标而言，被认为能更好地反映企业未来的业绩。财务指标主要关注企业过去的财务状况和经营成果，但过去成功不代表未来也会成功，因为财务指标具有短期性和滞后性，不能从长远视角来客观评价企业自身的价值。为了更全面地进行业绩评价和绩效考核，平衡计分卡引入了非财务指标。良好的非财务指标能够对企业未来状况进行一定的预测、评估和指导，具有现实价值和实践意义。如果企业能根据自身所处的宏观经济环境和在内部管理方面存在的问题，设计和应用良好的非财务指标，将有助于提高企业的竞争力和客户的满意度。

平衡计分卡需要考虑财务指标和非财务指标之间的关联性，根据企业的目标和战略设计一个自上而下的流程。平衡计分卡将企业的战略规划和目标转化为特定的指标，平衡了外部指标和内部指标、结果性指标和动因性指标、成果指标和业绩驱动指标的关系，从而实现了绩效考核与战略目标的有效衔接。通过平衡计分卡，基层员工可以了解自身行动和决策对财务的影响，管理者则能更好地把握财务指标的含义，驱动企业的长期发展。

二、平衡计分卡与战略管理

平衡计分卡不仅对企业业绩进行评价，还是一个战略管理系统，可将长远发展的企业战略与重要的管理指标和流程相结合。采用平衡计分卡进行战略管理，一般包括以下四项内容。

（一）愿景和战略

首先，高层管理者运用平衡计分卡将企业的战略规划转换为特定的战略目标，包括规划收入、市场成长、盈利能力和创造现金流量等。其次，平衡计分卡作为一个组织框架，能够帮助高层管理者承担战略目标确定的责任，并通过主要的驱动因素实现这些目标。平衡计分卡在整个企业中进行内部信息流通，使员工能清晰地认知企业的整体目标达成情况和具体指标的完成情况，从而铸就团队精神。

（二）沟通与联结战略目标

一方面，平衡计分卡通过企业内部信息展示和流通，将战略目标在整个企业中推广，使全体员工对企业的整体目标有清晰的认知，并清楚完成哪些指标有助于企业实现战略目标。有的企业尝试将整体战略分解为特定员工适用的战略，在员工明白战略目标和指标之后，就能通过完成局部目标来推动企业整体战略的实现。另一方面，平衡计分卡根据企业战略目标为总公司的管理者和董事会作出了有关公司过往的基础性说明，其设计体系可激励企业内部积极沟通，取得突破性进展。

（三）制定目标值并协调战略行动方案

平衡计分卡最大的作用是促进企业的变革。高层管理者将战略目标实现的期限定为3~5年，一旦在战略期限内实现目标，企业就能实现转型。为了实现战略目标的目标值，即财务业绩期望值，高层管理者需要制定财务、客户、内部流程和学习与成长等维度的具体指标。一般而言，客户维度的指标值应当能够满足甚至超过客户的期望，通过调研新老客户和潜在客户的偏好，可以确定企业对业绩的期望值。

确定了各维度的相关指标后，高层管理者可以对战略的执行方案进行安排。因此，平衡计分卡夯实了综合考量持续性、转型和整合的基础。平衡计分卡认为，企业应当把战略规划与年度预算结合起来。例如，如果管理者将企业实施的战略规划年限确定为3~5年，也应当预测这些指标在之后12个月可能实现的目标，为企业长期战略规划中的近期预测提供具体目标值。

（四）加强战略反馈与学习

在不断变化的宏观经济环境中，企业面临的机遇和挑战并存，需要动态调整战略目标。在不确定性因素日益增加的环境中，传统的管理系统在战略的制定和实施方面没有可直接借鉴的经验。因此，企业对双循环学习能力的需求更加迫切。管理者一方面需要了解企业是否按照计划实施战略，另一方面需要了解战略规划是否切实可行。在获得信息的基础上，管理者可以对最初制定战略的基本假设进行检验，进而收获经验，这种战略反馈与学习通过平衡计分卡及战略目标的调整持续进行。

三、基于平衡计分卡的绩效管理系统

基于平衡计分卡设计绩效管理系统，不是去开发一套新的衡量指标，而是将平衡计分卡的衡量框架用于构建一套新的管理系统，即依据特定方法去设计管理体系。评价方法和管理系统之间存在微小但重要的差异。平衡计分卡是一种追求更重要目标的手段，是一套协助管理层实施战略并获得战略反馈的战略管理系统。管理层利用平衡计分卡的衡量方法，推动长期的企业变革。

（一）绩效管理系统的设计

绩效管理系统的设计，实际上以平衡计分卡为核心工具，旨在提升整个管理过程的规范性。绩效管理系统的设计思路与平衡计分卡的四个维度紧密相连，主要包括以下三个方面的内容：

第一，设计平衡计分卡与绩效管理系统的流程及日常运作标准，可以为后续制定绩效管理制度奠定基础。

第二，制定平衡计分卡与绩效管理规范。平衡计分卡与绩效管理规范的制定是战略管理的关键。绩效管理描述的是企业日常运作的规范，也是对平衡计分卡方法的描述，还是编定制度的重要内容。

第三，制作平衡计分卡与绩效管理的流程表单。平衡计分卡与绩效管理的流程表单是企业后续实施战略绩效管理的重要工具。例如：某制造企业成立于 1996 年，是一家主要从事电池生产与销售的民营企业，企业的组织架构如图 7-4所示。为了提升公司绩效，确保战略目标的实现，该公司邀请某团队为其提供以平衡计分卡为核心工具的战略绩效管理咨询服务。在前期的项目准备之后，该团队首先运用战略地图、卡、表对该公司的战略进行了规划，随后设计了公司与部门的绩效计划体系，最后着手设计战略与绩效管理运作系统。

（二）绩效管理系统的设计流程

绩效管理系统的设计流程十分重要。在执行绩效管理的过程中，需要对各个环节进行仔细设计。首先，应根据过程投影法的原则，对绩效管理过程进行分类，并制定“××企业绩效管理目标流程清单”。其次，对这些目标过程进行详细分析，以确保各个环节的有效控制。在对绩效管理过程进行分级并制定了目标过程清单后，应绘制流程图。在绘制流程图时，该企业的组织架构是主要的参考依据。以下详细说明如何设计目标过程。

第一，绩效管理总流程。绩效管理总流程包括四个步骤：①业绩考核方案的制定，具体由公司总经理牵头，计划部门和人力资源部门负责实施，公司所有高层参与；②绩效指导与反馈，主要由公司主管来完成，各级员工均参与，人力资源部门负责信息的采集；③绩效考核，由人力资源部门牵头，各个层级的主管和员工共同参与实施；④员工（或部门、下属单位）的直属上司（或下属单位、部门）提出建议，经人力资源部门批准后实施。

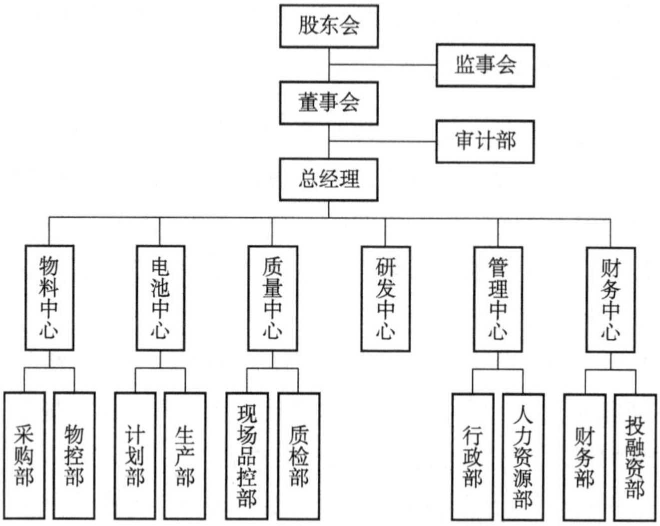

图 7-4 某制造企业的组织架构

资料来源：根据网络资料整理。

第二，编制绩效计划的流程。在整个绩效管理过程中，绩效计划的制订是首要的一步；企业在构建与战略相联系的指标体系后，应根据战略规划、上一年度的关键绩效指标（KPI）完成情况和运营情况进行年度运营战略分析，并明确运营方针和工作重心，进一步明确公司的 KPI；在明确了公司 KPI 之后，应制定企业的经营绩效规划，为各部门分解指标提供重要依据；最后，制定员工的个人绩效规划。

第三，计划调整流程。在公司、部门及员工的绩效计划确定之后，原则上应该维持在一定的水平上。如果企业的生产经营环境出现了重大改变，或者出现了一些不可抗拒的因素使得该计划不能实现，需要对原计划进行调整。为保证计划调整的合理性，应设计一套“计划调整”的目标程序：无论是哪个层级的员工和主管，在实施计划期间要对计划进行调整时，均需填写“计划调整申请单”，上报直接主管，由直接主管审核并签署意见，并在规划部门或人力资源部存档。

第四，KPI 信息收集流程。在 KPI 信息收集过程中，首先要明确各个部门对 KPI 信息的需求，包括各部门的考核指标（包括各部门人员的考核指标）。其次，规划部根据部门的考核指标编制“部门 KPI 信息需求表”，列出所需 KPI 的名称和相应指标。在收集信息的过程中，按照“指标解释表”中所列资料，计划部先对搜集资料的时间、频率和来源作出说明，然后各部门按照“指标解释表”中所列搜集资料的方式，对“××部门 KPI 信息收集表”中的资料进行整理，并完成“××部门 KPI 信息收集表”，计划部再依据“××部门 KPI 信息收集表”完成“公司 KPI 信息汇总表”，最终依据“部门 KPI 信息需求表”，完成“××部门 KPI 信息提供表”，并将其传递给各个部门，供其进行绩效指导和考核使用。

（三）绩效考核流程

绩效考核可以分为两个层面：经营绩效考核和员工个人绩效考核。前者有对经营计划进行控制的功能，而后者则有对员工个人绩效进行管理的功能。一般而言，对业务计划进行日常控制的部门是计划部，而对员工进行绩效管理的部门是人力资源部。绩效考核流程如下：第一，计划部和人力资源部向员工发出绩效考核通知。第二，各级领导根据“KPI 指标信息汇总表”（分中心、分公司），为部门和全体员工编制绩效考评表（业绩考评表）。第三，由领导对被考评对象进行考评，并签字确认。第四，考评表经过两个部门核对无误后，被考评人员在表上签字，并由直接主管签字后上报规划部和人力资源部备案。第五，如果被考评人员对评价结果有异议，可在评价投诉部分提出。

（四）考核申诉流程

考核申诉程序是绩效考核中的一项重要目标子程序，其基本程序如下：在考评人员与被考评人员对考评结果有不同意见却无法协商解决的情况下，可直接向计划部、人力资源部提出填写“绩效考核申诉表”，向其间接上级（直属上司的直属上司）提出申诉。间接上级收到“绩效考核申诉表”后，应于 5 个工作日内受理，在签署“绩效考核申诉表”后，向计划部、人力资源部递交，并向被考评人员及考评人员进行口头答复。“绩效考核申诉表”由计划部和人力资源部统一保存 3 个月，之后予以销毁。

第四节　战略地图架构

一、战略地图的概念及理论基础

在对实施平衡计分卡的企业进行了指导和研究后，卡普兰和诺顿发现，由于公司无法给出一个全面的战略说明，导致经理与经理、雇员之间以及经理与雇员之间无法进行有效的沟通，无法在战略上达成共识，也就是说，平衡计分卡只提出了一种基于战略路径的分析方法，并没有对战略进行具体、系统和全面的描述。2004 年 1 月，卡普兰和诺顿在其著作《战略地图：化无形资产为有形成果》中提出战略地图的概念及相关理论。

战略地图在平衡计分卡的基础上增加了两项内容，即颗粒层和动态性的维度，可以将战略地图与战略规划的流程联系起来进行设计。

从本质上说，战略地图是将组织战略可视化的一种方式，描绘了实现组织战略的逻辑路径，即以平衡计分卡的四个层次（财务层次、客户层次、内部流程层次、学习与成长层次）目标为中心，通过分析这四个层次目标间的相互关系，构建企业战略因果关系图。在此基础上，构建了一种基于“因果”的“网络”，将“预期”和“动力”联系起来，将员工和企业联系起来，并将员工的努力集中到企业战略上。

战略地图涵盖了人力资本、信息资本和组织资本等无形资产，可以促进企业创新，形成战略优势并提高效率，从而向市场提供特定价值，以实现股东价值（财务目标）。

战略地图的绘制步骤如下：第一步，从财务视角分析现状与目标的差距，并找到缩小差距的方法。例如，公司股东希望在 3 年后利润达到 2 亿元，但目前公司利润仅为 1 亿元，因此存在 1 亿元的差距。为了实现目标，需要对这 1 亿元进行分解，并采取措施来节流和开源。节流措施包括改善成本结构和提高资产利用率，而开源措施则涉及寻找新的收入来源和提升客单价等。第二步，从客户视角分析上述措施在客户侧的表现形态。具体来说，要考虑节流和开源措施给客户带来的商品或服务的价格、质量、供货量、选择范围、功能、品牌形象等方面的影响。第三步，从内部管理视角寻找落实上述措施的内部管理优化方案，包括优化运营管理流程、客户管理流程、创新流程和社会流程等。第四步，对公司现有无形资产的战略准备程度进行分析，判断其是否具有支持重要过程的能力，如果没有，需设法提高公司的支撑能力并制定相应的措施。某企业战略地图如图 7-5 所示。

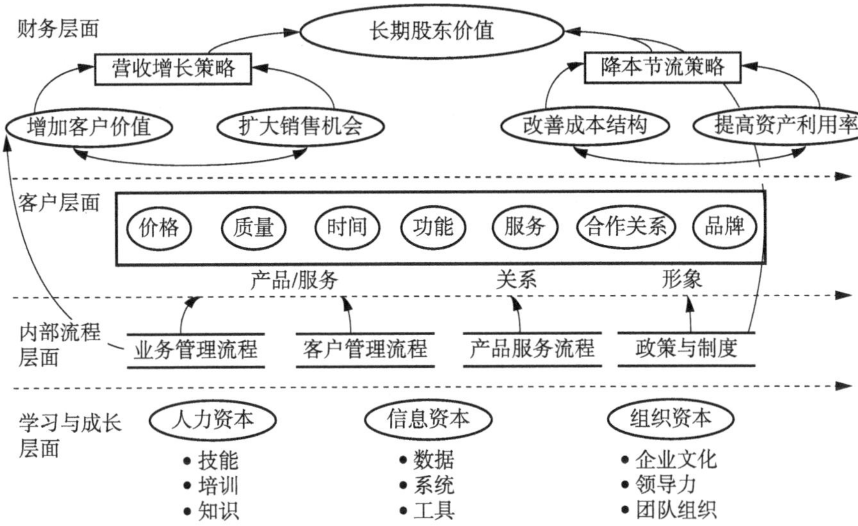

图 7-5 某企业战略地图

资料来源：根据网络资料整理。

二、战略地图与平衡计分卡的关系

战略地图以平衡计分卡的四个层面目标为基础，企业战略因果关系则是通过解析这四个层面目标之间的相互关系来体现的。战略地图仅仅构建了一个战略架构，缺少对企业战略具体、系统和全面的描述，使管理者之间、管理者与员工之间不能有效地沟通和交流，也不能对企业战略达成共识。战略地图在平衡计分卡的基础上深入拓展，侧重于从财务、客户、内部流程和学习与成长四个层面找出影响企业战略目标的关键因素，即“战略焦点”，或称“战略主题”。企业在明确战略主题后，通过探究各主题间的关联性，形成相互支撑的关系，并将其绘制成战略地图。

战略地图为企业提供了一种通俗易懂的战略表达方式，即以视图的形式结合四个层次的目标（包括 20~30 个相互关联的指标），描述企业的战略方向。有些人对平衡计分卡提出了质疑，认为很难将自己的目光集中在 25 项不同的衡量指标上。如果把平衡计分卡看成 25 个不同的指标，对公司和员工来说，都是很难理解的。但以这种方式看待平衡计分卡是不对的：战略地图展示了一个有良好结构的平衡计分卡是如何为战略运用提供支持的。在包含 20~30 个衡量指标的综合体系中，可以识别出主要变数间的因果关系。

相比平衡计分卡，战略地图有两个特点：第一，它是粒子层级的，每个层面下有许多元素；第二，战略地图具有动态性，能够将公司的发展与战略规划相结合，呈现出动态变化。战略地图是一个更综合、更具体、更指标化的企业战略描述平台，而平衡计分卡对战略地图进行了详细的解释，通过设计具体的指标使其可以被测量和理解。图、卡、表即战略地图、平衡计分卡和单项战略行动计划表，是使用战略地图来描绘战略所必需的三种文件。战略地图把原来要用几百页战略规划文档来表述的集团战略、业务单元战略和职能战略，用简单明了的图表来表述，“一幅图抵得上千言万语”，是一个完整的集团战略描述的平台。平衡计分卡与其他文件的不同之处在于，它是一张能够深度解读战略地图的表格，包括战略目标和核心指标，3~5 年的战略指标价值，以及各个战略行动方案（标题）。单项战略行动计划表是在平衡计分卡上列出的各项单独的战略（名字）的基础上，逐步地把这些“捉摸不定的战略”转化成有操作性、可被监测、时间节点明确、职责明确、资源配置明确的行动计划。

三、战略地图的作用与意义

（一）战略地图的作用

战略地图有两个主要作用：一是将公司战略以一种非常直观的、内部所有部门都能看懂的文字表达出来；二是将企业战略的常用方式（或定位）分为四个基本的模板，也就是所谓的基本战略实现路径/侧重点。每个公司的资源都是有限的，不可能做到面面俱到，战略地图能帮助企业清晰地解释战略目标，并将其转化为公司的经营管理重心，解决战略执行中的难题。实际上，战略地图就是一组战略管理的工具，能在绩效管理中得到很好的运用。战略地图把战略方向转换成了公司的经营方向，并将其细化为一系列与各个部门相关的专题，它就像一张公司和战略目标的基础图，使公司所有的运营和管理行为都朝着一个方向前进，而不会“跑偏”。

卡普兰和诺顿在多年的研究和探索中，归纳出了四种典型的战略地图，即整体成本领先型、产品领先型、整体解决方案型、系统锁定型。第一，采取整体成本领先型战略的公司以成本为中心。对这种企业来说，创新、研发、售后服务等并不是很重要，只要符合且满足客户最基本的需求即可，因为提升这些能力可能会增加成本。这类公司的典型代表是戴尔和格兰仕。第二，采取产品领先型战略的公司将产品性能和技术含量作为核心。在这种情况下，创新、科研、技术与质量是企业优先考虑的因素，而成本只是其次。此外，由于这些公司的产品足够标新立异，其高额的收入能够弥补高额的研究和制造费用，典型代表是苹果公司。第三，以全面解决为战略基础的公司，在某种程度上，与工程界中的“交钥匙”项目相似，在这个过程中，顾客不会只选择买一件商品或一项服务，而会选择一套完整的解决方案。这种类型的公司，重点不在于局部优化，而在于整体优化，典型代表为 SAP 等软件公司、水力发电等大型项目，以及家居装修公司等。第四，采用系统锁定的基本战略的公司，其全部运营和管理都以提高客户捆绑性、提高竞争对手的进入门槛、提高竞争产品替代的高额成本等为核心。但是，采取系统锁定的基本战略是一个非常复杂的过程，企业研发设计、售后服务、客户体验等方面有非常高的要求。因此，很少有企业真正采取这种战略。

不管采用哪种战略，企业都要先完成对其关键成功要素（KSF）的识别，也就是要弄清楚为什么公司可以取得现在的成绩，以及要实现未来的战略目标最重要的驱动因素是什么。只有确认了 KSF，企业才能根据实际情况选择最切实可行的战略地图。此外，企业可以根据市场需求，对这四种类型的战略进行适度调整，以更好地应对不断变化的市场挑战。

（二）战略地图的意义

战略地图可以明确各部门和岗位的关键职责，有效提高组织的执行力，是战略绩效管理咨询的核心。具体来说，战略地图具有以下四个意义：

第一，战略地图的重要产出是基于对战略规划的重点分析制订年度工作计划。战略目标划分到部门，部门再落实到个人。部门负责人签订部门绩效合同，员工签订个人绩效合同，以促进企业战略目标的实现。

第二，通过战略地图，可以明确各部门的权责，实现权责对等。根据年度经营计划，为部门和个人制定绩效合同，有助于提高战略绩效管理的效率。

第三，战略地图解码动员，企业高层汇聚一堂，可以营造出畅所欲言、群策群力的会议气氛，使高层管理者感受到企业广纳谏言的良好氛围，无形中体现了企业对未来发展前景的宣导。

第四，引入战略地图，有助于向外界传达并展示企业对未来发展前景、行业发展趋势、战略规划落地、战略绩效管理的关注，从而提高企业的声誉和资本的投资信心。

第五节　平衡计分卡理论前沿

一、可持续平衡计分卡产生的背景

可持续平衡计分卡（SBSC）是当前部分公司优化原有平衡计分卡后应用于绩效评估的一种方法。国内外经济的急速发展，导致了经济与环境的严重冲突，迫使企业必须走可持续发展的道路；构建融合经济、环境和社会三个方面的可持续绩效评估体系，为平衡计分卡提供了新的思路。建构与执行可持续平衡计分卡，将可持续发展理念融入公司的经营与管理，有助于推动公司策略目标的实现。

平衡计分卡的核心理念是从财务、顾客、内部流程、学习与成长四个维度，筛选出具体化的指标对企业绩效进行评估，以推动战略目标的执行。平衡计分卡体系通过有因果关系的不同维度评价企业绩效，不仅是一种评估方法，更是一种管理体系，可以帮助企业在环境、产品、作业过程、客户、市场开发等方面进行改进。平衡计分卡实现了财务与非财务衡量方法的平衡、长期目标与短期目标的平衡、外部与内部的平衡、结果与过程的平衡，是一种行之有效的战略管理工具。然而，随着生态危机日益严重，社会利益日益受到重视，平衡计分卡的不足也日益凸显，即只关注经济效益，而忽视环境和社会效益，与当前倡导的可持续发展理念不符。因此，构建可持续平衡计分卡成为我国企业实施绿色发展战略的当务之急。

可持续平衡计分卡是一套业绩评估与监控的系统方法，将可持续发展的目标融入公司战略，同时包含了企业管理文化等内容，对公司的可持续发展发挥着积极作用。SBSC 将可持续发展的相关指标融入公司的日常运营，使公司的战略目标与可持续发展产生关联，能引导并约束公司的绿色运营行为，从而实现可持续发展与公司利润、股东利益的有机统一。

二、可持续平衡计分卡的研究前沿

（一）传统平衡计分卡和可持续平衡计分卡的区别和联系

陈玲（2016）结合可持续发展理念对可持续平衡计分卡的应用进行了研究。传统平衡计分卡包括财务、客户、内部流程、学习与成长四个层面；而可持续平衡计分卡是在传统平衡计分卡的基础上发展起来的，强调将企业战略转化为一系列具有因果关系的目标和指标，利用相应的滞后性指标和领先指标形成层层递进的链接，从而将业务单元的战略从战略层面转到企业经营运作层面。

SBSC 和 BSC 的主要区别在于结构和内容。在可持续发展理念下，公司的价值已经不能单纯地以经济价值来衡量，而应融入环保和社会因素。在这种情况下，融合了环境与社会因素的 SBSC 应运而生，SBSC 中通常还会出现第五个层次，即非市场层次。

虽然 BSC 考虑到了非财务和非定量的因素，并且刻画了诸多生态和可持续特征，但它并没有对各利益相关者的权益、生态收益和可持续问题进行清晰的区分和均衡，从而推算出战略目标。它主要关注客户、员工等利益相关者的需求，但忽视了社会、供应商、非政府组织等利益相关者的需求。

（二）利用 SBSC 整合环境和社会因素的原因

BSC 引入了对未来绩效的驱动指标，以弥补单一财务指标的缺陷，将客户、供应商、工艺等非货币、定性和软性因素综合起来，并考虑环境、社会等非货币、定性和软指标。运用 SBSC，可将环境、社会层面的要素纳入公司的主体管理系统，使其成为公司战略的中心，并明晰其对公司战略的影响。在 BSC 的设计中，每一个层次的目标和度量指标都要遵循最大的长期财务战略，以确保所有与实现长远竞争优势有关的方面都被考虑到。等级制度的运用确保了企业各项行为与企业战略紧密联系在一起。平衡计分卡将可持续发展融入公司的经营管理系统，具有以下三个方面的优势：第一，真正的可持续发展是从经济方面进行的，因此不会轻易受到财务危机的冲击；第二，为了提高可持续性，一家公司也许会以它的竞争者为准则，但是在追求经济上的胜利时，真正的可持续经营会将可持续性理念付诸实践，从而成为其他公司学习的榜样；第三，将环境和社会因素融入企业的主体管理体系，能够保证企业的可持续发展，包括环境、社会及经济三个层次，这三个层次相辅相成、缺一不可。

（三）整合环境和社会因素的方法

在平衡计分卡的四个维度中融入环境和社会因素，可以形成可持续平衡计分卡。环境和社会因素与企业战略之间存在着紧密的联系。企业的决策和行动往往会对环境产生影响，而社会对企业的期望也在不断变化。这些因素共同影响着企业的声誉、竞争力和长期发展。

将环境和社会因素纳入平衡计分卡的考虑中，有助于引导企业制定更加综合和负责任的战略。例如，可以考虑将环境可持续性指标纳入内部流程维度，如资源使用效率、废物减少措施等；将社会影响因素纳入客户维度，如社会责任传播、社会参与度等。这样的绩效评估方法不仅有助于企业更好地理解其在环境和社会方面的表现，还能与财务和业务绩效指标相结合，提供更全面的决策支持。

总之，将环境和社会因素整合到平衡计分卡中，能够更好地反映企业在多个领域的表现，并将企业的战略目标与可持续发展目标紧密联系起来。这种绩效评估方法不仅有助于企业实现长期的发展，也有助于更好地满足社会的期望与需求。

三、可持续平衡计分卡的编制过程

可持续平衡计分卡的编制涉及多个关键步骤，能够确保将可持续性原则融入企业战略和管理实践，以实现经济、环境和社会的协同发展。

（一）明晰战略性业务单元

SBSC 的设计需要明确定义战略性业务单元。这些单元不仅是组织的战略焦点，更应贴合企业的核心价值链，拥有自己的产品线、客户群、市场渠道和生产设施。战略业务单元的确切界定为后续制定可持续发展目标和指标打下了基础，有助于 SBSC 在不同层面实现可持续性目标。

（二）识别战略相关的环境和社会因素

识别战略相关的环境和社会因素是确保 SBSC 有效性的关键一步。在这个阶段，需综合考虑不同环境和社会因素的影响，制定可持续性目标。应根据企业的利益相关者类别对复杂多样的社会因素进行分类，以反映不同的利益诉求。这种分类可使 SBSC 更加全面地捕捉社会问题。

（三）明确环境和社会因素与战略的相关性

确定环境和社会因素与战略之间的关联性是制定 SBSC 的关键。这需要关注三个方面：第一，环境和社会因素必须与战略的核心目标一致，以确保战略的核心要求在各个层面得到实现。第二，需确定业绩驱动因素，即领先指标，以引导滞后指标的实现。第三，领先指标的选择应考虑企业的具体情况，以更好地确定 SBSC 的业绩驱动因素。

通过以上步骤，企业可以构建完善的 SBSC，将可持续性原则融入企业的战略制定和管理实践。这种全面的绩效评价和监督机制有助于平衡经济、环境和社会的发展，引导企业朝着可持续性目标迈进。通过明确战略性业务单元、识别战略相关的环境和社会因素，以及明确其战略相关性，企业能够建立有利于可持续发展的管理框架，以适应不断变化的商业环境。

第六节　YM 公司案例分析

一、案例

（一）公司简介

YM 婚纱用品公司（简称“YM 公司”）是一家私人企业，于 1995 年 5 月正式设立，注册资金 80 万元，总投资 110 万元，其业务范围为生产、销售婚纱。YM 公司因管理不善，产量与设计产能相去甚远，已出现严重亏损。该公司的组织架构如图 7-6 所示。

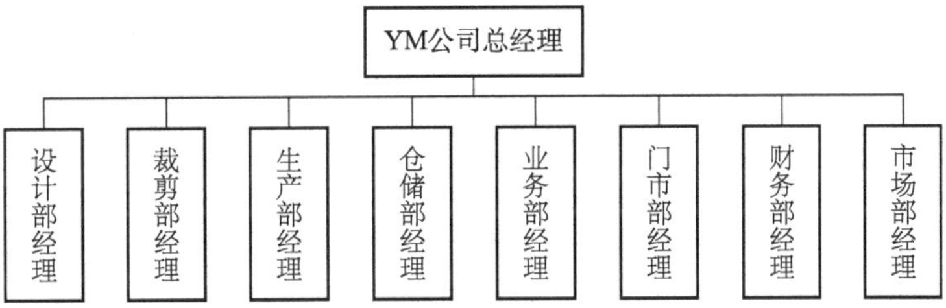

图 7-6　YM 公司的组织架构

（二）平衡计分卡的建立

2000 年初，YM 公司试图通过建立平衡计分卡扭转公司的亏损状况。经总经理批准后，由财务部主管领导的“平衡计分卡”工作小组正式成立，由 8 名部门主管组成。该团队按照以下步骤建立平衡计分卡。

1. 准备工作

工作小组将平衡计分卡的基本原理、财务计量的缺陷、国外的应用情况，以及公司目前的情况等分发给了组员，强调平衡计分卡就是要每个人都清楚自己的工作定位，找到那些可以让企业变得更好的要素，并制定相关的评价指标。

2. 明确企业战略

目前，平衡计分卡主要围绕企业的战略确定内容、目标和指标，而 YM 公司的战略是什么呢？这是很多人都想知道的。战略是指一个公司在快速改变的经营环境下，为了长久的生存与发展而作出总体规划，其组成要素包括经营范围、资源配置、竞争优势、协同作用。经营范围是指公司从事生产和运营活动的区域；资源配置是指公司所使用资源和技术的层次和方式，也就是所谓的公司的专长；竞争优势是指通过对资源进行配置与对经营范围的选择在市场中形成竞争地位；协同作用是由企业所追求的多种力量的合力产生的，分力的总和要比力量的简单叠加大。

在了解了战略的含义及要素后，小组成员参考公司章程讨论确定了公司的战略：①在业务方面，按照许可证规定，YM 公司将专注于制作和销售结婚礼服。然而，在表达战略时，公司将以行销理念为指导，以满足客户需求为出发点。只有尽一切可能满足客户需求，才能提高销量，增加利润。②在资源分配方面，坚持以人为本，不断提高制作工艺，制作优质的中高档婚纱和礼服。③在竞争力方面，结合公司规模，YM 公司将采取差异化策略，推出不同风格的产品，从而形成自己的竞争力。④从企业的整体运作角度看，YM 公司致力于创造一个有利于企业发展的内部氛围，以获得更好的整体效益。

3. 确定成功关键因素

从 YM 公司目前的情况来看，要想发展下去必须先做到扭亏为盈。在确定成功关键因素时，各部门经理应根据本部门实际情况提出具体建议。

财务部经理认为，提高产量和扩大销售是最重要的。对销售的制约造成了年产量远小于设计能力，而产量过低会造成分配到单位产品的摊销性成本过高，有时单位成本甚至比单价还高。此外，工资偏高也与产量低有一定的关系。公司已经设定了一个最低工资标准，生产工人的计件工资比最低工资标准高，因为在大多数情况下，尤其是生产任务不足的时候，他们是按照最低工资标准来领取工资的，这样就会增加单位产品的工资成本。很明显，企业应考虑如何有效发挥现有产能，达到降本增效的目的。但是，在“以销定产”策略的指引下，要想增产，首先要把市场做大。此外，要想扭转亏损局面，必须考虑节省支出，严格执行支出审批程序，控制运营和管理成本。

生产部经理觉得，生产工人的工作任务太少，生产经常停止，他们的工作热情就被削弱了，经常会有人跳槽或想跳槽，而新员工的技术又没有老员工的好。在她看来，提高产量是至关重要的。

市场部经理说出了自己对销售不足的无奈。她认为，原来的市场部只是一个空壳子，所有业务联系都在老总的掌控之中。销售人员其实就是送货的，因为没有足够的收入，经常会有人选择辞职。她觉得现在顾客对婚纱的品质和样式都有很高的要求，但是公司制作出来的婚纱做工不够精细，样式也比较老旧。在向顾客进行推销的时候，除了推销员的技术水平不高之外，商品本身也缺乏足够的竞争力。要想做大做强，品质与样式的改善与突破是先决条件，而这一切要依赖生产工厂与设计部的共同努力。

设计部门的主管也觉得销售部门的建议很有道理，设计风格的新奇的确对拓展生意很有帮助，但是新风格的引进是要靠灵感的。设计部的两个员工在最初来公司时，他们的一些风格曾经风靡一时，但如今，他们的灵感已经枯竭了。持续的训练与学习，以及同行间的资讯交换，都是激励的有效方法。而要想做到这一点，必须有公司的资金支持。例如，从海外购买婚纱的款式和数据、去海外参加有关培训，都是需要花费不少资金的。

小组的其他成员也各抒己见。将大家的观点综合起来，不难看出一个连贯的因果链条。要增加投资回报，必须提高产量和销量，要想提高产量和销量，就一定要让客户满意，而要让客户满意，企业内部的学习与成长是不可或缺的。YM 公司扭转亏损局面的因果关系如图 7-7 所示。

图 7-7　YM 公司扭转亏损局面的因果关系

最终，所有人都认为，公司实现扭亏的三个重要因素是：持续的市场调研、拓展业务、开拓新的顾客；让公司有学习和发展的能力，不断地、迅速地开发出满足客户需求的新品种，并不断提高生产效率和产品品质；强化支出控制，降低生产成本。

4. 确定框架

为更好地搭建平衡计分卡的构架，我们根据上述结果向社会发放了一份调查问卷。调查内容为：长期而言，为了提升绩效，企业应在哪些领域做哪些工作？

经过对问卷的总结和梳理，我们发现，企业要想提升绩效，应做好以下八项工作：①增加收益，降低费用，提高投资回报率；②维护已有顾客，开拓新顾客；③提高产量；④款式风格不断革新；⑤加强售后服务；⑥提高领导能力，健全奖罚体系；⑦满足员工的需求，调动员工工作的积极性；⑧对员工进行必要的训练。

上述八项工作，可以归纳为四个方面，即财务、客户、内部流程和学习与成长。①属于财务方面，②属于客户方面，③~⑤属于内部流程方面，⑥~⑧属于学习与成长方面。这四个方面组成了一个企业的平衡计分卡框架。

5. 确立目标

为实现公司的发展战略并确定优先发展方向，我们对财务、客户、内部流程和学习与成长四个方面进行了深入的调查和分析。在收集了相关数据后，我们进行了沟通，并成功地确定了企业在未来一段时期内的目标。

（1）财务方面的目标。财务方面的目标有三个：第一，增加投资回报，扭转亏损局面。投资收益率能够反映一家公司通过将其资产投到具有较高回报率、每一元钱都能获得更多收益的行为中的能力。第二，降低费用。要想实现扭亏为盈，就要提高生产能力，降低单位生产成本，并采用严格的如费用审批制度等措施来降低不产生收入的费用。第三，提高收入。要想提高收入，就要把注意力集中在业绩重点上。要实现盈利目标，应当在维持现有顾客的前提下，不断拓展新顾客。

（2）客户方面的目标。客户方面的目标就是使客户满意，即确定本公司的顾客基础，理解他们的需求，并以一丝不苟、迅速、高效的服务来完成对顾客的承诺。

YM公司以结婚照相馆的人群为主要顾客群体。以前，企业没有把顾客分成不同的类别，所以在开展营销工作的时候，也就没有针对性。基于业务部门的分析，YM公司把顾客分为三大类：婚纱影楼、婚纱租赁店和举办婚礼的个体。在公司过去的销售额中，这三种类型顾客所占的比例分别为70%、20%、10%。办婚庆的个体所占的销售额比重是最小的。很多人认为，在婚礼上，在不同的时间，应该穿不同的婚纱，所以，租一件婚纱比买一件婚纱划算得多。婚纱影楼的销售额占的比重最大。这是因为：一方面，现在婚纱摄影已经成为一种潮流；另一方面，大多数婚纱影楼都在做婚礼礼服的租赁。通过对这三类客户的分析，业务部决定将主要精力放在对婚纱影楼的销售上，同时将婚纱租赁店的客户维护好，而对第三类客户，则不刻意去招揽。三类客户的基本信息见表 7-3。

表 7-3 三类客户的基本信息

客户	基本信息
婚纱影楼（70%）	经营婚纱摄影、婚纱租赁等业务，对婚纱的样式和品质有很高的要求，一般成批采购，而且能享受打折优惠
婚纱租赁店（20%）	专业经营婚纱长裙的租赁业务，对婚纱长裙的设计和制作有较高的要求。中档、低档婚纱可经常批量采购，享受打折优惠
举办婚礼的个体（10%）	少量的富裕阶层，一次会买 1~2 套婚纱、礼服，不打折，售价高

（3）内部流程方面的目标。内部流程方面的目标有三个：第一，提高创新能力。识别市场中的目标顾客，并了解怎样去争取他们。为满足顾客的需求，持续推出有盈利能力的新型婚纱。第二，提升产品的市场竞争力。能在规定的时间内，高质量、高效率地完成客户的订单。与客户保持经常性的联络，收集客户的反馈，并向客户推荐促销产品。第三，提升售后服务水平，迅速解决商品的售后问题，并提供免费的维修服务，以满足客户更换样式或其他需求。

（4）学习与成长方面的目标。学习和成长方面的目标见表 7-4。

表 7-4 学习与成长方面的目标

目标	具体内容
提高信息处理能力	获得并利用资讯是赢得竞争的一项关键因素。要适时地查找和获得有关提高生产水平的有用资料
培训	要加强企业的设计、生产、销售及客户服务等方面的工作。先是要有专门的人才，然后是每一位工作人员都要充分了解自己的产品，以便为自己的销售和顾客提供更好的服务
完善奖惩制度	用奖惩结合的方法激发员工的积极性。要将平衡计分卡与奖罚措施相结合，完善奖罚制度，进行绩效管理，以实现长期目标
提高员工满意度	通过广泛交流信息、培训等，营造公平的内部氛围，提高员工满意度
提高领导能力	通过培训、员工批评和监督等方式，不断提升领导水平

当我们谈论学习与成长方面的目标时，一些人大胆地提出了企业必须提高领导者素质的观点。如果一个领导者有崇高的道德品质、完善的人格、进取心和创新意识，可以知人善任，再加上强大的沟通协调能力，就可以在公司营造良好的工作环境，促进企业、部门和员工之间的和谐统一，为

下属提供动力。上述四个方面目标之间的因果关系如图 7-8 所示。

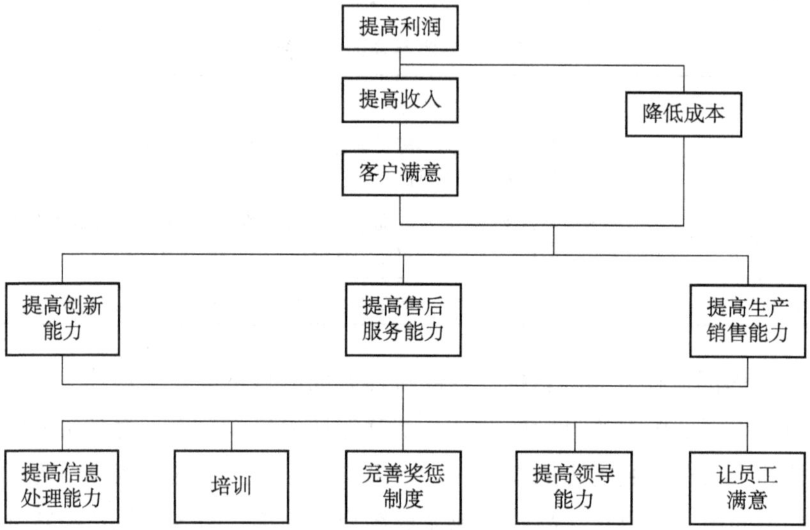

图 7-8　四个方面目标的因果关系

6. 制定评价指标

根据上述四个方面的目标，小组确定了相关指标，见表 7-5。

表 7-5　四个方面的目标与指标

四个方面	目标	指标
财务	提高投资报酬率 扭亏为盈 降低成本 增加收入	投资报酬率 利润 单位生产成本 管理费用 营业收入
客户	使客户完全满意	客户保持率 新客户增长率 客户满意度
内部流程	提高创新能力 提高生产销售能力 提高售后服务能力	推出每一新款所需的平均时间 合格品率 生产销售主导时间 新客户收入占总收入的比例 售后服务主导时间

续表

四个方面	目标	指标
学习与成长	提高信息处理能力 培训 完善奖惩制度 提高领导能力 提高员工的满意度	信息处理满意度 培训次数 奖惩制度 领导能力 员工满意度

7. 确定平衡计分卡四个方面及其对应指标的权重

一家公司在不同的时间战略侧重点是不同的，因此，平衡计分卡的四个维度和相应的指标也有各自的优先次序。为了确定这四个方面以及它们对应的指标的权重，我们进行了问卷调研。这四个方面以及它们的指标有不同的含义，用来考核公司的绩效，就像用德、智、体三个不同质的指标来衡量一个人一样。由于指标的差异，对其重要性的估算存在很大的不确定性，人们对其重要程度的评估可能存在分歧，甚至在量化方面没有统一的标准。为了确定权重，本书利用 Thomas L. Saaty 提出的权系数层次分析模型，在确定平衡计分卡四个方面及其指标权重时，基于调查结果，两两对比各方面及各指标的重要性，再以九级分制对各指标进行赋值，最后计算出各指标的权重。

（1）调查内容。此次调研是在前次调研的基础上进行的，主要集中于以下五个方面：

第一，从财务、客户、内部流程和学习与成长四个层面对公司战略目标的达成产生了影响。对它们的重要性做两两对比。

第二，公司在财务上要做好五件事：增加投资回报率、降低单位生产成本、减少行政开支、增加营业收入、增加利润。需要结合公司的实际情况和长期发展目标分析以上工作的重要性。

第三，公司在客户问题上做了三件事：维持客户、满足客户、争取新客户。需要结合公司的具体情况，从有利于实现企业长期目标的角度，两两对比以上工作的重要性。

第四，基于以上调研，公司从三个层面进行了努力：一是提升公司的创新水平；二是提升公司的售后服务水平；三是提升公司的产品和销售水平。要结合企业的具体情况，两两对比以上工作，以便更好地为企业的长期目标服务。

第五，在学习与成长方面，公司要做五项工作：培训、健全奖罚体系、提升领导力、提高信息处理能力、提升员工满意度。

被调查的是各个部门的领导，平衡计分卡的四个方面和每一项指标都是在对他们进行调查的基础上得出的结论，并将结果反馈给他们。他们不仅对自己的公司很熟悉，而且对所使用的指标很熟悉。

（2）对调查结果进行赋值，计算四个方面及其指标的权重。

第一，为财务、客户、内部流程、学习与成长这四个方面确定权重。对以上第一个问题的调查结果进行汇总和统计，将每个调查对象对四个方面的配对对比结果，按照九个等级进行分配，财务方面指标的权重是21%，客户方面指标的权重是28.1%，内部流程方面的权重是41.1%，学习与成长方面的权重是9.8%。

第二，确定财务方面指标的权重。对以上第二项调查的反馈结果进行整理和统计，将每个调查对象在投资报酬率、单位生产成本、经营管理费用、营业收入、利润五个方面的重要程度，按照九个等级进行赋值：投资报酬率为21.6%，单位生产成本为14.9%，管理费用为6.3%，营业收入为27.8%，利润为29.4%。

第三，确定客户方面指标的权重。对以上第三项调查内容的调查反馈结果进行汇总和统计，将每个调查对象对保持客户、使客户满意、赢得新客户这三个要素的重要程度的配对对比结果，按照九个等级进行赋值：客户维护率为23.5%，新客户增长率为43.6%，客户满意度为32.9%。

第四，确定内部流程方面指标的权重。对调查反馈结果进行汇总和统计，将每个调查对象在提高创新能力、提高生产销售能力、提高售后服务能力这三个方面的重要程度的配对对比结果，按照九个等级进行赋值：提高创新能力的权重为61.1%，提高生产销售能力3项指标（合格品率、生产销售主导时间、新客户收入占总收入的比例）的权重应为27.6%（3个指标各占1/3，即各占9.2%），提高售后服务能力的权重为11.3%。

第五，确定学习与成长方面指标的权重。对以上第五项调查内容的调查反馈结果进行汇总和统计，将每个调查对象对提高信息处理能力、培训、完善奖惩制度、提高领导能力、提高员工满意度五个因素的重要程度的配对对比结果，按照九个等级进行赋值：信息处理满意度、培训次数、奖惩制度、领导能力、员工满意度的权重分别为12.4%、7.2%、26.2%、32.8%和21.4%。

根据权系数合成原理，求出第三层元素对最高的权系数。

投资报酬率：21%×21.6%=4.54%

利润：21%×29.4%=6.17%

单位生产成本：21%×14.9%=3.13%

管理费用总额：21%×6.3%=1.32%

营业收入总额：21%×27.8%=5.84%

客户保持率：28.1%×23.5%=6.60%

新客户增长率：28.1%×43.6%=12.25%

客户满意度：28.1%×32.9%=9.25%

推出每一新款所需的平均时间：41.1%×61.1%=25.11%

合格品率：41.1%×27.6%×1/3=3.78%

生产销售主导时间：41.1%×27.6%×1/3=3.78%

新客户收入占总收入的比率：41.1%×27.6%×1/3=3.78%

售后服务主导时间：41.1%×11.3%=4.65%

信息处理满意度：9.8%×12.4%=1.22%

培训次数：9.8%×7.2%=0.71%

奖惩制度：9.8%×26.2%=2.57%

领导能力：9.8%×32.8%=3.21%

员工满意度：9.8%×21.4%=2.10%

（上述各项指标权重之和为 1）

可见，平衡计分卡中各个指标的权重均具有重要意义，它们用数字的方式直接地向我们展示了企业经营的侧重点和优先次序。

二、案例讨论

本案例详细阐述了企业发展战略的梳理过程，并介绍了如何通过平衡计分卡与战略要求相结合提出关键指标，可为一般企业的绩效管理体系设计实操提供一定的参考，也有助于人力资源工作者理解平衡计分卡的使用方法。

平衡计分卡一般包括 15~25 个财务性与非财务性评估指标，具体分为四个大的方面。平衡计分卡应反映一个企业（或组织）的经营战略，把提高业绩和推动工作表现的评估手段联系起来使用。业绩评估手段属于后期评估指标，可反映某项战略的最终目标、近期指数和公司员工目前所做的工作。如果不制定推动工作表现的评估指标，业绩评估指标就很难反映出业绩是如何实现的，并且很可能导致公司片面注重短期业绩。推动工作表现的评估指标如果不与业绩评估指标联系起来使用，无论从短期还是长期来看，都难以给公司带来积极效应。最好的平衡计分卡可阐述经营战略，把公司的目标和评估指标联系起来，并可阐明两者之间的联系。

一套平衡计分卡系统，既是企业战略的来源，又是企业战略的产物。实施平衡计分卡的企业，既要看到平衡计分卡的表象，又要看到平衡计分卡的本质，更要注意平衡计分卡系统所体现的目标与测量方法。最成功的平衡计分卡能够清晰地阐述公司战略目标与具体行动指标之间的因果关系，并包含产量和鼓励良好工作态度的评估手段，以反映业绩的推动力量。同时，平衡计分卡需要与公司最终的财务业绩指标挂钩，才能更好地将战略转化为具体的评估指标和行动计划。平衡计分卡不仅可以用于生产产品、提供商品的制造业企业和商业企业，而且可以用于服务业企业，如交通运输业、金融保险业、饮食旅游业、通信业等，还可以用于政府、学校、医院等非营利组织。非营利组织虽然不以营利为目的，但也要讲求资金的使用效率。它们也有客户，应该树立客户第一的观念，讲求服务质量，即少花钱、多办事、办好事。学校的客户是学生，医院的客户是患者，政府的客户是公众。平衡计分卡能够帮助组织成员达成共识，将战略转化为每个成员的具体行动，最终实现组织目标。

思考及讨论题

1. 传统财务业务评价模型存在什么问题？

2. 平衡计分卡的框架和各个维度之间的联系是什么？

3. 平衡计分卡需要衡量什么维度？为什么需要衡量这些维度？

4. 战略地图作为平衡计分卡的一种工具，是如何将各个维度整合在一起的？

5. 简述平衡计分卡的管理流程。

6. 简述平衡计分卡与战略地图的意义。

7. 简述平衡计分卡绩效管理系统的流程。

8. 结合知网相关文献讨论平衡计分卡在发展过程中需要根据什么影响因素进行调整。

08 第八章 经济增加值

第一节　经济增加值概述

一、经济增加值与企业绩效管理

企业经营绩效评价是管理活动的重要内容。19 世纪以来，学者们提出了许多评价方法，如基于成本的单一评价法、杜邦分析法和平衡计分卡等。19 世纪至 20 世纪初，企业家们普遍认为盈利是企业生存和发展的关键，因此以成本高低来衡量经营绩效。20 世纪初，美国财会人员哈瑞提出了一种实现成本管控的绩效评价方法，被认为是最早的标准成本制度。该方法能在事前和事中对成本进行控制，实现成本管理的目标。

20 世纪初至 20 世纪 80 年代，企业纷纷进行多行业经营，市场竞争不断加剧，如何适应市场变化并改革创新企业绩效评价指标成为一个新的研究热点。1919 年，杜邦公司创立的杜邦分析体系很好地适应了市场的变化，成为炙手可热的企业绩效评价方法。杜邦分析体系的核心指标是净资产收益率。通过对净资产收益率进行分解，形成了多项具有内在联系的财务指标，开创了以财务业绩为基础的企业绩效评价先例。此后，绩效评价主要围绕销售利润率和投资回报率展开。

20 世纪 80 年代以后，西方国家意识到基于财务业绩的绩效评价方法过分强调企业的短期绩效，有损企业的长期竞争力，不利于企业的长远发展。此外，以财务业绩为基础的绩效评价体系没有考虑股权的资本成本，不能反映经营结果的动因。基于以上问题，有关学者进行了一系列理论与实践的探究，出现了一些新的绩效评价方法，其中最具代表性的就是经济增加值法。

20 世纪 90 年代以后，经济全球化进一步加剧了企业间的竞争，在企业经营压力的推动下，绩效评价进入了新的阶段，即全面绩效评价阶段，此时，出现了平衡计分卡、关键绩效指标评价法等企业绩效战略性综合评价体系。

二、经济增加值与股东价值创造理念

"经济增加值"这一概念与20世纪后期西方普遍认同的股东价值创造理念密不可分。对于企业的经营目标究竟是什么，目前仍有许多争论。股东财富最大化是企业经营的一个重要目标，它要求企业经营者通过合理经营和采取有效的经营和财务策略等方式，使公司股东财富最大化。为实现长远发展，企业必须充分利用自有资金，而这些资金来源于股东投入的权益资本。因此，企业经营者需要努力将权益资本的价值最大化，从而实现股东财富最大化的目标。通过追求股东财富最大化，企业能够避免过度追求短期利润，从而更好地实现经济增加值的最大化。衡量企业的经营绩效需要评价它的经营质量。但是，一家企业的经营质量怎么才算好呢？单单看其实现的利润是不足以衡量一家企业的经营质量的。2001年出版的由凌晓东等翻译的埃巴的《经济增加值——如何为股东创造财富》一书，充分阐述了经济增加值与股东财富的关系。该书指出，股东财富最大化目标是助力企业长远发展的强大动力。一家企业的股东作为企业剩余价值的索取者，是最终获得回报的人，只有当股东利益达到最大时，其他利益相关者才能获得更多的收益，企业才能获得更多的利润。经济增加值法考虑股东的必要报酬率，充分体现了股东的要求，只有在当期经济增加值大于零时，企业才是真正创造价值的。

三、经济增加值的产生与发展

1976年，斯图尔特创办的思腾思特公司首次提出了经济增加值的概念，并将其作为企业绩效评价的重要工具。可口可乐公司的重组进一步促进了经济增加值从理论到实践的应用。初始时，可口可乐公司主要依赖独立的灌装厂，并授予这些灌装厂在特定地区销售可口可乐产品的永久权利。然而，随着这些合作灌装厂被传给第三代业主，与可口可乐公司的联系逐渐减弱。同时，第三代业主的创业积极性也有所下降。于是，可口可乐公司决定购买这些灌装线，但给其估值和这些灌装线的后续经营存在较大困难。1981年，斯图尔特提出使用现金流量评估灌装线价值，并用经济利润评估后续经理人的奖金，这就是经济增加值的前身。通过让灌装厂经理分享他们创造的经济利润增加量，可实现投资增值。斯图尔特成功地借此方式完成了可口可乐公司的重组，并提升了企业的价值。1982年，斯图尔特通过思腾思特公司推出了经济增加值的概念，并注册了“Economic Value Added”作为企业绩效评价指标，后来简称“EVA”。

1988 年，乔勒姆·斯特恩在其创办的《应用企业财务期刊》（季刊）中，对经济增加值这一企业绩效评价指标进行了介绍。此外，《财富》杂志上刊登的全美上市企业年经济增加值和市场增加值的相关数据让人们进一步认识了经济增加值这一指标。与此同时，西方许多企业引入经济增加值这一绩效评价指标，并获得了良好的经营效果，如百利通公司。百利通公司于 1996 年引入经济增加值，在推行该指标 10 年后，其产值约为 20 亿美元，实现了巨大飞跃。

思腾思特公司和国资委的推广促进了中国经济增加值的快速发展。2001 年，上海举办 EVA 国际研讨会，引入经济增加值指标。随后，思腾思特远卓管理顾问公司成立，由思腾思特公司和中国远卓管理顾问有限公司共同创办，为中国企业提供价值管理咨询服务，推动了经济增加值的应用。2006 年，国资委发布《中央企业综合绩效评价管理暂行办法》，要求首先在国有企业详细制定绩效考核指标。2009 年，国资委颁布第 22 号令，规定从 2010 年 1 月 1 日起，在中央企业全面推行经济增加值绩效考核，其中经济增加值指标占整个考核体系的 40%，超过利润总额指标的 10%。这标志着经济增加值在中国国有企业进一步发展。总体来看，中国经济增加值的发展可以分为三个阶段：①引入阶段（2010—2012 年），经济增加值逐渐应用于中国企业。②强化阶段（2013—2015 年），旨在探索以经济增加值为核心指标的绩效评价体系，并引导企业建立以价值为导向的决策管理体系。③完善阶段（2015 年以后），中国逐渐形成了具有中国特色的经济增加值考核管理体系，增强了中国企业的全球竞争力。自 2010 年引入经济增加值，我国已有上百家企业进行了相关实践，并取得了良好的效果。经济增加值在国有企业的应用不仅推动了国有企业自身的发展，还对其他企业产生了积极的促进作用。

四、经济增加值相关概念及辨析

经济增加值是企业绩效评价中的一个重要概念，是指企业税后净营业利润扣除全部投入资本成本后的剩余收益。当经济增加值为正时，说明企业创造了价值；反之，说明股东的财富在减少。

要了解经济增加值，首先要辨析什么是全部投入资本的成本。我们知道，资产=负债+所有者权益，在传统会计核算中，通常用利息费用来衡量负债的成本，但所有者投入资金的成本却没有明确表现出来。虽然所有者投入的资金不是企业必须归还的，也不会产生类似于债务资本那样的利息费用，但是，权益资金就不会产生使用成本吗？显然这样的说法是不对的。其次，经济增加值考虑了全部投入资本的成本，与传统会计核算方法的不同在于它将权益资金成本等一系列未在传统会计核算中表现出来的资金成本涵盖其中，丰富了会计成本的范围，让企业价值评估结果更符合事实。全部投入资本成本不仅包括企业过去交易或事项形成的资本成本，还可能涵盖尚未发生的交易或事项形成的资本成本。

剩余收益是指企业在投资中获得的利润扣减其投资额（或净资产占用额）按规定（或预期）的最低收益率计算的投资收益后的余额。当企业的营业利润超过预期最低收益时，超过部分就是企业的剩余收益。然而，当投资获得的利润为正，而为正的数额又达不到股东所要求的报酬时，剩余收益是一个负数，这意味着企业并没有创造价值。

经济增加值可以用4M 体系（如图 8-1 所示）来解释。第一个 M 是 Measurement，是指经济增加值的业绩评价功能。经济增加值通过相关会计项目的调整科学反映企业经营业绩和经济价值。第二个 M 是 Management，指管理决策，包括企业的战略管理、财务决策、资本分配等。在提高经济增加值的压力下，企业管理人员需要思考怎样通过提高资本的运营能力来降低企业的经营成本。第三个 M 是 Motivation，即激励机制。企业所有者通过经营者经营管理公司，同时需要对经营者的行为进行监督、约束和激励，只有当企业所有者和经营者的利益一致时，才能实现股东财富最大化目标。第四个 M 是 Mindset，指经营理念。经济增加值体系将价值创造理念融入企业管理者、经营者和员工的责任，助力股东财富最大化经营目标的实现。

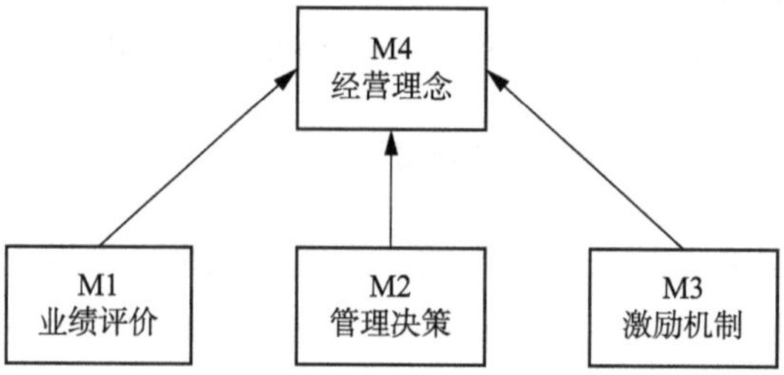

图 8-1 经济增加值的 4M 体系

五、经济增加值的计算公式

由经济增加值的定义可以得到经济增加值的计算公式：

经济增加值=税后净营业利润−平均资本占用×加权平均资本成本（8.1）

我们用 *EVA* 表示经济增加值，*NOPAT* 表示税后净营业利润，*TC* 表示平均资本占用，*WACC* 表示加权平均资本成本，则经济增加值的计算公式为

$$EVA=NOPAT-TC\times WACC \tag{8.2}$$

NOPAT 衡量的是企业经营盈利情况，是会计上的净利润通过一定调整后的税后利润。思腾思特公司认为，会计上的账面价值与经济层面的账面价值不同，在对会计账面价值进行适当调整后，才能得到经济账面价值。为此，该公司列示了 164 项调整项目，包括研发费用、商誉摊销、坏账准备、递延税款等。但是，由于调整项目过多，在实际操作过程中可能会遇到困难，所以目前大多数企业只进行 5~10 项相关调整。

根据《管理会计应用指引第 602 号——经济增加值法》，企业需要结合自身实际情况，遵循价值导向性、重要性、可控性、可操作性与行业可比性等原则，对企业的税后净营业利润进行调整。常见的企业税后净营业利润调整项目有六类：①收益期较长但为一次性支出的费用，应进行资本化处理，不计入当期费用，如研究开发费、大型广告费等。②反映付息债务成本的利息支出，不作为期间费用扣除，应在计算税后净营业利润时在扣除所得税影响后予以加回。③具有偶发性的收入、支出，应从税后净营业利润中扣除，如当期发生的营业外收入、营业外支出等。④当期减值损失，在扣除所得税影响后予以加回，并在计算资本占用时相应调整资产减值准备发生额。⑤递延税金，不反映企业实际支付税款的情况，将递延所得税资产、负债变动影响的企业所得税从税后净营业利润中扣除，并相应调整资本占用。⑥其他非经常性损益调整项目，如股权转让收益等。

基于以上调整项，税后净营业利润（*NOPAT*）计算公式为

$$\begin{aligned} NOPAT=&(\text{净利润}+\text{财务费用}+\text{所得税费用})\times(1-\text{所得税税率})+\text{研发费用}+\\ &\text{各项准备的增加额}+\text{递延所得税负债}-\text{递延所得税资产}+\\ &\text{少数股东损益}-\text{非经常性损益}\times(1-\text{所得税税率}) \end{aligned} \tag{8.3}$$

经济增加值中的平均资本占用（*TC*）反映企业持续投入的各种债务资本和股权资本，其计算公式为

TC=债务资本(包括融资活动产生的有息负债，不包括无息流动负债)+股权资本(包括少数股东权益)+会计调整项

或=短期借款+长期借款+应付债券+一年内到期的长期借款的短期部分+普通股权益+少数股东权益+累计商誉摊销+研发费用资本化金额+各种准备金+递延税项贷方余额-递延税项借方余额-在建工程 (8.4)

加权平均资本成本（$WACC$）反映企业各种资本的平均加权成本率，是投资者所要求的必要报酬率。我们用 Ks 表示股权资本成本，Kd 表示债务资本成本，T 表示所得税税率，S 表示股权资本，D 表示债务资本，则加权平均资本成本（$WACC$）的计算公式为

$$WACC=Ks\times\frac{S}{S+D}+Kd\times\frac{S}{S+D}\times(1-T) \tag{8.5}$$

债务资本成本（Kd）反映企业的债务融资成本率，可以用中国人民银行公布的短期利率来表示。

股权资本成本（Ks）反映企业进行权益性融资需要付出的代价，可以用股利折现模型、资本资产定价模型等来衡量。在实际工作中，通常用资本资产定价模型来确定企业股权资本成本，计算公式为

$$Ks=Rf+\beta(Rm-Rf) \tag{8.6}$$

其中，Rf 为无风险报酬率，Rm 为市场预期报酬率，β 为企业股票相对于整个市场的风险指数。

六、经济增加值的特点

经济增加值与净利润有根本的区别：净利润未扣除权益资本成本，在数值上高于经济增加值。当用净利润衡量企业绩效盈利时，用经济增加值去衡量可能亏损。传统上，净利润是衡量企业绩效的常用指标，但它只考虑权益资金带来的收入，而忽略了权益资金的成本，可能高估企业价值。

经济增加值指标统一了企业利益相关者的目标，与股东财富最大化的管理目标契合，同时有相应的激励机制，统一了企业与员工的利益。

经济增加值指标有助于遏制企业一味追求利润和盲目扩张的行为。传统的会计利润忽略了权益资金的成本，可能导致管理者与经营者错误地认为股东投入的资金是可以免费占用的，从而作出片面追求企业利润、盲目扩张等

不利于企业长远发展的决策，而经济增加值指标使他们关注企业长期价值创造，努力实现企业的可持续发展。

当然，经济增加值指标也有一定的局限性，主要体现在三个方面：①计算较为复杂，需在会计利润的基础上进行多项调整，工作量较大；②难以确定一套统一的标准，影响可比性原则的执行；③计算过程依赖基本财务指标，难以对企业的运营状况进行综合评价。

第二节 经济增加值与业绩评价系统

经济增加值作为企业绩效管理的重要指标，主要由四部分构成，即业绩评价体系、管理模式、激励制度和企业价值理念。本节重点介绍基于经济增加值的业绩评价模式。企业业绩评价是指企业运用系统的工具和方法，对一定时期内企业经营的效率和效果进行综合评价的管理活动。企业业绩评价是实施激励管理的重要依据。

一、经济增加值与业绩评价的理论基础

19 世纪中叶，马克思在《资本论》中揭示了经济增加值对于评价企业经营业绩的有效性。一家企业通常会有多个部门，不同部门的资本构成和周转速度不同，导致不同部门利润率存在差异。由于资本家追求利润，投资者会将资金更多地投入利润率较高的部门，从而形成部门之间的竞争。部门之间的竞争会导致供求关系变化，进而影响价格和利润率，使部门利润率趋于平均。因此，平均利润率可视为社会总资本要求的最低回报率。企业要生存发展，必须追求超额利润，创造剩余价值，使资本增值。1890 年，西方经济学家阿尔弗雷德·马歇尔提出经济利润的概念——利润减去按当前利率计算的资本利息后的剩余部分，也称“营业盈余”或“管理盈余”。可见，学者们当时已经认识到，只有企业的收入在弥补成本和回报后仍有剩余，才能实现盈利。

二、企业业绩评价基础指标体系

我国企业业绩评价基础指标体系（见表 8-1）主要包括财务效益状况、资产营运状况、偿债能力状况和发展能力状况四个方面，由基本指标、修正指标、评议指标三个层次构成。

表 8-1 我国企业业绩评价基础指标体系

评价内容	基本指标	计算公式
财务效益状况	净资产收益率	净资产收益率=净利润÷平均净资产×100%
	总资产报酬率	总资产报酬率=息税前利润÷资产平均总额×100%
资产营运状况	总资产周转率	总资产周转率(次)=销售(营业)收入净额÷平均资产总额
	流动资产周转率	流动资产周转率(次)=销售(营业)收入净额÷平均流动资产总额
偿债能力状况	资产负债率	资产负债率=负债总额÷资产总额×100%
	已获利息倍数	已获利息倍数=息税前利润总额÷利息支出
发展能力状况	销售(营业)增长率	销售(营业)增长率=本年销售(营业)收入增长额÷上年销售(营业)收入总额×100%
	资本积累率	资本积累率=本年所有者权益增长额÷年初所有者权益×100%

我国企业业绩评价基础指标体系主要突出企业的经营效益，但过于侧重财务评价。由于财务数据有弹性，故根据财务报表信息计算的一系列指标往往不能准确反映企业的真实业绩，而且通过这种方式衡量经营者的业绩会造成他们的一系列短视行为，不利于企业的长期发展。

三、经济增加值为企业业绩评价提供新思路

20 世纪末，《参考消息》上一篇题为《“附加经济价值”规则》的文章介绍了风靡国外的经济增加值指标。随后，我国学者对该指标进行了研究，并将其应用于企业的业绩评价实践。经济增加值业绩评价指标体系以投资者利益为出发点，考虑权益资本成本，更与股东财富最大化的企业目标密切相关。经济增加值评价方法以该指标为核心，计算企业的实际指标值，并按照一定标准进行比较，得出经营业绩评价结论。

企业业绩评价指标体系通常包括确定评价目标、相关指标、评价标准和评价方法等内容。基于经济增加值的指标体系包括财务指标和非财务指标。在实施过程中，经济增加值指标被置于首要位置，作为管理者、经营者和员工奖惩的标准。当经济增加值指标与其他财务指标冲突时，以经济增加值指标为准。

经济增加值评价标准基于基准值和期望值，目标值是两者之和。基准值参考前期经济增加值的实际完成情况，期望值综合考虑企业战略目标、投资者回报期望、年度经营计划和企业价值创造等因素确定。

四、经济增加值业绩评价指标体系

单位资本经济附加值是指企业一定时期的经济附加值同平均资本总额的比率，也叫经济附加值率。它可以弥补 *EVA* 不能横向比较的缺陷，计算公式为

$$单位资本经济附加值=\frac{EVA}{平均资产总额}=加权平均资本成本 \quad (8.7)$$

每股经济附加值是指企业一定时期的经济附加值与期末普通股股数的比值，计算公式为

$$每股经济附加值=\frac{EVA}{普通股股数} \quad (8.8)$$

修正的经济附加值（*REVA*）是指企业一定时期的税后净营业利润减去加权平均资本成本与期初资产市场价值乘积的差额，计算公式为

$$REVA=税后净营业利润-加权平均资本成本\times期初资产市场价值 \quad (8.9)$$

经济增加值以外的财务指标体系沿用企业业绩评价的基础指标，从企业的财务效益状况、资产营运状况、偿债能力状况和发展能力状况四个方面评价企业在当前一段时期内的经营状况。非财务指标是财务指标的补充。在大数据时代，企业的发展需要结合财务指标和非财务指标，应构建一套更为完善的基于经济增加值的企业业绩综合评价体系，如图 8-2 所示。

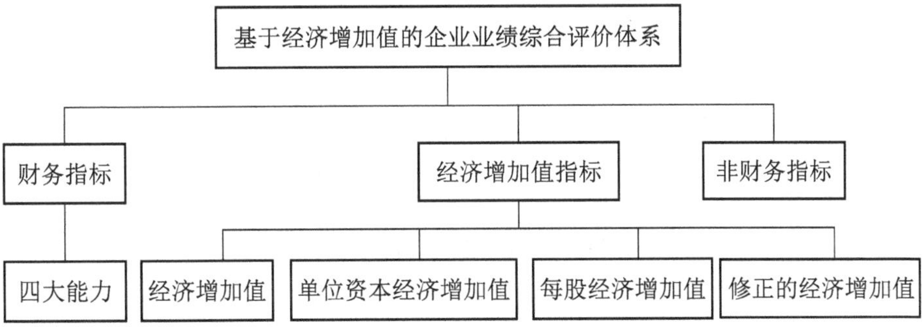

图 8-2　基于经济增加值的企业业绩综合评价体系

当前，评价企业业绩已不再局限于财务指标，越来越多的财会工作者将一些非财务指标纳入考虑范围。非财务指标是基于财务指标的其他企业业绩评价指标的有力补充，是构建企业业绩综合评价体系的重要内容。常见的企业业绩评价非财务指标包括以下几类：

第一，反映企业技术创新的评价指标。反映企业技术创新的评价指标包

括研究开发费用率、研究开发费用增长率、新产品贡献率等。企业的发展离不开技术创新，而技术创新能力直接影响着企业生产经营过程的成本费用，也会为企业带来新的盈利产品，提高企业业绩。

第二，反映企业员工的评价指标。反映企业员工的评价指标包括员工积极性、劳动生产率、人力资本异质性等。员工是企业业绩的创造者，一般来说，员工的积极性越高、劳动生产率越高，企业的业绩就越好。此外，也有学者认为，人力资本异质性与企业业绩有关，如张珺涵（2019）通过对科技服务企业人力资本异质性的实证研究，发现人力资本异质性与劳动生产率负相关，从而会对企业业绩产生负向影响。

第三，反映企业可持续发展能力的评价指标。反映企业可持续发展能力的评价指标包括 ESG、社会责任履行情况、企业三重绩效等。李井林（2021）基于 ESG 理念，从三个层面考察了其对企业业绩的影响，结果表明，ESG 理念有助于企业业绩的提高。田虹、王宇菲（2019）从企业的环境绩效、社会绩效和经济绩效等方面考察了企业的可持续发展能力，结果显示，前两者会对企业的经营绩效产生正向影响。

第四，反映客户的评价指标。反映客户的评价指标主要包括市场占有率、客户满意度、产品回购率等。客户对企业商品和服务的评价越高，企业业绩通常越好。

第五，反映企业信誉的评价指标。反映企业信誉的评价指标包括退货率、逾期偿债率、是否及时发货等。企业的业绩通常与其信誉有关，拥有良好信誉的企业通常能留住客户，有更多的合作伙伴，业绩情况较好。

第三节　经济增加值激励机制

本节重点介绍经济增加值的激励机制。企业激励机制是指运用系统的工具和方法，调动员工的积极性、主动性和创造性，激发员工工作动力的管理活动。激励机制是促进企业绩效提升的重要手段。

一、传统激励机制及其缺陷

企业管理人员的薪酬通常包括基本薪酬、短期奖励、中长期奖励和福利津贴。基本薪酬是固定值，用于满足管理人员的基本生活需求，无论企业经营状况如何，都能获得。短期奖励是对当年表现出色的管理人员的直接回报。中长期奖励包括管理人员持股、股票期权和经营业绩股份等。在传统的激励机制下，企业的短期奖励和中长期奖励与传统会计指标相关，而不一定反映企业的经营绩效水平。福利津贴不仅指一般员工所享有的“五险一金”，还包括针对管理人员的特别医疗保险、人寿保险、住房补贴、离职金等。

有研究表明，在传统的激励机制下，管理人员的收入普遍偏低，并且管理人员的薪酬与企业业绩之间的关系系数很低。很少有企业会采用奖金或者期权的方式，即便采用，管理人员收入的可变部分的比重也很低，很难起到激励作用。这意味着企业的经营绩效好坏与管理人员薪酬的多少没有必然的联系。当企业绩效不佳时，管理人员的薪酬不减；当企业绩效优秀时，管理人员的薪酬不增。由此可见，管理人员对提升企业经营绩效缺乏责任感，不会以股东利益为重。这导致内部激励机制失效，股东财富增长不确定，企业发展受限。

在传统的激励机制下，管理人员的奖金或期权激励有以下两个特点：①管理人员的奖金或股权发放取决于企业财务经营目标的实现情况；②管理人员的奖金或期权激励是有上限规定的。由此可见，管理人员可能会为了短期或者在其任期内提升企业的财务数据而放弃那些可能给企业带来长远利益的项目。此外，管理者可能会操控股权价格，通过出售或买入的方式获利。受到最高发放金额限制，管理人员还可能将本期收入或成本转移至下期，以最大化个人利益，不利于反映企业的真实经营情况。

二、建立经济增加值激励机制的必要性

经济增加值是对企业传统业绩指标的修正，并且考虑了股东的权益资本成本，更能全面而真实地反映企业的经营绩效。对管理人员来说，经济增加值指标可以尽可能地剔除会计失真的影响，有效避免会计指标的短期影响。

经济增加值能统一企业管理者和股东的利益。经济增加值的增长意味着企业在创造价值，股东财富在增长。管理者薪酬与经济增加值挂钩以后，随着经济增加值的增长，管理者能得到的薪酬也会增长，且经济增加值激励机制往往不设薪酬上限，这样管理者就能从自身利益和股东财富出发，主动改善其管理行为和管理决策，实现资本的增值。

经济增加值激励机制促使管理人员重视企业的长远发展。其中，会计利润的调整会使管理人员关注企业的长期效益。例如，将开发费用资本化，按

未来实际收益分期摊销，可以鼓励管理人员采取有利于企业长期投资的措施。经济增加值激励机制有效消除了管理人员的短视行为，有助于实现企业的可持续发展。

三、经济增加值红利银行

经济增加值激励机制主要包括EVA红利银行和EVA股票期权计划。以下重点介绍EVA红利银行。

EVA红利银行是一种奖励机制，基于企业一定经营周期内实现的实际EVA，按比例给予管理人员奖励。这部分奖励没有上限，并存入名义账户——红利银行。当*EVA*为正时，管理人员可获得真实红利，金额按红利银行账户的一定比例确定，剩余部分累积至下期。当*EVA*为负时，管理人员本期无红利，且之前累积的红利银行账户余额会减少。对管理人员来说，只要*EVA*在本期增长，相应红利及红利银行账户余额就会增加。

通过EVA红利银行，企业能够对管理人员的行为产生有效的激励和约束。管理人员从企业的员工变成企业的“合伙人”，在享受企业盈利带来的收益的同时承担企业亏损的风险，促使他们愿意持续为企业创造价值。

企业在建立EVA红利银行时，需要考虑生命周期。假设用EVA_t表示企业本期的*EVA*，EVA_{t-1}表示企业上期的*EVA*，EVA_m表示设定的目标*EVA*，a_1，a_2为特定的比例，则常见的EVA红利计算模型有如下几种形式：

$$\text{当 } EVA_t>0 \text{ 时，红利}=EVA_t\times a_1+(EVA_t-EVA_{t-1})\times a_2 \tag{8.10}$$

$$\text{当 } EVA_t\leqslant 0 \text{ 时，红利}=(EVA_t-EVA_{t-1})\times a_2 \tag{8.11}$$

该形式适用于进入夕阳期的企业。通常来说，这些企业只能获得行业的平均利润，*EVA*的均值小于或等于零。在该形式下，管理人员的薪酬基于大于零的*EVA*和*EVA*增量，旨在鼓励管理人员发掘企业的潜力。

$$\text{红利}=(EVA_t-EVA_m)\times a_1+(EVA_t-EVA_{t-1})\times a_2 \tag{8.12}$$

该形式适用于处在成熟期的企业。这类企业的*EVA*通常为正，而且各年的*EVA*值趋于稳定。在该形式下，管理人员的薪酬不仅与当期EVA较上期值增加多少有关，还与当期实现的*EVA*值与设定目标值的差额有关。该形式鼓励管理人员不要满足于*EVA*为正，而要达到甚至超过设定的目标，实现企业业绩的不断提高。

$$\text{红利}=(EVA_t-EVA_{t-1})\times a_2 \tag{8.13}$$

该形式适用于处在朝阳期的高新技术企业。这些企业的价值通常难以合理估计，采用 EVA 增量衡量管理人员的业绩可以最大限度地调动他们的积极性，抢占市场份额。

经济增加值股票期权计划的核心是确定股票期权的行权价格和数量。行权价格影响激励效果，行权价格过高会减弱激励作用。股票期权数量决定激励在总薪酬中的比重，通过影响管理人员的总薪酬来实现激励作用。

EVA 股票期权计划以管理人员创造的 EVA 为基础调整股票期权的行权价格和数量。在该计划中，股票的行权价格不固定，首次授予时等于市值，随后根据加权平均资本成本减去股息率相应增加。股票期权数量与当期 EVA 相关，主要取决于管理人员为企业创造的经济增加值。通过调整股票期权的行权价格和数量，EVA 股票期权计划可以有效激励管理人员，促使其为企业创造经济增加值。

在用 EVA 调整授予的股票期权中包含的股票数量时，一般采用以下方法：假设当期股票期权中股票的数量为 N_t，上期为 N_{t-1}，本期经济增加值和上期经济增加值分别为 EVA_t 和 EVA_{t-1}，则当期股票期权中股票的数量为

$$N_t = N_{t-1} \times \frac{EVA_t}{EVA_{t-1}} \tag{8.14}$$

经济增加值行权价格采用递增的方式，在授予日等于股票的市场价格或公允价值，在授予日后随着每年的行权价格递增，增加的比例与当前的加权平均资本成本和股息率有关。假设当期股票的行权价格为 P_t，上期为 P_{t-1}，当前的加权平均资本成本为 $WACC$，股息率为 D，则当期股票的行权价格为

$$P_t = P_{t-1} \times [1 + (WACC - D)] \tag{8.15}$$

如果当期股票的市场价格为 S，当期管理人员所拥有的股票期权激励财富为 We，则当期管理人员拥有的股票期权激励财富为

$$We = \max(S - P_t,\ 0) \times N_t \tag{8.16}$$

由此可见，如果管理人员能提高企业资本的利用效率和效果，那么当期企业的加权平均资本成本就是较低的，股票期权的行权价格会相应降低。如果当期实现的 EVA 值较大，股票期权中所包含的股票数量会增多。此外，由于 EVA 的增加，通过相关信息传导机制，股票的市场价格会提高，进而使 $S-P_1$ 与 $S-P_2$ 的差额增大。基于此，当期管理人员拥有的股票期权激励财富值大大增加，即实现了对管理人员的股票激励。

第四节　相关理论前沿

经济增加值这一概念提出以来，国内外学者对其进行了一系列研究，就现有研究来看，主要涉及三个方面：经济增加值的相关性、经济增加值的评价可行性和经济增加值的应用有效性。

一、经济增加值的相关性研究

经济增加值与其他传统业绩评价指标以及企业价值之间的关系一直是一个备受关注的领域。相关研究主要围绕 EVA、市场增加值（Market Value Added，MVA）、股票收益等因素的价值相关性展开。

（一）EVA、MVA 与传统业绩评价指标的相关性

Stewart（1991）通过对美国企业 4 年间的市场数据进行回归分析发现，经济增加值与市场增加值之间存在显著的正相关关系。此后的研究也加深了对 EVA 与 MVA 之间关系的认识。例如：Kim 等（2004）的研究通过控制经济周期阶段和资本密集度的行业效应，证实了 EVA 和 MVA 之间在经济紧缩期间有更为明显的强正相关性。王丽南（2010）对 EVA 与 MVA 之间的关系进行了实证研究，结果表明，EVA 和 MVA 之间存在强相关性。

关于 EVA 与企业价值的相关性，研究结果存在一定的差异。一些学者认为，EVA 比其他传统业绩评价指标更能解释企业价值的变化。例如：Uyemura、Kantor 和 Petti（1996）的实证比较研究显示，相对于传统财务指标，EVA 能更好地解释市场增加值的变化，这意味着 EVA 与企业价值之间存在更紧密的关系。王晋国（2019）以网易公司为例进行了研究，将计算得出的 EVA 与该公司 2017 年底的市值进行了比较，发现两者非常接近，进一步佐证了 EVA 在解释企业价值方面的能力较强。

也有一些学者对 EVA 与企业价值关系的优越性持不同看法。例如：Fernandez（2001）通过对 582 家美国企业 15 年间的数据进行回归分析，发现税后净营业利润变化与 MVA 变化的相关性比 EVA 与 MVA 变化的相关性更为显著。Huang 和 Wang（2008）基于我国台湾证券交易所 37 家上市公司 2001—2003 年的数据进行研究，得出了 EVA 相对于剩余收益来说，在反映企业价值方面的表现并不十分显著的结论。

（二）EVA、传统业绩评价指标与股票收益的相关性

对比传统业绩评价指标和 EVA 与股票收益的相关性是一个备受关注的研究视角。胡继之和吕一凡（2000）通过对非金融企业 1994—1998 年数据的研究，发现 EVA 相对于其他传统业绩评价指标，更显著地与股票价格的变动相关。Worthington 和 West（2004）对澳大利亚相关企业数据的研究也支持了 EVA 与股票收益更相关的结论。史富莲等（2012）基于国内上市公司 2006—2008 年数据的研究证明，EVA 与股票收益率之间存在显著的线性关系。

然而，并非所有学者都认同 EVA 在解释股票收益方面的优越性。张玲和邓霄敏（2004）考察了国内 659 家上市公司 3 年的数据，发现虽然结合 EVA 和 MVA 两大指标评价股票收益在一定程度上是合理的，但其解释能力并不太强。Ismail（2008）运用相对信息含量分析法和增量信息含量分析法，对英国企业的 EVA 与传统业绩评价指标在解释股票收益方面的能力进行了比较，结果显示，相较 EVA，企业税后净营业利润和净收益对股票收益的解释能力更强，且应计收益和营业现金流量表现出更多的增量信息含量。此外，陈红梅（2018）的研究对比了 EVA、MVA 和可持续增长率（SRG）对股价的解释能力，发现 MVA 对年均股价的影响力最为显著。

（三）经济增加值的价值相关性研究

总体来看，关于经济增加值价值相关性的研究结论尚未达成一致，尽管支持 EVA 与其他业绩评价指标关系的观点较多，但一些反对意见也不容忽视。这种不一致的研究结论可能是由于多种因素的综合影响。

第一，有些研究忽略了通货膨胀对 EVA 的影响。通货膨胀可能对企业的经济增加值产生影响，因为它可能导致资产负债表中的数值变化，从而影响 *EVA* 的计算和解释。

第二，使用线性方法可能导致结论产生偏误。EVA 与其他指标之间的关系可能并非简单的线性关系，因此，在研究中使用更为灵活的方法更有助于捕捉其复杂的相关性。

第三，研究时忽略了企业规模和行业差异的影响，可能导致结论的偏颇。不同规模和行业的企业在 EVA 的表现上可能存在差异，在研究中应予以考虑。

第四，研究的样本量和时间窗口可能存在较大差异，从而导致研究结果的不一致。较小的样本量或较短的时间窗口可能无法全面反映 EVA 与其他指

标的关系。

第五，EVA 本身存在的一些缺陷，也可能影响研究结论的稳定性和一致性。

未来在研究经济增加值价值相关性时，需要特别关注上述问题，并采用更为全面和灵活的方法来探索 EVA 与其他业绩评价指标的关系。这样的研究有助于更好地理解 EVA 在衡量企业绩效和价值方面的作用。

二、经济增加值的评价可行性研究

经济增加值在企业业绩评价中发挥着重要作用。Wallace（1997）的研究指出，EVA 能够更准确地反映企业的真实业绩，剔除了失真部分。李洪等（2006）通过主成分分析法证明了使用经济增加值指标衡量企业业绩的有效性。陈之荣（2010）从委托代理理论出发，引入外部市场波动因素，通过对经济增加值的调整，进一步证明了其在企业业绩评价中的重要作用。

经济增加值作为一种业绩评价指标，并非没有局限性。一些学者认为，有必要积极整合 EVA 和其他管理会计工具。王化成和刘俊勇（2004）从业绩评价的历史演进和地位出发，将评价指标作为基础，系统梳理了财务模式、价值模式和平衡模式三种企业业绩评价系统，并详细介绍了每种系统中典型的方法。结合中国的实际情况，他们提出，我国企业应选择平衡模式。印猛和李燕萍（2006）指出了平衡计分卡和经济增加值法各自的缺点，并基于层次分析法建立了融合两者的战略管理体系。他们还将这一体系有效地应用于昆山信达电子公司，提供了整合 EVA 和平衡计分卡的有益借鉴。刘运国和陈国菲（2007）通过对 GP 企业集团的绩效管理现状进行分析，提出了该企业集团目前绩效管理中存在的一系列问题，并重新构建了基于平衡计分卡和经济增加值的综合绩效评价指标体系。这一体系为我国类似企业改进绩效评价模式提供了有价值的参考。

三、经济增加值的应用有效性研究

应用经济增加值可能引发一系列经济后果，成为国内外学者研究的热点话题。总体来看，大多数学者认为经济增加值的经济后果是积极的，其应用不仅能从整体上提升企业的价值，还会在企业的投融资决策等细节方面产生积极效应。

（一）经济增加值的应用提升了企业整体价值

Kleiman（1999）在其研究中探讨了采用EVA的公司相对于行业竞争对手能否为股东创造更多的价值。通过对71家企业的研究，他发现，采用EVA的公司确实能够创造更多的价值。Prakash等（2003）的研究表明，实施了EVA的企业的流动比率和速动比率明显下降，而资产周转率和股本回报率等指标显著提高。徐利飞和王雪娇（2022）基于梅特卡夫理论，提出了修正的EVA模型，认为这一模型更有利于评估储能企业的价值，并有助于提升储能企业的价值。

（二）经济增加值的应用抑制了企业的过度投资

刘凤委（2013）基于中央企业的数据，证实实施经济增加值考核体系有助于降低央企的过度投资，这种效果显著且稳定。他的研究考虑了市场竞争环境的影响，表明随着市场竞争的加剧，经济增加值的抑制作用会进一步增强。吕明（2016）以中央企业为研究对象，发现EVA考核对企业多元化程度有积极的调节作用，进一步增强了对过度投资的抑制效果。卫秋转（2018）则运用国家统计局公布的数据，通过回归分析纵向检验了实施经济增加值考核前后企业非效率投资的变化，结果进一步证实，应用经济增加值可以有效抑制企业的过度投资。

（三）经济增加值的应用降低了企业权益资本成本

李昕潼和池国华（2017）基于我国2010—2014年的国有上市公司数据，实证研究了经济增加值业绩考核对我国国有上市公司权益资本成本的影响。他们进一步验证了经济增加值业绩考核在降低企业权益资本成本方面，存在内部治理机制与行业竞争外部治理机制的交互作用。具体而言，经济增加值业绩考核可以降低国有企业的权益资本成本。此外，在竞争较激烈的行业，经济增加值业绩考核对降低企业权益资本成本的效果更为显著。陈利军和李延喜（2022）提出，企业通过提高内部控制水平，可以提高经济增加值，并降低资本成本。

（四）经济增加值的其他积极效应

张庆萍和陈新国（2018）以A银行为例进行研究后发现，实施EVA考核后，银行不良贷款率有所下降，同时资本充足率有所提高。郝婷等（2021）从专利和市场价值两个方面研究了经济增加值绩效考核对企业研发投资经济效益的影响，结果显示，实施经济增加值绩效考核有利于提高企业的专利申请量。

第五节 经济增加值案例

山西杏花村汾酒厂股份有限公司（简称“山西汾酒”），位于山西省汾阳市杏花村，公司前身为山西杏花村汾酒厂。该公司于1993年12月22日成立，1994年1月6日上市。山西汾酒主营业务是汾酒、竹叶青酒及其系列酒的生产、销售。该公司一直秉持“用品质酿酒，以大爱铸魂”的理念，让6000年的酿酒史不再是一个遥不可及的符号。汾酒人秉持着极致的酿酒精神，创造着辉煌。

在新冠疫情持续冲击、全球局势动荡的背景下，穿越周期的能力、高质量增长的态势使山西汾酒成为资本市场的稀缺标的。2021年年报显示，2021年全年，山西汾酒实现营业收入199.71亿元，逼近200亿元大关，同比增长42.75%，全年净利润同比增长72.56%。在动荡局势下，山西汾酒业绩不但保持稳健，还呈现出极强的增长势头。

基于经济增加值在山西汾酒的应用，我们将案例分析分为以下几个步骤：首先，基于2017—2021年山西汾酒的历史数据，对公司的税后净营业利润和资本总额进行调整；其次，计算加权平均资本成本，在此基础上得到公司的历史EVA；最后，根据历史数据预测山西汾酒2022—2026年的EVA，评估山西汾酒的企业价值。

根据相关准则，并结合山西汾酒的具体情况对该公司的税后净营业利润和资本总额进行调整，具体情况见表8-2和表8-3。

税后净营业利润为营业利润减去所得税费用后的余额加上营业外收入、营业外支出之差乘以所得税税率，再加上利息支出、资产减值损失和费用化研发费用三者之和乘以（1-所得税税率），最后加上递延所得税负债增加值，减去递延所得税资产增加值。从表8-2可以看出，山西汾酒的税后净营业利润呈现出逐年递增的态势，且增幅较大。

表8-2 山西汾酒税后经营利润

项目	2017年	2018年	2019年	2020年	2021年
营业利润（万元）	138 485	217 702	284 342	423 488	702 946
所得税费用（元）	37 908	61 453	79 153	112 075	170 085

续表

项目	2017 年	2018 年	2019 年	2020 年	2021 年
营业外收入（万元）	923	116	312	552	7 089
营业外支出（万元）	1 083	376	144	378	983
利息支出（万元）		303		699	99
资产减值损失（万元）	-1 658	221			
费用化研发费用（万元）	1 125	1 215	2 225	1 667	2 299
所得税税率（%）	25%	25%	25%	25%	25%
递延所得税负债增加额（万元）	-24	324	1 088	1 523	591
递延所得税资产增加额（万元）	16 703	25 421	26 817	29 339	42 797
税后净营业利润（万元）	83 410	132 391	181 171	285 415	493 980

表 8-3　山西汾酒资本总额　　单位：万元

项目	2017 年	2018 年	2019 年	2020 年	2021 年
股东权益	533 871	648 161	762 459	1 006 494	1 558 676
(+) 资产减值准备	-1 658	221		-395	
(+) 费用化研发费用	1 125	1 215	2 225	1 667	2 299
(-) 税后营业外收支净额	-120	-195	126	131	4 580
(-) 在建工程	41 924	30 580	51 064	52 710	24 682
(+) 递延所得税负债余额	122	446	1 534	3 057	3 648
(-) 递延所得税资产余额	31 107	56 527	83 344	112 683	155 480
权益资本总计	460 549	563 131	631 684	845 299	1 379 881
(+) 短期借款					
(+) 长期借款					
(+) 一年内到期的非流动负债					1 323
(+) 应付债券					
债务资本总计	0	0	0	0	1 323
资本总额	460 549	563 131	631 684	845 299	1 381 204

山西汾酒加权平均资本成本见表 8-4。其中，无风险利率选取各年 10 年

期国债收益率的月平均值，贝塔系数为国泰安数据库中山西汾酒一年总市值加权贝塔系数，市场风险溢价取值为此 5 年我国 GDP 增长率，股权资本成本为无风险利率加上贝塔系数与市场风险溢价的乘积，2021 年一年内到期非流动负债为租赁负债，利率为 4.75%。

表 8-4 山西汾酒加权平均资本成本

项目	2017 年	2018 年	2019 年	2020 年	2021 年
资本总额 *K*	460 549	563 131	631 684	845 299	1381 204
债务资本 *B*	0	0	0	0	1 323
权益资本 *S*	460 549	563 131	631 684	845 299	1 379 881
债务资本比重 *B/K*（%）	0.00	0.00	0.00	0.00	0.10
权益资本比重 *S/K*（%）	100.00	100.00	100.00	100.00	99.90
无风险利率（%）	3.62	3.62	3.21	2.96	3.02
贝塔系数	1.20	1.29	1.28	1.02	1.88
市场风险溢价（%）	6.95	6.75	5.95	2.24	8.11
股权资本成本（%）	11.96	12.33	10.83	5.24	18.27
债务资本成本（%）	0.00	0.00	0.00	0.00	0.00
加权平均资本成本 *WACC*（%）	11.96	12.33	10.83	5.24	18.27

在得到山西汾酒调整后的税后净营业利润、资本总额和加权平均资本成本后，可根据公式计算出历史 *EVA*，见表 8-5。

表 8-5 山西汾酒历史 *EVA*

项目	2017 年	2018 年	2019 年	2020 年	2021 年
调整后的税后净营业利润（万元）	83 410	132 391	181 171	285 415	493 980
调整后的资本总额（万元）	460 549	563 131	631 684	845 299	1 381 204
加权平均资本成本 *WACC*（%）	11.96	12.33	10.83	5.24	18.27
EVA（万元）	28 328	62 957	112 760	241 121	241 634

从表 8-5 可以看出，山西汾酒的经济增加值呈现逐年上升的态势，且 2019 年和 2020 年的增速较大。在得到 2017—2021 年山西汾酒经济增加值的相关数据后，可计算 2022—2026 年财务数据的预测值，见表 8-6。

表 8-6 山西汾酒预测期税后经营利润

项目	2022 年	2023 年	2024 年	2025 年	2026 年
营业利润（万元）	1 059 199	1 596 001	2 404 854	3 623 635	5 460 093
所得税费用（万元）	248 443	362 901	530 089	774 302	1 131 022
营业外收入（万元）	1 798	1 798	1 798	1 798	1 798
营业外支出（万元）	593	593	593	593	593
利息支出（万元）	101	104	107	109	112
资产减值损失（万元）	0	0	0	0	0
费用化研发费用（万元）	1 706	1 706	1 706	1 706	1 706
所得税税率（%）	25	25	25	25	25
递延所得税负债增加额（万元）	700	700	700	700	700
递延所得税资产增加额（万元）	28 215	28 215	28 215	28 215	28 215
税后净营业利润（万元）	784 898	1 207 244	1 848 911	2 823 481	4 303 221

营业利润和所得税费用历史期整体递增，以年增长率均值 50.68%和 46.07%、2021 年的数据为基数计算预测期数值。预测期非经常性损益（营业外收入、营业外支出、递延所得税资产增加额、递延所得税负债增加额）的数值取历史期的平均值，分别为 1 798 万元、593 万元、28 215 万元和 700 万元。历史期利息支出项目无明显变化，考虑到通货膨胀率的影响，以 2021 年数据为基础，取通货膨胀率 2.5%为增长率计算。历史期资产减值损失后 3 年均为 0，预测期也取 0。历史期费用化研发支出变化不是很明显，以平均值 1706 万元为基础预测未来期数据。

由 2017—2021 年数据可知，山西汾酒基本无债务资本，因此在预测时主要计算未来期间的权益资本。山西汾酒股东权益历史期整体递增，取历史期年增长率的平均值 31.48%、以 2021 年数据为基数计算。山西汾酒预测期的资产减值准备、在建工程、递延所得税负债和递延所得税资产的余额取历史期的平均值，费用化研发费用和税后营业外收支净额根据表 8-6 计算，具体数据见表 8-7。

表 8-7 山西汾酒预测期资本总额

单位：万元

项目	2022 年	2023 年	2024 年	2025 年	2026 年
股东权益	2 049 347	2 694 482	3 542 705	4 657 948	6 124 270
（+）资产减值准备	-611	-611	-611	-611	-611

续表

项目	2022 年	2023 年	2024 年	2025 年	2026 年
(+) 费用化研发费用	1 706	1 706	1 706	1 706	1 706
(-) 税后营业外收支净额	904	904	904	904	904
(-) 在建工程	40 192	40 192	40 192	40 192	40 192
(+) 递延所得税负债余额	1 761	1 761	1 761	1 761	1 761
(-) 递延所得税资产余额	87 828	87 828	87 828	87 828	87 828
权益资本总计	1 923 279	2 568 414	3 416 637	4 531 880	5 998 202
(+) 短期借款					
(+) 长期借款					
(+) 一年内到期的非流动负债					
(+) 应付债券					
债务资本总计	0	0	0	0	0
资本总额	1 923 279	2 568 414	3 416 637	4 531 880	5 998 202

预测期山西汾酒的加权平均资本成本取历史期的平均值 11.73%，由此可以得到表 8-8。

表 8-8　山西汾酒预测期 *EVA*

项目	2022 年	2023 年	2024 年	2025 年	2026 年
调整后的税后净营业利润（万元）	784 898	1 207 244	1 848 911	2 823 481	4 303 221
调整后的资本总额（万元）	1 923 279	2 568 414	3 416 637	4 531 880	5 998 202
加权平均资本成本 *WACC*（%）	11.73%	11.73%	11.73%	11.73%	11.73%
EVA（万元）	559 297	905 969	1 448 139	2 291 891	3 599 632

基于以上对山西汾酒预测期 *EVA* 的计算，假设该公司在 2026 年进入永续增长阶段，加权平均资本成本保持 11.73%不变，永续增长率取 6.3%，可计算山西汾酒预测期和后续期 *EVA* 的现值（见表 8-9），进而估算其 2021 年底的企业价值为预测期及后续期 *EVA* 现值（46 283 015 万元）与期初投资成本（1 381 204万元）之和，即 47 664 219 万元。

表 8-9　山西汾酒预测期及后续期 *EVA* 的现值

项目	2022 年	2023 年	2024 年	2025 年	2026 年
EVA（万元）	559 297	905 969	1 448 139	2 291 891	3 599 632
折现系数	0.8950	0.8011	0.7170	0.6417	11.82
EVA 的现值（万元）	500 571	725 772	1 038 316	1 470 706	42 547 650

山西汾酒在 2021 年 12 月 31 日的股本总额为 122 011.4372 万股，用企业价值除以股本总额，可得山西汾酒在 2021 年底的每股价值为 390.65 元。山西汾酒在 2021 年 12 月 31 日的收盘价为 313.98 元/股，市值为 3 831 亿元，预测价值为 4 766 亿元，高出实际市值 935 亿元，高出比例为 24.41%。可见，山西汾酒的企业价值在 2021 年底是被低估的，该公司有较大发展潜力。

思考及讨论题

1. 什么是经济增加值?
2. 经济增加值与传统业绩评价指标相比有何优点?
3. 用经济增加值进行业绩评价有何意义?
4. 当前经济增加值研究的重点是什么?

09 第九章 公司治理

第一节　公司治理的定义及起源

公司治理实际上是现代企业内部权力分配的过程。学术界普遍认为公司治理的概念有广义和狭义之分。李维安和王国成（2003）的解释较为权威。他们认为，狭义的公司治理是指所有者（股东）对经营者的一种监督和制衡机制，即通过一种制度安排，合理配置所有者与经营者之间的权利与义务；而广义的公司治理涉及的利益相关者更广泛，不再局限于股东和经营者，还包括债权人、供应商、员工、政府等。

公司治理研究可追溯到 17 世纪，它是随着公司组织的出现而产生的。1776 年，亚当·斯密在《国富论》中分析了股份有限公司和董事的行为。1932 年，伯利和米恩斯首次探讨了股东财富对公司治理的影响，标志着公司治理理论正式出现。1937 年，科斯的《企业的性质》一书为公司治理的理论研究奠定了基础。1975 年，威廉姆森首次引入"治理结构"的概念。1984 年，英国学者特里克指出，公司治理涉及股东会、董事会、高层管理人员和其他利益相关者之间的关系。

随着我国经济的腾飞和改革开放的持续推进，学者们对公司治理的不同观点逐渐形成，从而展现了其多样化的内涵和外延。

（1）从公司治理的功能和内容角度。钱颖一提出，"公司治理结构是一套制度安排，用于管理在企业中具有重要利益关系的各方，包括投资者、经理、工人等，以实现他们各自的经济利益。其中包括控制权的配置和行使，董事会、经理人员和员工的监督和评价，以及激励机制的设计和实施"。从这个角度，专家们从公司治理的功能和内容方面对其进行了解释。

（2）从企业内部权力机构相互制衡角度。吴敬琏认为，公司治理涉及股东、董事会和职业经理人三方之间的相互制约和平衡。股东作为最高权力者，将资产委托给董事会进行管理，而董事会则负责选聘、奖惩和雇佣职业经理人，后者在董事会的领导和授权范围内管理公司的日常运营。

（3）从所有权角度。一些学者，如张维迎，强调公司治理不仅涉及股东权利、董事会结构等微观方面的制度安排，还涵盖了从经济、文化和法律等多个方面对公司控制权、剩余索取权等进行的制度性规定和安排。这涉及控制权的归属、企业经营目标、风险和收益的控制等问题。

（4）从利益相关者角度。公司治理的目标不应仅限于追求股东利润最大化，而应通过制度优化增加更多利益相关者的经济利益和社会福祉，树立一种主动担当社会责任的综合价值观。公司治理的参与主体应该包括企业内部成员，如股东、董事会成员、管理层和员工，也应纳入供应商、客户、政府、债权人等与企业发生互动的各方。这些主体共同探讨决策权和收益权的归属，构成了公司治理研究的核心范围。

第二节　公司治理结构与公司治理机制

一、公司治理结构

公司治理这一问题围绕企业的权力安排及利益分配展开，公司通过一整套制度安排及约束机制，实现以公司股东为主体的相关者的利益。关于公司治理的结构，我国学者通常将其分为内部治理和外部治理，并且以内部治理结构研究为主。

（一）内部治理结构

我国《公司法》最早对企业的内部治理结构进行了全面的制度安排。吴敬琏的著作《现代公司与企业改革》中明确指出：“公司治理结构是指所有者、股东会和高级管理人员三者之间形成的一种组织结构。”这一组织结构涵盖了股东会、董事会、监事会和职业经理人之间的权力平衡关系，各主体共同参与公司治理，形成了公司的内部治理结构。在狭义的范围内，公司治理主要包括以下内容：

1. 股东大会

股东利益最大化理论强调股东利益至上，管理者应服从股东安排。股东是企业的资本提供者、风险承担者和责任人。公司治理应优先考虑股东利益，兼顾其他利益相关者的利益。股东在公司治理中处于核心地位，股东大会在公司治理中具有重要作用。

股东大会代表全部股东，对公司的重大决策进行总体决策，包括确定合并、分立与解散，选举和更换董事会监事会成员，聘用高级管理人员，评估重大经营方针和投资决策，审议利润分配等。董事会、监事会的成员多数来自股东大会，股东大会对董事会、监事会和高管人员的构成有直接或间接的决定权。股东大会分为定期召开的普通股东大会、不定期召开的临时股东大会和特殊股东会议。股东大会决定董事会成员的任免，选拔优秀的成员，依托董事会全面推行企业经营理念，实现对公司的全面控制。因此，股东大会的决议对公司高管具有强有力的约束作用。

2. 董事会

董事会是现代公司治理的核心，也是解决委托代理问题的重要机制。作为企业内部最高决策机构，董事会连接股东与代理人，负责日常经营决策，并聘用优秀经理人进行运营管理。董事会结构主要有单层制和双层制。单层制以英美为代表，注重股东权利，股权分散，依赖外部机构监管。双层制以日德为代表，实行监督董事和执行董事双线管理，股权集中，依赖内部治理。

为适应中国国情，我国引入了独立董事制度。2001 年《关于在上市公司建立独立董事制度的指导意见》颁布，独立董事制度在我国落地生根。实行独立董事制度的目的是防范大股东滥用权力损害小股东利益，确保中小股东的权益。独立董事应保持独立性和制衡性，防止经营者为短期利益从事高风险投资。此外，独立董事通常具有卓越的投资眼光和扎实的理论背景，可为企业的日常经营决策提供专业咨询和建议，有助于公司的健康可持续发展。

3. 监事会

我国《公司法》明确规定了监事会成员产生的两种方式：一是由股东大会选举；二是由内部职工代表民主选举。按照不同的功能划分，监事会在公司内部扮演监督机构的角色，专门监督董事会及其成员、高管行使权力的合法性和合理性。监事会有权对企业财务进行安全检查、纠正董事及高管损害集体利益的行为、提出违法乱纪董事及高管罢免建议、递交股东会议提案等。目前，中国的内部监督模式是“监事会+独立董事”，但其实施效果有限。

《公司法》未赋予监事会对董事选任和罢免的权力，导致监事会缺乏有效的制衡手段，难以防止企业财务舞弊。职工监事的职位晋升及薪酬决定往往会受到管理层的制约，因而无法实际发挥审查与监督作用。此外，中国监事会的独立性和专业能力也存在问题，导致其在公司治理中的作用发挥得不充分。

科学设计公司的治理结构，可以确保企业内部形成相互配合、协调制衡的机制，维持有序的经营管理。我国《公司法》明确规定了“三会四权”制衡机制：股东大会作为最高权力机构，董事会负责重大经营决策，经理层负责日常运营，监事会扮演财务、业务和管理监督角色。这些机构在企业内部行使不同的权力，拥有不同的职责分工，相互配合与制衡，妥善处理各方面的关系，共同维护企业利益。

（二）外部治理结构

传统的公司治理理论强调企业的内部治理结构，但常忽视外部市场环境，由此产生了对外部治理结构的讨论。外部治理结构依靠外部力量对企业的日常经营管理进行监督、约束相关利益主体，包括金融市场、产品市场、人力资本市场、社会舆论及国家法律法规等。为了适应市场变化，企业会与债权人、股东、劳动力市场和产品市场建立联系，依靠法律法规监管企业行为，并借助外部力量规范运营。

二、公司治理机制

公司治理机制不应局限于企业内部的各种监督机制，还应该通过多种市场机制对企业进行监督和约束，具体包括防范职业经理人道德风险、接管市场、公司并购等。在此过程中，政府部门、中介机构和媒体舆论依据《公司法》《企业破产法》《证券法》及《企业会计准则》等对企业监管发挥作用。

公司治理机制主要包括以下内容：

（一）激励约束机制

激励机制主要包括物质激励和非物质激励，即通过科学的制度和有效的手段，协调企业不同主体间的权利关系，激发员工热情和积极性。良好的公司治理有助于实现股东和职业经理人之间的激励相容。

约束机制通过科学合理的公司治理结构监督和惩罚代理人，能够避免懒散、不作为和道德风险。对代理人行为的约束主要体现在约束所有权、监督机制和惩戒失职等方面。

（二）内部信息披露机制

内部信息披露是指企业依据评价标准对内部控制系统进行自我评价，并通过报告形式提供评价意见。董事会和管理者根据客观评价标准评估内部控制的有效性、合理性、执行效果和风险控制能力，将评价结果提供给外部信息使用者和会计师事务所。内部信息披露的作用主要是强化管理者内部审计和风险防范意识，向投资者提供有效的内部控制评估报告，提高财务报告的可靠性，降低财务舞弊的风险。

（三）经理人选聘与退出机制

职业经理人是指高级管理人员，如总经理、会计师、经济师、审计师、工程师、法律顾问等。聘任职业经理人通常有四种途径，即现有经营管理者转换身份、内部选拔、社会招聘和国企混改中引入民营企业带股份的方式。职业经理人通常采用契约化管理，实行任期制，即通过明确双方的权利和义务，对职业经理人任期内的工作成果进行评估。如果经理人未达到预期业绩，将被解聘并结束劳动合同关系，终止职业经理人的任期。

（四）绩效评价机制

绩效评价是对项目在一定经营期间内的经济效益和业绩进行定性和定量评判，通过严格的程序，力求客观、公正、准确和有效。评价过程中会使用数理统计、计量经济学原理和特殊的评价指标等。绩效评估和考核结果依靠系统的方法和科学原理，评价员工的工作行为和工作成效。这些结果会直接影响薪酬、奖金和晋升，并为管理决策和企业发展提供支持，同时为公司治理的有效性提供评价基础。

（五）监督机制

如今，市场竞争越来越激烈，企业需要拥有快速反应和高效执行的能力。为确保有效推进执行力，企业必须建立科学完善的规章制度和严格有效的监督管理制度。在此过程中，执行督查制度明确职责并加强信息反馈，无为行为追责问责制度惩戒渎职行为，过错追究制度明确责任分工和权利归属，工作复命制度确保事事有落实、件件有回音，强化绩效考核机制激发员工积极性。完善的监督考核机制有助于企业提升治理能力，实现资源的有效配置。

第三节　公司治理的一般模式及评价

由于历史文化、经济制度、地域环境各有不同，各国企业采用的治理模式也存在差异。从世界经济的发展历史来看，公司治理的模式一般有以下三种。

一、东南亚国家的家族式治理模式

在东南亚国家、中国香港、韩国等地，大型企业通常由家族成员控制，通过血缘和亲缘关系影响企业运营，家族势力在公司治理中扮演重要角色。家族式治理模式以股东直接主导为特征，依赖家族中的掌权者进行决策，采用家庭化管理，经营者身兼激励者和被约束者的双重角色。家族企业通常社会化和公开化程度较低，缺乏外部银行监督，很少依赖外部投资。这些国家（地区）地处亚洲，受到儒家思想影响，工业起步较晚，地区经济相对落后。政府为促进经济发展，采取鼓励家族企业发展的政策。家族式治理模式可有效降低代理成本和交易成本，但缺点也很明显，即社会化程度低，主要依赖外部借贷，容易受债务市场影响。在家族式企业治理中，所有权与经营权集中在家族资本手中，中小股东在重要经营决策中几乎没有发言权，机构投资者的权力容易被削弱。

二、以日本和德国为代表的内部治理模式

日本和德国作为“二战”后兴起的工业化国家代表，采用内部控制主导的治理模式。这种模式依赖股东、银行和内部经理人在公司治理中发挥作用，股权结构相对集中，法人股东交叉持股，银行作为大股东参与管理，内部力量监督实现治理效能。

日德企业通常有高负债率和普遍的交叉持股现象，股权较为集中，银行兼具债权人和股东角色，直接参与企业管理。同时，供应商、客户和员工通过董事会、监事会参与日常管理并发挥监督作用。日德企业与银行、企业之间有紧密的经济交往，形成了长期稳定的合作关系。这些国家（地区）的资本市场较不发达且对证券市场限制严格，无法像英美国家那样依赖外部力量完善公司治理。

三、以英国和美国为代表的外部治理模式

英国和美国的治理模式是市场主导型，即依靠资本市场、产品市场和经理人市场等外部力量来有效控制公司管理层。

在股权结构方面，英国和美国的企业股权分散，个人股东持股比例低，股权控制权分散在众多股东手中，导致无法实施有效的日常控制和管理。大量机构投资者涌入，但它们往往关注短期利益，很少参与内部监控和治理，使得管理层一直持有控制权，形成了“弱股东，强管理层”的情况。

英美国家通过发达的股票市场、经理人市场、劳动力市场和产品市场系统，对企业和高级管理人员进行有效的外部监督和引导。它们常使用股权激励制度将经营者利益与公司长期发展捆绑在一起，依靠健全的监管体制和完善的法律体系，通过收购兼并等方式获得市场控制权，形成了一套有效的外部监管治理体系。

第四节　公司治理、股权结构与企业绩效

通常情况下，公司治理的有效性与股权结构的合理安排息息相关，公司治理的有效性通常表现为企业绩效的正增长。本节主要探讨公司治理、股权机构与企业绩效三者之间的关系。

一、公司治理与股权结构的关系

不同的股权结构会形成不同的治理模式，而不同的治理模式又可能引起股权结构的变化。在公司治理与股权结构的关系方面，西方学者主要持有正反两种观点：①利益趋同理论认为，当控股股东和中小股东的利益趋于一致时，控股股东有动机追求股东利润最大化，有能力对公司管理层施加影响，从而能够较好地解决委托代理问题。在这种情况下，股权集中可能更有助于取得良好的经营业绩和市场表现。②利益侵占理论的观点则相反，当大股东与中小股东的利益无法保持一致时，控股股东很可能在缺乏有效外部监管的情况下，利用信息不对称和优势地位，损害中小股东的利益。在这种情况下，股权分散可能更有利于企业取得良好的治理效果。

我国学者对股权结构与公司治理的关系持有不同观点。有些学者认为，

股权集中度与公司治理效能可能正相关、负相关，甚至不相关。这些差异很可能是样本企业性质、所属行业特点、股权架构比例等因素造成的。学术界普遍认同的一点是，股权过度分散和过度集中都可能不利于企业建立有效的公司治理机制，从而会带来治理问题和风险，两者可能呈现负相关关系。

股权高度分散可能带来管理当局的道德风险，出现“搭便车”现象，导致管理者不会始终按照股东利益最大化的原则进行决策，进而影响股东目标的实现。股权集中度高则可能导致“一股独大”的现象，大股东可能独断专行，侵害小股东利益。因此，股权集中度在适当范围内可能更有助于实现企业绩效改善和治理能力提升。

二、股权结构与企业绩效的关系

关于股权结构对企业绩效的影响，国外的研究可追溯到 Jensen 和 Mecking（1986），他们把企业股东分为外部股东和内部股东（即董事会成员及高级管理人员），内部股东主要负责公司日常业务的经营，公司的价值会随着内部股东持股比例的增加而提升。Shleifer 和 Vishny（1986）指出，股权相对集中的企业能够拥有相对较好的绩效。

我国企业所处的市场和经济制度环境与国外企业存在较大差异。国内学者大多将国有股的持股情况作为研究起点。大量研究发现，国有股的比例对企业绩效有两种截然相反的影响，即正向和负向。吴淑琨（2002）通过实证分析发现，国有股比例与企业绩效呈“U”形关系。部分学者研究发现，控股股东持股比例对企业绩效的影响也存在差异，控股股东持股比例对企业绩效有正向和负向两种截然不同的影响，这样的差异很可能是由学者在研究过程中选取的样本差异、不同企业的股权结构差异等造成的。但总的来说，对不同企业而言，合理的股权结构有利于提升企业价值，改善企业绩效，帮助企业在激烈的市场竞争中赢得一席之地。

总体来说，上市公司增加机构投资者持股比例有利于提高创新能力和竞争力。国有企业提高国有股比例可以增强社会责任感，促进公共责任履行和相关者利益最大化。适当的股权集中度有助于减轻股东间的资源竞争，提高企业绩效。

三、公司治理与企业绩效的关系

公司治理与企业绩效的关系一直是国内外学者的研究热点。我国学者大多从微观层面入手，剖析公司治理结构中的单一指标，如大股东持股、管理层持股（陈德萍，2011；林丽萍，2014）、公司综合治理指数（白重恩，2005），研究发现，提升治理水平对企业提升市场价值有促进作用，完善的公司治理有助于提升企业绩效。

学者们一致认为，公司治理水平提高与企业绩效正相关。提升公司治理水平有利于改善企业绩效考核体系，而科学有效的绩效评价体系能改善公司治理水平。不断完善绩效评价体系和强化绩效指标考核，可以充分发挥企业优势，提高竞争力，完善公司治理体系，提高治理能力，有效提升企业绩效。

第五节　我国公司治理的新发展

近年来，随着经济的发展、技术革命的推进，中国特色社会主义经济建设取得了前所未有的成绩，我国公司治理无论在内涵还是在外延方面，正在悄然发生变化，这些变化主要表现在以下三个方面：

一、党建发展与公司治理正在有机融合

在党的十九届四中全会上，党中央明确指出要“深化国有企业改革，完善中国特色现代企业制度”。习近平总书记曾在2009年8月强调：“党建工作是国有企业的独特政治资源，是企业核心竞争力的有机组成部分，是实现企业科学发展的关键因素，也是建立中国特色现代企业制度的一个本质特征。”此后，学术界就党建工作与公司治理结构问题展开了激烈的讨论，并取得了丰硕的成果。

近年来，我国央企、国企越来越注重在现代企业制度中融入党建引领，实现法人治理与党建工作协同作用，发挥党组织的政治核心作用，健全党政领导的机制体制，发挥国企独特的政治优势，培育核心竞争力，保证党组织在重大决策中的有效参与，帮助企业主动适应市场竞争和科学发展的需求，推动党建创新，形成中国特色现代企业制度。

要想完善中国特色现代企业制度，就要坚持党的领导，这是国有企业发展的根基和灵魂。要确保党组织在国有企业的治理中发挥领导作用，将党建发展引入公司治理，在广大民营经济中逐步建立党组织，实现党建引领与现代企业治理的深度融合，让党组织成为公司治理结构的重要组成部分，将

党的领导融入公司运营管理的各个环节，实现党的领导与公司治理的有机统一，有效激发企业的发展活力，调动企业的创新积极性，提升企业的核心竞争力，形成中国特色社会主义市场经济百花齐放、欣欣向荣的美好局面。

二、“五会一层”中国特色公司治理结构正在逐渐形成

党的十八届三中全会首次提出“国家治理”的理念，同时强调“全面深化改革的总目标是完善和发展中国特色社会主义制度，推进国家治理体系和治理能力现代化”。企业如同一条条毛细血管，是推动国家经济正常运转的微观力量，作为国家治理体系的重要组成部分，在推进国家治理能力现代化的过程中发挥着重要作用。

完善中国特色现代企业制度，要落脚于将加强党的领导与完善公司治理结构有机结合起来。构建中国特色经济制度需要结合中国具体实际，同时不能忽视西方公司治理理论的先进性。西方经济理论强调构建“三会一层”，即股东会、董事会、监事会和经营管理层。在此基础上，具有中国特色的“五会一层”治理结构初具规模。“五会一层”具体是指党委会、股东会、董事会、监事会、职代会及经理层。“五会一层”的作用如下：①党委会发挥领导作用，把党的领导贯彻公司治理的始末，使公司治理步入法治化、程序化进程，保障党组织在重大问题上的决策权、把关权，推进基层党建与企业发展、生产经营紧密结合；②股东会发挥权力机构作用，由集团垂直控股模式转向治理控股型，实行分类分层授权，规范股东行为及决策，约束控股股东行为；③董事会发挥决策作用，强化董事会“定战略、做决策、化风险”的核心功能，确保职权落实到位，提升董事会决策能力；④监事会发挥监督作用，定期对经营决策、风险管理进行监督并督促整改，形成审计监督、巡视监督、社会监督系统的有效衔接，依靠内外部审计力量开展督查工作；⑤职代会发挥民主管理作用，通过职代会选举产生职工董事、职工监事，深入公司基层了解民意，为广大治理主体发声，保障广大员工的知情权、参与权和监督权，形成和谐共治的新格局；⑥经理层即高级管理人员，发挥经营管理功效，突出谋经营、抓落实、强管理的核心功能，在董事会的授权范围内，精准、科学决策，企业通过契约化管理及任期制考核强化对经理层的任期结果考核和激励约束。

三、新经济时代正在促使公司治理发生变革

新经济时代，新技术、新业态和新模式的涌现改变了微观企业的发展环境和互动方式。数字经济推动公司治理理念和模式的创新，使股东和管理层之间建立了更多机制，以保护创始团队的控制权，实现平等合作。研究范式由以股东为中心转变为以企业家为中心，目标由追求股东利益最大化转向挖掘企业家才能，技术资本和企业家才能对可持续发展变得更加重要。

数字经济拓宽了公司治理的作用机制和路径，利用大数据科学决策有助于提高资源配置的精准性和效率。同时，信息流通更便捷，社交媒体等社会治理主体参与公司治理，加强了外部监督。在激烈的产品市场竞争中，企业必须充分挖掘用户信息，把握消费者需求，提供个性化产品，以保持竞争优势。在数字经济时代，产品竞争对公司治理的影响越来越大。

第六节　瑞幸咖啡公司治理失效案例

一、瑞幸咖啡财务舞弊的基本情况

瑞幸咖啡于 2017 年 6 月注册成立并开始营业，2019 年 5 月在美国纳斯达克成功上市，成为当时名噪一时的绩优股，创造了我国创业公司最快上市的历史纪录。但随后，瑞幸咖啡因财务数据造假，于 2020 年 6 月正式退市，成为我国最快上市又最快退市的企业。

由于特殊的茶饮习惯，中国咖啡市场一直处于空白，缺乏可以与咖啡巨头星巴克对标的咖啡企业，瑞幸咖啡顺势而为，抓住这一历史机遇，以迅雷不及掩耳之势快速上市，以极快的速度扩充门店，与星巴克快速形成对垒之势，这一发展速度在当时收获了广大股东的好评和支持，大家纷纷赞叹，瑞幸咖啡大有民族企业崛起之势。然而，瑞幸咖啡这一发展的强劲势头，却遭遇了滑铁卢。2020 年 1 月，知名做空机构浑水公司发布了匿名调查报告，举报瑞幸咖啡虚增收入和费用，引起轩然大波。随后，多个政府部门联合调查发现，2019 年 4 月至当年底，瑞幸咖啡虚构大量商品券，以增加企业交易额，金额达 22.46 亿元。

在此过程中，瑞幸咖啡为了抢占市场，前期对消费者进行大量补贴，以此实现了虚增收入和利润的目的，这期间瑞幸咖啡虚增收入约 21 亿元，虚增利润约 9 亿元，虚增的收入占到对外披露收入的四成以上。瑞幸咖啡之所以能够快速上市，主要依靠资本市场的快速扩张——通过投资人一轮又一轮巨额资本的注入，2017—2019 年门店数量扩张到 4 500 多家，一度超过了竞争对手星巴克。瑞幸咖啡在资本力量的推动下，发展迅猛，但其依靠大量补贴用户来实现快速扩张的模式在市场的检验中一直备受争议，直至最终财务数据造假的丑闻被彻底公之于众。

二、瑞幸咖啡公司治理失效的原因分析

发生财务造假事件的原因可以归结为两点：一是内部公司治理的失效；二是多重治理机制间缺乏有效制约。

（一）内部公司治理的失效

1. 企业的股权结构不平衡

为了逃避境内对外资企业经营范围的限制和证券监管，越来越多企业选择通过“VIE+双重股权”结构实现境内企业赴美上市，以使创始股东始终掌握对公司的控制权。VIE 是 Variable Interest Entity 的缩写，是一种虚拟投资架构，也称“可变利益实体架构”。VIE 架构实质上是境内主体为了达到在境外上市的目的，将境内运营实体与境外上市主体分离，通过协议方式对境内运营主体的经营管理实施有效控制，将境内经营主体产生的经济收益转移到境外实体。瑞幸咖啡就是通过这种股权结构，绕开了当地监管部门的上市审批，其本质是在境外注册的离岸实体通过协议控制的方式控制了境内经营实体。

瑞幸咖啡股权集中度很高，其创始团队通过构建双重股权结构，以 46. 1%的股权建立了对公司 89. 5%股权的稳固控制，紧接着以持续的股票增发、配股和股权质押吸收现金，提高上市公司的市值，造成虚假繁荣，吸引众多股民买入，投资人和股东以此获得高额收益，推高企业估值和二级市场股价。

双重股权结构的设计初衷是保证创始团队对企业的控制权，但是在“VIE 架构”的加持下，瑞幸咖啡避开了市场监管，通过财务造假和关联交易为大股东和高管完成利益输送，损害广大中小股东的利益，获得造假收益。

2. 企业的内部控制制度失效

内部控制是企业防范和化解重大风险的重要手段，瑞幸咖啡的内控制度显然是失效的。根据瑞幸咖啡的招股说明书，瑞幸咖啡作为中概股登陆美国纳斯达克之初，被归类为新兴成长型公司，并因此豁免适用美国萨班斯-奥克斯利法案第 404 条对新兴成长型公司财务报告内部控制的审计认证要求，因其在上市前一年的销售额低于美国相关创业公司法律规定的门槛。

瑞幸咖啡于 2020 年 4 月公开表示，将虚增收入和费用的责任归咎于首席运营官（COO）刘剑。尽管 COO 负责企业的日常经营管理，有条件操纵财务数据，但刘剑不是对外披露信息的第一责任人，对外披露信息的第一责任人应该是首席财务官（CFO）。事实上，瑞幸咖啡的 CFO 是一名远在国外的荷兰人 Reinout Hendrik Schakel，其运营实体在中国境内，CFO 却远在国外。作为企业的创始人，刘剑兼任公司总经理，董事会无法对经理层的行为进行有效监督，而如此系统性、大规模的财务造假凭一己之力是无法完成的，我们有理由相信其中存在财务造假的利益链条。

从瑞幸咖啡的创投团队分析可知，其股东构成和高管大多来自神州租车，神州租车曾采用快速烧钱的模式，扩大市场规模，进行营销推广，以补贴吸引用户，短期套现，快速离场，损害中小股东的利益。这显然损害了国外资本市场对中概股的看法，为准备在海外上市融资的其他企业增加了难度。

（二）多重治理机制间缺乏有效制约

从 2019 年第二季度开始，瑞幸咖啡就开始了系统性的财务造假，早期风投机构、会计师事务所及承销商等中介的经济利益与瑞幸咖啡上市后的股价表现深度捆绑，在此过程中，创投公司未能尽职履责进行有效监督；机构投资者盲目跟风大量买入股票；供应商债权人未能及时察觉风险，大量股权质押未引起借款人的警觉，无法洞悉瑞幸咖啡存在资金链断裂的风险；审计机构安永会计师事务所主动撇清审计责任，认为瑞幸咖啡财务造假时段并未在其审计时段内；多方面治理机制的失效，导致财务丑闻爆发，致使其股价暴跌。

三、案例启示

瑞幸咖啡的财务造假不仅仅由公司治理失效的单方面原因造成，其在商业模式、产品及服务市场、价值创造等方面也存在诸多问题。

尽管瑞幸咖啡在创建之初自称是移动互联网时代轻资产商业模式的企业，但连锁咖啡本身就属于重资产模式，需要投入大量资金建门店、购置相关设备，这种以互联网方式运作但实际上依赖实体资产的商业模式，短期内赢得了资本市场的青睐，但从长远来看，其并未形成可持续发展的核心竞争力。瑞幸咖啡一味追求商业模式的创新，却忽视了产品创新才是发展的根基。中国人口基数大、数据信息充分、基础设施完善，为数字经济的发展奠定了良好基础。瑞幸咖啡应抓住历史机遇，形成移动互联网时代下现代企业的核心竞争力，专注提高产品质量，增强用户黏性，提高用户体验，获取竞争优势，提升企业价值。

在公司治理方面，瑞幸咖啡对我国改革公司治理结构有着深刻启示，我们应警惕移动互联网时代商业模式及盈利模式创新带来的潜在财务风险和治理风险，预防“VIE 结构”与中概股之间形成逃避监管的灰色地带，完善预防财务造假的公司治理机制体制，加大对相关法律主体（如机构投资者、债权人、会计师事务所等中介机构和证券监管机构）的追责力度。推进数字经济与实体经济深度融合，符合时代发展需求，既能充分活跃市场发展经济，又能推进我国治理体系与治理能力的现代化。未来公司治理大有可为。

思考及讨论题

1. 为什么世界范围内不同地区会出现不同类型的公司治理模式？其形成原因是什么 ？

2. 我国公司治理主要经历了哪几个阶段？每个阶段的特点是什么？

3. 如何建立适应我国经济发展及转型的职业经理人制度？

4. 新经济时代的到来给公司治理带来了哪些新的变化及变革？

5. 除了案例中提及的，瑞幸咖啡治理失效的案例还带来了哪些启示？

10 第十章 激励机制与薪酬管理

第一节 基本激励理论

一、激励概述

（一）激励的概念、构成要素及模式

1. 激励的概念

激励是指不同因素对组织成员实施目标推进作用的心理活动过程。激励机制包括定义激励目标、应用激励措施、管理激励过程和完善激励体系。激励机制能使员工与公司整体发展目标保持一致，促进公司健康持续发展，形成良好工作氛围。

2. 激励的构成要素

激励的构成要素有四个：第一，动机，是推动人具备主观意愿达成某些事项的主体因素，是激励的核心要素；第二，需要，是激励的起点和基础，是一个人对客观事物或特定目标的渴望或希望，需要的形式就是动机；第三，外部刺激，是指外部环境因素对激励过程的影响，具体为对需求的条件与因素的影响；第四，行为，指通过相应的激励手段，人们以动机为驱动因素采取一系列有效措施完成既定目标的有效动作。

3. 激励的模式

激励模式（如图 10-1 所示）是波特（L. W. Porter）和劳勒（E. E. Lawler）以期望理论为基础导出的更完善的激励模式，能够较好地说明整个激励过程。激励循环的具体步骤：形成奖励目标→努力→绩效→奖励→满意以及从满意反馈回到努力。激励各个环节的驱动并非因果关系，设定的奖励目标并不一

定能使职工更加努力，职工所获奖励也不一定令职工满意。除激励循环中的各个因素，奖励内容、奖励方式、团队分工、人物安排、管理手段、领导习惯等都是推动激励循环有效运行的必要条件。

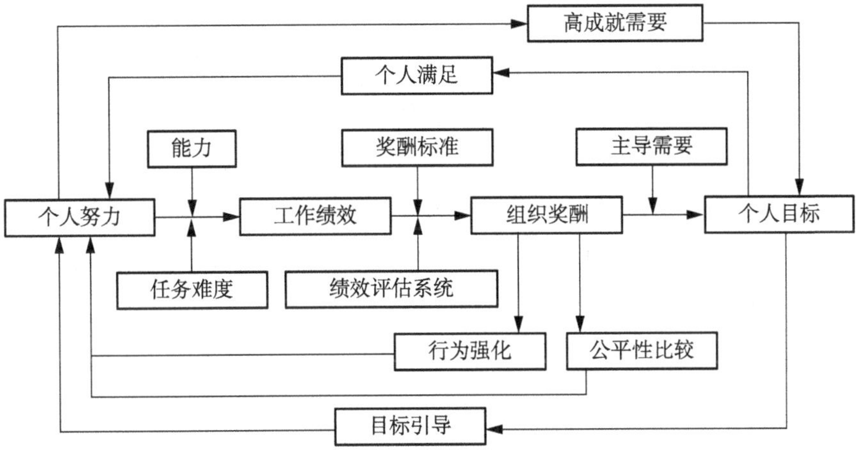

图 10-1　激励模式

（二）激励的种类

1. 目标激励

行为学家的研究表明，人们行为的动机来源于需求。当需求未被满足时，会引发内心焦虑，从而激发人们采取行动。目标激励通过将员工的需求与组织目标结合，使员工为避免焦虑而更加努力工作。领导层会给予员工阶段性的成果反馈，评估他们的努力和方向，帮助他们朝着总目标前进，完成阶段性目标。

2. 物质激励

物质激励就是以满足人的物质需求为激励点，以利益进行调节，激发人们完成目标及自我实现的动机。物质激励常用的方式有加薪、奖金、奖品、罚款等。采用物质激励的方式可以在很大程度上调动员工的工作热情，是激励的重要组成部分。

3. 情感激励

情感激励是以领导者与员工间的情感交流为纽带，通过加强双方感情联系，使员工自觉且自愿地遵从领导的指示并付诸行动。常用的情感激励措施有协调沟通、关心问候、家访慰问、娱乐谈心等。积极的情感交流可以增强领导与员工间的认同感，消极的情感交流会使双方产生隔阂，适当的情感激励是促使员工努力工作的重要手段。

4. 正、负激励

在激励强化理论中，美国心理学家斯纳金将激励分为负激励与正激励。负激励就是通过惩罚背离组织期望的个体，促使其改变行为并减少错误。正激励则是通过奖励来激励个体，使其积极地实现预期目标。这两种激励不仅适用于个人，而且可以通过在组织中树立正面榜样和负面典型的方式影响整个群体。正、负激励可以使员工形成自我约束，自觉地遵守积极的行为规范，从而增强组织整体行为的效率和积极性。

5. 差别激励

差别激励就是根据每个员工的个体差异进行针对性激励。人有生理、安全、社会、尊重、自我实现等不同层次的需求，当一种需求被满足以后，就会转向其他需求。因此，一刀切的激励政策往往不会取得预期效果。例如：对喜欢享受生活的员工，应给予他们更多的自由时间，物质激励可能不适用；对有物质需求的员工，应实施薪酬激励；对有自我实现需求的员工，应采用晋升激励。

6. 公平激励

美国心理学家亚当斯在公平理论的基础上提出公平激励理论。这种理论认为，员工倾向于将自己的努力和贡献与其他在相同条件下获得回报的人进行比较。当比较标准相似时，双方会更有竞争动力；相反，不公平的竞争关系会导致员工不满、抱怨，失去工作积极性。因此，员工的工作态度及工作动机不仅受到绝对报酬的影响，还受到相对报酬的影响。管理者要意识到公平激励的重要性，努力满足员工对公平的需求。

7. 信任激励

信任激励就是领导者要学会放权，让员工在职权范围内自主处理问题。应用信任激励时，需要注意以下三点：①信任的对象应具备较好的道德品质和较强的综合素质，领导者才能放心委以重任。②领导者要具备自主决策能力，始终保持客观公正的态度，以防止优秀人才的流失。③在工作交由员工后，要充分相信员工的能力，做到疑人不用、用人不疑，充分发挥员工的创造性与主观能动性，以激发最佳的心理预期并提升其工作积极性。

8. 心智激励

哈佛大学著名学者威廉·詹姆士的研究表明：在无激励措施时，下属通常只能发挥工作能力的 20%～30%，而受到激励后，其工作能力可提高至 80%～90%。激励可以使一个人的作用放大到相当于激励前的 3～4 倍。举例来说，丰田公司鼓励员工提建议，一年提出了 165 万条建议，平均每人 31 条，为公司带来了 900 亿日元收入，占总收入的 18%。下属的潜能如果不被激发，就无法发挥效益。因此，管理者应努力激发下属的潜能，以发挥他们的效能。这种刺激不仅涉及心理，还包括智慧和创造力，应该将对心理和智慧的刺激相结合。

（三）内容型激励理论

内容型激励理论重点研究影响工作动机的因素，以及如何满足人的需求，即通过满足人的需求激发动机，因此也称"需求理论"。需求理论包括马斯洛的需求层次理论、赫茨伯格的双因素理论、奥尔德弗的 ERG 理论、麦克利兰的成就需要理论等。

1. 马斯洛的需求层次理论

1943 年，亚伯拉罕·马斯洛首次提出了需求层次理论，即将人类的需求分为五个层次：生理需求、安全需求、社交需求、尊重需求和自我实现需求。在 1954 年出版的《激励与个性》一书中，他将需求层次拓展为七个，包括生理、安全、社交、尊重、求知、美学和自我实现需求。

当人们的基本需求得不到满足时，他们会优先满足最基本的需求。一旦低层次需求得到满足，人们会追求更高层次的需求，而这些需求会成为主导。从激励的角度来看，在选择激励手段时，应优先考虑并重点满足受激励者当前的需求层次，这样的激励手段才更适用且有效。对普通员工来说，物质激励可能更合适；而对高级员工来说，更需要满足他们精神层面的需求。

2. 赫茨伯格的双因素理论

双因素理论，也称"激励因素-保健因素理论"，是著名行为科学家赫茨伯格提出的。他通过对 200 名会计师和工程师的调查发现，让员工满意的是工作本身，而让员工不满意的是工作环境或工作关系。激励因素包括工作挑战、成就感和成长机会，而保健因素涉及工作环境、薪资、管理制度和人际关系等客观需求。

激励因素是员工自我实现的重要驱动力，能够对员工产生更好的激励效果。保健因素本身并不产生较大的激励，但当它们恶化到不可接受的程度时，会引起不满；然而，当人们认为这些因素达到良好水平时，他们仅仅消除了不满，并没有表现出积极的态度，而是形成了一种既不满意也没有不满意的中立状态。

双因素理论表明，满足不同需求所达到的激励程度和造成的影响是不同的。物质奖励虽然必要，但当物质需求未得到满足时，被激励者只会感到不满，其影响有限；当被激励者不缺乏物质条件时，精神层面的鼓励、认可、个人成长和晋升方向成为他们越来越关注的问题。

3. 奥尔德弗的 ERG 理论

ERG 理论，是指生存（Existence）、相互关系（Relatedness）、成长（Growth）三核心需要理论。ERG 理论是奥尔德弗在实证研究基础上对马斯洛的需求层次理论进行修改后形成的激励理论。1969 年，他在《人类需要新理论的经验测试》一文中指出，在管理实践中，可以将员工的需求分为三类：生存需求（生理需求和安全需求），相互关系的需要（人际关系和友好关系的愿望），以及成长的需要（内在欲望和自我实现的需要）。

奥尔德弗的 ERG 理论除了与马斯洛的需求层次理论相反，用“三需求”代替“五需求”外，还指出人们的多种需求可能同时被满足，如果更高层次的需求得不到充分满足，低层次需求的渴望会增强。

ERG 理论还提出了“挫折-回归”思想。与马斯洛认为需求层次不可逆不同，ERG 理论认为，当人们的高级需求受挫时，低级需求可能会增加。例如，当人们的社交需求未被满足时，可能会增加对金钱或更好工作条件的渴望。ERG 理论指出，满足较低层次需求会激发对较高层次需求的追求。因此，管理者应根据个人需求的变化制定适当的策略。ERG 理论在需求分类上并没有超越马斯洛的理论，也没有更全面地解释需求。马斯洛需求的层次理论被视为普遍规律，而 ERG 理论更关注个体差异，较少限制不同需求之间的联系。

4. 麦克利兰的成就需要理论

成就需要理论是一种基于内容的动机理论，由美国心理学家戴维·麦克利兰在 20 世纪 50 年代初期提出。它强调人类需求层次中的成就需要、权力需要和亲和需要对个体行为的影响。

成就需要（Need for Achievement），是指为成功而奋斗，追求卓越的需要。麦克利兰指出，成就需要强烈的人渴望完美地完成任务，提高工作效率并获得更大的成功。他们勇于面对困难，更注重个人成就感，而非物质回报。个人的成就需求受到所处社会、文化、经济和行政发展水平的影响，其中社会风气对成就需要具有制约作用。

权力需要（Need for Power），是指影响和控制他人的愿望或驱动力。不同的人对权力的渴望程度不同。权力需要高的人对影响和控制他人很感兴趣，喜欢"发号施令"，注重地位和影响力。他们常冷静、善辩且善于提要求。他们在竞争场合喜欢展示高位，并追求卓越的成就。然而，他们追求权力不是为了个人成就感，而是为了地位和权力本身。

亲和需要（Need for Affiliation），是指建立友好亲密关系的需要。具有高亲和动机的人更倾向于与他人互动，至少是出于他人的利益，并从中获得满足感。亲和需要高的人更追求亲和力，更偏好合作而非竞争的工作环境，渴望相互沟通和理解，对人际关系更敏感。有时，亲和需要表现为害怕失去亲密关系和避免冲突。亲和需要是维持和谐社会交往和人际关系的重要条件。

在公司管理中，成就激励理论具有很大的应用价值。首先，在人员的选拔和安置中，了解和评估个人的激励系统特征对组织分工至关重要。其次，由于不同需求的人需要不同的激励，了解员工的需求和动机有利于建立合理的激励机制。此外，麦克利兰认为，动机可以被激发和培养，通过培养员工的成就动机可以提高生产率。

二、过程激励理论

过程激励理论（Process Theory），是指研究人员从动机到行动的心理过程。它的主要任务是找出对行为起决定性作用的关键因素，并解释因素之间的关系，从而预测和控制人的行为。

大多数激励需求理论有三个前提：①所有员工有相同的需求；②所有的环境是一样的；③有适合所有员工的最佳激励方法。这三个前提限制了需求理论的实用性。过程激励理论是为了克服需求理论的不足提出的。过程激励理论主要包括弗鲁姆的期望理论、亚当斯的公平理论和斯金纳的强化理论。

（一）弗鲁姆的期望理论

在同一个组织中，面对相同需求和满足需求的活动时，为什么不同成员会有不同的反应：一些人感到兴奋，而其他人则冷漠？美国心理学家弗鲁姆认为，这是因为人们对从活动中获得的满足感和自己在工作中的能力有不同的评价。这是他在1964年出版的《工作与动机》一书中提出的期望理论的主要观点。根据这个理论，人们在工作中的努力是效价和期望的乘积，即 $M=V\times E$。其中，M 是激励力，V 是效价，E 是期望。

激励力(工作动力)=效价(工作态度)×期望值(工作信心)

这种需求和目标之间关系的过程模型为

个人努力→个人成绩（绩效）→组织奖励（报酬）→个人需要

效价是指一个人对自己从某一特定工作中所能获得的满足程度及其结果（可实现的目标）的评价。期望值是指对实现工作目标的可能性的评价。

期望理论指出，当一个行动者高度评价某个行动及其结果的有用性，并相信自己能够实现这个结果时，管理者可以利用该行动和结果激励他获得良好的结果。

在现实中，对于相同的目标，由于每个人的需求和所处环境不同，对其有用性的评价往往是不同的。例如，某人希望通过努力得到晋升，他对晋升的渴望很高，因此晋升机会对他来说具有很大的价值；而另一个人可能对晋升不感兴趣，对他来说“升职”没有吸引力，晋升的价值很低甚至为零；而其他人可能不仅不想晋升，甚至害怕晋升，担心增加工作量会对家庭生活造成影响，所以对他们来说晋升的效价是负面的。

另一个影响人们对特定工作热情的因素是期望值，也称“期望概率”。在日常生活中，人们经常根据过去的经验估计某种行为导致某种结果或满足某种需求的可能性。如果个体估计实现目标的概率很低，则期望概率接近0；否则，期望概率接近1。

期望理论对管理者的影响主要包括三个方面：①正确理解目标价值。目标的实际激励效果并非客观价值或管理者心中的价值，而是行为目标的主观价值。确定目标时，应从激励目标的角度考虑。②重视目标难度的设计。引入主观概率不仅解释了一些难以理解的现象，还丰富了激励手段。设定目标难度可以激励人，而无须增加更多资金投入。③合理结合目标价值和期望概率。巧妙地协调目标价值和期望概率可以事半功倍，极大地提升激励效果。

（二）亚当斯的公平理论

公平理论是美国行为科学家亚当斯在《社会交换中的不公平》《工资不公

平对工作质量的影响》《工人关于工资不公平的内心冲突同其生产率的关系》等著作中提出的一种激励理论，又称“社会比较理论”。该理论关注工资分配的合理性和公平性及其对工人生产积极性的影响。

根据该理论，个人的公平观取决于获得的回报与贡献之间的比较。在有客观标准时，有动机的人会将其与标准进行比较；在没有客观标准时，激励者会将类似的情况与过去进行比较。

根据公平理论，人们的工作积极性不仅取决于报酬的绝对值，还取决于相对价值。人们会比较自己与他人在收入和支出的比例上是否相同，以及自己的收入和支出是否低于以前，如果发现不平等，就会产生争取平等的动力。

员工的收入满意度会影响他们的工作积极性，这受制于社会比较的过程。人们不仅关心自己的绝对收入，还关心自己的相对收入。他们将自己与他人在工作和回报上进行比较，并将自己与过去进行比较。如果发现自己的收支比与过去相同或与他人一致，认为是公平合理的，工作动力就会增加；如果发现收入支出比与他人不同，或者不如以前，就会感到不满，工作积极性也会降低。在国外，企业利用股权理论的基本知识，通过个人奖励和秘密奖励等多种方式获得员工的主观公平感，从而激发员工的积极性。

（三）斯金纳的强化理论

美国著名心理学家斯金纳（B. F. Skinner）提出了强化理论，也称“操作条件理论”。他认为，为了达到目标，人类和动物在环境中会采取特定的行为。当行为后果对个体有益时，个体会自发地重复该行为；当行为后果对个体不利时，个体的该行为会减少或消失。通过负强化和正强化的方式，人们可以改变自身的行为。

根据强化的性质和目的，可将其分为负强化和正强化。从管理的角度来看，负强化是指惩罚与组织不一致的行为，从而削弱该行为；正强化则是指奖励与组织要求相符的行为，从而强化该行为。根据强化的方法，可将其分为连续强化和周期强化。如果个体行为每次发生之后都会有强化，就是连续强化；如果并不是每次都有强化，而是在一定时期内有了强化，就是周期强化。

不同形式的强化有不同的效果。有些人在受到强烈刺激时反应迅速，见效快，但刺激消失后，行为也会立即消失；而有些人反应不如前者迅速，但刺激消退后行为不会立即消失。因此，在进行强化时，需要关注刺激的内容和方式。

强化理论强调外部因素或环境刺激对行为的影响，忽视内部因素和人对环境的主观能动性，并带有机械性色彩。然而，强化理论的一些特殊实践依然有用。强化理论的应用需要遵循以下四个原则：一是根据强化对象的需求，采用不同的强化措施；二是以正强化为主、负强化为辅，效果更好；三是逐步设立目标，分阶段推进；四是及时反馈。

第二节　激励机制

一、激励机制的主要内容

激励机制是激励主体运用各种激励措施并使其相对固定、标准化，并在组织体系中与激励对象相互制约、相互作用的演化规律、结构、方法、关系的总和。根据激励的定义，激励机制包括以下五个方面的内容。

（一）诱导因素集合

诱导因素是用来激发员工积极性的奖励资源。个人加入组织是为了获取组织提供的奖励，这些奖励刺激员工采取特定行为，并能激励员工朝着期望的行为方向发展。应先根据团队成员的需求选择诱导因素，然后根据组织拥有的奖励资源期限设计不同形式的奖励，包括外部奖励和内部奖励。经济奖励，如薪水或工资，是组织对个人最明显的激励。不同的人需要不同的奖励，同样的奖励对不同的人意义也不同。金钱对一些人意味着基本稳定和情感安全，对一些人意味着权力和衡量标准，对一些人则是获得舒适和奢侈的手段。为了满足员工对奖励内容的不同需求，组织可以提供礼品内容清单，供员工选择。员工能否获得这些奖励资源与其工作绩效密切相关。除了经济激励外，组织提供的带薪休假时间和工作灵活性等也是诱导因素。

（二）行为导向制度

行为导向制度是组织设定成员努力方向、行为和价值观的机制。它强调整体观念、长期观念和集体观念，以实现组织目标。由诱发因素引发的个人行为可朝不同方向发展，而个人价值观可能与组织价值观不一致。勒波夫指出，回报是世界上最大的原则，奖励可以激发员工更好表现。

勒波夫提出了应奖励的 10 种行为：①奖励冒险，而不是规避风险；②奖励果断行动，不进行空洞分析；③奖励好工作，不要大惊小怪；④奖励问题的解决方案，而不仅仅是解决方案；⑤奖励简单，抵制不必要的复杂；⑥奖励安静高效的行动，抵制支配；⑦奖励高质量的工作，而不是低劣的表现；⑧奖励忠诚，抵制作弊；⑨奖励可行的创新，而不是盲目跟风；⑩奖励合作，抵制权力斗争。对很多企业来说，勒波夫所列举的这些应该奖励的行为可作为员工的行为导向。

（三）行为幅度制度

行为幅度制度是指一种对诱发因素所激发的行为强度进行调节的制度。弗鲁姆的期望理论公式（$M=V\times E$）表明，通过奖励本身的价值及改变特定奖励与特定绩效之间的相关性，可以实现对个人行为的控制。斯金纳的强化理论根据固定比率和变化比率确定奖励与绩效之间的关系，会对员工行为产生不同的影响。固定比率会带来稳定的绩效，但使中等速度的行为呈现消退趋势；而变化比率则会带来非常高的绩效，并使缓慢的行为呈现消退趋势。行为区间系统允许个体在一定范围内调整努力程度，以避免对某些员工的激励效果迅速减退。

行为幅度是对风险控制中“度”的把握，其实施在很大程度上取决于主观因素，包括主观恶意、善意，以及经验的差异和主观能力。在制定行为跨越系统的措施时，应更多考虑主观因素，这些措施具体包括：第三方参与措施、声誉措施、谈判措施、经济措施和其他措施。

（四）行为时空制度

行为时空制度是指奖励系统在空间和时间上的规定。这方面的规定包括特定的外在性奖励和与特定的绩效相关联的时间限制，员工执行某些工作的时间限制以及适当行为的地理范围。这些规定可以防止短期行为，不受员工地域限制，使预期行为具有一定的连续性，发生在一定的时间和空间范围内。

（五）行为归化制度

行为归化是指对成员进行组织同化并对违规行为进行惩罚和培训。组织同化是指将新成员引入组织的系统过程，包括对其进行世界观、价值观、工作关系、工作态度、规范行为和具体工作职责的培训，使其成为符合组织风格和习惯的合格成员。对于各种惩罚制度，应事先向员工解释清楚，以进行负面强化。当员工违反行为准则和要求时，需要加强培训并给予适当的惩罚。培训的目标是加深员工对道德规范的理解，即使其重新适应组织环境。因此，组织同化本质上是不断学习，对组织具有重要意义。

在上述五项内容中，诱导因素是行为的导火索，后四者是对行为的引导、调节和限制。

二、激励机制的原则和运行模式

（一）激励机制的目标结合原则

在设定激励机制的目标时，应兼顾组织目标和员工需求。在工作量很大的情况下，很难对工作过程进行评价。工作情况如何，只能通过结果来判断。对企业来说，数据输出的质量也是其最终的追求。因此，在制定激励体系时，先要考虑目标的组合，然后基于绩效的激励原则让员工自己去寻找突破口。

1. 有形激励与无形激励相结合原则

有形激励是经济手段，如薪酬和股权激励，偏向物质层面；无形激励则是非经济手段，如职位晋升、个人成就感、公司文化认同等。有形激励是基础，无形激励是根本，它们相互独立且相互促进。然而，这种有机结合并不意味着不需要明确的重点。有形激励模式在外部激励方面起到启发作用，刺激效果显著；无形激励则会在个体精神层面激发灵感，激励效果深远而持久。心理学家通过长期跟踪实验发现，非物质动机模型比物质动机模型更有效和持久。在有形激励和无形激励并用的激励机制中，要注重以无形激励为主、以有形激励为辅。

2. 奖惩适度原则

奖惩是通过经济和非经济手段激励员工，使其行为符合组织利益要求，达到个人利益和组织利益趋向一致。企业往往通过正负激励相结合的方式，奖励符合组织利益的行为，约束员工违背组织目标的不良行为。遵循适度原则是重要且必要的，这是因为：①超量激励会导致员工感到容易获得奖励，从而丧失积极性；②欠量激励会让员工感觉被忽视，无法达到激励效果；③轻度惩罚会让员工感觉错误不重要，缺乏改正的动力；④过度惩罚会导致员工对公司产生抵触情绪，消极怠工。

3. 公平合理原则

公平合理原则是指激励要适度、公平。即使不能绝对公平，也要尽量做到相对公平。尽管如此，每个人都希望得到“公平”的对待。如果他们觉得自己受到了不公平的对待，很容易产生心理上的误解。因此，为了让员工保持进取心，企业有必要为员工提供一个相对公平的环境。

4. 直观公开原则

直观公开原则是指激励的目的和方式必须明确、直观、公开。企业应通过明文规章让员工懂得应该做什么和应该怎么做。企业要让每个员工及管理者对激励的规则了然于心，做到“有法可依，有法必依”，将有形激励和无形激励的指标文字化、书面化，明确授予奖励和施与惩罚的方式和力度。只有先做到外化于行，才有可能做到内化于心。

5. 即时反馈原则

激励的时机影响激励的心理效应。适时的激励对激励的效果和持续性至关重要。每个人都在心里权衡付出和回报的比例。超前激励会让员工感到不真实和不满足，得到回报却没有真正付出劳动，容易导致虚浮心态；延迟激励则会让员工感到被忽视，付出劳动却没得到回报，从而导致心理失衡，无法达到激励的效果。因此，激励的时机至关重要，适时的激励有助于激发员工积极性，增强员工对企业的认同感和归属感，并持续发挥创造力。

6. 动态优化原则

没有所谓完美的激励机制，任何激励机制都会在外部环境的影响下发生变化。因此，系统设计不可能一蹴而就，必须不断优化和更新，以更好地适应当前的企业环境和不断变化的员工需求。内部活跃度有激励机制保障的公司，才能保持长久发展。

7. 团队导向原则

成功大企业的经验告诉我们，取得突破性成功的基础是团队文化，而不是个人英雄主义。很多公司在设计激励制度时选择通过员工之间的竞争来提高绩效，但这可能破坏员工之间的关系，引发冲突。因此，我们坚信团队文化，并以团队为中心进行全盘考虑。

（二）激励机制的运行模式

激励机制的运行过程是激励主体与激励对象相互作用的过程，也是激励工作的过程。图 10-2 是一个基于双向信息交流的全过程激励运行模式。

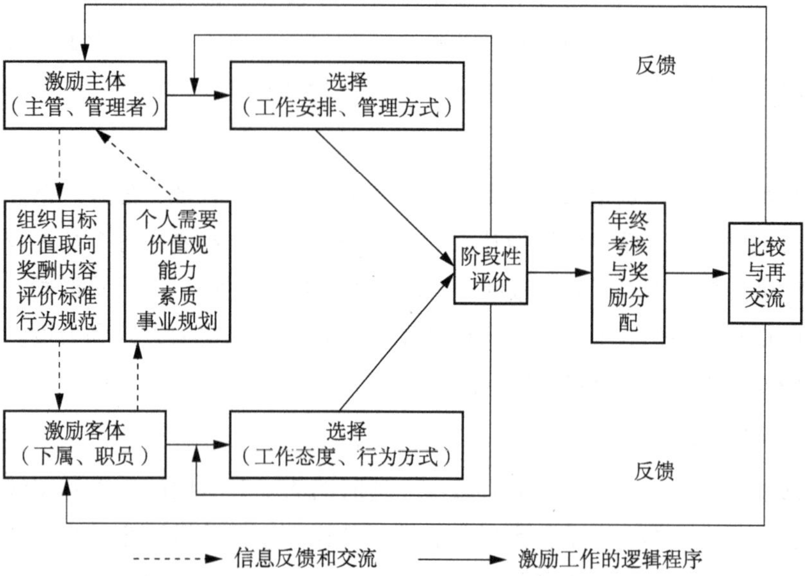

图 10-2　基于双向信息交流的全过程激励运行模式

这种激励机制贯穿于员工从工作开始到结束的全过程，因此也称“全过程激励模式”。在管理实践中，全过程激励模式分为以下五个阶段。

第一阶段，双向交流。沟通是一个双向过程，其目的是让员工表达他们的看法、能力和对工作的承诺。通过沟通，管理层能够帮助员工了解部门的具体任务、目标和价值观，员工也能将自己的想法和竭尽全力工作的决心告知管理层。

第二阶段，各自选择行为。通过第一步的双向交流，管理层根据员工的专业特长和工作意向为其匹配合适的岗位，并纳入激励机制和考核体系；而员工则根据自己的任务，以适当的工作方法、严谨的工作态度和不懈努力，充分发挥专业优势。

第三阶段，阶段性评价。阶段性评价是指管理层将员工的工作进展与公司的行动目标进行对比，并予以评价，以便对工作进行适时的调整。企业可以根据公司行动目标的全程时长，为阶段性评价划分出适当的评价周期。

第四阶段，年终考核与奖励分配。本阶段工作于年底完成，主管根据当年工作业绩、完成率和完成质量对员工进行适当奖励。同时，管理者和员工都要善于听取对方的工作评价，有则改之，无则加勉。

第五阶段，比较与再交流。员工可以通过横向和纵向比较来评估自己的绩效和奖酬。横向比较是指与同岗位的其他员工进行比较，纵向比较是指和过去的自己对比。如果员工对薪酬感到满意，他们会继续在原单位工作；如果不满意，员工会与管理层协商并达成协议，如果无法达成一致意见，双方会解除合同。在全过程激励模式中，激励主体和激励客体之间的信息交流至关重要，强调了激励工作的逻辑性和可操作性。

第三节　薪酬激励的前沿动态

我国市场经济不断发展，新上市公司层出不穷，规模也在持续扩大。企业要在激烈的市场竞争中生存下来并发展壮大，需要强大的人力资本作为支撑。人力资本能助力企业在市场竞争中获得优势，抓住机遇，对战略制定、盈利增加、绩效提升都具有重要意义。高级管理人员在企业经营中发挥着关键作用，关系公司的前景和命运。因此，企业应设计合理有效的薪酬激励机制，留住人才，提高可持续发展的能力。

一、薪酬激励与公司绩效

目前学者对于高管薪酬对企业绩效影响的研究结论并不一致，统一的高管薪酬理论体系还未形成，有待进一步研究。本节对已有文献进行梳理。

委托代理理论的核心是解决代理冲突。基于该理论，企业需要制定并完善与代理人有关的监督和激励机制，其中最重要的激励机制就是高管的薪酬激励契约，包括设定合适的高管薪酬水平和合理的高管薪酬差距。最有效的薪酬制度应有助于管理者实现自身利益最大化，兼顾股东财富和公司利益的最大化，并与公司要面临的风险相匹配。良好稳定的内部控制环境可以作为公司的监督系统，避免管理层的私利行为。通过 COSO 框架和薪酬激励的双重作用，公司能够缓解代理冲突，并确保问责制度和流程的顺利实施。货币薪酬激励能够推动企业绩效提高。因为合理的高管薪酬可以促使管理层与股东的目标保持一致，并使其共同承担风险。

章迪诚等（2017）通过实证研究发现，高管薪酬与公司业绩正相关，且公司大小股东之间所存在的委托代理成本起到了部分中介作用。史金艳等（2019）发现，企业绩效水平会随高管薪酬的增加而提升，即二者之间存在显著的正相关关系。王甜（2020）将我国 A 股制造行业上市企业 2009—2018 年的数据作为研究样本，对高管薪酬和企业绩效之间的关系进行了研究，结果表明，高管薪酬越高，公司的绩效表现越好。此外，两权分离所形成的委托代理成本对公司绩效的提升起到了部分阻碍作用，为了缓解此问题，需要对代理人进行激励，提高其薪酬。Buachoom（2017）得出的研究结论是，货币薪酬能使高管敢于增加各种投入，进而得到可观的收益。Sheikh（2018）对非金融企业进行了研究，得出薪酬激励对企业业绩有促进作用的结论。

随着对高管薪酬研究的推进，高管薪酬差距和黏性特征也成为学者研究企业内部治理的重要视角。刘建秋等（2021）探讨了企业内部薪酬差异会导致的经济后果以及传导机理，并发现高管团队薪酬差距对公司未来绩效有负向作用，差距拉大会导致企业效率下降。徐悦等（2021）研究表明，加大国有企业非 CEO 高管的薪酬差距具有积极意义，薪酬差距能影响高管工作的积极性，进而影响企业的代理效率。有些学者对高管薪酬黏性进行了研究。李璟和陈胜蓝（2020）认为，公司所在城市在加入城市经济协调后，高管的薪酬黏性会显著降低。孙世敏等（2021）发现，薪酬黏性在一定程度上是公司为缓解薪酬负向不公平而给予高管的替代性补偿机制。

岳俊益（2017）提出，在我国上市公司，提高高管薪酬能提升企业的发展能力。郭雪萌等（2019）研究指出，高管薪酬激励有助于优化企业资本结构，提升企业绩效。Kohlbeck 和 Luo（2019）认为，对 CEO 进行薪酬激励能够显著提高企业财务报告的质量。Wang 等（2021）对 121 家上市公司 10 年的数据进行实证研究后发现，管理层薪酬与绩效显著正相关，货币薪酬的激励效果优于股票。

二、薪酬激励与企业创新

高淼喆（2020）研究了管理层薪酬激励与业务创新的关系，指出企业创新投资周期长可能导致研发动力不足，存在利润收益不明确的风险。管理者面临股东和公众的质疑，可能影响他们的业绩和声誉。在高质量发展和碳减排目标的双重压力下，内部财务责任和外部声誉责任逐渐成为企业考核的重点。有效的薪酬激励，可以提升管理者的创新欲望，帮助他们克服技术难题，推动企业进行创新。

孙慧等（2019）对 1000 多家 A 股上市企业 2014—2016 年的数据进行了

分析。数据检验结果表明，薪酬激励能够对创新绩效产生正向作用。俞静和蔡雯（2021）分析了A股上市公司的面板数据，证明针对高管的薪酬和股权激励均有助于企业创新。陈修德和梁彤缨等（2015）在研究作用机制时，通过实证分析得出薪酬激励可以使研发效率得到显著提升的结论。高晓菲（2020）研究证实，高管货币薪酬能提高企业创新绩效。霍晓萍等（2019）基于混合所有制改革背景进行了研究，发现高管的薪酬业绩敏感性契约对企业创新绩效具有显著提升作用，并且高管薪酬对创新绩效的影响与股权结构治理机制存在替代效应。谷丰等（2018）通过实证研究发现，我国创业板上市公司存在研发投入不足的问题，若开展薪酬激励，可以使这一问题得到较好的缓解。尹美群等（2018）在研究薪酬激励对研发投入和企业业绩的调节作用时，得到如下结论：薪酬的调节作用在技术密集型企业中能够产生比其他企业更明显的效果。

国内还有学者对高管的不同职位进行了比较研究。于金和李楠（2017）以第一批创新试点企业为对象进行了研究，结果表明，薪酬激励能有效提升高管的创新意愿，加大企业开展研发活动的力度，大幅提升研发投入水平。此外，与其他高管相比，对董事长进行薪酬激励更有助于增加企业的创新投入。尹美群等（2018）研究发现，短期薪酬激励能够正向调节研发投入与公司业绩的关系，这种正向的调节作用在技术密集型行业的效果更为显著。谷丰等（2018）的实证结果显示，中国创业板上市公司的研发投入力度普遍不够，对高管进行薪酬激励能够有效改善企业创新不足的问题。董小红等（2020）从公司治理这一视角切入，深入分析了影响企业创新的因素，结果表明，高管薪酬激励能够有效提升企业的创新投入水平。

三、薪酬激励与内部控制

黄贤环（2016）通过实证检验发现，高管薪酬激励程度越高，内部控制有效性越好。根据信号传递理论，当公司内部控制质量较高时，高管更有动机向公众披露内部控制缺陷。刘进等（2016）通过定量分析也证实，高管薪酬激励有利于内部控制水平的提升。

有学者认为，高管的正常薪酬对内部控制的有效性影响较弱，不如他们通过权力获得利益更具吸引力。超过行业标准的高管薪酬可以反映高管超群的能力，使其更愿意释放潜能，优化公司治理结构，努力提升企业的长期价值。激励机制的主要作用是促使高管发挥其优势，使企业创造超出正常水平的价值，进而完善治理结构和提高内部控制水平。基于委托代理理论，科学的高管薪酬激励机制是解决代理冲突的有效方法，能够使委托人和代理人的利益趋于一致。王博扬（2021）对A股上市企业的研究表明，高管的超额薪酬与企业内部控制水平显著正相关。孙自愿等（2020）提出，适当的高管薪酬激励可以通过改善企业治理结构，对内部控制水平产生积极影响。

刘星等（2020）研究发现，理想工资契约在国有企业相对较难实现，管理者在投资决策中注重选择净现值为负的项目，导致投资效率低下。谢培红和王春霞（2017）基于公司生命周期的动态视角，归纳出三个规律：第一，随着董事会规模的扩大，进入成熟期的公司投资不足的问题有所改善；第二，成长期企业管理者权力集中强化了企业的过度投资行为，当对管理层的薪酬激励合理时，有利于抑制过度投资行为；第三，在经济衰退且公司面临各种威胁时，管理者应专注于自身发展。

第四节　薪酬管理的目标、特征及常见模式

一、薪酬管理的目标

（一）公平目标

公平目标分为过程公平、机会公平、分配公平三个层次。

过程公平是指在作出奖惩决定时，组织所依据的决策标准或方法符合公平原则，程序公正一致，标准明确，过程公开等。

机会公平是指组织为所有员工提供平等的发展机会，包括决策前组织与员工的沟通、决策时考虑员工的意见、上级对员工职位的审查、建立员工申诉机制等。

分配公平是指组织在进行人事决策和确定各种激励措施时，必须满足公正的要求。如果员工觉得自己正在受到不公平的对待，就会产生不满情绪。员工对分配公平性的感知来自他们对工作投入和收入的主观比较，以及与以前的工作经历、同事、朋友等进行比较。

（二）效率目标

效率目标包括投入和产出两个角度，前者是指薪酬成本管理的实施，后者是指薪酬能给组织带来的最大价值。该目标的核心是以适当的工资成本实现组织的最大价值。

效率是指企业利用资源满足需求的程度。薪酬设计的有效性主要体现在两个方面：一是提高员工的归属感、工作积极性及工作效率；二是提高企业价值和利润，在竞争环境中更好地实现经营目标。初创企业应扩大绩效收入比例，强调个人努力对企业的贡献；成熟企业追求正常利润，应扩大基础收入比例，给员工安全感和归属感。

（三）合法目标

合法目标是企业薪酬管理的基本前提。公司实行的薪酬制度必须符合法律法规和政策的要求，如不能违反法定保险福利、最低工资制度和工资控制制度等。合法目标的另一个含义是，在开展公司管理改革、工资改革等涉及员工切身利益的重大事项时，公司制定的工资战略不仅要符合国家法律法规、政策的要求和规定，还要体现以人为本的精神，实现公司和员工的双赢。

建立和完善合法的薪酬制度是企业科学管理制度的重要组成部分。科学的薪酬制度不仅要以法律法规的约束力为基石，还要从企业和员工共同发展的角度出发。

二、现代薪酬制度的特征

薪酬制度是薪酬理念和薪酬管理原则的具体实施。薪酬理念和薪酬管理原则的革命性变化，使现代薪酬制度发生了重大变化，呈现出许多新特点。

（一）薪酬构成的多元化与激励的长期化

由于人力资源资本化、员工参与利润分享和综合薪酬新理念的影响，现代薪酬的构成呈现多元化。这从两个方面可以看出：一是工资、奖金等传统劳动收入与期权、股息、股票等资本收入并存，这体现了人力资本价值和对劳动者的超额需求的有机结合。二是将现金和非货币利益等物质利益与员工心理满足、个人发展机会等精神利益同义，实现物质激励和精神激励的统一。研究成功的现代公司可以发现，它们的奖励制度具有多种功能。

多元化的薪酬结构不仅可以更好地满足员工的不同需求，还可以更好地激励员工。股票、期权等新型薪酬形式，赋予现代薪酬制度长期激励的特征。

（二）薪酬设计的战略化与个性化

传统薪酬关注中短期绩效，缺乏动态调整，与公司战略无关。现代薪酬观念认为，薪酬是公司战略决策的重要组成部分，薪酬规划应向员工传达公司目标、行为期望和可以获得的好处等信息，以引导薪酬与公司目标和战略一致。

战略薪酬要求企业根据实际需要和能力设计适合的具有个性化特征的现代化薪酬制度。这主要体现在两个方面：一是根据发展目标、行业性质、市场环境等因素来设计薪酬制度，使其与其他企业不同；二是针对不同类型员工，实施不同的薪酬策略和方案，量身定制不同的薪酬制度。

（三）计酬的绩效化与弹性化

传统的以岗位、工作量或年度绩效为基础的薪酬体系，存在薪酬结构不合理、薪酬标准僵化、考核体系不正规等制度性缺陷，薪酬计算与员工绩效不对称，违反了公正性原则。为了改变这种状况，近年来薪酬计发出现了绩效化和弹性化的趋势。

薪酬计发的绩效化，是以个人或团队的绩效取代工作量测定作为计酬的依据，更普遍地采用绩效工资或以业绩为基础的收益共享薪酬体系。据调查，美国70%的大公司采用这种制度。

薪酬计发的弹性化，是根据公司的运营情况和绩效水平设定薪酬水平。研究表明，当变动薪酬达到员工总薪酬的60%时，会产生很强的激励效果。弹性化薪酬包括奖金、绩效工资、股权激励、红利等，随企业经营状况和员工绩效的变化而上下浮动。要实现薪酬的绩效化和弹性化，必须完善和严格执行绩效考核制度。近年来，出现了更先进、更合理的绩效考核制度，如无级系数评价方法和平衡计分卡考核指标体系。

薪酬计发的绩效化和弹性化有助于软化工资刚性以控制劳动力成本；动态化和利益共享的工资分配方式反映了公司与员工之间利益与共的关系，使薪酬能够真实地反映员工的贡献，有助于消除员工分配不均之忧和惰性，促进公司良性竞争，激发员工积极性，提高薪酬的激励效果。

（四）薪酬制度的宽频化与透明化

传统的薪酬制度适应了传统组织结构和细分的工作要求。然而，20 世纪 90 年代以后，随着组织理论和信息经济的发展，企业越来越依赖团队合作、个人技能和创新能力，以人为本的薪酬管理成为主导思想。因此，宽频化的薪酬制度应运而生，打破了等级限制，促使员工更好地发挥主动性和潜力，适应了扁平化和绩效导向的管理策略。透明的薪酬制度公平、公开，消除了模糊薪酬可能导致的不公平安排和对团队合作的负面影响，体现了员工参与薪酬管理的原则。

三、常见的薪酬管理模式

（一）基于职位的薪酬管理模式

基于职位的薪酬管理模式先依据岗位职责、劳动强度、工作条件等进行评价，然后确定员工的薪酬水平。公司会成立职位评估团队或聘请咨询公司对内部职位进行评估，获取每个职位的薪酬点，并根据薪酬点将职位分类到评级系统中。在这种薪酬管理模式下，员工工资的增长主要依赖职位的晋升。该模式导致员工遵守等级秩序和规章制度，争取晋升机会，注重人际网络，并采取行动以获取晋升。然而，这种薪酬管理模式未明确区分同一职务级别但不同岗位员工的贡献，存在一定的局限性。

（二）基于能力的薪酬管理模式

基于能力的薪酬管理模式基于员工的才能或专业资格来确定基本工资水平。它与晋升挂钩，假设能力胜任的员工具有较高的绩效。在这种薪酬管理模式下，员工明白高能力会带来高绩效，并且工资水平会随着能力的提高而提高。这里的能力不仅指一般能力，还包括基于知识、技能、自我意识和人格特质的能力组合。在这种薪酬管理模式下，员工更倾向于合作，而非过度竞争。这种薪酬管理模式特别适合科技型和知识型企业，符合建立学习型组织的要求。

（三）基于绩效的薪酬管理模式

Burt Consulting 认为，按绩效付酬应以公司整体绩效、部门整体绩效或者团队或个人绩效为依据。具体选择取决于职位性质。高绩效员工专注于绩效目标，努力实现目标并积极创新。按绩效付酬不仅是员工行为的准则，也有助于降低管理成本、提高产量。这种薪酬管理模式广泛应用于市场竞争激烈的行业。

（四）基于市场的薪酬管理模式

基于市场的薪酬管理模式是指根据同一职位的劳动力市场价格确定薪酬方案。这种薪酬管理模式基于人才市场供需平衡，具有较强的市场竞争力和外部公平性。综合考虑公司内部和外部劳动力市场情况，可以避免因人才流失而削弱公司竞争力。

然而，能够全面实施市场对标的企业，大多出现在完全竞争的行业。该模式受到前提假设的严重限定。此外，过度与外部市场挂钩也会增加企业自身的支付压力，不利于内部公平，其缺点也显而易见。

（五）基于年功的薪酬管理模式

在基于年功的薪酬管理模式中，员工的薪水和责任随着年龄和服务年限的增加而增加。中国国有企业过去的薪酬制度很大程度上采用了年功工资，虽然强调了能力的作用，但实际上用年龄和服务年限来评价能力。年功工资的假设是长期服务意味着更多工作经验，经验增加会带来好的业绩，老员工对公司有贡献，应当得到补偿；其目的是鼓励员工忠诚，增加对公司的归属感，并鼓励员工终身为公司服务。在人才稀缺、终身雇佣的环境中，如果员工真正忠于公司并持续创新，公司可以考虑采用年功工资制。这种制度的关键在于外部人才竞争环境相对稳定，否则很难成功实施。

第五节　华为公司激励机制案例

一、华为公司概况

激励机制的设计是企业用人、育人、留人的关键所在。华为将马斯洛需求层次理论运用到公司的激励机制当中，从而实现了公司“狼性文化”的传承。

华为从无到有，逐渐成长为全球领先的信息通信技术解决方案提供商，并且一直遵循稳健经营、不断创新、开放合作的企业文化。在营收方面，华为 2019 年成为中国最大的非上市公司。高新技术企业最重要的无形资产就是技术型研发人才。华为公司员工的特点是研发人员占比大，员工结构呈现年轻化。如何有效地激励人才发挥主观能动性、协同并进、持续创新是华为公司人力资源管理面临的主要问题。

华为独特的人才激励机制，也成为很多企业的参照。为了使员工在满足自身需求的同时实现组织目标，必须激发其工作积极性，这是华为激励机制的基本目的。正如任正非在谈到人才晋升机制时所说："一是让雷锋和焦裕禄不吃苦，焦裕禄不能得肝病，雷锋不能穿破袜子；二是集体奋斗。"

华为公司历经多年的持续改革，逐步建立起一套运作高效、运营风险小、持续创新的机制，并通过价值链管理体系，将公司、组织、个人目标联结起来。华为公司的价值链体系如图 10-3 所示。

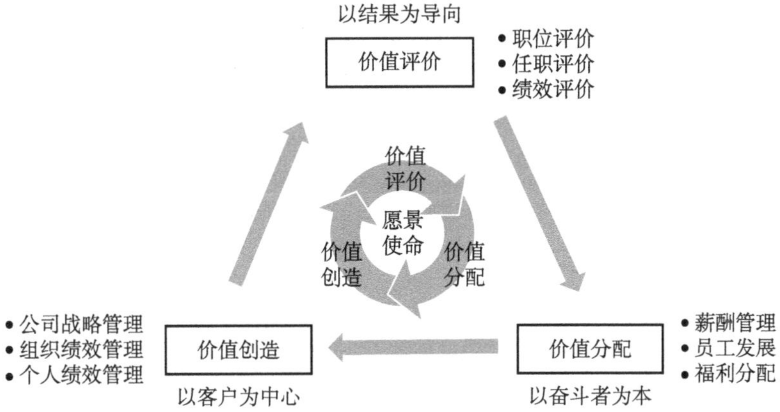

图 10-3　华为公司的价值链体系

二、华为公司的激励机制

在薪酬方面，华为将薪酬分为两类：外部激励和内部激励。外部激励主要包括基本工资、固定奖金、现金津贴、可变收入、长期激励和现金福利。内部激励体现在对工作质量、文化氛围、工作与生活的平衡和特殊表彰上。随着现代社会的高速发展，金钱不再是员工的唯一追求。华为公司除了进行高薪激励、持股激励外，还会对员工进行培训激励，如派研发人员出国深造、提供舒适的工作环境，由此衍生的综合激励理念成为华为薪酬结构的核心。华为公司薪酬架构如图 10-4 所示。

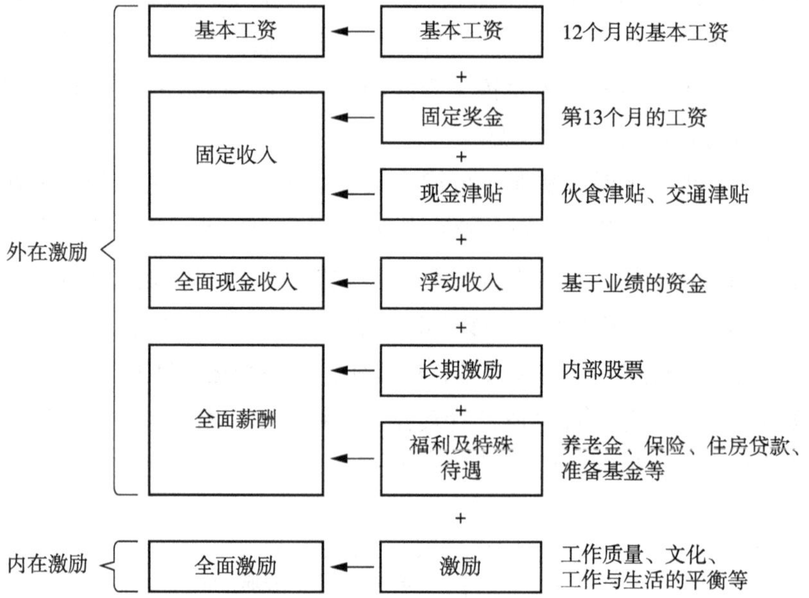

图 10-4 华为公司薪酬架构

（一）薪酬福利制度

1. 高于市场价的薪资水平

任正非认为，薪酬制度应该基于企业的发展战略而设计，并且坚信高薪是留住人才的首要因素。为了吸引和留住人才，华为的薪酬一直位居行业前列。

2. 简单高效的短期激励制度

公司设置奖金包，并规定奖金分配要造福高绩效一线作战单位，奖金分配过程要遵循及时、高效、简便的原则，发挥奖金的激励和牵引作用。奖金包设置规则如下：从公司利润中提取超额公积金和股票分红，按照业务部门设置公司奖金基金，根据组织绩效设置部门奖金包，最后根据个人绩效设置个人奖金和个人等级。

3. 长期股权激励

华为公司从 1990 年开始实施虚拟股权激励计划。2001 年，华为公司推出虚拟股票期权计划，之后将其改造成“虚拟受限股”。后来，由于股票价格逐渐升高，新增虚拟股获取成本增加，此措施逐渐失去激励作用。2014 年，华为将虚拟受限股改革为时间激励计划（TUP）。

TUP 的运作方式如下：预先授予一个获取收益的权利，包括分红权和增值权，但收益需要在未来 N 年逐步兑现，也可以和业绩进行挂钩，该权利与所有权性质的股权没有关系，通常以 5 年为一个周期，权利兑现后自动销毁。

华为公司采取的全员持股的做法是一种行之有效的绩效激励措施，给员工描绘了一幅宏伟的愿景，增强了员工的归属感，也让员工拥有了主人翁意识。这一制度使员工利益和公司利益捆绑到一起，员工和公司共担风险、共享收益，既增强了公司内部的凝聚力，又能吸引和留住优秀人才，让每一位员工都关心公司的命运，为提高员工和团队的绩效而努力。

4. 公平、公正、透明的薪酬福利制度

除了上面提到的激励，华为公司的薪酬体系也体现了公平性。任正非认为，雷锋不应该吃亏，平庸不能偷懒。华为公司不像传统公司那样按年龄、职位、学历、工龄分配工资，而是根据员工对公司的付出来分配工资和奖金。基于“岗位匹配、易岗易付”的管理理念，华为公司将不同的职能划分为 9 个 HAY 等级，每个职位、职级对应相应的薪资，以最大限度地发挥员工的潜能。

福利包括以下三部分：①法定福利，即“五险一金”；②特色福利，即补充旅游险、驻外补助、战争补助、家属慰问、加班餐补、艰苦补助；③补充福利包括定期体检、加班工资、出差补贴、节日礼品、补充商业险等。养老金等福利的分配取决于工作态度评估的结果，而健康保险则按类别和支付方式计算。绩效考核可以为优秀员工提供更高的薪酬福利，缩小员工差距。这种差异化战略激发了员工的内驱力，也体现了公平原则：优秀的员工可以通过不断地努力来实现人生目标。为了鼓励努力工作，公司也为员工创造了更多的平台和机会，员工在为公司带来利润的同时，也会获得丰厚的报酬。

（二）绩效考核制度

华为公司的绩效考核制度是一种基于岗位职责、实际贡献和实现持续贡献能力的激励分配机制。它支持团队合作，并确保参与者得到及时有效的奖励。

1. 团队绩效考核制度

团队绩效制定是指通过分解公司总体战略，在组织、人才、管理和组织氛围的支持下，明确各部门 3~5 年的战略目标和经营目标，明确重点任务和可行措施，确保业务和战略目标的实现。在执行监控时，华为公司会每月、每季度检查目标完成情况，实时调整资源。华为公司会在经理的年度述职报告中补充绩效评估反馈，确定团队的绩效比率，并根据评估结果分配奖金，给相应的主管升职加薪。本质上，某些团队绩效考核是客观“调查”和主观“评价”的结合。“审计”是指使用量化指标计算 KPI 分数。这种评价体系可以保证管理团队的有效运作。

2. 个人绩效考核制度

个人绩效制定过程是将部门目标分解，通过沟通签订 PBC 协议，设定个人目标。员工参与目标设定过程，有助于他们更好地理解目标的设定目的和重要性，从而更有动力接受挑战并朝着目标努力。

在实际执行期间，个人绩效考核制度包括每日辅导、中期审查、PBC 更新和关键事件记录等内容。绩效评价包括三个阶段，即员工自我评价、主观评价和集体评价。绩效反馈时会有结果公示、反馈面谈和绩效投诉。整个绩效考核过程遵循公开、透明、公平和公正的原则，通过为关键员工提供更高的薪资和福利来激励员工。

绩效评价的步骤如下：360 度意见收集和员工自评、根据团队测评的结果确定分配比例、考评前沟通、初评结果、集体评议、上级评审。

（三）文化激励

企业文化是企业的软实力，优秀的企业文化可以营造良好的企业环境，让员工有机会自发形成凝聚力、中介力和约束力，以及企业发展所需要的精神力量。华为公司创造和发展了一种与公司和行业特点相匹配的狼文化，以激励全体员工努力工作。华为公司的狼文化可以概括为几个词：学习、创新、利益、团结。学习和创新代表着敏锐的嗅觉、务实的创业精神和团队的拼搏精神。

华为公司从 1999 年开始实行末位淘汰制：将考核分为 A 到 F 六个等级，低于 D 的依次进入末位淘汰。被淘汰的人占全部劳动力的 5%。当然，退役制度不是彻底淘汰，而是裁员培训，回到 HR 部门培训。在等待期间，公司只支付给这些员工基本工资。适当的竞争机制更能激发员工的活力。

在有形激励和无形激励相结合的机制下，配上末位淘汰制，可以保证每个员工时刻保持忧患意识，形成持续学习的组织文化，加上公司行业龙头的公信力，可以使员工形成付出就有回报的观念，最大限度地发挥主观能动性。

思考及讨论题

1. 公司制定不同激励机制的依据是什么？举例说明。
2. 公司怎么确保激励计划切实有效?
3. 面向高管的激励计划和面向车间员工的激励计划有什么异同?
4. 中小企业应如何制定适配本公司经济体量的激励机制?

11 第十一章 环境管理会计

第一节　环境管理会计概述

一、环境管理会计的定义

人类在迈向文明阶段的同时，对自然生态环境造成了严重破坏，如大气污染、水污染和噪声污染。我们必须重视环境问题，为人类发展提供更加安全、健康的环境。随着人们对环境问题的关注，企业作为主要的污染源和资源消耗者，受到政府、社会和消费者等多方的限制，同时承担着巨大的潜在环境风险。企业发展环境管理会计，不仅能有效减少环境污染和资源浪费，还能树立良好的公众形象，带来一定的社会效益。环境管理是企业可持续发展的基础，也是当今社会不断进步的关键环节。

（一）环境管理会计的定义

不同机构对环境管理会计的定义不一。最初，联合国环境管理会计专家工作组提出了环境管理会计的定义，认为它是为了满足组织内部进行传统决策和环境决策的需求，对实物流、环境成本和其他货币信息进行确认、收集、估计，以便编制内部报告和支持决策。根据这个定义，环境管理会计应该涵盖实物流和货币流的相关信息，以及常用的信息分析技术。过去几十年，企业的环境管理工作不够成熟，造成了较大的经济损失，国际上出现了多个专门研究环境管理会计的组织机构，如 Tellus 学会、联合国可持续发展部环境管理会计国际专家组和国际会计师联合会（IFAC）等。

Tellus 学会对环境管理会计的定义是，核算企业运营过程中物料的使用情况和控制环境成本的专门会计。物料会计是企业计算组织内部或经营场所物料流量的方式，通过将投入与产出联系起来，评价物料等资源的使用效率，发现环境问题并寻求改进的方法或策略，最终达到提高资源利用效率和改善环境的目的。环境成本会计是对企业有关环境问题所支付的费用进行确认，让企业意识到环境成本的支出以及存在的环境风险。

联合国可持续发展部环境管理会计国际专家组认为，环境管理会计用于识别和度量当前生产流程中的环境成本，并将这些成本和效益汇集到一起运用到日常业务决策中；环境管理会计涉及多个层面，包括资源使用、污染物排放、技术选择、产品设计等，这些会对企业的经济活动产生影响。

国际会计师联合会对环境管理会计的定义是，通过研究并制定合理的与环境管理相关的会计制度与实务方法，实现企业对经营绩效和环境的有效管理。环境管理会计涉及与环境相关信息的发布与审核，注重生命周期成本核算、全成本法、效益评估以及生态经营管理策略的设计。

（二）环境管理会计的起源

1. 20 世纪 90 年代初期的研究

20 世纪 90 年代，由于环境管理策略对企业发展具有重大影响，各组织部门都加快了对环境管理会计的研究。较早对环境管理会计进行探索和研究的是美国国家环保署（U. S. Environmental Protection Agency，USEPA）。1995 年，USEPA 在《作为企业管理工具的环境会计入门》一文中提出基本的环境会计理论，并对其基本观点进行了阐述。该文也对环境成本作出了界定与划分，其分类方法被不少专家借鉴。该文还对怎样把环境审计作为企业控制、资金计划、业务流程、产品设计的决策依据进行了研究。在资金计划领域，USEPA 提出了各种评估方法，对环境融资计划作出财务评估，并进行了丰富的实践研究和比较探讨。2000 年，USEPA 在《绿色股利——企业环境业绩与财务业绩的关系》一文中，针对怎样利用环保策略提高公司的财务绩效展开了研究，并对实施环保策略提高公司经营绩效提出了相关意见。

1994 年，加拿大特许会计师公会（Chartered Accountants of Canada，CICA）发布《环境绩效报告》，将企业对股东的财务托管责任扩展到社会责任和环境责任，以构建完整的环境报告框架，其中包括环境管理系统、环境业绩分析等。在此基础上，企业可以更好地衡量和评估自身的环境绩效，并为投资者提供更多的投资信息。1997 年，CICA 出版了《完全成本环境会计》，对公司全部成本会计计量方法的实质、内容与应用范畴进行了阐述，特别提出了对公司内在成本费用和外在成本费用的计量及相关信息的收集方法等，为公司整体环境成本会计的实施提供了指引。

2. 环境管理会计的正式定名

20 世纪 90 年代后期，许多国家在政府支持下对环境管理会计进行了研究。例如，德国联邦环境部和联邦环保局于 1996 年颁布了一套关于环境管理会计标准的手册，对环境成本的分配是否合理进行了讨论，鼓励公司采取其所建议的管理方法，并取得了一些成功的经验。此外，许多学者的研究也取得了不少成果。Schaltegger（1996）借鉴世界可持续发展工商理事会（WBCSD）的观点，将企业环境管理与可持续性目标具体化为生态与经济效率，采用增值和增量的方法对环境问题的影响进行计量，提出环境会计如何服务于企业环境管理的新问题。2000 年，Schaltegger 进一步扩大研究范围，提出了企业环境管理会计的新概念，以及企业环境信息管理如何与企业环境管理有效结合的新问题。

联合国成立了“改进政府在推动环境管理会计中的作用”专家工作组，在 1999—2002 年共举行 5 次会议，与会者来自中、加、法、英、德等近 30 个国家的环保治理和审计机构。1999 年的第一届会议总结了欧洲各地的经验与方法，并首次明确了促进环境管理会计活动的主要问题。之后，各届会议围绕环境管理会计的理论基础及准则的意义、公司环境保护报告以及绿色国民账户控制等领域的相互联系进行了讨论，并阐明了政府在开展促进环境管理会计活动中的主要作用，以及政府各项环境鼓励政策等。

3. 环境管理会计研究的最新进展

由于环保议题的日益突出，全球各地政府对与环保有关的财政议题也越来越重视。各大国际会计学组织也在积极地研讨环境控制审计的指南或标准，包括英国特许内部审计师协会（CIIA）、澳大利亚注册会计师协会（ASCPA）、加拿大注册管理会计师协会（CMA Canada）、日本公认会计士协会（JICPA）和菲律宾注册会计师协会（PICPA）等。不少国外组织和公司发布了有关环境管理会计研究的指导性文件，并有与之相应的财务会计报告和环境成本核算准则（包括统计核算和报表方面的准则）。这些文件和准则等对环境管理会计的概念形成与实践发展产生了较大的推动作用。虽然它们的具体内容不同，但归纳起来聚焦以下三个方面：①引入各个发达国家的准则，并提供各国的实践分析报告与实践工作经验；②由环境治理企业协会提供的具体环境治理措施说明；③强调各个阶段的环境治理会计技术应用。

4. 环境管理会计问题日趋重要的原因

环境管理会计得到国际社会的普遍重视，大致有以下三方面原因：

第一，来自关心环境问题的利害相关人士的问题持续上升。企业的环保绩效越来越受到内部（员工）和外部利益相关者（行政机关、公司、企业等）的重视，对企业产生了持续影响，推动企业不断报告环保绩效。这要求公司加强环境控制，将其影响降到最低。例如，欧盟的《限制有害物质指令》（ROHS）要求，在欧洲销售的电子电器产品中禁止使用有害物质，所有原材料应尽可能对环境保护和人体健康有利。此外，许多大企业要求其制造商遵守国际标准化组织（ISO）的环境管理要求。

第二，环境相关成本的重要性不断增加。过去，公司在不良环保业务方面的内部支出较少，因为缺乏环保政策和利益相关者的压力。近年来，由于环保政策不断加强，公司面临污染场所的环保负债和保险成本不断上升。消费者、股东和金融机构等利益相关者也要求公司积极应对，并增加环境保护方面的支出。与此同时，国际机构和政府组织正在制定环保核算和公开准则，例如联合国正在建立全面环保的社会经济核算制度，欧洲委员会要求企业在财务报表中明确披露环保成本。这将推动公司加快公开企业环保成本核算数据的步伐。

第三，人们对当前会计实践问题的进一步理解。传统的环境管理会计系统未包含环境保护业务，无法有效收集环境数据，导致企业环境管理信息不完整，可能导致错误决策。近年来，人们开始重视建立国际环境管理会计系统，以确保环境因素得到充分考虑。同时，人们希望制定国际环境管理会计指南，以促使企业共同遵守。2005 年 2 月，国际会计师联合会（IFAC）发布《环境管理会计的国际指南——公开草案》，总结了各国的环境管理会计实践，并推动了全球对环境管理会计的认可。环境管理会计已成为全球研究课题，在国际范围内受到高度关注。各国陆续开展环境管理会计研究，深入探讨环境污染、水资源利用等问题。

（三）传统管理会计的局限性

企业的可持续发展目标是在健康发展中兼顾环境问题，关键条件是合理利用环境相关信息，判断公司的环保情况并快速作出适当的反应。传统管理会计思想面临收集和评估环境管理相关数据的困难，所获取的环境数据不完整准确，容易导致现代环境管理决策错误。现代环境管理会计思想迅速发展，弥补了传统管理会计在环境控制方面的不足。传统管理会计的局限性体现在以下四个方面：

第一，重视生产经营，忽视环境管理。企业经营会计主要关注产品管理的各个方面，如供应、制造和营销，但并未考虑环境控制活动。这导致无法准确评估、科学设计和严格管理公司的环境经营活动。公司对环境管理的重视不够，是问题产生的主要原因。为了实现人与环境的平衡，需要在管理会计实践中引入改善环境绩效的理论和方法，并将其纳入未来的经营理念，以提高公司的环境经营绩效。

第二，忽视了环境信息。会计信息与企业环境管理决策的关联较弱。这主要是因为企业管理会计核算中使用的主要数据都来源于企业财务会计业务信息系统。根据现行的会计准则，财务会计无法独立记录和反映与企业环境管理相关的收入、成本费用等重要数据，特别是在生产成本数据方面，财务会计通常只关注常规生产成本，而忽略了环保生产成本。因此，与环境管理有关的主要成本并没有直接独立体现在全流程的生产成本计算中，而是先纳入生产成本，再根据生产能力、机器工时和生产时间等指标，按比例分配给各个成本对象。这种管理方式无法准确反映各企业实际的环境成本与生产成本的关系。如果仅依靠这样的成本数据来判断环境控制和成本定价，将会导致判断失误。尽管一些公司对环境成本进行了核算和披露，但大多数仅考虑了内部环境成本，而未包括外部环境成本，对环境信息考虑不够全面。

第三，投资决策分析不完善。环境管理对企业的影响是长期的，因此与环境管理相关的决策也非常重要。传统的管理会计在投资决策中常常忽视项目的环境成本和收益，无法准确评估投资项目的回报。在投资决策分析中，通常使用固定的贴现率对项目现金流进行折现。然而，与项目相关的环境因素相比，其不确定性更大，增加了实际投资的环境风险。通常在投资决策时，并未考虑项目可能存在的环境风险，并且所使用的贴现率常常不符合项目的真实投资风险，导致对项目收益现值作出过高的估计，无法正确评估实际投资项目。

第四，业绩评价的技术和方法有缺陷。传统绩效评价方法注重短期绩效，而忽视了企业的长远环境效益。这是因为，在对绩效进行评估时，大多数标准是单一的短期财务指标，如收入、利润、边际贡献、可控成本等。这种评估方法可能由于人为操作失误导致数据计算不准确。近年来，随着企业经营环境的变化，平衡计分卡等方法提出了一系列衡量企业长期绩效的财务和非财务指标，但由于其复杂性和不确定性，并未在实际中得到广泛应用。

（四）环境管理会计在企业管理中的作用

环境管理会计是一种针对企业经营活动的经济管理工具，能够帮助企业合理控制和管理经营活动，提高经济效益和环境效益。环境管理会计有助于有效控制成本、加强风险管理和提高市场竞争力，同时推动环保政策实施、提高环保意识，促进可持续发展。在企业管理中，环境管理会计主要发挥以下三个作用：

第一，有助于企业准确地进行成本计算和产品定价。环境管理会计制度的形成可以解决传统核算方式的主观性和单一分摊指标的问题，确保与环保相关的成本费用的确定和计算简单明了，以衡量公司经营对环境的负面影响。它帮助公司明确产品生命周期和可能的环保成本，找到降低生产成本、提高绩效和减少环保损失的方法。同时，有效的环保成本信息能够提高产品成本的完整性和真实性，帮助公司制定更准确的市场价格，提高财务绩效。

第二，有助于企业控制者作出合理判断。环境管理会计不仅能提供企业投资决策所需的货币数据（如环境价值和利润），还能提供其他货币数据（如废物的总量）。在环境管理会计制度的帮助下，企业管理者可以更有效地控制短期行为，优化设计和管理，在环境设计和清洁制造过程中作出最佳选择，考虑经济、社会双重效益。考虑环境因素后，决策分析方式也会发生改变：①决策目标不再仅限于单一的经济参数，而要兼顾社会效益、环保效益等多个目标；要密切关注国家环保措施和环境保护法律法规的实施，预测可能产生的环保支出风险，并在决策分析之前充分考虑效益。

假设某公司即将投入的新产品在制造过程中会出现一种残留物，这种残留物可以通过下面两种方法消除。

方法 1：蒸汽去除法。设备需要投入 100 万元，每年产生的费用如下：购置原料 8 万元，缴纳排污费 7 万元，企业管理费用 5 万元。这种处置方法将形成一种危险废物，公司目前缺乏处置这种废物的技术。我国将出台一项有毒废物排放的管理政策，该公司的行为有可能受到巨额处罚，经过估计，处罚金额高达 150 万元（包括罚金和设备退役后的缴纳）。

方法 2：碱式去除法。这种方法并不会排放其他废物，只会形成一种含碱的废物，废料则可回收作为肥料。其支出如下：设备总投入约 150 万元，购置原料费用 10 万元，缴纳排污费 4 万元，设备管理费用 6 万元，碱废料处理费用 2 万元（假设两套装置使用期限均为 10 年，使用平均年限法计提折旧，没有余额；不考虑所得税的因素；折现值为 15%）。

方法 1 和方法 2 投资比较见表 11-1。

表 11-1 两种投资方法的比较

单位：元

项目	方法 1	现值	方法 2	现值
设备投资	1 000 000	1 000 000	1 500 000	1 500 000
购料支出	80 000	401 440	100 000	501 800
缴纳排污费	70 000	351 260	40 000	200 720
生产控制支出	50 000	250 900	60 000	301 080
折旧费	(100 000)	(501 800)	(150 000)	(752 700)
碱废料收入			(20 000)	(100 360)
罚款支出	1 500 000	370 770		
净现值		1 872 570		1 650 540

由表 11-1 中可知，若方法 1 的净现值为 1 872 570 元，远大于方法 2 的净现值 1 650 540 元，则公司会选择方法 2。假如不考虑对环境破坏的罚款，那么方法 1 的净现值只有 1 501 800 万元（1 872 570-370 770），低于方法 2 的净现值，则公司会选择方法 1。

第三，帮助企业开展环境绩效考核和评估。环境管理会计的环保绩效评价系统有助于环保资产拥有者和管理人员掌握环保资产的存量与流动及其价值的分布和可能的变化，可以反映企业承担环保职责、防治与处理可能造成污染的资金投入与绩效信息，监督各环节实施情况，发现与战略目标之间的差距，并提供改善建议，确保企业在环保危机中受到的危害最小，不断提高企业的效益和环保绩效。当公司将环保战略作为战略目标后，使用环境管理会计所获取的数据，可以对公司的环保绩效和财务业绩进行评估。企业在进行决策时考虑环境因素，有助于提升环保业绩。环境管理会计需对经营管理人员实施绩效考核，推动公司进行环保经营的自我调控。通过全面评估环保绩效，公司可以实现可持续战略目标，并创造持续的利润。

二、环境管理会计的理论基础

（一）可持续发展理论

1980 年，世界自然保护联盟发布《世界自然保护战略》，首次提出“可持续发展”的概念。该文件强调：“发展和保护环境对我们的生存，对我们履行作为后代自然资源托管人的责任是同等必要的。”在1981年的《保护地球》文件中，世界自然保护联盟进一步阐述了可持续发展的概念，即“改进人类的生活质量，同时不要超过支持发展的生态系统的负荷能力”。这一概念强调，人类在改变自己行为方式时应遵循生态原则，从而避免对环境造成不良影响。1992年，联合国环境与发展大会（UNCED）通过的《21世纪议程》和《里约宣言》强调了环境保护中的经济法，标志着可持续发展理论为世界各国所接受。其中，《21世纪议程》是世界各国政府为促进全球环境可持续性发展而制定的共同行为准则，正式确立了“可持续发展”这一人类发展的基本主题，也进一步阐明了环境与发展之间的关系，并提出环境可持续战略与实施战略的具体行动方案。

可持续发展思想要求人们采取一种和自然环境相互平衡的方式谋求健康的具有发展价值的生存，而不能通过损害或者污染自然环境来谋求发展。可持续发展理论是环境管理会计必须重点关注的理论依据。

（二）经济外部性理论

经济外部性理论起源于西奇威克《政治经济学原理》中的“灯塔”理论，受到马歇尔“外部经济”思想的启发，后来又受西斯科批判性的经济思想的影响。外部经济是指由于消费者或其他人和厂商的产出所引起的一个人或厂商无法索取的收益；外部不经济则是指由于消费者或其他人和厂商的产出所引起的一个人或厂商无法补偿的成本。

保护外部性的基本权利有两种途径，一种是行政干预，另一种是自由市场。外部性的基本权利受到客观环境的影响，需要考虑基本权利行为的公平与效率的平衡。目前，外部性影响内部性的重要手段，便是对企业的污染进行征税或处罚，这早已被不少发达国家的政策所接纳并得以推行。外部性理论上需要我国出台相关政策规范企业行为，让其承受社会影响，促使企业进行环境管理改革。

（三）环境资源价值理论

环境资源作为国民财富的一部分，必然有其价值。1976年，美国经济学家克鲁梯拉提出“舒适型资源的经济价值理论”。“舒适型资源”包括：珍稀的生物种类、珍稀的自然景观，以及重要的生态系统。克鲁梯拉认为：“使用价值”是当代人对舒适型资源的直接或间接利用所取得的经济利益；“选择价值”是当代人为了保证后代人能够利用而进行的支付和后代人因此而获得的效益；“存在价值”是指不是出于任何功利的考虑，只是因为舒适型资源的存在而表现出来的支付意愿。他的经济学思想为后代人对舒适型资源的经济价值进行研究打下了理论基础。

三、环境管理会计的内容

环境管理会计包括环境成本、环境影响因素及环境管理绩效评价等内容。

（一）环境成本

环境成本是环境管理会计关注的一个重要课题。徐玖平（2002）将环境成本定义为企业在经营过程中产生的环境资源减少成本，以及为防治对环境造成危害所需的成本。王京芳等（2008）根据经济行为在整个企业经营过程中所产生环境成本的特点，从宏观和微观角度对环境成本作出了划分。从宏观角度看，企业环境成本是为了实现稳定和可持续发展的生态环境目标而支付的价格。从微观角度看，企业环境成本主要包括为产品在整个寿命周期内超过特定环境目标而实施的环境保护措施所产生的费用，以及环境保护措施失效后重建环境所支付的价格。彭咏梅（2016）从可持续发展角度出发，认为环境成本包括企业因生产经营活动导致的资源耗费和对环境影响所承担的货币或非货币成本，以及为保护环境采取的预防成本的总和。环境成本涉及物质和非物质层面，如技术创新、人力资源投入和绿色采购等。

为了满足环境规定的要求，防止或减少生产过程中的污染，企业必须采取相应的措施，如购置环境设施、改变工艺流程、进行环保净化处理等，这些行为必然会产生相应的费用。此外，根据政府及各部门的要求，企业需对过去对环境和其他社会群体造成的破坏进行处理或补偿，这些过程必然会产生一定的费用。这些费用构成了环境成本，直接关系到企业的总体利润，进而会影响企业利益相关者的总体经济权益。因此，企业环境成本核算是环境管理会计学中引起广泛关注的课题。正确核算企业内部和外部潜在的环境成本，对企业内部环境成本的构成、会计核算、成本计算和管理等进行分析和处理，是企业环境管理会计学的主要任务。

（二）环境影响因素

自然环境因素是受自然环境影响的因素，而重要环境影响因素是可能产生重要影响的环境因素。ISO14001 环境管理规范对企业环境影响管理进行了详细规定。其中，“6.1.2　环境因素”要求企业在环境影响管理范围内确认项目、生产过程或业务中的环境影响，管理所有能够影响或可能产生影响的环境因素，并从产品生命周期的角度确认与上述要素相关的环境影响。

随着绿色因素对企业竞争力的影响不断扩大，企业的绿色经营行为不仅带来消极的经济影响，还具有积极作用。企业的绿色经营行为可以提高企业的整体利润，包括增加企业的绿色竞争力，以及获得因环保控制严格而争取的低利率收益性贷款等。绿色经营行为，还能为企业经营提供可靠的决策数据信息。这使得经营管理层能更充分地了解企业的绿色效益和综合环保价值，进行更合理的绿色管理决策和投资。

（三）环境管理绩效评价

环境管理绩效评价也是环境管理会计的重点项目。在ISO14031环境管理体系中，环境管理绩效体现在环境保护守法、环境保护内部控制、对外交往、安全等方面。1995年，Soderstrom从会计角度分析了环境管理绩效，并提出改良措施，以实现环境管理绩效的精确评价。在此基础上，Thoresen进一步指出，环境管理绩效评价体系应当基于产品的整个生命周期，同时从宏观层面和微观层面建立评价指标体系。Zobel也指出，环境管理绩效评价应该以生命周期为视角。2000年，Anne进行了理论分析，并实证评价了环境管理绩效，提出清晰的环境管理绩效评价标准，以便于企业之间进行对比。

四、环境会计信息披露

环境会计信息披露包括披露内容、披露方式等多个方面。

（一）环境会计信息披露概述

1. 环境会计信息披露的概念界定

环境会计是现代会计的一个分支，也称环境绿色会计学。企业环境会计是指企业运用会计学理论与各种内部和外部报表以及信息披露方法，公开披露与环境相关的会计信息。披露的内容包括企业环境负债、环境资产和其他环境成本，重要环境问题的通报，以及产品生产的环境，企业环境支出的实际收益情况等。

环境会计信息披露是指公司通过适当的渠道和媒介将在运营过程中涉及

的环境费用和相关环境利益，准确、及时地向社会公众和其他有关方披露；主要体现在公司财务报告中，反映环保情况及环保项目对公司获利水平和财务状况的影响。环境会计信息披露是公司履行职责的一种表现。在环境安全意识不断增强的现实背景下，及时发布环境会计信息可以指导投资者更科学地进行评估和决策。

2. 环境会计信息披露的作用

企业与环境是相互促进的，可持续发展要求企业不以牺牲环境为代价。我国正在推动经济社会从高污染、高耗能的增长模式向低污染、低耗能的环保增长模式过渡。企业需遵守环保规章制度，认真履行环保责任，并接受多方监督。环境污染严重的企业应关注长远利益，履行社会责任和环境保护义务，定期公开环境会计信息。环境会计考虑企业与环境、社会之间的关系，利益相关者可据此评价企业的投资价值。

环境会计信息披露是社会可持续发展和企业管理的要求。随着社会环境的变化和公众环保意识的提高，企业不再仅追求经济规模和效益，而是谋求与社会和自然环境的和谐发展。

（二）我国环境会计信息披露现状及存在的问题

我国环境会计学兴起相对较晚，属于新兴学科，专业理论基础还很薄弱，在进行环境保护投入与环境保护收入确定、测算方面尚未形成权威的标准，对企业进行评价也缺乏行之有效的操作标准。目前，我国企业进行环境会计信息披露的主要依据为《关于企业环境信息公开的公告》和《环境信息公开办法（试行）》。获得企业环境会计信息的主要途径包括：公司月度财务报表、公司单独的环境文件、财务报表附注、招股说明书和董事会等。环境会计信息披露在立法、技术研发等方面发展较慢，缺乏基本的理论架构和法规标准支持。由于缺乏完善的环境行为规范和准则要求，以及审计实践中缺乏相关理论指导，企业在披露环境信息时通常只能用简单陈述或介绍，信息公开的内容多样而复杂，公开量较少，且存在较强的主观性。

大多数企业希望披露对企业有利的环境会计信息，如增加废气废水处理设备、增加企业植被覆盖等，没有企业愿意披露对环境造成损害的信息。这削弱了环境信息公开的真实性和完整性，也不会引起社会公众的关注。企业在发布信息后无法获得足够的利益，进行环境会计核算和发布环境报告的积极性也会下降。

（三）环境会计信息披露的重要性及目标

1. 环境会计信息披露的重要性

在过去，环境利益一直被看作国家的长远利益，我国在经济迅速发展后成为目前最大的发展中国家，也成为拥有丰富的环境资源和较低能源消耗的大国。随着社会经济不断发展，我国的环境问题越来越严重，资源耗费也越来越多。环境利益的问题已经上升到了国家利益的问题，环境问题的影响已经不仅仅体现在宏观层面，而且涉及微观层面。在微观上，环境利益可以通过环境管理会计来体现。

从相关的数据可以看出，环境利益主要来自企业的生产行为，所以企业需要在自身经营与环境保护之间寻求平衡。企业应当履行治理环境的职责，这就必然带来一定的环境支出和环境收入，从而导致整个企业的财务状况发生变化。环保项目包括在公司的经营活动中，作为企业的组成部分，其费用和利润理应列入企业会计核算体系，并应进行披露。

2. 环境会计信息披露的目标

信息使用者包括所有者、股东、政府有关机构、管理人员以及社会公众等。近年来，环境问题成为社会各界关注的热点，也是我国“十四五”期间的重要工程，防污治污是企业必须履行的义务，破坏环境的行为将受到行政和经济处罚。信息使用者在决策时会着重考虑企业生产经营对环境的影响程度，以作出更准确的决策。企业披露的环境会计信息满足了他们的决策需求，符合财务会计目标论中的决策有用观。

在所有权与经营权分离的现代企业制度下，企业管理层是被雇用来管理企业的代表，作为受托人，他们有责任按照委托代理契约担负经济受托责任。企业，尤其是重污染企业，作为重要的社会经济实体，应坚决践行可持续发展理念，承担起保护环境的责任。管理层应提高环境保护意识，创新环保理念，节约资源，及时淘汰落后产能，并定期披露环境会计信息，向社会公众和利益相关方报告企业履行环保责任情况及环境绩效等，以向社会交代，向所有者展示受托责任履行情况，赢得社会和企业所有者的信任。

重污染行业在国民经济中的贡献是众所周知的，但所付出的环境代价也是显而易见的。因此，企业应努力走绿色经营道路，创新环保技术，履行环保责任，主动客观地披露环境会计信息，以提高整体价值和声誉，满足社会期望，树立良好的社会形象。

（四）环境会计信息披露的内容及方式

1. 环境会计信息披露的内容

《环境管理会计的国际指南》（简称《指南》）规定，环境会计信息披露内容包括重大环境问题的发生情况、环境影响评价和污染物排放情况等，但对环境财务信息方面的内容未作出系统规定。这里将企业环境会计信息披露的基本内容分为环境财务信息和环境非财务信息两大方面。

环境财务信息主要反映与环境保护有关的经济业务或事项所涉及的资金增减变化，能够用货币进行量化，并且能在财务报表中作为正式项目进行列示以及在附表中附注说明。环境非财务信息主要是环境绩效信息和环境政策信息等难以用货币计量的、无法作为正式项目在财务报表中列示的信息。

（1）环境财务信息。环境财务信息主要包括环境资产、环境负债、环境收益和环境成本。

环境资产，是指企业已发生的与自然环境相关的事项形成的，由企业拥有或控制并能进行价值衡量核算，未来一段时间内很可能给企业带来经济效益或社会利益的环境资源。环境资产主要是指自然性资源资产，主要包括：用于环境保护、预防且有助于环境绩效提高的特殊存货，即环境存货，如环保方面的原材料、包装物等；环境保护及污染防治专用设备，即环境固定资产，如污染物排放的防治专用设备、净化设备、污染物再循环利用设备和环境监测仪器等；用于节约或保护能源、自然资源、环境污染防治软件技术等，即环境无形资产，如环境污染检测软件、环境治理专利技术等；以预防和减少环境污染为目的且收益期限超出一个会计年度而进行的长期环保投资。

环境负债，是指企业所进行的与自然环境相关的经营计划造成的，当前所背负的在未来一定期限内需履行的现时义务。环境负债责任一般包括：环境修复责任，指对企业因工业废气排放所产生的大气污染、水域污染、辐射损害等作出修复；环境惩罚责任，指企业在生产经营活动中因违反环境法而必须承担的缴纳罚款义务，如企业因超标排放污染物而必须履行缴纳罚款的义务；环境赔偿责任，指企业因在生产经营活动中造成的环境破坏、影响他人身体健康和社会安定等而负有环境破坏赔偿的义务；环保贷款，指企业用于污染处理方面的资金支出，如工业环境设备专项投资所缴纳的环保税费等。

环境收益，是指在特定时期内，企业在环境治理、污染防治活动中所取得的收益，分为直接利润与间接收益。直接利润，是指企业在环境保护、环境治理等活动中所获得的，能够以货币可靠地计算或在表中进行披露的经营利润，具体包括：①直接环保资金，即企业通过在治理环境、提高生产处理技术等方面的直接投资获得的政府财政环境补贴款；②垃圾再利用收入，指企业对生产活动中形成的垃圾，按其功能和社会价值加以分类再进行处置，使垃圾可以再利用，并通过对外销售取得收入，由此产生企业环境收益的经营利润；③企业对违反政府环境管理体系的行为进行处罚获得的收入。间接收益，是指对环境资产进行开发利用所取得的无形收益，主要表现为节约能源消耗和节约资源消耗降低的成本、规避环境风险和环境损失的收入等。这部分收益难以计量，无法通过具体的环境核算变现，所以一般不在表内列示，但出于谨慎性的考虑，应作为环保绩效的一部分，在环境绩效信息中予以披露。

环境成本，是指重污染企业不可避免的经营成本。广义的环境成本包括环境保护成本和环境费用。环境保护成本，是指企业在保护环境方面的实际支出。环保费用一般包括：防止污染方面的成本费用，指企业为防止污染及时采取预防措施所产生的成本费用，如环境污染设施的运营税及固定资产折旧等；污染处理费用，指企业的日常污染处理费用，如环境污染处理设施的运营税及固定资产折旧等；垃圾回收与利用成本，指企业对生产过程中所形成的可以回收利用的垃圾进行适当处理所产生的费用，包括对“三废”的再利用成本。

（2）环境非财务信息。环境非财务信息是评价企业社会形象的关键信息，包括企业履行环境保护责任的行为和结果。西方国家一般将企业环保绩效定义为符合环保法律规定的绩效、使用环保资料的绩效、控制环境污染的绩效和公司环保绩效等。环境非财务信息难以用货币衡量，无法在财务报表中体现，但是作为评价企业环保执行情况的重要标准，可以通过文字、图表或指标来展示。企业环境会计信息涉及企业编制环境报告的环境会计准则或指南、报告期间、披露范围和政策变更等内容，专业性较强。

2. 环境会计信息披露的方式

科学合理的披露方式能够使信息使用者更高效地获取信息并为其决策提供有力的依据。目前被认可的主要有以下两种披露方式。

（1）补充报告方式。补充报告方式是在财务报告基础上补充披露企业环境会计信息。具体方式包括年度财务报告、招股说明书、公司官网、社会责任报告和重大事项公告。披露方式分为表内披露和表外披露，可选择一种或多种方式。表内披露通过现有会计报表列示与环境会计相关的信息，如固定资产、累计折旧、研发支出等。表外披露通过会计报表附注及其他报告形式描述环保投资、排污费、绿化费等信息，包括公司环保理念、环境风险、法规执行情况、管理体系建设和环保政策等。补充报告方式操作性强，但披露内容较为分散，难以获得完整的环境会计信息，需要查阅多个报告材料，适用于对环境影响较小的企业，不适用于重污染企业。

（2）独立报告方式。企业每年编制独立环境报告书，系统披露当年环境会计信息和环境责任履行情况，使使用者能更快获取全面的环境信息，评价企业环境责任和绩效。独立环境报告书结合文字、图片、表格等，使用多种计量手段，以准确反映企业环境责任。为提高适用性和通用性，独立报告应注意格式设置。相比其他方式，独立报告更高效、效果更好，适用于重污染企业披露环境会计信息。

（五）国际环境会计信息披露前沿动态①

1. 欧盟委员会正式通过首批欧洲可持续报告准则

2023 年 7 月 31 日，欧盟委员会正式通过由欧洲财务报告咨询组（EFRAG）提交并经后续审议修改的首批欧洲可持续报告准则（ESRS）。根据《企业可持续发展报告指令》（CSRD），不同类型企业将分阶段实施 ESRS 相关披露要求。首批 ESRS 共有 12 项准则，包括 2 项通用准则与 10 项环境、社会和治理（ESG）主题准则。2 项通用准则分别为《ESRS 第 1 号——一般要求》和《ESRS 第 2 号——一般披露》，10 项 ESG 主题准则包括 5 项环境主题准则（《ESRS 第 E1 号——气候变化》《ESRS 第 E2 号——污染》《ESRS 第 E3 号——水与海洋资源》《ESRS 第 E4 号——生物多样性与生态系统》《ESRS 第 E5 号——资源利用和循环经济》）、4 项社会主题准则（《ESRS 第 S1 号——自有劳动力》《ESRS 第 S2 号——价值链中的工人》《ESRS 第 S3 号——受影响的社区》《ESRS 第 S4 号——消费者和终端用户》）和 1 项治理主题准则（《ESRS 第 G1 号——商业操守》）。

欧盟委员会发布了关于 ESRS 的问答，对 ESRS 的制定过程、ESRS 的披露要求、ESRS 最终准则相关征求意见稿的修改情况等问题进行了详细解答。

① 来源于财政部会计准则委员会，https://www.casc.org.cn。

2. 欧盟委员会、欧洲财务报告咨询组和国际可持续准则理事会确认其气候信息披露要求具有高度一致性

2023年7月31日，国际财务报告准则基金会官网发布消息，随着首批ESRS发布，欧盟委员会、EFRAG和国际可持续准则理事会（ISSB）将提供关于ESRS和国际可持续披露准则（ISDS）之间一致性和可操作性讨论的最新信息。

欧盟委员会、EFRAG和ISSB致力于协力提升ESRS和ISDS气候信息披露要求间的互操作性。在三方的共同努力下，尽管两套准则在重要性范围（ESRS不仅包括ISDS所秉持的财务重要性，还包括影响重要性）、覆盖的ESG事项等方面存在一定差异，但实现了准则间重叠气候信息披露要求的高度一致，有效减少了主体同时应用两套准则产生的复杂性和重复性方面的问题。

未来，欧盟委员会、EFRAG和ISSB将共同制定互操作性指南，为同时应用两套准则的主体提供帮助。此外，欧盟委员会、EFRAG和ISSB将关注披露的数字标记（Digital Tagging）工作，以进一步提升两套准则间的互操作性。

ISSB主席伊曼纽尔·费伯表示，ISSB将完成对正式发布的ESRS的分析，并继续与欧盟委员会、EFRAG开展密切合作，制定合适的互操作性指南，尽早向市场提供指导。

五、环境会计信息披露实务应用

我们以啤酒行业的上市公司为例进行分析。啤酒公司在生产过程中会产生大量的污水、垃圾和废弃物等，很容易对自然环境造成危害，但啤酒行业也是人类经济发展的重要基础性产业，对经济社会发展的影响巨大，所以在环境会计领域占据了十分重要的地位。

（一）披露方式分析

啤酒行业上市公司主要通过年报、环境社会责任报告和招股说明书对有关环境的会计信息进行披露。大部分公司也采用年报的方式披露环境会计。年报主要包括三个板块，分别是经营情况讨论与分析、重要事项、财务报表与附注。大部分公司在重要事项板块的“社会责任工作情况”“环境信息情况”两部分披露环境信息，也有部分公司通过社会责任报告来披露环境会计信息。从目前的发展需求来看，啤酒行业上市公司环境会计信息披露仍处于较低水平。

（二）披露内容分析

自2001年起，中国证监会要求企业在招股说明书中披露环境保护相关信

息。大多数上市公司的披露不符合要求，环境会计披露信息为定性描述，缺乏环保投入和环保支出方面的定量分析。啤酒行业上市公司提供的环保信息包括 ISO 环保管理体系认定、环境工程的改造投资、环境绩效等，不过在实际执行过程中并未进行详细透露。少量公司通过内部管理评估报告揭示严重污染的环保情况，以反映公司对环境保护的关注程度和公司内部管理的缺陷。

（三）披露问题分析

从信息披露的角度考虑，虽然一般公司会选用非独立环保报告的信息披露形式，但是由于这种形式技术比较落后且单一，同时存在敷衍了事的现象，提供真实环保信息的企业并不多，企业公开披露相关信息的积极性也不高。从公开信息分析，公司已公开的环保数据较好；对公司环境会计和历史数据的简单披露降低了对公司未来环境发展的指导意义，也不能对公司未来环境业绩进行预测。从发布的时限来看，如果企业年度报告发布的都是上一年度的环境数据，这些延迟信息往往会反映到公司的责任审计报告或者内部管理评价报告，可能导致公司环境信息发布不及时、不准确。

六、环境管理会计实践中应关注的问题

环境管理会计不仅关注经济管理会计的概念，还关注环保问题和社会问题。在实践中，应主要关注以下三个方面的问题：

第一，公司的活动受到社会条件和自然环境的制约。对整个社会的生活条件和自然环境引起的现象，我们应该进行记录、核算和上报。企业应将占有的环境资源列入资产、应履行的环境职责列入负债、耗费的资源价值列入支出、环境利润列为收入等。

第二，建立一个微观与宏观双重的环境量度系统。从微观角度，企业应对环境资源消耗、环境费用、环境资源收益、环境资源价值等制定具体的企业量度标准和管理方法。从宏观角度，政府和社会均可形成环境质量与成本计量系统，并建立社会环境资金体系，向公司支付用以对社会环境进行保护和改进的经费。

第三，注意识别和辨认环境成本。通常情况下，确定公司环境成本主要的依据是公司支出的主要用途。如果一项支出的主要用途是保护环境，或者将保护环境作为首要目的，那么应将其列入公司环境成本。此外，需要对企业的内外部环境成本进行全面分析。为了更好地服务于投资决策，公司应注

意识别目前的、将来的和潜在的环境成本。

第二节　环境成本会计

改革开放以来，我国认识到发展环境经济的紧迫性和必要性，并不断强调循环经济的可持续发展。随着国际上对环保问题的日益重视，环境贸易壁垒已成为制约我国经济发展的重要因素。对企业和国家的环境成本会计进行研究已成为当务之急。

一、环境成本的内涵

环境成本是指社会为环境治理、生态建设、工业污染物处理和环境监督等所消耗的资源。国际会计界普遍接受并引用的定义是：环境成本包括控制业务活动对环境影响所需的费用和为实现环境目标而支付的费用。这涉及环境责任、环境影响和环境目标的执行。企业作为环境责任的主体，应对环境负责并实现环境目标。不同学者对环境成本的表述可能有差异，但均认同企业环境成本与自然资源利用和生态保护密切相关的观点。

环境成本的概念具有广泛的时空延伸性。综合国内外学者观点并结合国情，我们将环境成本定义为，企业在生产过程中为了应对环境和资源损失所付出的代价，包括自然资源使用和损耗、产品再生产成本、产品生产成本和环境污染治理成本。因此，在利用自然资源时，应将其价值计入生产成本。

二、环境成本分类

因为分类的角度不同，环境成本的构成也会不同。因而要合理计算环境成本，必须先明确环境成本的构成和分类。

（一）按生产过程分类

按生产过程，可将环境成本分为三类：①前期环境成本。前期环境成本是指为减少环境污染而预先支出的成本。具体包括：环境保护工程项目的研发、建造及更新成本，企业为维护环境而进行的公共工程的投资、建造、维修及更新的相关支出；公司环境保护部门的管理支出等。②中期环境成本。中期环境成本是指企业在生产过程中发生的环境成本，包括损耗成本和恶化成本。损耗成本是指企业为进行生产和运营而对环境资源进行消耗所发生的费用；恶化成本指企业在生产和运营过程中导致环境恶化而引起的成本上升，如由于饮用水污染而引起的成本上升。③后期环境成本。后期环境成本包括恢复成本和再生成本。恢复成本是指企业在生产和运营中对生态环境造成破坏而需要对环境进行修复所产生的成本；再生成本是指企业将使用过的环境资源重新利用起来所要支付的成本，如造纸厂对废水进行处理及再利用所产生的成本。

（二）按环境成本发展分类

按环境成本发展，可将其分为五类：①企业在生产过程中可以直接降低污染物排放成本，主要体现在废弃物处理、回收系统运行、污染环境材料更换和节能设施运行等方面。②企业在生产过程中为防止环境污染发生的成本：购置环保设备、员工环境教育培训、环境污染监测设备、环境管理体系建设与认证等。③企业环保相关研发成本：设计环保产品、生产工艺研发成本、材料获取途径、工厂废料回收利用等。④有助于实施公司周边环境保护或提高环境效益的成本：公司周边绿化、赞助公司所在地区的环境活动、提供环境信息、环保广告等。⑤其他环保成本：企业生产经营中引起的对自然生态环境的污染与破坏所需支付的恢复成本，对环境损害等进行赔偿。

（三）按成本分摊期限长短分类

按成本分摊期限长短，可将环境成本分为长期环境成本和短期环境成本。长期环境成本，是指企业在环保问题上需要支付较长一段时间的成本费用，该费用是持续不间断的，如企业每年都要向环保局缴纳一笔排污费用。短期环境成本，是指企业为环境问题一次性支付的费用，如企业环保设备费用、采矿权一次性支付等。

三、环境成本会计核算及计量方法

（一）环境成本会计核算

1. 资产类处理

为避免生产活动对环境造成破坏，企业往往会采取多种措施，最常见的是购置或建设固定资产。为了“固定资产”和资产类实体可以进行抵押，有必要建立第二层特定实体“环境资产”，并在必要时创建第三层实体，以区分“非生产性使用环境资源”和“生产性环境资源”。在该固定资产的折旧处理中，核销

“环境影响防治费用”或“环境保护费用”等项目，计入“累计折旧”。

2. 负债类处理

如果企业过去的生产经营活动造成了环境污染，或预计未来将发生环境污染成本，通常进行负债处理。此类会计处理可通过“预计负债”下设二级项目“预计环境负债”的贷方计算，并在发生相应费用时计入该项目的借方。

3. 成本类处理

企业生产过程中发生的直接环境成本，可采用“产品成本”下的“环境成本”核算，间接环境成本可反映在“制造费用”中。发生折旧时，可在“环境资产折旧费用”科目的贷方结算。

4. 费用类处理

在核算环境成本过程中，有关部门的费用核算可通过一级科目“管理费用”下的“环境费用”反映借方成本的增加，反之亦然。除此之外，企业因破坏环境而产生相关费用的情况，还应体现在二级科目“环境支出”中，其一级科目为“营业外支出”。

（二）环境成本计量方法

1. 机会成本法

环境成本中的机会成本是指企业为了获得一定的经济利益而必须放弃因环境保护而获得的最大价值。在企业的生产经营活动中，常会因生产资源分配不合理造成资源的闲置或浪费，由此产生机会成本，应将其计入环境成本。例如，要估算因过度砍伐森林资源造成的损失，可以用单位森林资源产生的收入乘以森林短缺数量来计算经济损失值。假设森林资源产生的国民收入为10元/平方米，那么森林砍伐的环境成本可以用当年的森林稀缺量乘以10元/平方米来计算。由于环境和资源的使用具有不可逆的特点，采用机会成本法计算出来的环境成本往往是最小值，不能充分反映企业对环境的破坏程度。

2. 生产率下降法

在环境污染成本计量中，生产率下降法适用于因土壤流失、空气污染等造成的工农业产品经济损失。这种方法将环境质量作为生产要素来考虑，当经济活动对环境产生影响时，必然导致环境质量的恶化，从而引起产品价格和产量的变化。生产率下降引起的成本和利润的变化是以市场价格为基础计算的，因此采用市场价格估算环境资源恶化的成本。估计模型为

$$D = \Delta Q \cdot P$$

其中，D 为环境资源恶化成本，ΔQ 为因环境资源流失导致的经济产品产量变化，P 为产品单价。

如果产量变化在整个市场销量中的占比很小，那么产量变化对产品的市场价格影响不大，但如果 ΔQ 占销量的比例在市场整体中不可忽视，甚至会引起较大的价格波动，那么环境资源恶化成本中产品单价可修正为 $P=(P1+P2)/2$，其中 $P1$、$P2$ 为环境恶化前后产品的单价。

3. 人力资本法

企业在生产中由于设备落后、生产工艺不科学，会造成环境污染或损害人体健康安全，由此造成的社会效益和经济效益损失应当计入环境成本。在环境污染对人体和工作能力造成损害的情况下，可以采用人力资本法衡量人类健康的环境成本。这种方法通常通过对收入损失进行折现计算，用收入损失（未来收入的现值）来估计过早死亡的成本，以衡量环境污染造成的经济损失。根据 Misham（1972）的研究，该方法的公式为

$$LT = \sum Y_t \cdot PT_t(1 + r) - (t - T)(t > T)$$

其中，LT 为人体健康损失费；Y_t 为预测个人在 t 年内的收入扣除他拥有的非人力资本的收入；PT_t 为某人从 T 年能活到 t 年的概率；r 为到 t 年的有效社会贴现率。

4. 国内外环境成本计量模型研究

1997 年，Romeo Daniels 和 Aline Chiabai 提出了一个生命周期价值估算模型，用于衡量车辆等交通工具产生的悬浮颗粒物总量所造成的空气污染成本。2005 年，Peter Bickel 采用短期边际成本对生命周期各阶段进行定量化处理，构建了一个综合模型来衡量交通工具对城市环境造成污染的成本。2006 年，Christine Jasch 提出，企业应当建立一套有效的企业环境成本评估框架，内容包括原材料、能源和工业用水的流动及其费用支出等，并针对制造企业的生产特点构建环境成本投入产出模型。

2003 年，刘金平构建了矿区土地损害成本计量模型，主要包括农田塌方收入损失和土地流转安置成本、煤矸石土地收入损失、土地复垦成本。2006 年，董小林利用线性关系计算环境污染因子系数，测度降水量对城市供水污染成本的影响，由环境污染因子数量与相应系数的乘积，可得出环境污染的成本。同年，肖序将作业成本法与生命周期成本法相结合，构建了基于生命

周期概念的作业成本法计量模型。2008年，张亚连引入价值链分析理论计量企业环境成本，构建了基于价值链分析的环境成本计量模型，该模型分为三个子模型，即资源耗减成本计量模型、环境保护成本计量模型和环境损害成本计量模型。

四、环境成本会计存在的问题

（一）缺乏坚实健全的法律法规约束

环境成本核算是一种具体的、规范的会计核算活动，在实践中不能只凭经验和主观判断，必须以科学合理的会计准则或规范为依据。但是，当前相关的法律法规还处在空白阶段，对成本的控制和管理还没有形成统一的模式，推动低碳经济的相关努力也未纳入环境成本理论。

（二）企业对环境成本会计重视度较低

我国环境成本会计发展时间较短，多数企业对环境成本会计重视不够。企业为了达到利润最大化，往往会忽视自身对环境造成的破坏及环境会计核算。企业管理层对环境成本缺乏科学的认识，认为对环境破坏程度较小就不会给企业造成较大损失，从而使环境污染陷入恶性循环。我国对企业评估的内容缺乏环境质量评价，导致企业对环境成本的核算较为粗略。

（三）环境成本研究缺乏专业性

环境成本的确认和计量非常复杂，需要专业人员进行准确全面的核算。然而，当前这方面专业人才非常匮乏，只有少数企业有环境成本台账，而相关财务人员通常只是简单地将环境防治成本计入管理成本，并将购置的环保设备视为普通固定资产，没有单独核算环境成本。由于缺乏系统的核算体系和计量标准，也没有专业人员去梳理环境成本与其他成本之间的关系，使得公司难以准确计算环境成本。

（四）环境成本信息披露不完整

企业在环境成本信息披露方面存在信息质量不高、披露不积极、内容不全面、披露方式不规范等问题。许多企业不愿意主动披露环境费用信息，或只愿意披露对环境影响较小或有好处的信息，有些企业甚至刻意回避关键信息。我国会计报表对环境成本未给出具体的描述。会计报告中缺乏对环境成本在公司成本中的比重和对公司收益影响等内容。我国环境成本信息披露缺乏统一标准，来源于不同渠道的信息往往存在较大差异，导致缺乏可比性。

五、案例

一家以煤炭生产和销售为主营业务的企业，在成本计量中未计入环境成本，但法律要求严格控制污水、废气的生产过程和环境成本的计量，因此该公司的会计人员开始对环境成本进行核算。

经测定，该公司水污染主要为生活污水和洗煤污水，排放的污染物主要为 COD、NH_3-N、粉尘、烟尘和 SO_2。据统计，该公司具体污染物排放量如下：COD 排放量 225.4 千克；NH_3-N 排放量 13 千克；粉尘排放量 100.12 吨（100 120 千克）；烟尘排放量 12 吨（12 000 千克）；SO_2 排放量 6.5 吨（6 500 千克）。计算过程为：

根据污染当量法计算公式，环境成本=成本单价×∑污染物当量，污染物当量=排放量/污染物当量值。因此，成本单价与当量数汇总之和是计算的重点。根据《排污费征收标准管理办法》《排污费征收使用管理条例》，废水单价为 1.32 元，废气单价为 1.2 元，COD 污染物当量值为 1 kg，氨氮为 0.8 kg，粉尘为 4 kg，烟尘为 2.18 kg，SO_2 为 0.95 千克。

各污染物当量数（计算结果保留小数点后两位）计算如下：

COD：225.4 千克/1 千克=225.4

氨氮：13 千克/0.8 千克=16.25

粉尘：100 120 千克/4 千克=25 030

烟尘：12 000 千克/2.18 千克=5 504.59

SO_2：6 500 千克/0.95 千克=6 842.11

废气、废水污染物当量数计算如下：

废水：COD+氨氮=225.4+16.25=241.65

废气：粉尘+烟尘+SO_2=25 030+5 504.59+6 842.11=37 376.7

环境成本计算如下：

废水环境成本：1.32 元×241.65=318.98 元

废气：1.2 元×37 376.7=44 852.04 元

两者之和即为该企业的环境成本：

318.98+44 852.04=45 171.02 元

第三节　考虑环境因素的投资决策

投资决策对企业的生存与发展至关重要。传统的投资决策侧重于履行企业的经济责任，满足利益相关者的需求。然而，随着经济的不断发展，环境问题越来越引人关注，现代企业的投资决策不仅要考虑经济效益，还要考虑社会效益和环境效益，秉持“绿水青山就是金山银山”的发展理念。

一、环境投资决策概述

环境投资决策是指在投资评价中全面考虑环境成本和收益。许多企业在传统投资决策中忽视环境因素，从而导致投资决策失误或经济损失。错误的投资选择不仅对企业有害，还会破坏社会可持续发展和自然与人类的和谐。企业在投资时，应充分考虑环境因素的影响，努力实现“绿色”目标。

环境投资是实现企业中长期发展目标的重要手段，会对生产活动产生正面影响。它与传统投资目标的不同体现在两个方面：一是环境投资具有战略性，涉及企业的长期发展。由于投资规模大、周期长且刚性强，环境投资的成功与否会直接影响企业的存续与发展。为了解决这一战略性投资难题，必须将战略性投资目标细化为可衡量的指标，提高可操作性。二是环境投资需要考虑经济、社会和环境因素。环境投资具有明显的经济价值，但往往难以用金钱衡量。由于环境、社会和经济效益的评价标准不同，在综合评估之前，应进行标准化，全面度量各方面的效益，并避免人为提升或削弱某个目标的重要性。

二、企业环境投资目标

企业环境投资旨在实现可持续发展。可持续发展的概念在 1987 年第 42 届联合国大会上世界环境与发展委员会（WCED）提交的《我们共同的未来》报告中被正式提出，得到人们的普遍认可。可持续发展战略的提出，使人们对传统的世界观、道德观、人生观和伦理观有了全新的认识。衡量发展的指标和生态投资效果的方法发生了变化。在可持续发展过程中，评估项目需要考虑经济可行性和社会可行性。评估范围包括有形和可计算的变量，以及无形和难以计算的变量。生态学家和社会学家运用相关理论评估投资项目，分析项目可能产生的社会和环境问题。这使得评估人员能更好地了解项目现状，确保项目目标顺利实现。

为了反映环境投资的多目标决策，我们将长期目标分解为具体的运营目标，并建立详细的考核指标来衡量目标实现情况。通过金融、环境、社会、人力资源、生产和竞争力六个方面的定量和定性评价来确定环境投资项目的具体目标。

环境投资决策是指公司为增加财富而选择适当的投资手段，同时充分考虑环境因素对公司财务状况的影响。评估环境投资决策的基本标准是比较项目回报率与资金成本。当经济回报和环境回报的总和高于资金成本时，项目可行；反之，则不可行。

三、环境投资决策的特点

环境投资决策本质上虽然与传统投资决策相同，但它是由传统投资决策衍生而来的，符合社会和时代的要求。

（一）注重环境效益

传统投资决策从不同方案中选取具有较高经济效益的方案，并进行综合评价，以得出最优方案。在传统投资决策中，经济效益是关键，这也符合企业的本质和生存原则。环境投资决策的目标是在有限资金的支持下，为公司提供价值创造建议，以充分发挥其社会价值，履行环境保护责任。

企业作为社会的一分子，必须顺应社会发展。在当今世界，环境问题已成为社会问题，实现可持续发展必须关注环境保护。在投资决策中，企业必须关注环境效益，以整体效益和社会需求为目标。在进行环境投资时，企业必须同时考虑自身经济利益和经济与环境的协调发展。

（二）利益关系人不断延伸

利益关系人包括从企业获益或承担风险的个人和群体。内部利益关系人是企业管理者和员工，外部利益关系人包括政府管理部门、股东、债权人、供应商、消费者，以及地方群众组织和社会公众。

传统上，利益关系人不包括环境组织。但是，当环境组织成为企业的外部利益关系人时，企业的经营活动将受到环境法律法规的制约，投资决策必须考虑它们的影响。社会公众的环境保护意识不断提高，对于经济发展中对环境有负面影响的活动和行为的批评也不断增加。这些公众成为公司的外部利益关系人，公司的决策需要考虑他们的反应。

（三）决策方式不断改进

环境投资决策主要基于传统投资决策进行改进，如从成本范围、成本分配评价的时间范围和评价指标等方面进行改进。目前，国内外学者主要采用全部成本评价法（Total Cost Assessment，TCA）、多标准评价法（Multi-criteria Assessment，MCA）、风险评估法和利益关系人价值分析法（Stakeholder Value Analysis，SVA）。全部成本评价法考虑环境成本，对所有项目进行全面而长期的财务分析。多标准评价法充分考虑环境和非环境因素，使用多元化指标系统评估项目，帮助企业在面对无法评估的环境和社会影响时作出货币化的投资决策，并平衡环境和其他目标。风险评估法包括敏感性分析和方案评价。利益关系人价值分析法以不同利益相关者的观点为基础，将财务分析与非财务分析相结合，构建决策模型，为决策提供依据。

（四）成本范围扩大

传统投资决策的主要目标是计算各种投资方案的成本和净收益，这需要更准确的成本信息。传统成本核算较少对环境成本进行计量，大多企业只是广泛地将其归为制造费用。由于环境因素的作用日益突出，其所产生的费用已无法再被忽略，并且会在某些工程项目中起到决定性作用。因此，企业在进行投资决策时，需要对环境因素进行充分分析，并在一定程度上考虑环境成本。企业的投资决策与可靠的会计信息有着千丝万缕的联系，需要会计部门将成本范围扩大，加入环境成本。

（五）评估时限延长

当将环境因素纳入投资决策时，就必须将评价期限延长，以便更好地体现项目的总体费用与效益，尤其是环保工程，与之有关的收益和损失通常会随着时间的推移而逐渐增加，因而其回收周期通常会大于其他工程。从环保工程中获得的收入，包括提高产品质量、改善公司及产品的形象等增量收益，只有在较长的一段时期内才会更好地发挥作用。

（六）考虑环境因素的风险和不确定性

投资都会有风险，因而必须在前期进行评估，并尽可能规避风险。若考虑环境因素，由于未来规制变动的不确定性，项目现金流预测会变得很困难。公众对环境问题的关注日益增强，需要在投资决策中考虑环境风险和不确定性。环境投资决策是财务管理中的新兴领域，在全球范围内还未成熟。我国环境投资决策的理论研究和实践刚刚起步。随着环保问题的重要性逐渐提升，将环保因素纳入公司财务是必然趋势。

四、项目投资决策中的环境成本案例分析

A公司是国内专业生产陶瓷纤维的高新技术企业，在行业中率先通过国际标准化组织（International Organization for Standardization，ISO）ISO9001国际质量管理体系认证和ISO14001环境管理体系认证。A公司在报告《莫来石纤维砖技术改造项目》中分析了莫来石纤维砖作为保温材料的市场前景。

（一）设计概述

由表11-2可知，项目投资回收期比较理想，税后净现值比较显著，内部收益率、总投资收益率和项目资本净利润率相对乐观。从这些财务考核指标来看，该项目在财务上是可行的，能给企业带来较高的经济效益。

表11-2　项目主要经济指标

指标名称		指标值
项目总投资		9 950万元
年销售收入		20 800万元
年总成本费用		16 814万元
年平均利润总额		2 353万元
财务评价指标	投资回收期（含建设期）（税前/税后）	5.13年/6.02年
	净现值（12%）（税前/税后）	6 130万元/3 255万元
	内部收益率（税前/税后）	23.99%/18.53%
	总投资收益率	20.21%
	项目资本净利润率	15.16%

资料来源：根据相关资料整理。

在可行性研究报告中，A公司分析了莫来石砖对环境的影响，具体如下：在生产过程中，使用天然气作为燃料，对空气污染小；搅拌机、整理机等设备会产生噪声；项目使用的原料主要是木炭、蓝晶石粉等，这些颗粒状物料在运输过程中会产生一些粉尘，对人体健康有害。

A公司为降低环境影响，作出以下努力：一是粉尘治理。严格控制原料进厂造粒，配料车间设有通风除尘系统，配料系统实现自动化机械化，最大

限度地减少了原料人工搬运和装卸次数。二是噪声处理。采用密闭厂房，操作人员在隔音操作室工作，同时种植树木、建绿化带。三是废气处理。该项目采用天然气进行热处理，会产生少量废气，A公司利用18米长的烟囱进行废气排放。四是废水处理。该项目生产过程中不排放有害（毒）物质的污水。五是废料处理。生产过程中产生的废弃物主要是废砖，全部回收再利用作为生产莫来石纤维砖或铸件的原料。

（二）项目投资遗漏的环境成本因素

A公司的可行性研究报告虽然对项目的环境影响和环境问题进行了详细分析，但在所列的经济指标和资金预算中忽略了环境成本因素。具体表现在以下四个方面：

（1）环保设备投资预算不足。该项目使用的原料主要是煤矸石、蓝晶石粉等，这些颗粒状物料在运输过程中会产生扬尘，对人体健康构成威胁。易产生粉尘的场所是厂区内的原材料仓库和配料车间。该项目设计了4条生产线，配备了4台除尘器，明显不足。生产过程中排放的废气和废水基本无法控制。项目预计投产10年，除尘器等环保设备使用寿命可能不足10年，未考虑设备更换成本。

（2）没有废物管理和处置预算。生产过程中产生的所有废物均被回收利用。废弃物不产生销售收入，反而会消耗大量的原材料资源、能源和人力，A公司未充分考虑废弃物的再利用成本。统计显示，垃圾处理成本通常只占环境成本的1%～10%，而处置废料的成本则高达40%～70%。该公司也没有充分考虑中和废气和废水的成本。

（3）环境税费和日常环境义务未列入预算。可行性研究报告的财务计算未涉及自然资源税费和排污费，也未计入因外部环境影响产生的环境负债。该项目固定雇佣员工近500人，工资和社会福利支出预算为每人每年2万元，这显然无法弥补工人在工作环境中面临的健康风险。项目所在地距居民区1公里多，厂区的废气、污水和噪声会对当地居民造成持续的负面影响。因此，不考虑环境因素会导致低估项目总费用。

（4）项目结束后的弃置义务和环境恢复义务未列入预算。项目投资期限为10年，项目建成后的资产处置、环境恢复等需占用部分资金，A公司没有将其列入项目预算。项目市场前景不明朗，预计销售收入可能无法实现，但成本肯定会产生，忽视环境成本会导致严重低估项目现金流出，从而使有吸引力的项目变得没有吸引力或在财务上不可行。全部成本评价法作为一种考虑环境因素的财务评估方法，有助于克服传统投资评估方法的不足，帮助企业作出合理的财务评估和投资决策。

第四节　环境绩效评价

一、环境绩效评价概述

环境绩效评价（Environmental Performance Evaluation，EPE）是一种持续的评价方式，旨在通过收集和分析企业环境绩效数据，确认其是否符合组织管理当局规定的标准，并采取有效的措施改善环境状况。EPE 主要包括：了解企业环境绩效，提供有意义的环境报告；确定重要的环境影响因素；追踪环境活动和方案的相关成本和收入，揭示企业环境管理的重点；为组织内不同团体和个人提供激励机制等。

2000 年，ISO14031 标准提出了环境绩效评价的概念，旨在指导组织实现环境保护目标。ISO14031 标准提出的环境绩效评价被认为是一个系统过程，包括指标选择、数据收集和分析、信息系统评价、报告撰写和交流，旨在有效衡量和改进组织的环境绩效。建立完善的评价指标体系是实施环境绩效评价的基础，有助于将组织的环境保护行为转化为可理解的信息。通过数据调研、分析和定性评价指标的确定，可以更好地评估环境状况并提供环境绩效评价参考。随着指标体系的建立和完善，企业环境绩效的可靠性和准确性将显著提升。

（一）企业环境绩效评价

企业在环境绩效评价过程中，应当结合资源利用率、环境风险控制和生态循环体系，有效地反映企业绿色经济发展情况，并制定可持续的发展规划。为了解决企业在经济增长中引发的环境问题，加强环境保护工作，应从提高资源利用率、控制环境风险和建立生态循环体系三方面着手，建立一套完善的环境绩效评价体系。

1. 提高资源利用率

企业的资源利用主要包括单位原料消耗量、能源及水资源耗量。为了有效利用企业资源并降低成本，企业环境会计主管部门应对这些重要资源进行横向和纵向比较。例如，在钢铁和化工等高能源消耗行业，往往存在资源浪费问题。要解决这个问题，企业环境会计主管部门应采取措施，加强对钢铁和化工等行业环境污染和资源浪费的监控，实施节能减排和污染治理措施，并记录资源利用情况，以确保企业资源按相关法规规定的范围全面投入，进一步提高资源利用率，有效改善环境质量。

2. 控制环境风险

完成企业环境风险评价后，环境会计部门应当建立全面评价企业环境会计信息和环境管理信息的环境信息管理系统，以有效监控经营风险、降低环境风险。政府要求企业严格遵守经营风险标准，在环境保护风险控制体系下设定考核指标，确保企业在生产经营过程中不产生环境风险，并有效降低环境资源消耗、环境保护成本，提高环境收益。

3. 建立生态循环体系

要彻底改善企业的环境质量、解决环境问题，需要长期的努力和建立完善的生态循环体系。环境会计部门应制定企业的循环发展指标，并将废弃物回收到生产制造过程，进行成本管理登记，并编制环境报告书。通过记录每个步骤，可以发现资源利用率低的弱点，并采取措施加以改进。通过有效的治理措施，可以实现企业环境的可持续发展和生态循环。

（二）环境绩效评价指标

1. 指标分类

（1）财务指标和非财务指标。企业的环境成本主要通过财务指标（货币指标）和非财务指标（实物指标）进行核算。财务指标以货币单位计量，能够清晰反映企业经营目标的执行情况，一直被视为主要的绩效评价指标。财务指标存在一定的局限性，主要用于计算可货币化的成本费用或效益，如污水处理成本、违反环境法规导致的处分和罚金。非财务指标则用于计算不可货币化的成本费用或效益，如企业的污水排放量、工业生产废气排放浓度。

（2）内部指标和外部指标。内部指标用于评估企业生产经营活动引起的成本或收益，如原材料消耗、人力成本和污染治理成本。外部指标用于评估向外部信息使用者提供相应数据报告的频率等。企业应综合考虑内部指标和外部指标，以实现企业的可持续发展。

（3）过程指标和结果指标。过程指标是衡量企业生产经营效率和成本的重要技术指标，能够及时发现和纠正问题，确保企业的长期发展。过程指标能够反映企业生产经营成果，如净化处置超标工业废物，以防止环境污染和违规受罚。结果指标可用货币或物品衡量，作为事后评价工具，它能帮助企业了解生产经营行为可能带来的不良影响，并采取措施进行改正。例如，当企业排放超标的工业废气触犯环境法规时，结果指标能帮助企业认识到违法行为，并提出警示。

2. 指标选择

环境绩效指标种类繁多，计量内容和方式也各不相同，因此在选择环境绩效指标时，应综合考虑以下五个方面：

（1）相关法律法规的要求。企业在选择环境绩效指标时，应当严格遵守相关法律规定，恪守环境保护的职责，提高资源使用效率，并结合自身罚款情况、违法次数等进行综合考虑。

（2）企业设定的环境目标。为了促进发展，企业必须将环境影响列入其产品营销策略，并制定明确的环境要求，以控制对自然环境的影响。企业应依据资源能源的耗费、污染的排放量及其对环境的作用等，选取适当的技术指标进行评估，以确保企业的可持续发展。

（3）企业所处的行业及其经营特点。在选择环境绩效指标时，应当综合考虑行业共性及企业自身经营特点，以确保指标的准确性和可靠性。

（4）企业的组织结构特点。企业应依据权责分配和部门之间的隶属关系确定各种环境绩效指标，以更好地评估绩效。为实现企业战略目标，我们应从组织结构出发，将战略性环境绩效指标分解给每个人，同时从底层向上总结各职能部门的评价指标，综合反映企业的生产经营目标和环境状况。

（5）企业所获得环境信息的及时性与可比性。企业应根据采集到的市场环境信息选择适当的评价指标来评估环境绩效。指标的选择应以信息的及时性为基准，如选取能及时反映生产经营活动变化的过程指标进行评价。选取的技术指标应简洁明了，能够准确反映整个企业的实际情况，避免过于复杂或简单。此外，所选技术指标之间应相互可比，以确保计算结果的准确性。

（三）环境绩效评价的作用

环境绩效评价可提供有效的环境标准，为决策者提供可靠依据，并帮助企业发现和控制环境管理中的潜在风险。环境绩效评价是衡量环境活动成本和收入，促进企业间有效比较和建立激励的重要工具，也可作为其他投资评价的参考。此外，环境绩效评价还能促使使用者了解企业环境绩效并提供有价值的环境报告。

二、环境绩效评价工具

（一）ISO14031 环境绩效评价体系

20 世纪 90 年代至今，国外对环境绩效评价的科学研究取得了重大进步，其中影响较为深远的研究成果包括：ISO 于 1999 年第一次公布的 ISO14031 环境绩效评价标准（最新版本为 ISO14031：2021）；世界可持续发展工商理事会于 2000 年公布的首套量化的生态效率指标架构；全球报告倡议组织（Global Reporting Initiative，GRI）于 2001 年公布的《可持续发展报告指南》（2002 年又发布了修改版的《可持续发展报告指南》）；联合国贸易和发展会议发布的生态效率指标。

1. ISO14031：2021 环境绩效评价体系

20 世纪末以来，ISO 致力于推动 ISO14000 环境绩效评价体系的国际化，并于 1999 年发布了环境绩效评价标准指南（ISO14031），以提升企业的环境管理水平。ISO14031 是一项重要的指导准则，用于建立适应企业内部需要的有效环境绩效评价体系。2021 年的最新版本中引入了“环境绩效指标库”，综合考虑环境现状指数和环境绩效指标，能够更准确地反映企业的环境绩效，为企业提供更有效的环境管理方法。

环境绩效指标评估体系主要由环境状况指标（ECIs）和环境绩效指标（EPIs）组成。其中，EPIs 可进一步分为管理绩效指标（MPIs）和运营绩效指标（OPIs）。地方政府通过测定和评价环境状况指标来确定生态水平，并设立环境污染标志。企业管理者及其行动对环境治理的负面影响可以通过管理绩效指标体现，这些指标能够反映企业项目战略制定和实施情况、合法性，以及财务绩效和与公共社区的关系。

运营绩效指标是衡量企业环境绩效的重要标准，反映企业在生产、经营和管理过程中对环境的影响。它能帮助企业更好地控制和管理环境，提高环境效益。ISO14031 环境绩效评估体系如图 11-1 所示。

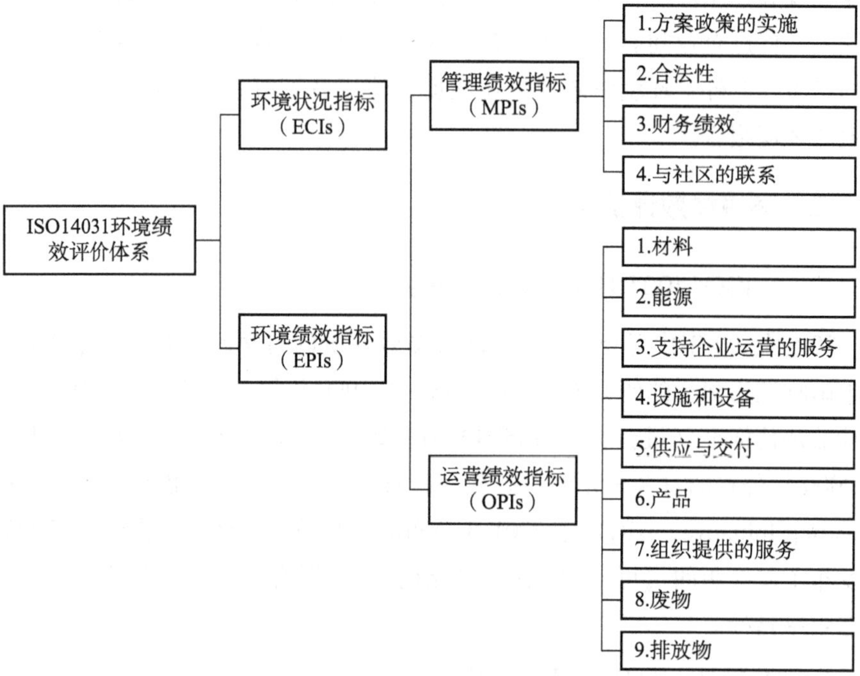

图 11-1　ISO14031 环境绩效评价体系

资料来源：根据相关文献整理。

2. 企业实施 ISO14031 环境绩效评价流程

ISO14031 环境绩效评价体系必须以"计划—执行—检验—改进"（Plan-Do-Check-Act，PDCA）模式（如图 11-2 所示）为基础，制定详尽的实施步骤，以确保评价过程的有效性、合法性和可持续性。PDCA 模式的实施流程是

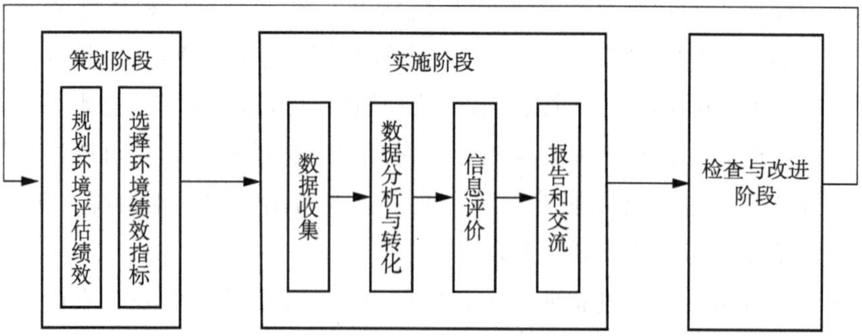

图 11-2　环境绩效评价的 PDCA 模式

资料来源：根据相关文献整理。

一个复杂的过程，需要从多个角度收集、分析企业环境管理信息，并将其转化为可操作的数据，最终形成一份完整的环境绩效报告，以便对环境绩效评价体系进行有效的检查和改进。

（二）GRI 环境绩效评价工具

1. GRI 的发展历程

当前，全球的环境绩效评价方法主要分为两类：国际标准化组织制定的 ISO14031 环境绩效评价指标体系和全球报告倡议组织的《可持续发展报告指南》（简称《指南》）。1997 年，美国环境责任经济联盟（CERES）和联合国环境规划署（UNEP）领导全球报告倡议组织，通过提升可持续发展报告的质量和实用价值，为全世界提供了一套普遍适用的可持续发展指南。2000 年，GRI 发布了第一版指南 GRI1.0；2002 年 6 月，GRI 发展为一个独立的国际组织，在荷兰阿姆斯特丹设立了总部，并建立了由企业会议和技术咨询会议组成的管理组织。2002 年，GRI2.0 发布，标志着它的全面成熟。随着时间的推移，商界、非营利组织、会计师事务所、企业组织及企业员工等都积极参与 GRI 的建设。2006 年和 2013 年，GRI 进一步推出了改进版本——GRI3.0 和 GRI4.0。截至 2015 年 12 月底，全球约有 6 000 家组织依据 GRI《指南》制定了可持续发展报告或社会责任报告，以推动社会的可持续发展。

2. GRI 文档

GRI 文档包括四类：一是《指南》，它是全世界各种机构的基石，也是 GRI 最重要的成果；二是行业补充文件，它阐述了各领域将会遇到的挑战；三是技术协议，每类协议都有一套详尽的定义、计算方法和程序，以及数据和参考资料；四是特殊问题指导文件，包括有关南非的艾滋病议题等。《指南》是 GRI 文档的核心内容，包括四大系统：使用说明、报告准则、报告内容、术语汇编和附录。其中，报告准则分为两类：一类是确定报告内容的准则，另一类是确定报告质量的准则。

3. GRI 环境绩效评价指标体系

《指南》提出了三类绩效目标：经营绩效指标、环境绩效指标和社会绩效指标。其中，环境绩效指标最为完善，共有 12 类 34 项，包含 18 项核心指标和 16 项补充指标，占 GRI 目标总量的 42%，其中 27 项能够量化评价，7 项能够定性评价。GRI 报告原则见表 11-3。

表 11-3 GRI 报告原则

原则		内容
界定报告内容	利益相关方参与	机构应当确认自己的利益相关方，说明如何应对相关方的合理期望和利益
	可持续发展背景	报告应当说明机构在可持续发展整体背景中的绩效
	实质性	报告应涵盖以下方面：反映机构对经济、环境和社会的重要影响；对利益相关方的评价和决策有实质影响
	完整性	报告应当反映机构对经济、环境和社会的重大影响，使利益相关方能够根据报告评价机构在报告期间的表现
界定报告质量	平衡性	报告应客观反映机构的积极与消极表现，让使用者可以合理评价机构的整体绩效
	可比性	报告对于信息的筛选、汇总和报告应依照相同的规范
	准确性	报告的信息需要足够详尽和准确，以便利益相关方评价机构的整体绩效
	时效性	机构应当定期发布报告，使利益相关方能够及时获取报告信息，作出合理决定
	清晰性	机构应当使利益相关方容易理解并且容易获取报告信息
	可靠性	机构应当收集、记录、编排、分析及披露在编制报告时使用的信息和流程，并保证报告信息的真实和质量

资料来源：根据 GRI 文件《指南》整理。

第五节　相关理论前沿

一、环境管理会计体系

从 20 世纪 70 年代开始，欧美各国开始重视环境管理会计。美国环保署于 1992 年制订了环境会计专项计划，开了环境管理会计的先河。此后，各大国际组织相继出台了环境管理会计指南。20 世纪 90 年代以后，国内外学者的研究重点逐渐转向环境管理的控制系统。现有的环境管理控制系统研究大多是零散的个案研究、调研资料等，研究内容以影响因素与结果为主，缺乏系统性的理论框架。

（一）基于 PDCA 循环的环境管理会计体系

政府的环保政策要求公司增加环境投资，加大了生产和运营的压力。为了控制成本、提升社会形象，企业管理层积极推行环境管理会计，有效控制资源消耗。然而，传统的环境管理会计存在指标不完善、环境成本分配制度不健全以及内外部环境成本转换动力不足等问题，导致环境成本控制效果不佳。在全球经济一体化背景下，我国制造公司面临激烈的市场竞争和环境保护压力。因此，企业迫切需要一套有效的环境管理会计体系，以提升竞争力。PDCA 循环是提高企业管理水平的有效方法，通过连续循环可以实现全程控制，提高生产效率，降低成本，及时解决问题，降低风险，确保可持续发展。PDCA 循环对企业管理具有重要作用。

（二）环境管理控制体系

1. 环境管理控制体系的定义

在提倡可持续发展的大环境下，企业可利用环境管理会计（如物质流动成本核算、生命周期成本核算、环境预算等），为自身发展对环境的影响提供确认、计量、核算方法，为管理决策提供信息参考，并结合环境管理会计对日常行为和过程的影响，对公司的环境战略目标进行调整，完成信息的传递，最后将环境管理体系进行具体化转换，制定环境目标，并对其具体实施进行监督。

2. 环境管理控制体系的三维模型

企业应基于《企业内部控制基本规范》（2008），从三个维度（控制维度、时间维度、管理层次维度）构建环境管理控制体系的三维模型，以实现长远发展目标，并通过多种管控手段，实现对经营制度与策略的协调，如图 11-3 所示。

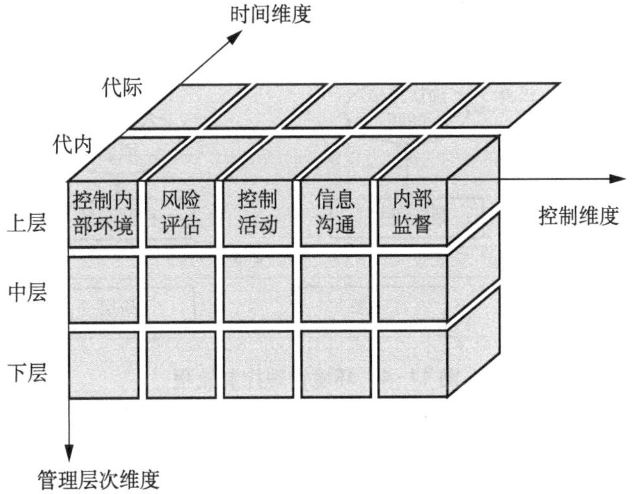

图 11-3　环境管理控制体系的三维模型

资料来源：根据相关文献整理。

控制维度：根据《企业内部控制基本规范》的规定，控制维度主要包括控制内部环境、风险评估、控制活动、信息沟通和内部监督，其中信息沟通起关键作用。控制内部环境涵盖企业的环境保护组织结构、文化和策略。风险评估可以确认环境问题，包括收集相关环保标准和政策，以识别生产过程中可能出现的内部风险；收集环境信息，使用环境会计方法评估环境风险，可为减少损失提供依据。企业应结合风险评估和环境会计报告，分析评估偏差原因，及时修正偏差，将风险控制在可承受范围。信息沟通有助于建立环境管理控制报告体系，将实物信息转化为货币信息。内部监督主要监督环境管理制度的设计、实施效率和效果，以建立环境管理控制的审计制度。环境管理控制流程如图 11-4 所示。

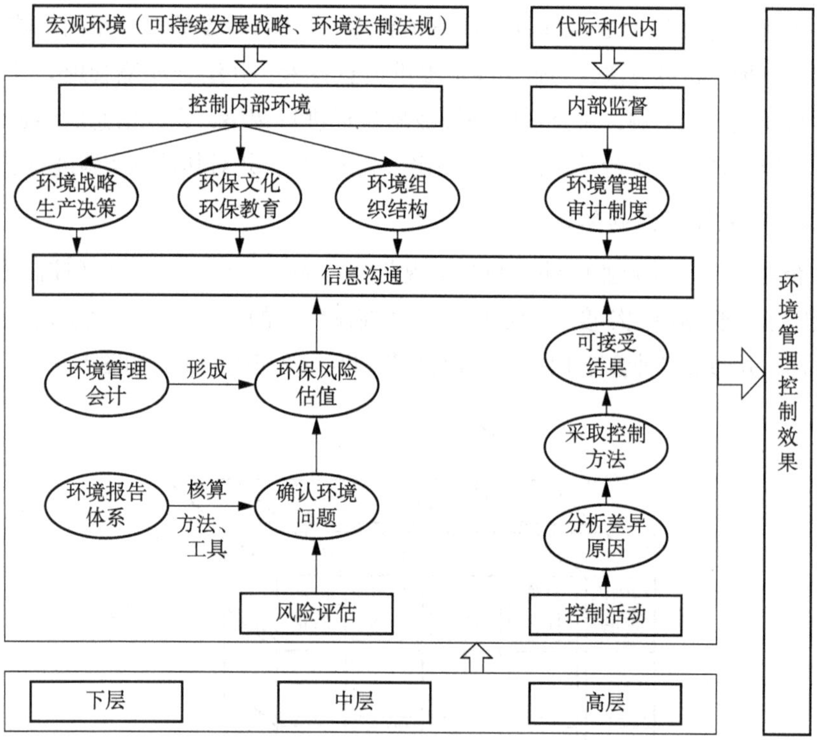

图 11-4　环境管理控制流程

资料来源：根据相关文献整理。

时间维度：指环境管理控制体系的使用寿命，用于控制企业生产经营活动对环境影响的时间，包括短期和长期代际。短期关注一代人的可持续发展，长期代际关注多代人的生态平衡发展。企业的环境管理控制体系应考虑与代际发展相适应，不仅设计符合短期经济活动的可持续发展，更要考虑长远结果，最大限度地减少对环境的不利影响。

管理层次维度：根据公司的规模大小，可划分为上、中、下三个层级。高层（上层）管理者以公司的全局、内外环境为基础，确定环保策略与目标。中层管理者为每个部门制定具体环保目标和相关规章制度，选择环保方案，并评估环境成本和收益，提出纠偏措施。下层管理者根据规划和程序，安排基层员工工作，确保执行符合要求。

二、大数据时代下的环境管理会计

经济发展不可避免地会对生态环境造成损害。环境管理是可持续发展的关键，也是不断改善的过程。人们对健康的要求越来越高，环境问题越来越受重视，环境管理会计应运而生。在我国，环境管理会计是实现可持续发展和循环经济的客观需求，也是理论界和实务界亟须深入研究的问题。

（一）大数据时代下环境管理会计发展的机遇

1. 大数据为环境管理会计提供了重要的应用技术与环境

环境管理会计依赖健全的方法和理论，科技水平对其实施至关重要。它借鉴各学科的研究方法，将环境因素纳入作业成本法和质量成本管理法，以分析和控制环境成本。此外，基于生命周期理论的环境影响评价和外部成本内部化等方法提供了更好的环境成本计量和分析思路。数据的收集、整理、处理和分析是环境管理会计的关键。大数据技术在环境管理会计中发挥着重要作用，既为高效执行提供信息支持，又能有效应对多个计量属性的数据处理难题。在企业经营中，与资源消耗和环境污染相关的环境问题常采用货币计量方式提供信息给管理层。大数据解决了数据统一记录、分析和处理难题，为企业环境管理会计提供了便捷的方法。

2. 大数据增强了企业实施环境管理会计的外在约束性

在大数据时代到来之前，主要由政府推动企业进行环境管理。相比国外，我国企业环境管理会计的发展较为缓慢，主要受到外部约束的影响，导致环境管理会计在我国企业中的作用极为有限。在共享经济和大数据背景下，信息不对称问题得到解决，各类信息资源得到充分共享，企业的利益相关者可以通过网络媒体实时交流和共享环境管理信息。这使得企业受到社会公众和大众媒体等利益体的更多关注，增强了对其实施环境管理的外在约束力。除了政府和法律法规，这种约束成为最强的约束，会对企业的声誉和社会形象产生影响。因此，企业应更加重视环境管理，充分挖掘环境管理会计的潜在价值，避免环境风险，促进环境管理会计在实践中的持续应用和发展。

3. 大数据增强了企业实施环境管理会计的内在主动性

企业对环境管理会计的重视程度对其实施与发展至关重要。尽管一些企业已经认识到环境管理会计的重要性，但在大数据时代到来之前，它们的执行存在形式主义的现象。量化环境绩效困难，评估滞后与隐蔽，使得企业更关注可量化的财务业绩，而忽视了整体绩效评估。在大数据时代，信息技术的发展为科学评估环境绩效提供了可能性。企业在评估环境绩效时，需要考虑成本效益，但相应的环保费用得到来自消费者和其他渠道的补偿。此外，增加环保费用会导致商品涨价，消费者在不关注环境管理的情况下会选择价格低廉的商品，从而使企业无法积极执行环境管理会计相关规定。

（二）大数据时代下环境管理会计面临的挑战

1. 企业对在环境管理会计中应用大数据技术的重视不够

大数据带来了巨大的变革，但在环境管理会计中，大数据技术的应用水平参差不齐。大多数大企业能够充分利用大数据技术促进发展，但仍然有少部分大企业和大多数中小企业未意识到大数据应用的重要性。这主要是因为企业对大数据技术应用的理解存在偏差。一些企业认为，引入大数据技术会增加成本、降低经营效益，而没有意识到在环境管理会计中应用大数据技术的巨大优势。例如，通过收集、整理、分析环境成本和绩效数据，可以为企业科学确定产品价格和评估整体绩效提供有力的数据支持。企业缺乏对大数据重要性的认知，导致环境管理会计相关规定难以有效执行。

2. 企业运用的大数据技术不够先进

重视大数据挖掘与分析技术是环境管理会计高效执行的先决条件。目前，许多企业运用的大数据技术不够先进，特别是中小企业，这限制了大数据在环境管理会计中的应用，也会对企业长期发展造成不利影响。当前的大数据挖掘与分析技术主要针对结构化数据和财务数据，缺乏对非结构化数据的充分支持，影响了大数据分析的输出效果，无法有效分析和利用大数据。同时，现有的大数据挖掘、分析和处理技术无法及时提供有效的决策信息，使得信息的时效性较差。

3. 企业信息管理系统的安全性缺乏保障

大数据技术的价值在于挖掘、清洗、分析和处理海量信息。随着数据量增加，分析结果会越来越有效。在从企业数据库中挖掘环境管理会计所需信息时，往往会涉及内部信息，如预算、成本、管理决策、客户和市场等，其中许多是商业机密。如何确保信息安全，防止信息泄露带来的损失，对企业信息管理系统提出了巨大挑战。在大数据环境下，移动互联技术迅速发展，智能手机和平板等移动终端的普及加大了企业数据和信息安全的保障难度。

（三）大数据时代环境管理会计发展的契机

1. 环境管理会计应用的外在推力增强

在大数据环境下，信息不对称得到缓解，信息资源达到更完备和互通的程度。企业的利益相关者，如员工、股东、供应商、客户和社区，通过社交网络媒体进行实时交流和内容分享，获取企业环境管理的一些信息。同时，来自利益相关者的压力不断增大。利益相关者的监管和制约逐渐成为更及时和有效的外部制约力量，与政府法规同步发展。为了保持形象，提高经济效益，企业将更关注环境管理，挖掘环境管理会计的潜在价值，推动环境管理会计在实践中的发展和完善。

2. 环境管理会计应用的内在动力提升

随着大数据时代的到来，各种行为与活动信息通过信息技术被记录下来。环境绩效要及时、清晰地反映各类与环境相关的信息，并将其纳入企业的总体绩效评价。因此，环境管理成为企业管理者需要思考的一个重大问题，而环境管理又需要环境管理会计的支撑，这无疑提升了企业运用环境管理会计的内在动力。

3. 环境管理会计应用的技术环境改善

大数据改变了传统数据处理模式，从数据来源、处理方式到思维方式都发生了根本性改变。随着大数据技术的成熟，环境管理会计发生了深刻变化。大数据技术提供了环境管理核算方法所需的数据支持，如在生命周期成本核算中描述和记录产品全过程的环境成本。由于资源环境的多样性、多用途和非市场化特点，统一货币化计量所有资源环境数据在实践中是不可能的。因此，需要采用多个计量属性来有效度量和传递资源环境信息。

然而，如何利用大数据技术解决多维计量环境管理会计数据处理的难题仍待解决。

第六节 A火力发电厂案例

一、A火力发电厂生产经营与污染治理概况

A火力发电厂是一家2014年成立的中等规模的燃煤发电公司，位于陕北能源化工重镇榆神工业区，初始投资为1.2亿元，年发电量为2亿千瓦。A火力发电厂主要的能源消耗为煤气，其生产工艺包括：主辅机，供热系统和燃烧系统，化学水处理系统和增压站。半焦炉产生的煤气为燃料，加入水经燃气锅转化成蒸汽，经蒸汽管道输送至汽轮机。在汽轮机里，热能被转换成动能，再经过汽轮机转换成电能。从2016年开始，该工业园区一直坚持绿色发展理念，严格执行“煤改电”政策，并将粉煤灰和石膏等工业废料用于生产水泥等新型环保建筑材料。目前，A火力发电厂在生产过程中主要排放废气、废水、固体废物等污染物质，在生产过程中会产生噪声污染。A公司废弃物具体情况见表11-4。

表11-4 A公司废弃物具体情况

类别	污染源	项目	数量
废气	锅炉烟气	低氮燃烧器+SCR脱硝装置	1套
		钠钙双碱法脱硫装置	1套
		80m高烟囱	1根
		烟气在线自动监测系统	1套
废水	生产废水	脱盐浓水、循环排污水、锅炉排水等清洁下水收集管网	80m
	生活污水	经粪池预处理，定期送污水处理厂处置	—
噪声	发电机组、主变压器、水泵等	厂房隔音，基础减振，配隔声罩、隔声门窗	—
	鼓风机、引风机、变压机等	基础减振、加装消声器	—
	锅炉排气	安装节流降压消声器	1台

续表

类别	污染源	项目	数量
固体废物	废催化剂	由有危废物处置资质的厂家回收处置	—
	脱硫石膏	作为建筑材料外售处置	—
	生活垃圾	统一收集，送垃圾填埋场填埋	—
绿化		厂区及道路植树、种草	2 000m^2

资料来源：作者根据网络资料整理。

二、环境成本管理

在环境成本管理方面，A 火力发电厂选用全生命周期成本法，对发电过程中产生的所有环境成本进行计划、决策、分析、计算和控制，能够准确反映成本信息，满足监管要求。A 火力发电厂的环境成本可划分为环境预防成本、环境监测成本和环境治理成本。

（一）环境预防成本

环境预防成本，是指企业在生产和经营过程中为合理利用资源、消除浪费而采取积极措施所发生的费用，包括购置环保设备、使用环保材料、采取环保措施及其他相关研发支出等。A 火力发电厂的环境预防成本主要包括：①废气。在原煤和煤炭储存堆放区安装防风除尘网、洒水喷头、封闭输煤设备和排烟设备，年投资 800 万元以上。②废水。每年工业废水处理费用约 400 万元，每年生活污水处理费约 15 万元。③固体废物。主要包括：暂存的焦油渣、生化污泥、脱硫渣等，年成本 20 万元；生活垃圾年成本约 12 万元。④噪声。减震、降噪、隔音每年费用约 339 万元。

（二）环境监测成本

环境监测成本，是指在生产过程中发生的进行科学有效监测和管理的费用，包括监测设备的折旧、人员的工资、行政事业性收费、税金以及与实现国家环境管理目标相关的其他投入，是环境管理的中期支出成本。A 火力发电厂的环境监测成本包括：①锅炉烟气监测费用。厂区安装了智能锅炉烟气在线监测系统，可实现 24 小时在线监测。②绿化设施成本及绿化管理人员薪资。要让落实绿化责任贯穿从筹资、种植到养护的全过程，确保绿化效果。

（三）环境治理成本

环境治理成本，是指因环境保护措施被忽视或预防措施未达到预期而导致环境污染未经纠正的治理成本，包括排污费、罚款、补偿费等。《陕西省大气污染防治条例》《陕西省固体废物污染环境防治条例》《陕西省固体废物污染环境防治条例》等法律法规中涉及的成本存在较大不确定性。

三、A 火力发电厂环境绩效评价管理

（一）企业的环境绩效指标体系

环境成本管理的成果可以通过环保等级评估来体现。《环境信息公开办法（试行）》（环发〔2007〕35 号）于 2008 年 5 月 1 日开始实施，将企业的环境成本管理绩效划分为五个等级，分别以绿色（很好）、黄色（良好）、蓝色（一般）、红色（较差）、黑色（很差）来区分。在不同的行业、地理环境、社会背景下，为进一步适应生产实际，更好地适应生产实践，企业把“环境管理”当作一项最基本的行动，遵守政府、当地居民、环保团体的规定与要求。A 火力发电厂基于平衡计分卡的基本原理，运用层次分析法（AHP）建立了环境绩效评价体系，如图 11-5 所示。

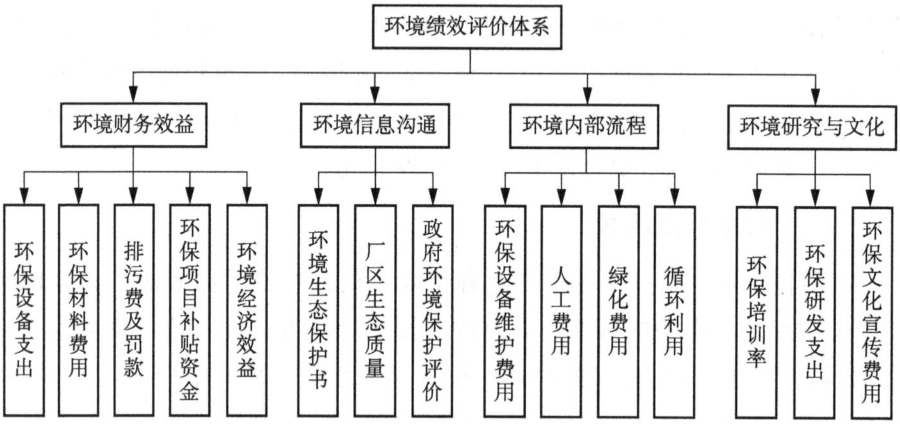

图 11-5 A 火力发电厂环境绩效评价体系

资料来源：根据相关文献整理。

由管理人员组成的专家组通过向地方环境保护部门及有关专家请教，并结合自身经验，根据 1~9 标度法对每个维度进行了对比和划分，建立了评估

矩阵，最后对15个指标的权重进行了计算，见表11-5。

表11-5 A火力发电厂环境绩效评价指标及其权重

目标层	权重一	指标层	权重二	占总权重的比例
环境财务效益	0.5662	环保设备支出	0.4247	0.2405
		环保材料费用	0.1562	0.0884
		排污费及罚款	0.0554	0.0314
		环保补贴资金	0.0951	0.0538
		环境经济效益	0.2686	0.1521
环境信息沟通	0.0822	环境生态保护书	0.5842	0.0480
		厂区生态质量	0.1840	0.0151
		政府环境保护评价	0.2318	0.0191
环境内部流程	0.2595	环保设备维护费用	0.5468	0.1419
		人工费用	0.0701	0.0182
		绿化费用	0.1183	0.0307
		循环利用费用	0.2648	0.0687
环境研究与文化	0.0921	环保培训费用	0.6337	0.0584
		环保研发支出	0.1744	0.0161
		环保文化宣传费用	0.1919	0.0177

资料来源：根据相关文献整理。

根据目标层整体环境性能评价矩阵的一致性检验：$CR=0.0220<1$，认为矩阵合理，最大特征根λ_{max}略大于4，表明矩阵的一致性很好。其他矩阵也通过了一致性检验（环境财务效益$CR=0.0103<1$，环境信息沟通$CR=0.0426<1$，环境内部流程$CR=0.0324<1$，环境研究与文化$CR=0.0079<1$）。

（二）A火力发电厂环境绩效评价体系的应用

A火力发电厂根据《中华人民共和国清洁生产促进法》（2012），结合自身实际情况和区域情况，按照企业选择标准、国家清洁生产标准等，对环境绩效评价指标进行划分，见表11-6。

表 11-6 A 火力发电厂环境绩效评价指标划分

<table>
<tr><th rowspan="2">目标层</th><th rowspan="2">指标层</th><th colspan="4">国家分级标准</th><th rowspan="2">C 企业实际值</th><th rowspan="2">得分</th></tr>
<tr><th>≤90 分</th><th>≤75 分</th><th>≤60 分</th><th>≤35 分</th></tr>
<tr><td rowspan="5">环境财务效益</td><td>环保设备支出</td><td>环保投资≥20%</td><td>环保投资≥15%</td><td>环保投资≥5%</td><td>环保投资<5%</td><td>5.6%</td><td>14.43</td></tr>
<tr><td>环保材料费用</td><td>≥全年费用25%</td><td>≥全年费用20%</td><td>≥全年费用15%</td><td>≥全年费用5%</td><td>21.2%</td><td>6.63</td></tr>
<tr><td>排污费及罚款</td><td>排污达标，无罚款</td><td>排污大部分达标，罚款≤10 万元</td><td>排污部分达标，10 万元≤罚款≤30 万元</td><td>排污达标状况不稳定，罚款≥50 万元</td><td>排污达标状况不稳定，罚款≥50 万元</td><td>1.41</td></tr>
<tr><td>环境经济效益</td><td>≥5 000 万元</td><td>≥3 000 万元</td><td>≥1 000 万元</td><td><100 万元</td><td>0</td><td>6.84</td></tr>
<tr><td>环保补贴资金</td><td>资金补贴≥300 万元</td><td>300 万元≥资金补贴≥100 万元</td><td>100 万元≥资金补贴≥10 万元</td><td>无资金补贴事项</td><td>无资金补贴事项</td><td>2.42</td></tr>
<tr><td rowspan="3">环境信息沟通</td><td>环境生态保护书</td><td>信息披露完整，获取方式统一</td><td>信息披露有缺失，获取方式统一</td><td>信息披露有重大缺失项，获取方式缺少</td><td>无信息披露</td><td>信息披露有缺失，获取方式统一</td><td>3.60</td></tr>
<tr><td>厂区生态质量</td><td>生态质量有明显改善</td><td>生态质量保持完好</td><td>生态质量遭到一定程度破坏</td><td>生态质量破坏严重，不达标</td><td>生态质量保持完好</td><td>1.13</td></tr>
<tr><td>政府环境保护评价</td><td>优秀</td><td>良好</td><td>基本达标</td><td>不达标</td><td>良好</td><td>1.43</td></tr>
<tr><td rowspan="4">环境内部流程</td><td>环保设备维护费用</td><td>≥全年费用 15%</td><td>≥全年费用 10%</td><td>≥全年费用 5%</td><td><全年费用 5%</td><td>4.8%</td><td>6.39</td></tr>
<tr><td>人工费用</td><td>≥100 万元</td><td>≥50 万元</td><td>≥20 万元</td><td><10 万元</td><td>16.4 万元</td><td>1.09</td></tr>
<tr><td>绿化费用</td><td>绿化 S≥30%</td><td>30%≥绿化 S≥20%</td><td>20%≥绿化 S≥10%</td><td>绿化 S≤10%</td><td>绿化 S 为 23%</td><td>2.30</td></tr>
<tr><td>循环利用费用</td><td>二次利用率≥30%，废旧产品回收</td><td>二次利用率≥20%，废旧产品回收</td><td>二次利用率≥10%，废旧产品不处理</td><td>二次利用率<10%，废旧产品不处理</td><td>二次利用率为 37.65%</td><td>6.18</td></tr>
<tr><td rowspan="3">环境研究与文化</td><td>环保培训费用</td><td>定期培训</td><td>不定期培训</td><td>—</td><td>无环保培训</td><td>不定期培训</td><td>4.38</td></tr>
<tr><td>环保研发支出</td><td>≥500 万元</td><td>≥300 万元</td><td>≥100 万元</td><td>无科研支出</td><td>30 万元</td><td>0.97</td></tr>
<tr><td>环保文化宣传费用</td><td>定期推行环保文化宣传</td><td>—</td><td>—</td><td>无环保文化宣传活动</td><td>定期推行环保文化宣传</td><td>1.59</td></tr>
</table>

资料来源：根据网络资料整理。

环境绩效综合得分（EP）的计算公式为

$$EP = \sum WP$$

式中，W 为各指标在目标层的权重，P 为各指标的具体得分，指标层的计算方法相同。其中，80~90 分为优秀，70~80 分为良好，60~70 分为合格，60 以下为不合格。A 火力发电厂最终得分为 60.8 分，在合格线以上，符合 A 公司目前的情况。A 火力发电厂的基本环保设施和设备只能刚好满足环保工作的需要，没有进行进一步的技术改造和创新。

结合 A 火力发电厂环境绩效评价结果，我们提出以下建议：①继续加大对环境保护相关设备的投入力度，确保在生产和经营过程中维持环境保护的稳定性。环境保护设施是开展环境保护工作的基础，不能仅仅为了达到环境保护的合法标准而设。②发布环境信息时，主要内容应为与环境有关的重要事项和费用，环保文件内容应按照利益相关方要求进行补充填写。③相关设备要及时进行技术改造，以减少污染排放，同时可以减少污染物排放达标监测的工作量，减少不必要的成本。④加大以人力资本为基础的环境成本管理力度，建立完善的环境成本信息披露体系。

思考及讨论题

1. 企业为什么越来越重视环境问题？环境会计对企业的重要性体现在哪里？
2. 环境管理会计与传统管理会计相比优势在哪里？
3. 环境管理会计的理论基础是什么？
4. 环境管理会计信息披露哪些内容？其重要性体现在哪里？
5. 企业环境成本如何分类？核算方法包括哪些？
6. 环境投资决策有什么特点？企业应如何进行环境投资决策？
7. 大数据时代给环境管理会计带来哪些机遇和挑战？

12 第十二章 财务转型与财务共享服务中心

第一节 财务转型

一、财务会计与管理会计的本质区别

财务会计的理论及实务都经历了较长的发展过程，且随着社会经济的发展及实务的需求有阶段性的演进特征。财务会计与管理会计有着本质上的区别，主要体现在以下十个方面：

第一，工作的侧重点不同。财务会计以日常财务管理、经营记录、登记账簿、检查和编写财务报告为主要任务，旨在向企业外部利益相关者提供公司财务和经济社会活动的数据。管理会计以“对内财务”为主要目标，致力于为企业内部管理者服务，通过分析和研究公司经营管理中遇到的问题，为企业内部管理人员提供有价值的数据，协助他们作出明智的决策和进行实时监控与评估。

第二，不同类型的工作主体拥有截然不同的层次结构。财务会计的工作重点是监督整个经济过程，因此必须关注整个企业的财务状况，确保所有会计要素得到充分考虑，以满足财务会计所强调的完整性和准确性。管理会计的实际工作主体可以分为多个层次，从总体到局部，从部门到环节，都可以纳入其中。

第三，时效性上存在差异。财务报告主要揭示过去所发生的经济业务，不论是注重客观性原则，还是遵循历史成本原则，都表明它只能反映过去已经发生的经济事件。因此，财务报告可以被视为“呆账”的“报账型会计”。管理会计不仅可以分析过去，还可以基于财务报告的相关信息预测未来、把控现在，实现跨越时间、空间和未来的有效管理。管理会计的重要性在于它能够帮助企业更好地预测和规划未来，而不仅仅是控制现在。因此，管理会

计实际上是“活账”的“经营型会计”。

第四，需要遵守的会计准则和标准不同。财务会计工作必须严格遵守《企业会计准则》和行业统一会计制度，以确保提供的财务信息在时间和空间上具有可比性。管理会计在一定程度上不受《企业会计准则》和部门联合会计体系的严格限制，更注重运用现代管理理论和信息系统基础理论等处理信息，以满足灵活的管理需求。

第五，信息的特征、载体不同。财务报告可以定时向与企业发展有关的各方提交完整、体系化、持续且综合的财务资讯，以便更好地了解企业的财务状况和发展情况。财务会计通常依赖统一的凭证、账簿、报表格式和规范的财务报告，以适应管理的需要。管理会计提供更灵活的、不定期的针对性信息，以满足企业的战略发展需要。管理会计信息的载体多为各种内部报告，但缺乏统一格式，且对类型没有明确的规定。

第六，方法体系不同。财务报告稳定性较高，依照一定的准则和方式来记录财务事务，数据计算比较简便。管理会计更加灵活，可以根据不同情况采用差异化的方法来分析处理，甚至大量采用现代数学分析方法来处理信息。

第七，工作的流程不同。财务会计必须遵循严格的会计流程，从编制资料到记录账簿再到编报会计信息，每一步都应依照规范的步骤执行，不能擅自更改或者颠倒操作次序。相比之下，管理会计由于缺乏统一的规则，企业可以根据自身情况设计适合的工作过程，这可能导致不同企业在管理会计方面存在显著差异。

第八，体系的完善度不一致。财务报告系统已经取得了巨大进展，建立了一套完整的、统一的会计规范和模式，具有较强的可操作性。管理会计核算制度尚未全面建立，仍处在不断开发和改进的过程中，缺少统一性和规范性。

第九，理念和方向存在差异。财务报告着重反映企业生产经营过程中人力、财力、物质要素的分布情况，强调定期报告企业财务状况和利润水平。现代企业管理会计更加注重实施精细化的企业管理活动，强调对过程的控制，包括事前、事中、事后的综合考量，以便更好地总结过去、把握现在、制定未来发展规划。

第十，对会计人员的素质要求不同。财务会计的方法多种多样，但缺乏统一的工作流程和规范，因此管理质量很大程度上取决于财务人员的专业能力和知识水平。与此不同，管理会计工作要求充分考虑多种因素，涉及的业务也十分复杂，负责的管理人员应具有全面的知识储备，并具备迅速反应和研究、解决问题的能力，以确保业务高效进行。

二、从财务会计向管理会计转型的原因

管理会计是财务会计的关键分支，其主要目标是通过收集和整合信息，为公司的规划、决策、管理和评价提供有效的支持，以提高公司的效益。与财务会计比较，管理会计更注重公司内部运营管理，是一种提供咨询服务的会计。管理会计也致力于创造未来经济效益，通过过去的分析、现在的管理和未来的规划，以及采用多种方法和工具来满足管理需求，使得管理更为灵活和有效。从财务会计向管理会计转型的原因有以下四个：

第一，国家着力推动社会经济快速发展是不可避免的趋势。《会计改革与发展“十三五”规划纲要》将此列为会计行业转型升级的重点内容，计划在3~5年培育出具备综合管理能力的会计人员，以满足快速发展的经济社会需求。为了维护经济秩序，国家努力构建中国特色管理会计理论体系，完善管理会计指导体制，强化管理会计人才队伍，提升管理会计信息化技术水平，并促进管理会计咨询服务市场的发展。管理会计的核心任务是维护经济秩序，并通过制定标准和培养人才来实现这一目标。为了更好地支持经济社会发展，我们需着重提升财务信息质量。

第二，满足企业经营需求。财务会计只反映企业当前的资金状况，受法规政策限制，无法提供有效信息和建议。管理会计不受法规政策制约，使得管理会计人员能够更好地遵循指导意见，轻松完成工作。企业战略发展需要充分的数据支撑，但财务会计信息无法满足这一需求，因此必须采用先进的管理会计工具，精细处理财务会计信息，满足战略管理和经营决策需求。

第三，管理会计需求激增。在西方发达国家，财务会计与管理会计的比例为6∶4，即10名财务人员中有6人从事财务会计工作，4人从事管理会计工作。然而，在我国，大多数企业并未设立管理会计岗位，主要为财务会计岗位。尽管一些企业设有管理会计岗位，但不到20%，80%的岗位仍为财务会计。当然，这也表明企业进行管理会计核算的意识增强了，开始使用相关工具处理内部数据。随着企业的不断发展，中国财务会计与管理会计比例将发生巨大变化——财务会计比重逐步降低，管理会计比重持续提高。

第四，拓宽了财务工作者的就业途径。随着计算机技术的进步、互联网的普及和机器人记账的蓬勃发展，财务会计岗位对人才的需求量已经大大减

少，原来的财务人员不得不由财务会计岗位转为管理会计岗位，这为新一代的财务人员提供了更多的就业机会。

三、企业应对财务转型的策略

随着新一代智能技术的迅猛发展，公司正在进入一个全新的财务管理时代。这不仅彻底改变了公司的组织形式，也满足了即时化办公业务的需要，推进了财务管理资源共享的普及，使得数据信息化的财务管理资源共享成为可能。面对财务转型的现实情况，企业应采取以下策略：

第一，加快产品更新，推进财务管理的数字化。企业财务的数字化转型应以管理需求为导向，以新型产业升级为依托，以政府政策为推动力，以技术变革为支撑。随着产业转型升级的不断推进，财务人员面临新的挑战，理财与经营的相互融合日益加强，财务共享中心也在逐步发展，这为财务人员的技术创新打下了坚实的基础。

第二，进行精细化管理，有效控制风险，优化产业结构。将管理会计应用于实际，有助于推进企业技术创新、管理工作革新和人力资源的合理配置，从而在优化资源分配方面发挥更加重要的作用。随着管理工作效率的提高，财务管理部门的功能发生了显著变化：经营与理财整合提升了控制水平、简化了流程，进行自动化核算提高了效率。标准化、智能化和自动化的财务处理流程实现了财务管理职能转变，并促成了“三支柱”的融合。

第三，在政策的推动下，加快财务电子化转型。2015 年 12 月，我国出台了一系列政策措施，旨在改变传统生产方式、改进供应链结构、寻求新的经济增长点。这些政策措施的实施，极大地改变了中国企业的财务管理理念，推动了财务电子化转型。中小企业在产能过剩的情况下，必须放弃传统投资模式，追求创新，实现精细化财务控制、风险防控和资本结构的优化。这将降低财务资源占用，释放更多流动资金，强化成本管理，减少核算单位，降低生产成本，提高权益资本，降低经营风险，促进财务管理信息化和智能化。

第四，高新技术为中小企业财务变革提供了强有力的支持。在“互联网+”背景下，高新技术正在彻底改变会计业务，为企业财务管理提供了科技支持。会计管理经历了几次重大变革：从最早的单机版电算化，到网络时代注重公司理财和大规模运营，再到如今的大数据和人工智能时代。新技术的应用为中小企业的财务变革带来了更多机遇。财务管理的模式和重心发生了巨大变化，传统的财务共享模式被人工智能和移动互联网等新兴技术取代。智能理财时代，大数据分析和智能技术成为理财工作的重要组成部分，理财核心逐渐向管理转变。数字化的普及消除了公司经营业务与财务之间的边界，使得财务人员向专业领域和数据分析转型。公司注重信息系统建设，会导致基层财务工作者数量减少，掌握高端技术和专业知识的财务人员受到重视。

总之，公司管理的数字化发展是由政策、经济和社会发展以及现代信息技术所推动的。这种数字化发展不仅能够有效地管控经营风险，而且能够更精细地适应中小企业的需求，优化产业结构，提升财务管理功能和财务人员的整体素质。

四、财务数字化转型的阶段

财务数字化转型要经历以下三个阶段：

第一阶段，注重规范化、程序化和信息化。该阶段的财务共享服务是一种广泛应用的管理模式，将分散的财务集中起来，实现标准化流程和分配，并提供核心信息系统。例如，2017 年，中兴新云与特许公认会计师公会（The Association of Chartered Certified Accountants，ACCA）合作开展了国内共享服务应用领域的研究，结果显示，在年总收入超过百亿元的被采访公司中，有 76%的公司正式成立了财务共享服务中心。

第二阶段，注重自动化。机器人流程自动化（Robotic Process Automation，RPA）是最常用的财务自动化应用，适用于三种业务场景。第一种是重复且数据量大的场景。第二种是规则明确的场景。财务共享服务中心提供了天然的应用场景，实现了综合业务、高度集中、标准化和流程化。第三种场景是财务机器人，适用于异构系统的连接，比如与海外银行、税务系统无法对接时，财务机器人可以发挥作用；在系统可以对接但成本效益太低时，也可采用机器人，如海外资金机器人。需要注意的是，财务机器人只能模拟人工操作，无法模拟人类的识别能力。

第三阶段，注重财务的数字化变革。财务数字化转型是指将财务作为切入点与核心要点，利用云计算与大数据对财务组织进行重构，对业务流程进行再造，以提高财务数据质量与财务运营效率，更好地赋能业务、支持管理、辅助经营和决策。财务数字化转型的关键在于确保数据的真实、完整、实时和高效。在财务数字化转型中，既要考虑到企业集团整体产业升级、财务管理优质发展、新 IT 技术提供技术基础的可行条件，也要求企业财务部门以信息技术为支撑，从财务战略、职能定位、组织结构、人力资源及操作流程等方面进行全方位变革。

五、信息化背景下财务转型的价值与影响

在激烈竞争的市场中，企业必须提升资金和内控管理能力，以适应国家产业政策要求，并提升自身优势。财务管理和内控是公司经营的重点。通过管理会计的支持，企业可以制定有效的战略目标、营销策略和成本控制方法，实现最大效益。管理会计通过数据分析和整理，帮助企业应对环境变化，并支持企业发展。传统的核算监督方式已无法满足现代企业的需求，人工智能技术的发展使自动化机器人取代了基础会计人员。现代财务管理需要利用先进的人工智能技术，对数据进行全面而准确的分析，以便为决策提供支持，帮助企业实现目标。因此，公司需要转换到先进的管理会计模式，以满足人工智能时代的财务管理需求。

随着现代企业发展的不断推进，传统的财务模型和核算监督模式已经不能满足当今市场经济的需求。中小企业应采取创新的财务模型，建立财务信息化管理平台，并运用现代 IT 技术进行数据统计、对比和分析，提高财务工作的有效性和可持续性。为了提高公司的经营效率和投资成功率，财务部门应在决策过程中提供有用的信息，并将其作为公司管理工程的重要组成部分。财务部门不仅要发挥核算的职能，还要站在战略的高度，参与公司的经营管理、投融资管理和投资决策。

第二节 共享服务中心

一、共享服务中心的由来

20 世纪以来，财务共享服务的概念逐渐流行，其核心原理是将企业内部的共同职责或功能聚集起来，以高质量、低成本的方式向不同行业单位或政府部门提供规范化的咨询服务。这种共享服务模式一般涵盖财务管理、网络系统、人力资本、法规、供应等多个领域，既能充分发挥市场的作用，降低生产成本，又有利于确保工作的质量和统一性。采取资源共享服务的大多是全球性、跨地域的大型企业，因为唯有规模达到一定程度时，资源共享服务才能带来更大的效益，特别是对于拥有较强能力的中小企业，共享服务不仅

有助于实现高效降本、提高服务质量，还能将珍贵的管理经验和知识传递给不同业务单元。通过共享服务，企业能对日常性的非业务职能进行有效整合，从而使业务部门更集中地投入重要的经营活动。

企业可以借助数据共享服务中心，整合人才、技能和业务流程，简化公共服务过程，提升竞争力。共享咨询服务以持续改进的企业文化为基础，提供有价值导向的咨询服务，能够充分发挥组织潜力并为业务单元带来附加价值。福特在20世纪初设立的财务共享服务中心是共同金融服务核心模式的开端，杜邦、通用电气等公司在20世纪80年代后期进行效仿，惠普、道尔、IBM等在20世纪90年代初也采用该模式。后来，海尔、新奥、网通等国内公司也开始采用共享服务核心模式，以提升组织效率和效果。

共享服务中心是将原本散落在各个业务单元的事务性工作和专业服务管理工作（如行政后勤、维护保障、资金支出、应收账款清收、申诉办理、产品售后咨询服务、物流运输装卸、人力资源管理、IT信息管理咨询服务、社会法律事务等）整合到一个统一的管理体系中的重要组织形式。共享服务中心的目标是通过市场化的内部服务，为客户提供统一、专业、高效的咨询服务，从而实现组织的运营目标，提高效率和效益。

二、共享服务中心的特征

共享服务中心有以下三个特征：

第一，以客户服务为核心，致力于不断优化和提升运营效率，以客户满意度和持续改进的企业文化精神为指导，使团队可以在更大乃至世界领域聚集精力于其核心能力，进而为各运营单位带来更多的额外利益。

第二，共享服务中心的管理核心与其他职能部门最大的不同在于，它以客户为中心，打破传统分工，实行端到端的流程协同，而并非模块化的、控制型的。共享服务中心不仅推动企业内部合作，还积极协调外部资源，以实现全面的协同合作。

第三，共享服务中心具有产品化思维，能够深刻理解自身工作，积极进行设计、迭代优化和闭环反馈，不断提升服务水平，持续改进服务质量。

三、共享服务中心的分类

共享服务中心有以下三种类型：

第一，信息技术共享服务中心，是一种特殊的组织形式，旨在为企业提供全面的信息咨询服务，包括设计、数据分析处理、技术安全性、报告生成等，以满足客户或用户的特定需求。相较于传统的集中服务模式，共享服务中心更加灵活，针对性更强。传统的集中服务模式注重控制和满足客户需求，由总部规划政策和方向。共享服务中心则更注重质量和客户体验，通过整合资源提供高效、全面的服务。与共享服务中心合作，可以实现质量和服务水平的提高。与外包服务不同的是，共享服务中心保持了企业的信息技术服务水平，供应商和客户服务不会分离。

第二，人力资源共享服务中心，是一种集成式的服务平台，旨在将与人力资源管理相关的行政管理事务性建设项目整合在一起，如人员招募、薪酬福利成本核算与执行、社会保障管理、人事档案的人事资料业务管理工作、劳动法信息管理、新职工培养、职工申诉与意见处理、咨询与专业服务等。这样的集成化服务能够为企业提供全面、高效的人力资本管理咨询服务，为用户提供优质的体验。该管理中心致力于为公司的每个营业单位提供人力资源管理咨询服务，并承担相应的费用。通过建设人力资源共享服务中心，企业能够提升人力资本的效率，为业务单元提供更全面的支持。

第三，财务共享服务中心，是一个集成了各种财务流程的平台，能够统一管理企业的应收、应付、总账、固定资产等。企业可以实现资源共享，集中管理财务流程，从而显著提高工作效率，减少重复性的工作，避免浪费时间。同时，财务共享服务中心的成本规划和内部控制机制能够优化企业的成本结构，提高资金的使用效率。这种统一的管理模式也有助于加强企业内部控制，降低潜在的风险。此外，财务共享服务中心还能进一步提高顾客满意度。通过更高效的财务处理流程，企业能够更及时地响应客户需求，为其提供更好的服务体验。

四、共享服务中心的优势

共享服务中心可以提供全面的咨询服务，涉及财政、人力资源、IT、后勤保障、物资保管、客服、法律咨询等方面。其优势体现在以下三个方面：

第一，成本效益更高，能更有效地满足客户需求。当营业量增大时，若员工人数减少，则成本费用会直接下降；若员工人数不变，则成本会相对节省。对成长型企业而言，当经营规模扩大时，管理者会希望在保持业务增长的同时，有效控制员工数量，以确保企业的可持续发展。

第二，通过集中规模的管理人员，能够大大简化工作的复杂性，使财务工作更加规范化、精细化，大幅提高工作效率和服务质量。在共享服务模式下，各项职能执行的政策、流程、检验准则全部统一，提升了工作绩效，也实现了信息系统的集中式管理和数据共享使用，可以有效控制风险。共享服务中心的服务不仅仅是成本节约手段，更是一种有效的企业管理方式，有助于更好地促进核心业务的发展。

第三，能够更加高效地处理复杂且重复性强的业务，从而节约成本、提高效率。通过共享服务平台，可以达成统一的工作流程，从而避免地方和部门之间存在标准执行的误差，也使得更多的管理数据能够在统一的标准下进行对比，这无疑是企业管理层和董事获得股东信赖的有利条件。此外，共享服务中心能够在较短时间内开发出先进的技术，并将其应用到组织内部，进一步提升效率和竞争力。

五、共享服务中心的劣势

虽然共享服务中心能够节省成本、提高效率，但它也有明显的劣势，主要体现在以下两个方面：

第一，共享服务中心是专门为国内中小企业提供共享服务的组织，它可能改变企业内部的运作方式。过去企业自己负责的工作现在由共享服务中心和政府部门共同完成，共享服务中心与企业内部提供共享服务的部门形成合作关联，在价值链中扮演上下游的角色。然而，提供共享信息服务的部门仍是数据的所有者。在某些情况下，资源拥有者和资源共享服务提供者可能在某项业务上出现分歧，从而限制企业内部的合作，影响工作效率。

第二，国内外企业在国内建立资源共享服务中心时，通常为欧洲或国际分公司提供服务。因此，共享服务中心需要高素质的人才，特别是外语水平较高的员工。然而，有些业务是程序化、重复且烦琐的简单操作，这可能与员工的素质不匹配。例如，刚毕业的本科生，只要外语水平良好，就可能被分配到共享服务中心工作，但一两年后就会感到厌倦，对职业前景也有所担忧，因此，让共享服务中心人员与其他领域的人员一起参加培训更为妥当。

第三节　财务共享服务中心的业务处理流程

财务共享服务中心的业务处理覆盖多个方面，涉及总账、应付账款、应收账款、固定资产、成本控制、现金管理和费用报销等。其中，总账管理、应付账款、应收账款、费用报销工作是最重要的环节，也是企业实施最多的业务，这些业务高度标准化，且具有相似的业务支持，因此能够实现更高效的运作。

总账及报告共享业务需求主要有五点：一是对系统自动凭证和手工凭证进行审核、记账；二是月末计提、摊销、结转，记账凭证的制作、审核、记账；三是结账；四是编制会计报表；五是对会计档案进行管理。在此基础上，总账业务包含资料保管、成本费用预提、冲销和摊销、员工福利、关账和财务报表等步骤，每个步骤下又包含若干子步骤。例如，凭证管理包含系统单据形成和手工单据生成，工资薪酬包含工资薪酬计提、支付和冲销三个子步骤，财务报表过程包含单独财务报表形成、合并报表形成和管理报表形成三个子步骤。

一般而言，财务共享服务模式下总账业务各流程的具体步骤如下：在凭证管理流程中，系统凭证生成的主要步骤包括业务人员操作系统自动生成总账凭证、共享服务中心财务会计操作系统自动生成总账凭证以及档案归档。手工凭证生成的主要步骤包括填写、提交总账报账单，审核总账报账单并入账。在费用预提、冲销及摊销流程中，费用预提的步骤包括月末准备费用预提申请材料、各级责任人审核费用预提申请材料、编制预提费用明细表、填写并提交预提费用报账单、审核入账，预提费用冲销流程包括月初查询预提费用台账、预提费用冲销处理，费用摊销的步骤包括费用报销、月末查询摊销费用台账、待摊费用摊销处理。

在流程设计中，总账及会计报表业务应当遵循七大原则，具体如下：第一，财务管理会计核算综合分析中心应当设有总账组、单体及税收会计报表组，以及汇报和综合会计报表组，并且以法人为单位划分工作，以确保流程的有效性和准确性。第二，账务处理应遵循总账凭证管理操作要求，不允许直接登录企业资源计划管理系统（Enterprise Resource Planning，ERP）总账模块进行记账。第三，财务人员填写报账单时，应提供真实、完整、与报账内容相符且符合公司会计核算制度的原始支持性附件。原始支持性附件分为纸质文档和电子文档，若只涉及电子文档，财务人员将电子文档上传（以添加附件的形式或通过影像系统管理），若除电子文档外还涉及纸质文档，如领导审批签字表等，则财务人员应获取纸质文档的电子版本（包括照片、扫描等）并进行上传（以添加附件的形式或通过影响系统管理），电子文件必须清晰可见，且与纸质附件一致。第四，更正凭证通过总账报账单的调账类实现，原则上是先将已入账的错误凭证通过总账报账单冲销，再根据调账类总账报账单的正确报账信息重新记账。第五，总账报账单、预提费用报账单、工资薪酬计提报账单以及工资薪酬报账单必须得到恰当的授权审批（走相应的审批流程）；报账人与记账人的职责分离，由共享服务中心财务会计提报的报账单，须由另一名财务会计记账；共享服务中心总账组每月先冲销上月预提的费用（如每月 25 日），再处理各公司当月提报的预提费用报账单（如从 26 日起），并在月底结账前完成预提（如 28 日）。第六，财务共享服务中心的关账流程应严格依照下发的关账清单执行。ERP 总账模块财务账期一旦关闭，一般不允许打开进行调账。第七，当地人力资源部门负责发起和填报工资薪酬计提报账单和工资薪酬报账单。

第四节　相关理论前沿

一、财务智能化转型认知

智能化是指通过新一代技术支持使事物能够动态适应多种需求的性质。在财务管理中，智能化变革利用互联网、虚拟现实、物联网和区块链等技术，能够更有效地满足企业的生产、经营和管理需求。这种变革要求重新认识动态性、不确定性和复杂性。个人根据经验推断问题，团体采取相应行动来应对。企业财务智能化变革受多种内外部因素约束，需全面评价优势、劣势、机遇和危险，并分析影响转型的各种因素，提升企业绩效。组织转型是一个复杂的过程，涉及内在环境变化、思考和行动。这种转型能够提升团队能力，推动组织发展。通过财务智能化转型，企业和个人能更好地理解和解释影响因素，达成一致的认知，并采取行动改善转型效果。

二、财务共享服务中心建设

（一）建设共享服务中心的动机

第一，经济动因观。它是共享服务发展的基础，目标是解决集团规模扩大导致的工作效率降低和管理成本增加的难题，提供有效的资源配置指导，实现“要么生产，要么购买”的决策目标。通过选择共享服务中心的位置、雇用低成本人员、重新设计流程和优化网络系统等操作，可以显著降低生产成本。

第二，战略动因观。它是建设共享服务中心的核心动力和价值体现。在发展中国家或地区，人口红利逐步消失，大型跨国公司在海外选址时劳务薪酬显著增加，节约人工成本已不再是设立共享服务中心的主要目的。通过规范化和过程化的运作，共享服务中心能够更有效地提供服务，应对市场变化和业务拓展，加速组织改革，实现公司的转型发展。共享服务中心提供高质量的服务，实现公司内部的协调，也是战略动因观的重要体现。

第三，核心能力动因观。它强调了共享服务中心应该重视流程价值链的上游，将基本职能与管理职能分离，促使事业部的管理者重点关注企业的核心业务。提高知识型咨询服务而不是事务性工作所占的比例，发挥信息和知识在价值链中的作用，提升共享服务中心和企业的整体价值，可以帮助企业获得更大的成功。

（二）传统观点的解读

第一，“大企业病”的出现，使企业面临烦琐的日常操作控制和复杂的职能定位，尤其是价值链中的附属部分，这阻碍了业务的发展，并导致以利益为中心的现象更加突出，从而大幅增加了企业的运营成本。在这种情况下，引入财务共享服务是一种有效的解决方案，能够有效地改善过程，降低生产成本，也成为财务管理变革的主要切入点。从公司整个经营过程的角度来看，财务共享服务利用价值链成本优势，帮助中小企业拓展价值链，掌握生产成本优势，提高生产效率，加强上下游配合。为了管控分子公司，需要明晰价值链中的主体业务流程、附属环节和子流程。

第二，集中规范管理，加强集团管控。财务人员分散在各个子公司，导致当地领导对其行为的控制力超过集团。这一点需要特别重视。尽管一些企业采用了集中式控制，但物理地位仍然重要。分散的会计信息加剧了总公司和子公司之间的信息不对称，使总公司无法确保数据、报表等准确可靠。财务人员分散在各个子公司，对总公司政策和制度的执行存在较大随意性，导致现实成果与预期存在差异，严重影响财务风险管控技术水平。随着财务共享服务中心的诞生，集团管控技术水平显著提升，为企业提供了有效的管理工具。财务人员由离散转为聚集，依据统一规章制度和业务流程工作，实施人员管理和考核。财务信息实行了集中式数据共享。同时，集团通过实时获取子公司财务状况，利用财务共享服务中心的数据进行实时分析，可以更好地管理和控制财务状况。财务共享服务的出现改变了会计核算方式，将实时培养和集中核算结合，提高了集团的管控能力。

第三，保证了服务质量，极大地提高了工作效率。作为重要的商业活动，财务共享服务旨在满足客户需求，并通过订立业务协定，明确业务内容、时限和质量标准，为客户提供及时、高效、优质的金融服务，从而提高了企业在市场上的竞争力。财务共享服务中心必须提供高品质、高效率和低成本的服务，以满足客户需求，否则，客户有权选择与其他供应商签订长期有效的服务协议。在这种情况下，业务部门和外部客户可参与监督财务共享服务中心的管理，以确保其服务质量符合要求，并对成本费用和服务质量承担责任。财务共享服务中心以提供准确、可靠的会计信息为目标，重视服务品质。信息的真实性和准确性是衡量其服务水平的关键指标。要实现财务变革，必须确保财务信息的真实性和准确性，并充分发挥管理会计的职能。财务共享服务被视为实现转变的重要起点。财务共享服务中心可以独立核算，致力于改进流程、提高效率，特别是在采购与付款环节，如付款流程，70%的支付问题源于购买过程，包括预算与实际购买的差距、报价与实际发票的差距，以及支付要求与购买协议不一致。为降低人工成本，财务共享服务中心将全力提高整体流程的效率。只有提高基础财务流程的效率，才能将资源投到更具经济价值的企业管理会计核算范畴，实现会计核算功能的转变。

第四，运用财务信息，实现财务价值。企业管理者需要关注信息的质量和数量。优质信息和额外信息提供详细和全面的数据，可以帮助会计人员了解历史成本并报告未涵盖的事项。额外信息可以帮助会计人员更好地理解和分析财务状况，提高财务报表的价值。根据巴鲁克·列夫和谷丰的观点，向投资者提供关于公司战略性资源的信息是信息有用性的重要规范之一。战略性资源具有价值稀缺、无法模拟和无法替代的特征，能为企业带来有价值的资源并协助资源的集中。管理会计信息的价值在于其有用性，可以帮助企业辨识和利用对其发展至关重要的战略资源，弥补传统财务报表的不足。

管理会计信息不仅能够提升财务价值，还能帮助企业实现发展目标和长期增长。运用财务管理方法能大幅提高公司财务价值。财务共享服务中心的重要性在于它能为客户提供全面的信息技术咨询服务，促进业务与财务的融合。此外，财务共享服务还可延展价值链环节，发挥虚拟价值链中信息和知识价值的作用，提高财务价值，为财务转型奠定基础。

（三）数字化观点的解读

第一，财务共享服务为财务转型提供了强大的数据支撑，能够充分发挥财务的价值。数据是决策依据，财务的价值在于能够利用管理会计工具，发挥数据对决策信息的支持作用。会计作为一个信息系统，要想有效地改善决策，就必须收集各种类型的数据，并对其进行有效的处理和分析。通过财务共享系统，可以实时更新数据，更好地满足大数据管理的需求。

第二，财务共享服务为财务转型奠定了坚实的基础，有助于实现数字化转型，改善组织结构，优化人员配置。通过集中核算和资源优化配置，财务共享服务改善了组织结构，提高了效率。在中国传统的财务组织结构中，大部分员工从事基本财务管理工作，而财务共享服务模型整合了离散的财务管理工作，提升了资源利用的效率。它使财务工作者从低价值的会计核算业务中解脱出来，转向更具创新性和竞争力的业务金融和战略财务工作，实现专业化的职能分工。建立财务共享服务中心，旨在集中高素质的财务人员，用于预算管理、会计分析、业绩考核、税收筹划、战略管理等高增加值的管理会计工作，提供优质服务并促进核心业务的发展。

第三，财务共享服务可以为企业财务管理变革提供技术支持。许多企业的财务共享服务中心未能实现资源共享，存在财务与业务脱节的问题。此外，缺乏适当的激励措施可能导致员工缺乏进取心，从而限制了财务共享服务的发挥和增值服务功能的拓展。数字化时代的到来带来了二次变革的挑战，财务共享服务中心需要充分利用技术优势，实现财务数据共享业务的组织平台化和数据共享化。企业通过数字化财务共享服务和建立大数据信息共享平台，可以优化流程、提升业绩，实现财务数字化转型。财务共享服务中心在信息系统建设方面不断发展和完善，包括引入先进的会计核算引擎、自动化和数据可视化技术，以及照片系统和接口的自动化管理技术应用等。财务信息系统建设为财务转型提供了重要支持，智能技术的进步仍有巨大潜力可挖掘，如降低人力成本、提升价值产出、促进财务管理数字化转型升级。通过电子化单据和机器人流程自动化技术，可以实现财务运营业务的自动化和智能化。

第四，财务共享服务是一种新的财务转型模式，能够满足企业在集约化、规模化和全球经营过程中的需求，降低风险的不确定性，提升财务预测、分析、控制和决策能力。财务共享服务，可以有效释放会计核算信息资源，促进专业化分工，提高会计核算效率。在数字技术和大数据的支持下，企业可以在移动端查询财务报告，实现对公司整体绩效的有效控制。此外，移动端数据分析报表具有定制功能，形象直观，界面友好，使会计人员能够提供数据服务，改善用户体验。

尽管敏锐的行业洞察力是数据分析的基础，但是靠财务共享服务中心提供的财务数据可能无法满足企业需求。因此，业务财政和策略财政应充分利用专业知识资源优势，将会计数据转化为有价值的信息，以支持企业决策。财务共享服务中心可以在数据信息发展过程中充分发挥数据管理的作用，通过系统、模型和逻辑深入挖掘信息，进行更精准、贴近实际的分析，为企业客户提供有效的决策支持咨询服务。财务共享服务以数据为核心，能实现财务价值的最大化，推动财务转型进程。

三、财务共享服务中心建设的期望差距分析

建设财务共享服务中心旨在提高中小企业会计管理效率和可持续性，通过内部财务控制转化和业财合一提供有效的决策支持。然而，许多企业管理者对财务共享服务中心模式的了解有限，加上财务共享服务中心忽略了数据的创造能力，与企业财务之间容易出现沟通障碍。业务型理财与核算型理财的差异可能导致业务分工和职责权属冲突，影响财务部门的运行。数字经济时代，企业通过管理会计信息化，可从海量数据中提取有价值的信息，利用模型进行分析。虚拟化计算能够推动管理会计信息化，借助云计算提升数据处理能力。然而，受限于信息收集和系统功能，虚拟化数据分析应用仍较少，报告主要基于历史数据进行评价和诊断。财务共享服务中心应积极探索有效方法，实施“信息优先”策略，充分发挥预测性信息的作用。

财务共享服务中心应推进智能化技术战略，实施智慧理财，适应需求变化。智能财务发展依赖人工智能、大数据、移动互联、云计算、物联网、区块链、机器人流程自动化等关键技术的提升。然而，目前国内财务共享服务中心尚未充分尝试智能技术，不符合数字经济时代的科技潮流。在企业数字

化和智能化步伐加快的背景下，财务共享服务中智能应用场景不足。未来，财务共享服务中心应积极采用智能化技术，实现智慧服务中心转型。为提升持久运营能力，企业应审视组织、完善流程、提高财务人员素养，探索业务与财务融合。目前，许多财务共享服务中心的线下服务持续性和耐久性不足，无法有效应对突发事件。网络思维的发展使高度网络化和无接触会计成为财务管理变革的重要方向。为适应新常态，财务共享服务中心必须全面实现线上化和无纸化部署，以满足新时代的要求。

总而言之，财务共享服务中心不是完美无缺的。企业应当仔细审视自己的业务特点、信息化建设基础和组织发展战略，明确财务共享服务中心的定位，以便更好地实现理想的建设目标。建立财务共享服务中心只是完成企业财务管理转变的一步，未来的互联网数字化变革和智慧财政建设，要求我们不断探索和革新，以实现更高效、更全面的会计管理。

第五节 海尔财务共享服务中心案例

一、海尔财务共享服务中心简介

2006 年，为了更好地完成集团公司的战略目标，海尔理财部实行重大组织改革，将原有业务的财务单元划分为三大管理中心——会计核算管理中心、成本管理中心和运营管理中心，以建立更加科学的理财系统。随着海尔的不断发展和壮大，2007 年，海尔实行了业务流程再造计划，以实行资金资源共享，这是海尔财务管理模式转型的关键步骤。海尔将各业务单元的核算中心分步集成资源共享，先从公司总部青岛地区开始，逐渐扩展至青岛地区以外的业务单元，整个过程持续了三四年时间。海尔建立资源共享服务中心旨在提高财务管理工作的效率，加强财务信息质量控制，有效降低风险。通过实施流程再造计划和建立信息化共享中心平台，海尔改变了会计管理方式。目前，海尔的财务人员分为三类：第一类是企业战略管理财务，负责企业的理财目标、思路、策略、人力资源和经营风险；第二类是资源共享管理财务，利用网络资源优势，建立云端财务管理模式，为企业带来有效、规范的会计核算工作。第三类是离散的业务财务，负责企业的日常运营和维护。海尔的财务工作人员在完成高效的集中式控制后，充分利用自身的专业技能，为企业提供有效的决策支持。目前，企业理财部70%的人员致力于与业务伙伴的合作，10%的人员致力于科技金融工作（包括税收、资金、风险控制等），其余20%的人员则在共享服务中心负责交易管理、资本管理、业绩支持和风险管控等工作。

二、海尔财务共享服务中心将由操作中心转向知识中心

海尔财务共享服务中心内部的结构设置完全符合财务管理过程，为10大类工作流程和120个子流程提供服务，且覆盖了会计核算的各个方面。在实际操作层面，共享服务中心被划分为9个服务工作组，负责处理与特殊业务流程关联的服务。这9个服务工作组分别为资金管理、税务申报、收付服务、税票服务、总账及报表、往来清账、资产核算、费用稽核和会计政策（质量管理）。

海尔将资金管理视为共享服务中心财务管理的重要组成部分，这体现了其身为白色家电企业对现金和营运资本的重视。资金管理涵盖风险、资本运作、融资平台管理等多个方面，有助于实现司库管理的有效运作。成本管理是全球供应链管理的重要组成部分，因此，企业不得不将其与其他业务紧密结合，以进一步提高成本费用数据的准确性。基于此，海尔并未将成本控制引入共享服务的范畴，而是仍将成本核算分配给不同业务单元的财务专员，以使其更好地进行核算。

海尔财务共享服务中心始终秉持以过程为主导的经营理念，持续改进日常工作的效率，以生成高品质的数据，强化企业控制，提升数据的透明度，实现流程的精细化控制。共同工作的目标是持续优化流程，为此，财务共享服务中心设有质量管理队伍，由3~4名成员组成，负责组织各步骤小组的骨干力量积极参与流程创新工作，以提升服务质量，使企业更高效地运营。

海尔的成功经验表明，建立一套完善的信息系统是提高效率的关键。为了实现未来的发展目标，海尔财务共享服务中心将从传统的操作中心转变为更加先进的知识中心。海尔财务共享服务中心的发展得益于高级主管从财务改革到服务再造的精心策划和有效推进，但是在实际操作中，我们必须认识到，财务共享服务中心的发展是一个漫长而持续的过程，在遇到问题和挑战时，要及时与相关单位和人员进行沟通，并给予其充足的时间来理解和接受新的流程和观念，以免出现急躁冒进的情况。

思考及讨论题

1. 企业为什么要进行财务转型？
2. 财务共享服务中心的优势有哪些？
3. 建立财务共享服务中心需要什么要素？
4. 请收集一个有关财务共享服务中心的案例，与同学分享并进行讨论。

主要参考文献

[1] ASSOCIATION A A. A statement of basic accounting theory: a review article [J]. Journal of accounting research, 1967, 5 (1): 95-112.

[2] JIAN S Z, WEI T. Research on the performance evaluation of logistics enterprise based on the analytic hierarchy process [J]. Procedia engineering, 2012, (14): 1618-1623.

[3] WANG P, ZHU Z, WANG Y. A novel hybrid MCDM model combining the SAW, TOPSIS and GRA methods based on experimental design [J]. Information sciences, 2016, 345: 27-45.

[4] DENG F M, LIU C M, LIANG X D, et al. Performance evaluation of logistics listed companies based on grey ideal correlation entropy [C]. [S. l.]: Proceedings of the 2017 IEEM, 2017: 1646-1650.

[5] GONG Y. Business performance evaluation of sports industry listed-companies based on factor analysis [C]. [S. l.]: 2017 International Conference on Smart Grid and Electrical Automation, 2017: 450-453.

[6] SHEN C F. High-tech enterprises performance evaluation system construction and EVA analysis [C]. [S. l.]: International Conference on Measuring Technology and Mechatronics Automation (ICMTMA), 2019.

[7] EQUBAL M A, EQUBAL A, KUMARI A, et al. A comprehensive model for supply chain performance measurement: application in the coal beneficiation plant of steel manufacturing company [C]. [S. l.]: Proceedings of the 2017 IEEE IEEM, 2017: 1401.

[8] ZHAO H R, LI N N. Evaluating the performance of thermal power enterprises using sustainability balanced scorecard, fuzzy delphic and hybrid multi-criteria decision making approaches for sustainability [J]. Journal of cleaner production, 2015 (108): 569-582.

[9] CUI C C, WANG J, GUO J T. The research on performance evaluation of low carbon supply chain based on ISM [C]. [S. l.]: 2018 International Conference on Intelligent Transportation, Big Data & Smart City, 2018.

[10] Ismail. Is EVA associated with stock return than accounting earnings? The UK evidence [J]. International journal of management, 2008, 25 (4): 722-731.

[11] KLEIMAN. Some new evidence on EVA companies [J]. Journal of applied corporate finance, 1999, 12 (2): 80-91.

[12] PRAKASH, et al. Adoption of economic value added and financial ratios [J]. The international journal of finance, 2003, 15 (2): 2574-2592.

[13] WORTHINGTON A C, WEST T. Australian evidence concerning the information content of economic value added [J]. Australian journal of management, 2004, 29 (2): 201-224.

[14] WALLACE. Adopting residual income-based compensation plans: do you get what you pay for? [J]. Journal of accounting and economies, 1997, 24: 175-300.

[15] 葛家澍．会计·信息·文化 [J]. 会计研究，2012 (8)：3-7，96.

[16] 余绪缨．论知识经济的社会文化观与现代管理会计 [J]. 财会月刊，1999 (9)：3-8.

[17] 李天民．管理会计学参考资料 [M]. 北京：中央广播电视大学出版社，1984.

[18] 财政部．财政部关于全面推进管理会计体系建设的指导意见 [J]. 交通财会，2014 (12)：3.

[19] 冯巧根．管理会计工具创新与变迁管理 [J]. 财会通讯，2022 (15)：3-10.

[20] 冯巧根．中国式现代化视角的管理会计创新 [J]. 财会月刊，2022 (22)：3-8.

[21] 冯巧根．新时代的管理会计工具创新 [J]. 财会通讯，2022 (17)：3-11.

[22] 娄尔行．成本会计学：下册 [M]. 北京：中国图书发行公司，1951.

[23] 曲晓辉．论成本观念的广义化 [J]. 厦门大学学报（哲学社会科学版），1988 (2)：7.

[24] 阳昌云．关于成本理论若干问题的探讨 [J]. 财经论丛（浙江财经

学院学报)，2000（3）：59-64.

［25］陈骏，徐明哲．企业战略中的成本概念［J］．上海会计，2003（6）：11-13.

［26］陈汐，沈红．成本概念的比较研究［J］．现代管理科学，2003（10）：2.

［27］刘运国，熊罗英，郭瑞营．标准成本法与作业成本法融合应用的案例研究：以E外商独资制造企业为例［J］．管理会计研究，2022（3）：69-77.

［28］刘运国．将“不增值作业”转换为“增值作业”：来自海底捞的经验［J］．财务与会计，2015（10）：12-13.

［29］王卫星，徐育红．区块链技术在企业价值链成本管理中的应用［J］．财会，2023（8）：96-101.

［30］张利，蔡诚功，杜俊儒，等．“双碳”目标下煤炭企业环境成本核算与应用探析：基于作业成本法核算原则［J］．财会通讯，2022（4）：170-176.

［31］徐雨虹，秦立峰，雷玉菲，等．基于估时作业成本法的诊疗全路径医疗服务项目成本核算应用研究［J］．中国卫生经济，2021，40（12）：104-110.

［32］王均山，刘一凡，周双禧，等．基于价值链的地铁项目作业成本管理探究：以天津地铁6号线二期工程为例［J］．财会通讯，2021（20）：169-171.

［33］黄昌义，汪伟亮，陈润华．价值链作业成本法在施工项目中的应用研究［J］．建筑经济，2021，42（10）：47-50.

［34］王建新，杨智．智能制造环境下作业成本法的改进与应用［J］．财务与会计，2021（17）：70.

［35］周园，杨溢．苹果与小米的战略成本管理创新：因环境而改变［J］．税务与经济，2017（6）：55-59.

［36］许馨月，刘启亮．数字化转型背景下战略成本管理研究［J］．财会通讯，2023（14）：129-134.

［37］何宇城，赵莹，冉瑞文，等．中国宝武以“极致成本，极致效率”为核心的战略成本管理实践［J］．财务与会计，2023（2）：29-33.

［38］周敏锐．高星级酒店战略成本管理研究：以金陵饭店为例［J］．会计之友，2022（20）：96-102.

［39］石浩．桑克模式下的集团公司战略成本管理研究［J］．会计之友，

2021（13）：49-55.

［40］熊瑛．基于桑克模式的战略成本管理分析：以昆明佳晓股份为例［J］．会计之友，2019（15）：17-22.

［41］李现宗，刘阳，周茹．服务于高质量发展的战略成本管理实践：基于中航光电的案例分析［J］．财务与会计，2019（4）：24-27.

［42］何万能．基于价值星系的战略成本管理模式构建［J］．财会通讯，2019（1）：45-48.

［43］李仲，任丽梅，邹晓琴，等．中国油气企业天然气战略成本管理创新［J］．天然气工业，2018，38（5）：140-147.

［44］仪秀琴，姚强强．“双驱动”下战略成本管理研究综述［J］．财会通讯，2018（1）：27-31.

［45］侯鹏．供给侧结构性改革背景下饲料企业战略成本管理研究［J］．中国饲料，2023（2）：129-132.

［46］操礼庆，赵昕昱，程煜华，等．A 大型综合医院全面预算管理的战略抉择与管理实践［J］．财务与会计，2022（21）：38-41.

［47］刘旭，刘丽华，李腾．基于员工绩效导向的弹性预算体系设计：以 JSCG 设计院的实践为例［J］．会计之友，2021（3）：85-90.

［48］罗水秀，郭小宁．政府会计制度下预算会计收支科目设置及期末结转探析：以高校为例［J］．财会通讯，2021（13）：157-163.

［49］邓超．企业全面预算管理存在的问题及建议［J］．财会月刊，2022（S1）：99-100.

［50］杨诗炜，邓彦，吴迪，等．零基预算研究热点及前沿分析：基于可视化计量视角［J］．会计之友，2019（20）：9-14.

［51］程平，常吉．财务共享下资金滚动预算审计预警研究：基于决策树算法［J］．财会月刊，2023，44（4）：97-104.

［52］晏秀梅．大数据、云会计下的农村企业全面预算管理能力提升研究［J］．农业经济，2019（6）：61-63.

［53］马敬宇．基于信息集成的企业全面预算管理研究［J］．财会学习，2022（23）：50-53.

［54］邹德娟．管理会计在企业全面预算管理中的作用［J］．商场现代化，2021（11）：155-157.

［55］王丽军．农村商业银行全面预算管理探析［J］．纳税，2021，15

(35)：131-133.

［56］李广凯．战略导向下的民办高校全面预算管理体系构建：基于A高校的案例研究［J］．会计之友，2020（20）：116-124.

［57］潘颖，聂建平．基于因子分析的上市公司并购绩效差量评价［J］．经济问题，2014（1）：115-118.

［58］张翼，乔元波，何小锋．我国上市公司并购绩效的经验与实证分析［J］．财经问题研究，2015（1）：60-66.

［59］刘畅，韩爱华，沈锡茜．基于因子分析法的上市公司并购绩效评价［J］．统计与决策，2017（10）：179-181.

［60］崔晓杨，吕鑫，魏云捷，等．消费类电子信息企业并购绩效分析：以TCL集团为例［J］．管理评论，2017，29（11）：251-260.

［61］王全在．基于因子分析模型的汽车制造行业绩效评价研究［J］．会计之友，2017（23）：25-30.

［62］邓小军，刘晓凤．基于WACC估值的央企负责人EVA绩效考评研究：以中石油为例［J］．财会通讯，2019（26）：56-58.

［63］袁晓玲，张占军，邸勍．新三板企业EVA经营绩效及其影响因素的差异化研究［J］．西安交通大学学报（社会科学版），2020，40（2）：36-44.

［64］池国华，朱俊卿，王蕾．EVA薪酬机制与高管超额在职消费：基于内部控制的调节效应检验［J］．科学决策，2022（5）：35-56.

［65］肖永慧，段康．高管股权激励、EVA考核与费用粘性［J］．财经问题研究，2020（8）：65-73.

［66］何威风，陈莉萍，刘巍．业绩考核制度会影响企业盈余管理行为吗［J］．南开管理评论，2019，22（1）：17-30.

［67］张涛，毕家睿．独立董事特征、EVA考核与应计盈余管理：来自沪深股市上市公司数据的检验［J］．宏观经济研究，2020（4）：161-175.

［68］周瑜琛．管理会计工具方法在高校应用探析［J］．财务与会计，2019（8）：73-74.

［69］董淼．高校财务信息化绩效评价指标体系研究：基于平衡计分卡［J］．会计之友，2019（24）：147-152.

［70］杨维莉．基于平衡计分卡的高校资产经营公司绩效评价［J］．财务与会计，2019（24）：71-72.

［71］宫景玉．高校全面预算绩效评价体系优化研究［J］．会计之友，

2020（15）：121-127.

［72］王喆，杨国栋．高校博士后科技人才培养绩效评价指标体系构建研究：基于平衡计分卡方法［J］．科技管理研究，2021，41（15）：127-133.

［73］王春晖，姚冠新，刘牧．高校财务治理绩效评价体系构建研究：基于平衡计分卡视角［J］．会计之友，2022（3）：128-134.

［74］段琛．PDCA 循环在公立医院运营评价体系构建中的应用：基于平衡计分卡的思考［J］．管理现代化，2019，39（2）：59-62.

［75］杨春瑜．公立医院预算绩效模糊综合评价［J］．社会科学家，2019（5）：68-73.

［76］高婷．公立医院运营信息化平台建设研究：基于大数据技术与管理会计工具融合［J］．财会通讯，2021（13）：143-146.

［77］窦剑峰．基于作业预算的公立医院整合管理会计工具研究［J］．卫生经济研究，2022，39（2）：81-84

［78］孙婷婷．基于 BSC 的三级公立医院目标管理体系改进策略分析［J］．经营管理者，2022（12）：104-105.

［79］陈琳．BSC-GEVA 环境绩效评价体系重构研究［J］．中国集体经济，2023（2）：97-100.

［80］张振刚，盛勇，欧晨．基于 FAHP-CEEMDAN 的指标权重确定方法［J］．统计与决策，2019，35（2）：79-83.

［81］孙涛，郑秋鹏，王炜，等．BSC+KPI 视阈下高校教师绩效考核体系构建：基于德尔菲法和层次分析法的应用［J］．中国高校科技，2020（6）：21-26.

［82］姜旭，胡雪芹．基于组合赋权模型的物流企业绩效评价指标体系构建研究［J］．管理评论，2020，32（8）：304-313.

［83］孙宇燕．基于 BSC 模式的战略绩效评价体系构建：以易邦新材为例［J］．中国注册会计师，2022（8）：121-134.

［84］刘俊勇，段文譞，安娜．平衡计分卡学术研究评述与展望［J］．会计研究，2022（8）：121-134.

［85］白胜，李译琳，冯薇可．平衡计分卡研究方法探析［J］．财会通讯，2020（14）：18-20.

［86］陈玲．可持续平衡计分卡的应用研究［J］．商业经济研究，2016（23）：113-114.

[87] 埃巴. 经济增加值：如何为股东创造财富 [M]. 凌晓东，等译. 北京：中信出版社，2001.

[88] 陈晓慧. EVA 业绩评价指标计算问题探讨 [J]. 财会研究，2010 (6)：61-63.

[89] 池国华. 中国式经济增加值（EVA）考核实践探索：基于系统性和针对性视角的研究 [M]. 沈阳：东北财经大学出版社，2016：21-22.

[90] 曹菲. 企业绩效评价系统的国内外发展历程及未来趋势 [J]. 中国水运（理论版），2008 (1)：206-207.

[91] 陈茜. 基于 EVA 的企业价值评估：以海尔智家公司为例 [J]. 财会通讯，2012 (12)：92-94.

[92] 陈利军，李延喜. 企业内部控制、资本成本与 EVA 绩效评价 [J]. 江汉论坛，2022 (1)：58-64.

[93] 陈红梅. EVA、MVA、SGR 对股价影响的对比分析：以某上市公司为例 [J]. 华东经济管理，2018，32 (1)：180-184.

[94] 陈之荣，赵定涛. 市场波动条件下的经理人 EVA 激励契约研究 [J]. 科学学与科学技术管理，2010，31 (8)：195-199.

[95] 吕明. EVA 考核、多元化经营与过度投资相关性分析 [J]. 财会通讯，2016 (24)：97-101.

[96] 李井林，阳镇，陈劲，等. ESG 促进企业绩效的机制研究：基于企业创新的视角 [J]. 科学学与科学技术管理，2021，42 (9)：71-89.

[97] 李洪，张德明，曹秀英，等. EVA 绩效评价指标有效性的实证研究：基于 454 家沪市上市公司 2004 年度的数据 [J]. 中国软科学，2006 (10)：150-157.

[98] 刘运国，陈国菲. BSC 与 EVA 相结合的企业绩效评价研究：基于 GP 企业集团的案例分析 [J]. 会计研究，2007 (9)：50-59，96.

[99] 史富莲，张旭，刘晓昕. 基于 EVA 的企业价值与股票收益相关性研究：来自沪、深股市的实证证据 [J]. 会计之友，2012 (8)：102-106.

[100] 田虹，王宇菲. 企业环境战略对企业三重绩效的影响研究 [J]. 西安交通大学学报（社会科学版），2019，39 (4)：19-26.

[101] 王庆芳，周子剑. EVA：价值评估与业绩评价的理论探讨 [J]. 当代财经，2001 (10)：75-78.

[102] 卫秋转. 国企 EVA 业绩考核体系对过度投资的影响效应研究

[J]. 金融经济，2018（24）：58-60.

［103］王丽南 . 关于 EVA、MVA 指标应用的实证分析［J］. 财会月刊，2010（3）：43-45.

［104］王晋国 .EVA 在企业价值评估中的应用：以网易公司为例［J］. 山西财经大学学报，2019（41）：49-51.

［105］王化成，刘俊勇 . 企业业绩评价模式研究：兼论中国企业业绩评价模式选择［J］. 管理世界，2004（4）：82-91，116.

［106］徐利飞，王雪娇 . 储能企业价值评估模式研究：以宁德时代为例［J］. 会计之友，2022（15）：18-25.

［107］印猛，李燕萍 . 基于 BSC 和 EVA 整合战略管理的应用研究［J］. 南开管理评论，2006（5）：83-88.

［108］格兰特 . 经济增加值基础［M］. 刘志远，等译 . 沈阳：东北财经大学出版社，2005：2-3.

［109］张进智，王春 .EVA 与企业激励绩效考核：经济增加值（EVA）在度量股权激励效果中的作用［M］. 海口：南海出版公司，2004：6-7.

［110］赵治纲 .EVA 业绩考核理论与实务［M］. 北京：经济科学出版社，2009.

［111］张诺涵 . 经济增加值在国有企业经营业绩评价的应用探讨［J］. 经济研究参考，2017（46）：85-91.

［112］张海霞 . 基于 EVA 的房地产上市公司业绩评价：以保利地产为例［J］. 财会月刊，2015（9）：56-59.

［113］中华人民共和国财政部 . 管理会计应用指引［M］. 上海：立信会计出版社，2019.

［114］张蕾 . 关于中国特色 EVA 管理评价体系的建立与思考研究［M］. 长春：东北师范大学出版社，2017.

［115］张彩江，黄静 . 基于经济增加值（EVA）的经理层企业薪酬激励体系研究［J］. 软科学，2008（6）：134-138.

［116］张庆萍，陈新国 . 上市股份制银行基于 EVA 绩效的对标应用研究：以 A 银行为例［J］. 会计之友，2018（4）：116-119.

［117］张玲，邓霄敏 . 经济增加值和市场增加值对股票收益率解释能力的实证研究［J］. 经济问题探索，2004（12）：71-74.

［118］张珺涵，罗守贵 . 开放式创新、人力资本异质性与企业绩效：基

于科技服务业的实证［J］. 科技管理研究，2019，39（21）：105-112.

［119］陈德球，胡晴. 数字经济时代下的公司治理研究：范式创新与实践前沿［J］. 管理世界，2022，38（6）：213-240.

［120］程凤朝. 我国上市公司治理现状与对策研究［J］. 清华管理评论，2022（5）：30-36.

［121］章连标，杨慧. 公司治理、媒体关注与企业绩效［J］. 商业会计，2022（8）：47-51.

［122］盛术俊，曹海敏. 异质性的股权结构抑制企业绩效了吗?：基于股权集中度的调节效应［J］. 商业会计，2022（2）：94-98.

［123］吕昊，贾海东. 机构投资者参与公司治理行为指引制度研究［J］. 证券市场导报，2022（1）：72-79.

［124］李维安，李元祯. 中国公司治理改革迈向新阶段［J］. 董事会，2020（10）：23-35.

［125］马连福. 股权结构设计与公司治理创新研究［J］. 会计之友，2020（17）：2-7.

［126］李维安，郝臣，崔光耀，等. 公司治理研究 40 年：脉络与展望［J］. 外国经济与管理，2019，41（12）：161-185.

［127］周泽将，马静，胡刘芬. 经济独立性能否促进监事会治理功能发挥：基于企业违规视角的经验证据［J］. 南开管理评论，2019，22（6）：62-76.

［128］张华，胡海川，卢颖. 公司治理模式重构与控制权争夺：基于万科“控制权之争”的案例研究［J］. 管理评论，2018，30（8）：276-290.

［129］李维安. 国企从企业治理模式向公司治理模式转型［J］. 现代国企研究，2018（Z1）：86-89.

［130］孙海童. 公司治理与公司绩效关系研究文献综述［J］. 当代经济，2017（35）：104-105.

［131］高帅. 中国房地产上市公司治理结构、多元化与企业绩效研究［D］. 北京：清华大学，2016.

［132］孙建国，胡朝霞. 中小企业板上市公司股权结构、公司治理与企业绩效：基于随机前沿生产函数的分析［J］. 投资研究，2012，31（1）：110-122.

［133］怀娜，马健. 股权结构与公司治理绩效关系研究：以零售业上市

公司为例［J］. 华东经济管理，2008（6）：53-59.

［134］白重恩，刘俏，陆洲，等．中国上市公司治理结构的实证研究［J］. 经济研究，2005（2）：81-91.

［135］吴淑锟．股权结构与公司绩效 U 型关系研究［J］. 经济研究，2002（1）：15-17.

［136］林丽萍．高管持股与公司业绩相关性研究：以中小企业板上市公司为例［J］. 财会通讯，2014（21）：42-44.

［137］陈德萍，陈永圣．股权集中度、股权制衡度与公司绩效关系研究：2007—2009 年中小企业板块的实证检验［J］. 会计研究，2011（1）：38-43.

［138］青木昌彦，钱颖一．转轨经济中的公司治理结构［M］. 北京：中国经济出版社，1995.

［139］吴敬琏．现代公司与企业改革［M］. 天津：天津人民出版社，1994.

［140］张维迎．产权、激励与公司治理［M］. 北京：经济科学出版社，2005.

［141］刘小宁．A 公司激励体系设计研究［D］. 湘潭：湘潭大学，2013.

［142］欧挺．Z 公司中层管理人员薪酬激励方案改进研究［D］. 桂林：广西师范大学，2021.

［143］宋志鹏，张兆同．ERG 理论研究［J］. 现代商业，2009（3）：88-89.

［144］黄蓉．SZ 公司营销人员薪酬体系现状及改进研究［D］. 武汉：华中科技大学，2012.

［145］李勇．北方重工废钢破碎系统研发案例研究［D］. 大连：大连理工大学，2014.

［146］丁云涛．我国公务员薪酬激励机制研究［D］. 天津：天津大学，2006.

［147］袁翼．××光电公司高新技术人才激励对策研究［D］. 桂林：广西师范大学，2015.

［148］郭啸．WA 供电公司薪酬体系优化设计［D］. 天津：河北工业大学，2020.

［149］亓桂霞．浅谈企业薪酬管理［J］. 才智，2012（1）：44-45.

［150］胡恢利．株洲水务公司薪酬体系再造研究［D］. 长沙：湖南大

学，2006.

［151］陈思明．论现代薪酬管理的理念及其特点［J］．同济大学学报（社会科学版），2004（2）：70-75.

［152］钟美．我国企业薪酬体系设计与操作研究［D］．沈阳：沈阳工业大学，2005.

［153］盛霜儿．人力资源分析丨华为激励机制分析［EB/OL］．（2020-11-06）［2023-10-28］．https：//zhuanlan. zhihu. com/p/149786627.

［154］张学磊．高管薪酬、企业税收规避与企业绩效［D］．长春：吉林大学，2021.

［155］李颖．管理层能力、高管激励与企业绩效［D］．昆明：云南财经大学，2021.

［156］吴恒弟．化工行业高管薪酬激励与公司绩效研究［D］．昆明：云南财经大学，2022.

［157］高晓静．高管激励、内部控制与企业创新绩效［D］．兰州：甘肃政法大学，2022.

［158］肖舒悦．高管薪酬激励对创新产出影响研究［D］．济南：山东财经大学，2022.

［159］刘俞成，赵世行．高管薪酬与公司绩效的关系研究［J］．中国商论，2022，856（9）：118-120.

［160］罗欢．高管薪酬变动对上市公司绩效的影响研究［D］．重庆：重庆工商大学，2022.

［161］刘媛媛，黄正源，刘晓璇．环境规制、高管薪酬激励与企业环保投资：来自2015年《环境保护法》实施的证据［J］．会计研究，2021（5）：175-192.

［162］马忠，王龙丰，梁相．业务分布、子公司多元化与上市公司高管薪酬激励［J］．管理科学，2021，34（2）：98-113.

［163］夏晗．高管经历跨界、管理者激励与企业创新［J］．科研管理，2022，43（2）：193-201.

［164］褚剑，方军雄．外部监管环境与独立董事个体薪酬激励：基于监管处罚的溢出效应视角的研究［J］．会计与经济研究，2021，35（6）：37-57.

［165］马庆魁，樊梦晨．管理层激励、机构投资者持股与企业异质研发［J］．科研管理，2021，42（9）：140-149.